滇味文化

[见证一段无法重来，更无法替代的沧桑历路]

王全成⊙编著

[时事出版社]

序 言

彩 云 之 南

　　云南又称"滇"，为"云岭之南"的意思，地处祖国的西南边陲，以土地辽阔、山川壮丽、资源丰富而著称，不仅具有悠久的历史、古老的文明，更拥有众多名胜古迹，以及风情各异的民族……

　　考古研究发现：云南的历史可以追溯到大约170万年前。当时，原始人类已经在这一片热土上生存繁衍了，那就是我国迄今为止发现的年代最久远的元谋人。此后，原始人类一直生活在这里。到了新石器时代，居住在滇池、洱海地区的人们已经能使用石斧等简单的生产工具从事原始的农业生产活动了，有些地方的人还会建造简易木结构房。毫无疑问，云南文明就是在这里萌发的。

　　公元前3世纪，中原地区的文明已进入高度发达的战国时期，边远之地云南的文化也愈加发展，并建立了第一个国家——滇国。国家的建立、政治的统一，无疑对这里文化的发展具有里程碑式的意义。现在人们之所以称云南为滇，就是因为古代滇国的存在。公元前221年，秦始皇终于用武力统一了中国。雄才大略的他开始在云南设置郡县、修理道路，并委派官吏进行治理，使其成为大秦帝国不可分割的组成部分。

　　公元前109年，也就是西汉元封二年，汉武帝派将军郭昌率巴蜀之兵临滇，设益州郡，云南成为益州郡下辖的一个县，县城设在今祥云县内，称为"云南驿"。这种政治上的统一为该地区带来了比较先进的文化技术，青铜工具的使用、牛耕的出现都进一步提高了云南地区的农业耕作水平。此外，汉王朝还组织人力开凿博南古道，促进商贾往来，加强了云南与东南亚各国，尤其是缅甸、印度的国际贸易和文化交流。

三国时期，一代贤相诸葛亮采取"不以力制，而取其心服"的政策，"七擒七纵"孟获，使其心悦诚服地投降，并发誓永不造反。这种政治上的再度统一，同样促进了云南地区文明的发展。公元317年，东晋建立。此时，由内地迁至云南的爨琛势力逐渐强大，自立为王，统治滇池地区400多年，始终与隋、唐王朝保持经济、文化联系，对该地区的文化发展起到了巨大的推动作用。

公元738年，也就是历史上有名的贞观时期，唐王朝扶持蒙舍诏统一"六诏"，建立以洱海为基地的"南诏国"，历传13王，统治200余年。公元937年，段思平消灭南诏，建立大理国。公元1253年，段祥兴死，其子段子兴即位，忽必烈再次率大军进攻大理，直逼羊苴咩城。大理王段子兴背城出战，惨遭大败。当年12月12日，羊苴咩城被攻破，段子兴出逃。次年春天，他在宜良被俘虏，大理国灭亡。从大理国创建到灭亡，前后历经了316年、22位皇帝。公元1276年，元朝正式建云南行中书省，为全国11个行省之一，从此"云南"正式作为省级行政区的名称，政治中心由大理迁至昆明。

公元1368年正月，朱元璋在南京称帝，建立大明王朝，并于公元1381年在云南建立明朝政权。1644年，李自成领导的农民起义军打进北京，崇祯皇帝自杀。随后，山海关总兵吴三桂降清，引清兵入关，并在山海关战役中击溃李自成。这时，以李定国为代表的大西军拥护着流亡皇帝永历，将昆明作为复辟的基地。公元1659年，即清顺治十六年，吴三桂率军进攻云南，因立下战功而被封为平西王，在云南开藩，从此独据一方，统治云南达23年。公元1673年，鉴于各路藩王无视朝廷的做法，康熙皇帝决定撤藩。于是，吴三桂联合尚可喜、耿精忠等藩王，以反清复明的名义起兵反清。公元 1681 年，清军攻下昆明，云南割据局面从此结束。

在如此漫长的历史中，云南这片热土留下了许多优美的故事，虎跳峡、金马碧鸡、筇竹寺五百罗汉、蝴蝶泉、阿诗玛、"孔仙桥"等传说……不仅是勤劳善良云南人民的化身，更是云南文化、历史、风俗的结晶，对于了解云南具有十分重要的作用。

云南还是一个多民族聚居的地方，生活着傣族、彝族、瑶族、阿昌族、哈尼族、白族、苗族、傈僳族、布朗族、基诺族、拉祜族、怒族、纳西族、佤族、普米族、布依族、蒙古族、藏族、独龙族、景颇族、德昂族和回族等 20 余个自强不息的民族，形成了迥然不同的民族文化，无论是衣、食、住、行，还是婚恋嫁娶、丧葬生育、节日风俗、饮食服饰、居住礼仪、语言文字、图腾宗教等，都个性鲜明、风采独具。毫无疑问，各自不同的民族文化，对于云南文化的形成有着不可替代的作用，甚至可以说正是这些少数民族的存在，云南才具有了色彩斑斓、令人目眩的滇味文化。

云南不仅有美丽的景色、多情的人民，还有令人垂涎的各种小吃。过桥米线、汽锅鸡、酥烤云腿、豆末糖、鸭油臭豆腐、什锦南糖、饵块、烤乳扇、路南乳饼、鸡豆凉粉、腌酸鱼、琵琶肉……每一种都洋溢着独特的民族风情，代表着云南的饮食文化，令人回味无穷。如果有一天你与三两好友来到云南，在欣赏美丽风景、感受民族风情、回味民族往事时，千万不要忘记品尝一下这里的小吃，从中体味云南与众不同的风韵。

本书以历史为经，文化发展为纬，精心勾沉，全面而系统地为您揭开了云南这块神奇热土的神秘面纱，揭示出滇味文化的真谛，堪称一部关于云南文化的百科全书。

编者

2007 年 11 月

目　录

第一篇　云南沧桑

第二篇　民族文化

第三篇　云南风俗

第四篇　云南韵味

第一篇

云南沧桑

　　云南有着悠久的历史和灿烂的文化，早在 170 万年前，这里就有了人类文明的星火。春秋时期的庄蹻入滇，把当时先进的文化和生产技术带到云南，促进了云南的发展，标志着云南在政治和经济上与内地产生了联系。此后秦朝时期的开五尺道、汉武帝时期的开发云南、六诏时期的统一云南，再到后来的段氏建立大理国……人类文明一直在云南这块沃土上延续不断，历代传承，直至今天……

第 一 章

历 史 沿 革

从元谋人开始，云南就揭开了崭新的一页，此后的春秋战国时期、秦汉时期、宋元明清时期，这里都发生了太多太多精彩的故事，传递着人类文明的火种，延续着中华民族的生命，在中国历史上留下了浓重的一笔……

一、原始时期的云南

要说云南的历史，就应该从元谋人说起，正是他们开启了中国最早的文明，也让云南这块土地有了更加厚重的历史积淀。元谋人（"元谋"一词，出自傣语，意为"骏马"）是中国西南地区旧石器时代早期的人类，也是迄今所知中国境内年代最早的直立人，因在云南省元谋县上那蚌村发现其化石而得名，距今约 170 万年。在原始社会，元谋人生活在金沙江边群山之间的云南元谋县。那里天气炎热、气候干燥，龙川江缓缓流过。据考古和古生物化石等地质资料研究发现：大约 170 万年前，也就是"元谋人"生活的时期，这里曾是温暖湿润的草原和森林地带，丘陵之间分布着很多湖沼和草原。与元谋人一同生活的哺乳动物有云南马、云南水鹿、枝角鹿、剑齿象、豪猪、爪兽、竹鼠、水牛、狍、猪、轴鹿等；植物有松、杉、银杏、蕨类等。

1965 年 5 月初，中国地质科学院地质力学研究所的钱方、浦庆余等人，来到元谋盆地上那蚌村后的西北山坡上进行考察，最终从第四纪更新世早期地层中发现了两颗类人的牙齿化石。经中科院古脊椎动物研究所确认：这两颗牙齿化石为原始人类所有，属直立人种中的一个新亚种——直立人元谋新亚种，简称"元谋人"。此后，为了确定化石的年代，中科院使用了当时国内最先进的古地磁学方法，测定元谋人的生存年代距今约170万年。

发现元谋人的牙齿后，考古与地质工作者又在这里发现了17件石制品——尖状器、刮削器和砍砸器，经高科技研究和鉴别，它们都属旧石器。此外，考古和地质工作者还在同一地层中发现了很多碳屑和部分烧焦的骨头，在有碳屑的地方还发现了一些动物化石。这些迹象都揭示了元谋人的生存状态：他们不仅会制造器具，还会用自己制造的工具从事狩猎活动。此外，他们还懂得用火，知道用火烧食猎物，这些都说明元谋人已经开始摆脱茹毛饮血的时代。

元谋人的发现将人类的历史又向前推进了一大步，对揭示古人类演化和发展的历史具有重要意义。

二、战国时期的云南

进入战国时期以后，中原群雄逐鹿，各国竞相较量国力。其中的楚国与其他中原各国相比，农业落后，兵力不强。但楚人尚武，勇武善战的楚人常常以战争的形式来开疆拓土，先后灭了越国、鲁国等东方大国。接着，楚王又看中了云南的土地，派遣大将庄蹻率兵攻取云南。庄蹻不负楚王所望，很快就占领了云南的大部分地区。

当时，中原的秦国已经打败魏、韩、赵三国，由此形成以秦、魏、韩为一方，齐和楚为另一方的两大军事集团相对立的局面。为了扩充疆土，秦国很想攻打齐国。但是，齐楚联盟的实力也很强，想要攻齐，肯定会遭到楚国的夹击。于是，秦王派张仪去楚国，许诺割地600里，要楚与齐绝交，以此破坏齐楚的军事联盟。结果，当楚怀王与齐断交并派使者到秦国索要田地时，张仪却说只许给楚国6里。楚怀王大怒，当即派大将军屈丐率军攻秦。

周赧王三年（公元前312年），秦军在丹阳（陕西、河南间丹江地区）、蓝田（今湖北钟祥）与楚军作战。秦惠文王派庶长魏章及樗里疾、甘茂率军迎战，韩国也派兵相助。

在丹阳，秦国施计离间楚国大将之间的关系，使他们互不配合，最终大败楚军，俘获了屈丐、裨将逢、侯丑等70多名将领，斩首楚军8万多人。随后，秦又派遣大军攻取了楚国的汉中（陕西汉中），置汉中郡。楚怀王不甘心失败，调遣国内所有兵力再度北上攻秦。两军在蓝田会战，楚军再次大败。乘楚国空虚，韩、魏配合秦军攻占了楚地襄樊北，楚怀王被迫撤军，向秦国割地求和。楚国战败后，庄蹻的退路被切断，他已无法回到中原，便在云南建立了滇国，自立为王，称"滇王"。

三、秦朝时期的云南

公元前226年，秦为了一统天下，开始了攻占楚国的战争。秦将李信和蒙武率20万大军，兵分两路进攻楚国。公元前225年，李信率军进攻平舆（今河南平舆西北），蒙武率军攻打寝（今河南沈丘东南），两军均击败楚军，并在城父（今安徽亳州东南）会师。楚王急忙派大将项燕率军反击，楚军在项燕的带领下尾随秦军，并趁秦军轻敌之时突然袭击，大败秦军，李信等率领残兵逃回秦国。

此次大败对秦王嬴政的打击很大，他亲赴频阳（陕西蒲城）王翦家，请他出山统兵出征，并按他的要求调军60万归其指挥。公元前224年，王翦和蒙武同率60万大军再攻楚国，楚王也征调全国兵力，命项燕率领与秦军进行决战。王翦采取坚壁自守、养精蓄锐、伺机出击的方针，不理会楚军的多次挑战。楚军因长时间求战不得，斗志松懈，项燕见状只好率军东撤。王翦抓住战机，挑选精兵追击，并在蕲南大败楚军，杀死项燕。公元前223年，王翦、蒙武率领秦军继续进攻楚国，很快就攻占了楚都寿春（安徽寿县），俘获楚王，楚国灭亡。王翦带军继续南下，一直打到云南，占领了楚国的全部土地，并灭了滇国。

秦始皇用武力平定天下后，实行了一系列改革措施：改变历来的帝王称号，称自己为"皇帝"；对中央政治体制进行改革，设立三公九卿（三公为丞相、太尉和御史大夫；九卿为奉常、郎中令、卫尉、太仆、廷尉、典客、宗正、治粟内史、少府）；要求官吏必须通晓法律，并制定处罚官吏的法令，加重处罚官吏的犯法行为……由于秦朝的吏治非常清明，政府的办事效率很高。地方上实行郡县制，在全国设立了三十六郡，郡下设县。郡的长官是郡守，县的长官是县令或县长，县以下依次是乡、亭、里、什、伍。除了政治体制改革外，秦始皇还采取了一系列措施来巩固集权统治，比如修造西起陇西的林洮、东到辽东的长城，以咸阳为中心修建官道等等。

秦始皇统一六国后，加强了对南方地区的统治，在云南设置了桂林和象郡，并开了"五尺道"。五尺道位于盐津县豆沙关，因所修建的路宽仅为5尺而得名。它的开辟沟通了当时的政治经济中心咸阳与云南的联系，使云南成为秦帝国的一部分。如今残存的五尺道长约350米，道宽5尺，每级阶梯宽窄高矮不等。五尺道旁的崖壁上有唐袁滋摩崖石刻，而且从关河东岸上缘三曲至摩崖的路面上还留有数十个马蹄痕。修五尺道的汉族人便是首批进入云南的汉族人，声势浩大的汉民族迁徙史由此肇始。只不过当时秦朝的势力仅存在于今天的云南东北部，进入云南的汉族人数量十分有限。

四、汉朝时期的云南

公元前140年，汉武帝即位。之后他做了几件大事：缩小相权、削去王国、改革兵制、专管盐铁，并初步建立了系统完整的以法治国的政治制度；将儒学提升为国家宗教，建立了以国家为本位的政治统治意识形态，并掌控了主流舆论，为士族和社会树立价值标准；废除了宗法制，建立了行政官僚制度和人才拔擢制度；打退了匈奴对中原的入侵，并制定了远大的外交战略，通过文治武功使汉帝国成为当时亚洲最强大的国家。

汉武帝眼界开阔，很快就把目光投向了广阔的南海与西域。西汉元封二年（公元前109年），汉武帝派将军郭昌率巴蜀的军队进入云南，设益州郡，下属24县。郡府设在滇池县（今晋宁），而"云南"为其中一个县，县城设在今天的祥云县。汉王朝的进入改变了原先该地部落相互对立和不相统属的状况，并给当时的云南地区注入了一些先进的封建生产关系。

汉武帝还从内地派来大量汉族官兵进驻云南，其中一部分人就留居在了当地。那时，朝廷为了开发西南蛮夷地区，急需大批士兵，但中原的汉族兵源不足，于是赦免了一批罪人，让他们到云南戍边屯垦。这些人大多没有再返回原籍，成为西汉时期云南的汉族人口。当时汉族人主要分布在云南的东北和滇池地区，数量少，势力也比较弱小。到了东汉时期，进入云南的汉族就比较多了，并开始成为地方上的实力人物，还出现了一些南中大姓，汉民族迁往云南的高潮由此发轫。

这一时期云南地区已开始使用青铜工具和牛耕，进一步提高了农业耕作水平和生产效率。中原高超的冶炼技术进入云南，在这里创造了灿烂的青铜文化。当代出土的各种青铜器物，都显示出当时艺术家们精湛的技艺。当时，云南的畜牧业也很发达，到处都是大群放牧的牛、马、羊等。此外，汉武帝还派唐蒙带人扩建了秦国的"五尺道"，并改名为"西南夷道"。修路时，为了避免千里运粮的难处，朝廷招募了很多内地汉族人到滇东北一带进行开垦种植。同时，他还组织人力开凿博南古道，促进商贾和贸易往来，使云南与东南亚各国，尤其是缅甸、印度开展积极的国际贸易与文化交流，这就是历史上著名的"汉武开滇"。

五、初唐时期的云南

时间又推移到唐朝初期，分布在洱海地区的众多少数民族部落在经过多次相互兼并后，形成了蒙巂诏、越析诏、浪穹诏、邆赕诏、施浪诏、蒙舍诏等六大部落，历史上称为"六诏"。"诏"义为王或首领。从地理位置看，越析诏在今云南宾川；浪穹诏在今洱源；邆赕诏在今洱源东南邓川；施浪诏在今洱源东；蒙舍诏与蒙巂诏在今巍山北境。其中，蒙舍诏位于诸诏之南，又称南诏。六诏各有首领，互不臣属，常常兵刃相见，各诏百姓的生活都十分艰苦。此时，唐王朝控制了金沙江以南地区，朝廷每年募兵数千前去镇守。大臣司马成琛上任为泸南七镇，在这里驻扎了很多蜀兵，这些士兵大多扎根于此而未返回故乡。

唐朝初年，唐王为了消除吐蕃在洱海地区的势力，开始有意识地扶植南

洱海风光

诏，南诏很快臣服于唐朝。开元十六年（728年），南诏王盛逻皮去世，他的儿子皮逻阁即位，成为南诏第四世王。皮逻阁很有野心，一心想统一六诏，于是利用唐王朝的扶持兼并了与自己最近的蒙嶲诏。随着势力的扩大，此后他又相继兼并其他四诏，统一了六诏。

唐玄宗开元二十六年（738年），唐王封皮逻阁为"越国公"，随后又封他为"云南王"。同年，皮逻阁迁都太和城（今云南大理县）。此时的南诏还驱逐了洱海地区的吐蕃势力，建立了以彝族、白族先民为主的南诏政权。统一六诏之后，皮逻阁采取多种措施发展生产，并使用牛耕开辟田地，粮食产量得到提高，当地经济日益发展。此后，皮逻阁和其子阁逻风在唐朝的支持下，逐步兼并了东爨和西爨，南诏的势力开始发展到滇东，皮逻阁的声望和影响也越来越大。公元748年，皮逻阁去世。六诏统一后，南诏与唐朝发生过几次战争，并虏获很多汉族人口，包括士兵、官吏、诗人、技工及普通百姓，彼此关系持续紧张了几年。这些人进入云南后，他们带来的汉文化对云南地方的民族文化影响很大。

六诏统一，建立以云南为中心的少数民族政权的南诏王国，这属于皮逻阁一生的丰功伟绩。同时，南诏王国的成立使其成为唐朝的西南屏障，加强了云南与中原地区的政治、经济、文化联系，对云南经济文化的发展起到了积极作用。

六、晚唐至宋朝时期的云南

公元902年（唐昭宗天复二年），南诏王国政权崩溃，待其最后一个国君舜化贞死后，重臣郑买嗣趁机发动政变，自立为王，改国号为"长和"，可只经历三代就灭亡了。权臣杨干贞弑杀君王后，拥立赵善政为君，改国号"天兴"，但赵善政只当了10个月的国王就被杨干贞废掉。杨干贞遂自己称王，改国号为"义宁"，但他治国无方，激起人民的强烈反抗。就在此时，段思平的势力逐渐发展起来。

公元893年，段思平出生在云南大理喜洲，祖上世代为南诏大臣。他诞生时，家庭已是没落贵族。段思平才干出众、武艺超群，在郑买嗣灭南诏后曾为小府副将，后因立战功升任通海节度使，成为威震一方的大将。

杨干贞为人贪婪残暴，民怨极大；段思平则爱民如子，深受百姓爱戴。杨干贞听到消息后非常害怕，多次派人追捕段思平，想除掉威胁自己权位的心腹大患，而段思平却多次化险为夷。

为了彻底摆脱险境，段思平决定推翻杨干贞的统治。他提出"减一半税粮、少三年徭役"的口号，获得了奴隶和农奴的积极响应，势力由此大增。在取得滇东三十七部的支持后，他于公元937年2月举行起义。大军率先攻占下关，接着攻占大理，很快就消灭了义宁国，建立了"大理国"封建政权，并定都羊苴咩城。

段思平即位后，实现了起义前的诺言——释放奴隶、减轻赋税、赦免徭役3年；大张旗鼓地进行改革，废除奴隶制，建立并推行了封建领主土地所有制。此外，段思平励精图治，大力发展生产，兴修水利，开垦农田，推广铁制农具与汉族的先进耕作技术。他还鼓励发展畜牧业和手工业生产，使大理国的社会经济在短期内得到快速恢复与发展。

公元944年，段思平在巡视邓州时病逝，其子段思英继位。此后相继由思聪、素顺、素英、素廉、素隆、素真、素兴、思廉、廉义、寿辉继位。段正明登基后，在位 20 年。到公元 1094 年，权臣高升泰有了私心。他策动群臣逼宫，大臣们以段正明"为君不振，人心归高氏"为由，请其让位给高升泰。高升泰假装拗不过群臣，迫段正明禅让后为僧。他在登基称帝后，改国号为"大中国"。多年之后，高升泰病重，临终前对儿子高泰明说：自己之所以能立国，是因为当时的段氏势弱，自己死后一定要把国政还给段氏。

高泰明遵守父命，将王位还给了段氏，立段正淳为皇帝，自己为相，同时恢复"大理"国号。当段正淳禅位为僧后，其子正严（即段和誉）即位，在位近 40 年，其间勤理政事，国力较为鼎盛。正严年老后，皇位由其子段正兴继承，没过多久，段正兴出家为僧，皇位由其子段智兴继承。智兴信奉佛教，在位期间修了 60 多座佛寺。他死后，其子智廉即位，但只当了 4 年皇帝就驾崩了，他的弟弟智祥即位后，广纳贤才，发展农业，国家更为繁荣强大。此时，一些汉族人被渐渐夷化，且有大批汉族人从内地迁移到云南。

公元 1244 年，忽必烈率军攻打大理。当大军到达今天的丽江时，忽必烈采纳姚枢等人的建议，下了止杀令，禁止屠城，同时派使者前去劝降。大理相国高太祥坚决主张抵抗，并杀了使者。皇帝段祥兴便派大将高禾出战，忽必烈没有实现占领大理的愿望。1253 年，段祥兴死，其子段子兴即位。忽必烈再次率军进攻大理，大军直逼羊苴咩城，大理王段子兴背城出战，惨遭大败。当年的 12 月 12 日，羊苴咩城被攻破，段子兴出逃。次年春天，段子兴在宜良被俘虏，大理国灭亡。

大理国从创建到灭亡，历经 316 年和 22 位皇帝，其中共有 9 位皇帝在崇圣寺出家为僧，堪称皇帝出家人数最多的"国家"。

七、元朝时期的云南

公元 1253 年，忽必烈率军征云南，攻破大理国，并抽调很多汉族军队来云南屯田戍守，主要分布在保山以东、红河以北的地区。1267—1271 年，忽必烈第五子忽哥赤为云南王。这一时期，蒙宋战争已经展开，忽必烈开始攻打南宋，进行统一全国的作战。蒙哥汗在攻宋时，命丧钓鱼城（四川合川），忽必烈在开平（内蒙古正兰旗）继汗位，为元世祖。很快，他的弟弟阿里不哥在和林（蒙古乌兰巴托西南的喀拉和林）称帝。忽必烈为讨伐阿里不哥，暂与南宋息兵修好，但仍没有放松对云南的控制。

忽必烈在平定阿里不哥和李璮之乱后，政权得以巩固，遂开始为灭宋做准备。经过襄樊之战等众多战役，在灭宋已成定局的情况下，派赛典赤到云南，并于1276年正式建云南行中书省，使它成为全国11个行省之一。从此，云南正式成为省级行政区的名称，政治中心由大理迁至昆明。赛典赤到云南后，在政治上改变了过去残酷屠杀的办法，注重改善民族关系、兴办教育、安定政治形势；在经济上制定合理的赋税，并积极发展生产、兴修水利。最为突出的就是整治五百里滇池。由于滇池泛滥成灾，赛典赤征召很多民工开凿海口，疏通螳螂川，使滇池水由海口经螳螂川流入金沙江，然后通过长江汇入大海。这个海口使滇池水位保持平衡，既不会干枯，又免除水患，使得滇池周围成为良田。赛典赤任云南行政长官6年期间，社会安定、经济发展，于公元1280年病故于昆明，当地百姓长哭于街巷乡野。

公元1290年，忽必烈封皇长孙甘麻刺为云南梁王，并平定大理，建立云南行省，实现了南北大统一，结束了云南在历史上长期割据的状况，打破了疆界的地区壁垒，建立了驿站制度，吸引很多汉族商人来云南经商。这些都促进了云南与中原内地的经济文化交流，有利于云南政治、经济和文化的发展。此外，大量蒙古人和汉人来到云南地区，与当地的彝族、白族、傣族、纳西族、哈尼族、独龙族、苗族和瑶族等民族不断融合、相互依存，促进了云南地区经济和文化的发展。

八、 明朝时期的云南

元朝末年，政府政治黑暗，经济衰败，统治者横征暴敛，社会矛盾严重激化，终于导致元朝的灭亡。1368年，朱元璋在南京称帝，国号明，年号洪武。

1381年，元朝梁王阿鲁温在云南造反，朱元璋派傅友德、沐英带30万人马，分兵两路南下平定云南。很快，他们就攻克昆明，杀死元朝梁王，在云南建立了明朝政权。明军进入云南后，为了解决粮食问题，明朝军队先在曲靖试行屯兵法，并初步取得了成功。屯兵法因此在云南全面推广开来，后来进一步扩大为军屯、民屯、商屯三种形式。

军屯是明代采用的主要屯田形式，既可以成卫边防，又能积蓄军粮。当时云南地广人稀，明政府就把内地大量官兵派遣到云南屯田。据历史资料统计：在洪武后期的十几年间，明朝调到云南进行屯兵的人数就达28万。民屯主要是从内地招募农民，或者由部分流放边疆的罪犯来屯田。商屯是指盐商为得到政府专卖食盐的许可，必须用粮食和政府交换，而送粮食到边疆地区费用高、成本大，商人的利就薄了。于是，他们在内地招雇了一些农民直接到云南开荒种地，再把粮食就地交给当地政府，然后在内地领取食盐，这样也使大量汉族人口进入云南。经过屯田，在明朝迁移到云南的汉族人口总数已超过境内其他民族的人口数量，且汉族移民在人数和规模上都胜过以前的各个朝代。根据史料文献记载：洪武时期云南有人口约26万，可是到了明后期的万历初年，云南全省人口就增长到150万。人口的自然增长是原因之一，但更主要的还是汉族人大量迁入所致。

九、 清朝时期的云南

到了明朝末期，政府统治腐败，宦官当道，社稷岌岌可危。1644年，李自成领导的农民起义军打进北京，崇祯皇帝自杀。随后，山海关总兵吴三桂降清，引清兵入关，并在山海关战役中击溃李自成。这时以李定国为代表的大西军拥护着流亡皇帝永历，将昆明作为复辟的基地。清顺治16年（公元1659年），吴三桂率军进攻云南，永历帝及随员逃往缅甸，吴三桂因立下战功而被封为平西王，在云南开藩。公元1662年，吴三桂把永历帝朱由榔及其子从缅甸逮回，在昆明的金蝉寺将其绞死，导致南明王朝彻底覆灭。吴三桂从此独据一方，统治云南达23年。

在统治云南期间，吴三桂图谋不轨，生活奢华，巧取强夺，不断增兵索饷，给云南人民带来了很大灾难。1673年，鉴于各路藩王无视朝廷的做法，康熙皇帝决定撤藩。于是，吴三桂联合尚可喜、耿精忠等藩王，以反清复明的名义起兵反清。康熙十七年（1678年），吴三桂在湖南衡阳称帝，国号周，同年在衡阳病逝。公元1681年，清军攻下昆明，云南割据的局面从此结束。

清代，政府继续在云南实行屯边制度，但此时进入云南的汉族人主要是来自四川、湖南的贫苦农民，他们来到此地是为了垦荒谋生。汉族人的再次大量迁入，使云南的汉族人口又一次增多，人口从乾隆初期（公元 1750 年左右）的约 200 万人，增加到咸丰元年（公元 1851 年）的约 750 万。因此，清朝也是汉族人迁移进云南的一个高潮时期。经过明清时期的大规模汉族迁徙活动，云南的民族组成已基本定型，形成了汉民族人口居多、其他民族广泛分布的特征。

十、民国时期的云南

民国时期，偏远的云南成了"倒袁"的重要根据地。1911 年 10 月 30 日，蔡锷将军在云南率众起义。11 月 1 日，起义军在五华山建立了"大中华国云南军都督府"，建立民国政府，蔡锷为都督，李根源为参议院院长兼军政部总长，清朝对云南的统治（250 多年）从此结束。

1913 年 10 月，袁世凯迫使国会选举自己为民国大总统，1914 年 1 月又将其余议员全部遣散，彻底解散了国会。当年，他毁弃《临时约法》，颁布了《中华民国约法》。1915 年 5 月 9 日，袁世凯与日本签订了卖国的"二十一条"，以主权换取日本对自己称帝的支持。随后，他让杨度等人鼓吹恢复帝制的好处，并上推戴书，极力让袁世凯称帝。袁世凯接受了帝位，并宣布改民国五年（1916 年）为中华帝国洪宪元年，准备在元旦举行登基大典。

在袁世凯准备进行洪宪帝制时（1915 年），云南已经举行了三次讨袁的秘密会议。在会议上，以罗佩金等人为代表的反袁军官拟订出了反袁的军事计划。罗佩金建议：将滇军一、二师编为一军，分三个梯团，以剿匪为名出其不意地占领四川，然后宣布云南独立，反对帝制。第三师帮助贵州独立，出师湖南，最后在武汉会师。根据这个计划，云南做了军事动员，编组军队。同年 12 月 17 日，李烈钧等人到达昆明，唐继尧再次召集军队将领开会，并在原有的计划上做出了增加兵力、筹划军费、补充军械、调遣军队等四项决定。19 日，蔡锷到达昆明，具体进行讨袁部署，在随后的两天又连续召开了第四、第五次军事会议，反复讨论了出兵计划。但以唐继尧为首的云南军主张东进，通过贵州控制湖南，然后进军中原；李烈钧主张先攻取两广；蔡锷的主张则和以前的军事计划一致。三人多番商议，依然各持己见。但当时形势紧迫，梁启超又催促尽快宣布起义，三人最后才匆匆确定了向四川、湖南、广西出师的计划。

1915 年 12 月 23 日夜，要求中央除掉帝制的电报发出，并限袁世凯 25 日 10 时前答复。24 日，唐继尧任命军官，并发放军械准备出征。到了 25 日，袁世凯没有答复，唐继尧、蔡锷、戴戡等人联名发出通电，将袁世凯称为背叛民国的罪人，宣布讨伐袁世凯，同时还宣布云南从即日起独立。12 月 27 日，唐继尧等人发布讨袁檄文，宣布护国军是为全体国民出力，拥护共和国体，同时还通告英、德、法、俄、日等国驻华公使，如果各国帮助袁政府，护国军必将采取措施。

此后，护国战争正式爆发，蔡锷率领第一军共 9000 人攻打四川，李烈钧率第二军攻打广西，唐继尧率第三军攻打贵州和湖南。此时，袁世凯命驻扎岳阳的第三师师长曹锟、第七师师长张敬尧、驻江西的第六师师长马继增，分别向四川、湘西进军，准备攻打云南。三支人马以曹锟为总司令，负责组织前方作战。

1916 年 1 月，护国军在新场与袁军交战，袁军溃败，护国军相继占领了燕子坡、黄坡耳、捧印村等要地，并很快攻占叙州。这时四川将军陈宦带兵反攻叙州，护国军顽强抵抗，最终击败敌军。2 月 14 日，袁军精锐吴佩孚部猛攻护国军的刘存厚师，遭到工兵营的顽强防守。18 日，袁军再次进攻，护国军顽强作战，适逢天降大雨，袁军只得撤兵回守。2 月 23 日，蔡锷赶到前线发动反击，由于袁军兵力很多，护国军没能攻破其正面阵地，而且伤亡惨重。无奈之下，蔡锷决定暂时退军。经过休整，护国军的兵力和士气有所恢复，袁军因后援不继而士气低落，并出现了弹药和粮食短缺，蔡锷趁机全线反击。3 月 15 日，广西将军陆荣廷在梁启超等人的游说下，宣布广西独立。随后，经过一个多月的交战，袁军大败。

1916 年 4 月，广东、浙江相继宣布独立，袁世凯迫于形势，宣布取消帝制，双方停战。4 月 16 日，冯国璋劝袁世凯退位。5 月 8 日，南方各独立省份在广东推黎元洪为总统，唐继尧为抚军长，岑春煊为副抚军长，同时逼迫袁世凯交出政权。随后，四川、湖南也宣布独立。6 月 6 日，袁世凯因病去世。7 月 25 日，革命党人宣布停止军事行动，护国战争到此结束。

第 二 章

史 前 遗 迹

云南文化源远流长，文明遗迹、文化留存灿若星辰，在世界文明遗址宝库中熠熠生辉，记录了远古时代的人与事、情与思。徜徉其间，思古情怀不禁油然而生。

一、鹤庆"天子洞"石刻

鹤庆地处云南省西北部，在大理州北端，北与丽江毗邻，是大理、丽江两大历史文化名城和风景区的连接点。全县有六镇四乡约 30 万人口，其中白族占总人口的一半以上，此外还有汉、彝、苗、傈僳、壮、纳西等 22 个民族。

鹤庆历史悠久，早在新石器时代就有人类在此活动。西汉至唐初，这里均为重镇。明清时期，此处曾是商贾云集之地。从古代到近代，鹤庆曾培养出一大批仁人志士，有"文献名邦"的美誉。

"天子洞"石刻位于鹤庆县辛屯乡逢蜜村西侧天子洞南壁的崖石上。"天子洞"又叫青元洞，洞高约 30 米，深不可测。洞内一分为二，南洞内有古代的石刻佛像，石像坐西向东，雕刻在高约 7 米、宽约 6 米的崖石上。画面正中是一尊高约 1.5 米的直立观音，姿态轻盈动人、仪表慈祥。石像两侧雕有罗汉和石猴，形态各异，形象生动。尤其是画面中的石猴，依山势和石色而作，雕刻技艺精湛，颇有情趣。整个雕刻设计严谨，富有立体感。据说：这些造像是民国初年苏荣生等人，招来丽江九河工人所刻的。洞内还有很多垂悬着的、形态不一的石钟乳，极为美观。1987年，鹤庆县人民政府将其列为文物保护单位。

二、鹤庆县金墩乡
火葬墓群

金墩乡火葬墓群位于鹤庆县上关镇马厂村三台山。据有关资料记载：20世纪50年代，龙华山脚就曾发现过明清墓。1993年，鹤庆农民在开荒种梅子时，无意中又发现了大量火葬墓碑。经专家考古挖掘，墓中出土了大量青釉瓷罐、青花瓷罐、陶罐、经幢、大理石梵文碑等文物，还有大量人骨骸。据分析，这是明代的火葬墓群。

金墩乡火葬墓群保存完整，占地6000多平方米，预计有墓葬2000余座，已经挖掘了1300余座。其中火葬墓群占绝大多数，土葬墓只有百余座。该火葬墓群具有范围大、时代长、造型种类丰富等特点。

·考古人员对出土器物进行分析后，认为墓地最早的年代可追溯到大理国时期，因大理时期是中原文化和印度佛教文化的交汇点，所以这里出土的部分器物上有梵文。由于有些器物外形为蒙古包形状，而且多为陶罐，因此推断部分墓室是元朝年间的。

金墩乡火葬墓的外观各不相同，有的还有碑座。上面立碑幢的多为富人墓，所用骨灰罐大多很精致；穷人墓没有石碑，墓上立一块石头作标记，骨灰罐为陶罐、土罐。

金墩乡火葬墓群出土的文物具有很重要的考古价值，因为器物中有大量中、梵文同时存在的现象，还有十二生肖形象与文字对应，并且有白族自创的文字，这些对研究中梵文字和白族历史文化有很高的价值。在出土文物中，还有大理国的火罐，当时使用的贝币、刀形币等珍贵文物，这对研究大理国的历史经状况均很有帮助。

三、石林等地古长城遗址

20 世纪末，我国考古专家经过复杂的考古研究，终于确认被石林当地群众称为"长城埂"的古遗址乃是我国南方的一条古长城。此埂宽约 3 米，高约 3 米，起自云南曲靖，在天生关村入石林县境，经北小村、水塘铺东、戈衣黑等地而南入弥勒县，最终到达泸西，全长 300 余里，全部用自然石和土筑成。

在古书资料中，石林古长城被称为"辘子城"。"辘子城"为彝语，"辘"意为"埂"，"子"意为"界"，"城"泛指夯土或垒石的墙，因此"辘子城"就是界墙的意思。明代万历年间的《云南通志》写道："辘子城在州东三十里，夷语底伯卢。其城起自曲靖，抵于广西（今泸西），绵延三百里。昔酋长兄弟筑此，以分地界。"

这条被用来分地界的石林长城，修筑时间大概要追溯到 9 世纪左右。大约在两晋隋唐时期，滇东居住着大姓爨氏，他们是南中望族，于东汉末年来到云南，到晋代时势力逐渐强大。爨氏在鼎盛时期管辖的地区延绵 2000 余里，称雄一方。后来，爨部又分东爨乌蛮与西爨白蛮。乌蛮居住于昭通、泸西、弥勒、建水、会泽、嵩明、元江等林谷地带，白蛮居住在曲靖、澄江、滇池、宜良等地。到了隋代，由于爨氏不上贡赋，杨坚便派史万岁前往讨伐，爨氏割据一方的局面从此宣告结束，但爨部的势力依然很大。唐朝年间，玄宗李隆基指使剑南节度使挑起云南部族的斗争。后来，姚州都督李宓派两爨大鬼主爨崇道，杀掉南宁州都督爨归王和安宁城首领爨日进。这时，统一滇西大理的南诏首领阁罗凤在爨归王妻子阿姹的求救下，攻杀爨崇道及其兵马，从而迅速控制了滇东地区。

在此后的 40 余年里，乌蛮逐渐发展，产生了乌蛮七大部落。他们也逐渐迁入生存条件较好的西爨故地。南诏在与唐朝的争斗中，政权得到巩固，势力更为强大，疆域范围东接贵州，西抵伊洛瓦底江，南达西双版纳，北接大渡河，东南接越南边界，西部与吐蕃接壤。

南诏王朝末期，政治腐败，经济崩溃，权臣当道。公元 897 年，郑买嗣杀死南诏王隆舜。公元 902 年，他又杀死隆舜的儿子舜化员及南诏王室近千人，自立为王，号称"大长和国"。公元927年，剑川节度杨干贞杀掉郑隆亶，立赵善政为王，国号为"大天兴国"，此后他又自立为王，号称"大义宁国"。此时，乌蛮已发展成拥有白鹿部、夜苴部、华竹部、洪农碌劝部、纳垢部等三十七部的大势力，史称"东爨乌蛮三十七部"。公元937年，通海节度使段思平在三十七部的帮助下，占领大理，建立了大理国。段思平执政后，兑现起义前的承诺，实行减税免徭役的政策，分封给段氏和大臣很多领地，对支持自己起义的滇东三十七部首领也都加以分封。普摩部、落温部、落蒙部、弥鹿部的酋长都是夷人氏族部落酋长，他们得到段氏所封的领地后，就商量在新分封的部落领土之间建造一种分界的标志，于是开始修筑最初的"鞑子城"。

大理中后期，段氏政权逐渐变得腐败，加强了对三十七部落的控制并在其领土内建东都鄯阐（今昆明），还设置东川、阿阳、秀山、石城四郡，从而激化了双方的矛盾。公元1094—1096年，大理国内乱，大臣高氏专权，把自己的子孙封于八府四郡，并多次掠夺和侵吞三十七部土地，威胁到了滇东三十七部的生存。公元1100年，阿庐部落中的强大族系师宗、弥勒等部联合三十七部，在盘江流域建立了部落联盟王国——自杞国。自杞国建立后，发生了多次反抗大理国强占各部落土地的战争。公元1147年，自杞国攻破东都鄯阐，杀死高明清。在全盛时，自杞国的疆域北至曲靖，南至红河，西达昆明，东抵广西红水河。为了有效地抗击外来侵略，自杞国在西部的险要处建了很多石堡、战墙、战垒、烽火台，为三百里古长城的形成奠定了坚实的基础。

公元1026年，成吉思汗统一了大漠南北，随后又用20年时间扫灭了我国北方和中欧、西亚等很多国家，其中包括金国。后来，成吉思汗想谋取中原，便向谋臣郭宝玉询问计策。郭说中原的军力和国势很大，不可忽视。于是，成吉思汗及其子孙采用迂回夹击战略：先拿下西南，用南蛮强悍士兵攻打南宋。公元1244年，蒙古10万大兵进攻大理，南宋出兵与大理共同抵抗，两年后蒙古军返回。蒙古骑兵的侵伐使自杞国的统帅们意识到与蒙古之间的战争必将发生，便制定防御战略，并根据蒙古骑兵善于长驱驰骋、快速奔袭的特点，修筑长城作为战略防御。于是，乌蛮人把一座座与大理国对垒的古堡、战墙、战垒、烽火台等全面加固，并全线联贯起来，形成了三百里的滇东古长城。这段长城在后来抵抗元军的战争中发挥了巨大作用，使得元军十万铁骑覆灭于此。

四、南丝绸古道

丝绸之路常指古代从西安通过甘肃、新疆进入中亚，过中东，远达欧洲的丝绸贸易路线。其实，除了这条丝绸之路之外，还有水上丝绸之路和南方丝绸之路。

古道遗风

南方丝绸之路源于蜀中，大约在战国初期就已初具雏形，是一条民间的国际通商大道，也是我国西南地区最古老的对外贸易的陆路交通要道，对古代中国与南亚、西亚及西欧各国的沟通具有重大意义。

南方丝绸之路自张骞出使西域前就已存在，并承担着发展中外经济文化的重任。公元前122年，汉武帝派张骞出使西域，他先后到达中亚各国。张骞回国后，在向汉武帝的上书中说，自己在大夏国（今阿富汗北部）见到了从身毒（今印度）贩运而来的邛竹杖和蜀布。由此可见，当时的身毒与蜀地间早已有道路可通，而且他们之间还有贸易往来。汉武帝知道这件事后，马上派人打通"西南夷"。汉朝官员来到西南少数民族控制的地段后，先进行谈判，谈判不成便用武力征服。公元前69年，汉朝终于打通了从四川成都经凉山州到云南再转进缅甸与印度的通道，南方丝绸之路全线形成。

据对南方丝绸之路的综合考察，发现这条路有东、西两道：东线以成都为起点，顺岷江南下，经眉山、乐山至宜宾，南至曲靖市，途经昭通地区的盐津、鲁甸、大关等县，因道宽五尺，史书上称"五尺道"。公元793年，背叛唐朝40多年的南诏王派使者请求归唐。第二年，朝廷派御使中丞袁滋赴云南册封异牟寻为南诏归义王，这时去云南走的就是五尺道。后来，人们在五尺道的基础上，把道路延伸至昆明、楚雄、大理，且在普棚驿与西线灵关道交汇。

西线灵关道由成都经邛崃、雅安、荥经，翻越大相岭至汉源，渡大渡河，穿清溪管直抵西昌，然后从西昌沿安宁河南下，经德昌、米易、会理进入攀枝花市南部，再翻越川滇交界的方山入云南永仁，经大姚直达洱海边的大理。东西两线在大理交汇后，经过博南古道和云南的保山、德宏到达缅甸、印度、阿富汗等海外诸国；或经保山、腾冲至缅甸、印度等地。

五、宝山石头城

宝山石头城位于云南丽江市北部、金沙江虎跳峡附近，距丽江古城约100多公里。这里有一块约半平方公里的巨大石头，它三面都是悬崖峭壁，只有一面石坡斜入金沙江，宝山城就筑在这块大石头上。

据史书记载：宝山石头城建于元朝年间，也就是13世纪末，当时是丽江路宣抚司所辖七州之一的宝山州治所。石头城北面的陡峭岩峰被纳西人称为"刺伯太子关"，据说是为纪念忽必烈率领蒙古军队过此险关而命名的——公元1252年，成吉思汗派忽必烈攻打大理国。忽必烈率元军翻越康藏高原，兵分三路进军丽江。他自己率中路军，经永宁直抵金沙江，隔江与石头城相望。当时，纳西族首领麦良归附蒙古军，亲赴石头城金沙江边的刺伯渡口，援引蒙古军革囊渡筏。蒙古军队进入宝山，经过一座陡峭险要的岩峰，麦良便将此岩峰命名为"刺伯太子关"。

古朴的街巷

宝山石头城是一个天生岩石城，整座城建在一块独立的岩石上。居民在岩石的四周加筑有五尺高的石墙，以便更好地保护石城。石头城很小，但布局很严谨，街巷设置为三横五纵，整座城街路畅达、巷道通幽。房屋的地基是从石头上开凿出来的，阶石、柱石、房檐石也是从大石中剥离而成。房内石床、石枕、石桌、石凳、石槽、石灶、石穴、石缸，都是就地用石头雕凿而来的。

石头城里的居民主要从事农业生产，他们将家园建在巨石上，巨石之外开垦土地，垒造梯田，兴建水利，种植水稻、小麦、玉米等，这样就形成了层层梯田环绕着的石城。每当 5 月麦熟和 10 月稻黄的季节，金黄麦浪或稻浪映衬下的石头城是最美的。

1996 年 2 月 3 日，丽江境内发生了强度达 7 级的强烈地震，石头城下的大石头被震裂了一条长 200 多米、宽 40 多厘米的大裂缝。居住在城中的人担心石头掉到江里去，可没过多久，裂缝竟又神奇地自然合拢了。

六、盐津豆沙乡僰人悬棺

悬棺葬是一种非常奇特的古代丧葬形式，即在江河沿岸选择一处壁立千仞的悬崖，利用打桩，或在悬崖上人工凿洞，或利用天然洞穴等方式，将死者连同装他的尸棺高高地悬挂（置）于悬崖半腰的适当位置。其源于原始宗教的一种习俗，最早出现在福建和广东，后来扩展到长江流域及其他 10 多个省区，但主要存在于福建武夷山地区和四川与云南交界的地方。位于云南昭通地区的金沙江、白水江、关河流域，堪称我国悬棺分布最为集中的地区。比如威信县的瓦石、石洞，永善县地黄华，盐津县的豆沙乡、底坪、棺木岩、灵官岩等，包括岩墩、岩龛、岩桩、岩洞、岩沟等各种悬棺葬形式，学者将此地称为悬棺博物馆。从史籍记载来看，云南悬棺与僰人有关。从春秋战国时期到后来的秦汉王朝，僰人就生活在以宜宾为中心，南到云南的区域。

神秘的悬棺

在历史上，秦朝开"五尺道"、汉修南夷道、唐开凿石门道，都是选择盐津县豆沙关作为入滇的门户。这里峭壁林立，悬棺就存放在高达四五百米的绝壁半腰上。云南僰人悬棺安放的方法有四种：一种是木桩式，就是在悬岩上凿出方型桩孔，插入木桩，然后把棺材放在上面；另一种是凿龛式，就是人工在岩壁上开凿出长方形的横龛，将棺木横置于其中；还有一种是利用岩壁上的天然缝穴或溶洞，把棺材放在里面；最后一种是架壑式，主要是用天然岩洞或岩石的缝隙，把棺材放在上面，棺材的另一头架于陡壁的木桩上。

明朝万历元年（公元 1573 年），僰人领袖哈大王在云南兴文一带发动起义，朝廷派四川巡抚和总兵调集 14 万大军剿平了川南和滇东北的僰人部落，僰人就此灭亡。由于僰人消亡，如今的悬棺葬竟成了难解之谜。

七、晋宁石寨山古墓群

石寨山古墓群位于云南省晋宁县，是战国至两汉时期滇王及其家族臣仆的墓地，也是石寨山最早发掘的具有代表性的古墓群落。

1955—1960 年，国家先后 4 次在晋宁石寨山古墓群进行大规模考古发掘，共发掘了 50 多座西汉时期的墓葬，出土器物 4000 多件。在发掘六号墓时，于墓室里发现了一个金质的"滇王之印"。这个金印上阴刻着"滇王之印"四个篆字，印面边长 2.4 厘米，总重 90 克，印上有蛇钮印把。这条蛇昂起头，蛇身盘曲，背上还有鳞纹，铸造十分精美。这一重大发现证明了古代滇王国是真实存在的，同时证实了司马迁《史记·西南夷列传》中记载的"庄蹻王滇"，及汉武帝赐给王印的真实性。

1996 年，国家对其进行了第五次发掘，清理出战国至汉代的古墓 30 多座，出土文物近 1000 件，包括青铜器、玉器、玛瑙、金器、银器、铁器等。其中的青铜器铸造精良，纹饰图案精美，具有浓厚的地方民族特色。尤其是在一件表现祭祀的铜贮贝器上，还铸造了大约 130 个人物形象。此外，这里出土的骑士猎鹿纹、押送战俘纹、双人盘舞纹、猛虎扑鹿纹、二虎搏猪纹等透雕铜扣饰，人物形象生动，情节惊险逼真，反映出云南工匠非凡的艺术才能和古滇国的社会发展水平。

由于石寨山古墓群出土了云南地区青铜文化的典型器具，所以被世界考古学界称为"石寨山文化"。

八、昆明李家山古滇国
青铜文化遗址

李家山位于江川县城东北 16 公里处的山上，此山高约百米，山顶地势平坦，山上有大量古代墓葬群。

1972 年，云南省博物馆和江川县文化馆组成考古队，前往李家山古墓群进行了为期 2 个月的发掘，共发掘墓葬 27 座，出土了包括"牛虎铜案"在内的青铜器共计 1300 余件。经认真考证确认，此墓葬群是春秋战国时代至东汉初期的古滇国墓群。

1991 年 5 月，村民在李家山探矿时发现了新的墓葬。随后，在云南省文物考古研究所的带领下，省市县三级文物工作者对李家山古墓群进行了第二次大规模的考古发掘，共清理墓葬 85 座，出土了铜、铁、金、玉等文物 2000 多件。在这次出土的文物中，有大量器物是云南青铜文化遗址中的首次发现。后来，其中部分文物参加了全国文物精华展，在国内外引起强烈反响。

李家山古墓的形制是典型的云南墓型，所发掘的 80 多座墓葬都是竖穴土坑，尸体是仰身直立葬入，而且大多是单人墓葬。墓葬的陪葬品因性别不同而有很大差异：男性墓的陪葬品多是兵器、礼器、生产工具及扣饰；女性则以金铜钏、贮贝器、纺织工具和针线筒居多。如果将出土文物进行分类，基本可分为兵器、生产工具、纺织工具、生活用品、礼乐器、装饰品等。兵器主要有矛、斧、棒、戈、剑、剑鞘、盔甲、弩机等；生产工具主要有鱼钩、犁、锄、铲、镂孔器等；纺织工具主要有针线盒、卷经杆、绕线板、梭口刀、纺轮、纺锤等；生活用品主要有壶、釜、甑、罐、勺、杯、碗、伞盖、枕、贮贝器等；礼乐器主要有铜鼓、葫芦笙、编钟、执伞铜俑、杖饰等；装饰品主要有金腰带、金项链、金手镯、扣饰等。其中大多为青铜器，乃是李家山文化的精髓所在。

李家山文化遗址出土的青铜器不但数量多，而且有着极高的艺术欣赏价值。特别是牛虎铜案，主体是一头膘肥体壮的公牛，四足为案的四个腿，牛背被艺术化地处理成椭圆形的案面。牛腹下面横站着一头小牛，一只猛虎则咬住大牛的尾部。整个铜案的造型动静相间，给人以强烈的艺术震撼。此外，还有一件很特别的文物——虎牛鹿贮贝器。贮贝器是云南地区特有的器物，主要用于存放贝币。这件虎牛鹿贮贝器的器身为圆柱状，三足而立，其一足为托鼎奴俑，器身上还绘着孔雀和赶牛持斧人。盖子的中央立着一头孔武有力的牛，四周环立着一虎三鹿。老虎瞪着眼准备进攻面前的鹿，牛则举着坚硬的角对猛虎作威慑和警告状，堪称此文物最为精彩之处。除了虎牛鹿贮贝器外，还有祭祀贮贝器、纺织贮贝器、驯马贮贝器、鼓形贮贝器等。其中以祭祀贮贝器的场面最宏大，人物多达 35 个，其中有坐在轿中的女贵人，有抬轿、开道、执华盖的仆人，播种的农民，从事交易的商贩等，神态各异。在众多人物造象中，除了有赤脚的云南本地人外，还有一个足蹬卷头马鞋、高鼻深目的西亚人，这说明当时已经有外国人来到云南。

自 20 世纪 70 年代开始，李家山文化遗址出土的青铜文物先后在日本的东京、名古屋，瑞士的苏黎世，奥地利的维也纳，西德的柏林、科隆、斯图加特，意大利的罗马等名城展览，深受各国友人的欢迎。1993 年 1 月，国家在江川县城建成立了我国第一座青铜器博物馆——云南李家山青铜品博物馆，出土的大多青铜器都在此处进行展览。

九、富源大河乡茨托村旧石器时代洞穴遗址

茨托村旧石器时代洞穴遗址位于云南富源县城东南，共有 2 个洞穴，其中的 1 号洞大约距今 10 万年，2 号洞的时间稍晚一些。这两处遗址共出土了 3 枚牙齿，其中 2 枚属旧石器时代中晚期，另 1 枚的年代较之前 2 枚更早。

2001 年，经国家文物局批准，云南省文物考古研究所对茨托村旧石器时代洞穴进行了首次发掘，出土了一件燧石刮削器。2002 年，考古研究所扩大发掘范围，除了发现更多石制品外，还发现了一层平整坚硬的石面。这个石面大约有 30 多平米，是用有一定圆度的石灰石碎块铺成的地面。地面呈灰白色，

凹凸不平，但能阻隔潮湿。当时，由于受条件限制，进一步发掘只能暂停。在2号洞的发掘过程中，考古人员发现了2枚早期人类牙齿化石，1枚为犬齿，另一枚为门齿，同时在1号洞中也发现了1枚门齿，这就是上面所说的3颗人类牙齿化石。

接下来，考古工作者在1号洞穴口还发现了古人类烧火遗迹及炭屑。在发掘2号洞的文化层堆积时，发现了反映旧石器时代人类生活的火塘、烧骨、碳屑、红烧土、颜料等，还出土了石球、石片、砍砸器、刮削器、雕刻器、尖状器等大量石器。后经专家推测：2号洞可能是一个长期居住的场所，或者是一个石器加工场。此外，在两个洞穴中还发现了数千件东方剑齿象、中国犀、猴、虎、巨貘、黑熊、野猪、鬣狗等动物化石。

2006年3月，全国多名专家云集大河乡茨托村，再次对遗址进行发掘。当工作组在2号洞内挖到第7层垂直剖面时，发现了一颗古人类臼齿，随后对其进行了仔细的发掘，却没有发现其他人类骨骼化石。据推测：出现这种现象的原因是大河地区的土质呈酸性，具有一定侵蚀性，骨头很难保存下来。此次挖掘再次出土了大量石器，其中有一些很精致的刮削器和尖钻器，还出土了鹿、猪鼠、熊、牛等动物的骨片化石。

茨托村旧石器时代洞穴遗址的发现及出土的大量文物，特别是部分砍砸器、刮削器、尖状器等石制品体现出早期人类的石器制作技术，对研究早期人类的文化技术具有重要意义。

十、玉溪抚仙湖底“庞贝古城”遗址

抚仙湖位于云南中部的玉溪市郊区，距首府昆明约60公里，水域面积约211平方公里。北大考古专家于希贤和两名记者曾多次乘潜艇潜入抚仙湖底，采用一系列高新技术手段，对水下的古滇遗址进行了观察和勘测。

通过专家的水下拍摄及对国家有关水文勘测资料的综合分析，初步确定了抚仙湖底古文明遗址的方位和成因。专家们认为：该遗址是一座古滇聚落群，建筑构造与古长城埂相似，聚落群中的各类建筑均采用石料，其中出现大量加

神秘的抚仙湖

工的石材和建筑。

遗址由 8 个石头建筑群组成，分布在南北长 2000 米、东西宽 1200 米的水域里。8 个群落的面积大小不一，区域面积约为 2.4 平方公里。遗址核心区域的 5 个群落连成一片，各个群落建筑形态各异，水下的深度也不相同，而且聚落区内功能分区也不同，有房基、石板道路及规整的墙体，显示此聚落已初具城市功能。

那么，这个古聚落群为什么会在水下呢？

原来，这是一次巨大自然灾难造成的结果。当初，古滇聚落群傍山临水而建，附近有数座大山，在一次地质灾难中，古滇聚落陷落到水中。之所以如此推论，是因为附近的山体上有大面积断裂和明显陷落的痕迹，专家认为此处山体下陷的年代约在两三千年前。除上述解释外，有的专家认为：由于此处地形发生变化，湖的出水口被堵塞，湖水上涨导致古聚落群陷入水中。目前，古聚落群的真正下陷原因还有待进一步考证。

如今，由于抚仙湖底的古建筑群遗址规模宏大、年代久远，具有一定城市功能，因此被部分专家称为中国的"庞贝古城"。

十一、西双版纳檀姆娜米洞
中石器时代遗址

据考古显示，西双版纳的檀姆娜米洞是云南第一个有陶器遗物的人类遗址。

西双版纳傣族自治州位于云南省最南端，当地居住着彝、瑶、傣、拉祜、苗、佤、汉、哈尼、布朗、基诺等多个民族。其地处热带，为热带雨林气候，终年温暖、湿润、多雨。由于气候条件好，这里森林覆盖率很高，州内植物和动物的种类分别占全国的 1/5 和 1/4，素有"动物王国"、"植物王国"、"物种基因库存"的美称。

檀姆娜米洞就位于西双版纳一座山脊西北坡的山腰处，坐东朝西，从北向南有 4 个大的溶洞群，檀姆娜米洞就是第二个洞。其洞口处有一块坍塌的三角形巨石，使得整个洞口形成三角形裂隙，显得极为隐秘。

1996 年，景哈乡的一位村民在岩洞中发现了一些石器，引起了文物部门的高度重视。1997 年，云南省文物考古研究所和西双版纳州文物管理所、景洪市文化馆组成了联合考古队，对景哈乡的檀姆娜米洞进行考察，发掘出大量被食用过的动物的骨化石、陶器、石器、骨制品、角、植物种子、蚌制品等。经过专家鉴定，这是距今 1.3 万—1.8 万年的人类活动留下的，属于中石器时代遗址。

十二、迪庆塔城铁桥遗址

迪庆自治州位于云南省西北部，地处云南、四川、西藏三省的交界处，东部与四川省甘孜藏族自治州和丽江接壤，西部与怒江傈僳族自治州交界，西北部与西藏昌都地区毗邻，南部与丽江纳西族自治县隔江相望。

迪庆属青藏高原南部的延续地带，横断山脉西南腹地，地形呈纵深切割之势，高低悬殊大，最高 6740 米，最低海拔 1480 米，平均海拔 3380 米，是云南省海拔最高的地区。境内有三山两江：三山是云岭山脉、怒山山脉、贡嘎山脉，两江为澜沧江、金沙江。

新中国成立之前，迪庆还处于封建农奴社会，但是这里的人类文明起源却比较早。早在六七千年前，各民族的先民就在这里生存和繁衍。大约 2300 年前，吐蕃先民就在此创造出丰富多彩的土著文化（迪庆为藏语，意为"吉祥如意的地方"），迪庆塔城铁桥就是吐蕃人在 7 世纪时建造的。

塔城铁桥又称神川铁桥，架设于金沙江上，是沟通吐蕃和南诏的一座重要军事桥梁，大约建于公元 7 世纪的唐朝。当时，吐蕃的势力很大，在今天的塔城地区设置了神川都督府，势力很快就渗入到迪庆州和丽江等地。这座铁桥相传是吐蕃王所建，当时由于有铁桥，此处还出现了一个繁荣的铁桥城。公元 794 年，南诏王异牟寻为表示自己归顺大唐的诚心，拆断了铁桥，以示不与吐蕃交往。

现在的塔城铁桥遗址附近有一个古渡口，从这里乘船到对岸就可以看到岩石上曾经绕固铁桥铁链的石孔痕迹，在冬季水清时还能看到落在水里的铁环。

十三、苍山文化遗址

苍山又名点苍山，还叫玷苍山、熊苍山、大理山，位于云南省西部大理白族自治州境内，属横断山云岭山脉。苍山山脉由 19 个山峰组成，最高峰为马龙峰，海拔 4122 米，低点的海拔也在 1300 米以上。苍山的地理高度差较大，是滇中高原植物区系和横断山脉植物区系的交汇地，因此这里的植物资源十分丰富。苍山的动物种类也比较多，主要有黑熊、野猪、麂子、小熊猫、弥猴、飞鼠、穿山甲、岩羊等 80 余种野生哺乳动物，以及大杜鹃、大斑鸠、大山雀、白腹锦鸡、灰头鹦鹉、棕胸竹鸡等 120 余种鸟类。

苍山也是人类文明开发较早的地区，早在 20 世纪 30 年代末，当时的中央博物院吴金鼎、曾昭燏、王介忱等三人就奉李济先生之命，对大理进行过人类古迹的调查活动。结果，他们在苍山发现多处新石器时代的文化遗址：小岑遗址、马耳遗址、佛顶甲址、佛顶乙址、马龙遗址、龙泉遗址、三阳遗址、鹤云遗址、中和遗址、苍琅甲址、苍琅乙址、苍琅丙址、苍琅丁址、苍琅戊址、莲花四甲址、五台甲址、五台乙址、虎山遗址、捉鱼村遗址、白云遗址、下关遗址等。其中出土了石斧、石凿、半月形双孔石刀、断线压纹陶、带把器和圆底器等，这些文物均说明这里是 4000 多年前的新石器时期文化遗址。

新中国成立后，云南省博物馆在苍山发掘了五指山遗址、中和遗址、余家田遗址、小岑遗址、双鸳村遗址、鹤阳遗址、上关遗址等七处新石器时代文化遗址，出土了大量文物，对揭示大理地区新石器时代的文化面貌，研究大理地区新石器时代文化都具有重大意义。

秀丽的苍山风光

十四、永胜"天坑"地震遗址

永胜县地处丽江市的东南部，为低纬高海拔地区，主要以热带山地季风气候为主，冬春干旱，夏秋多雨，南部热旱，北部暖湿。由于光、热、水土及生物资源良好，此处物产丰富，素有"滇西北粮仓"的美称。

在永胜程海镇境内，有云南九大高原湖泊之一的程海湖，湖畔的凤羽山下是韶山毛氏与永胜毛氏的始祖——毛太华生活并留下后裔的地方。永胜县旅游资源比较丰富，有风光优美的"永胜十景"、"东圃群芳"、"西光远眺"、"灵源胜景"、"龙潭莲锦"、"笔晴岚"、"夏雪奇峰"、"金江雁字"、"程海渔灯"、"秋霖瀑布"、"金沙晚渡"。此外，县城西北部还保存着世界上最完整、场面最宏大的古地震遗址——红石崖古地震遗址，也就是天坑遗址。

　　地震"天坑"是指由特别强烈地震作用而形成的、规模特别大的地震陷落地貌景观。永胜红石崖"天坑"位于永胜盆地西山的两个山峰——打鹰山与芮官山之间，远看好像山被劈开一般，近看则是一个隐藏的、形似马蹄的地震天坑。"天坑"的坑口长约 2 千米，宽约 1 千米，是一个由上部开口、深 200 余米的坑和一个稍微狭窄但深约 300 米的谷复合而成的，总深度约 500 米。这个遗址主要分布在红石崖、龙洞山、哨丫口、芮官山、打鹰山、鸡冠山、关丫口、麻冲等地。地貌表现形式有："天坑"、地震裂缝、地震崩塌、断错水系、地震槽谷、地震滑坡、地震断层等。

　　自 20 世纪 60 年代以来，中外科学家对永胜天坑进行了多次考察，最终确定了形成天坑的原因和时间。原来，滇西北地区处在地震多发区，而永胜又处在澄海断裂带、大厂断裂带和箐河断裂带。这三个断裂带都属于地震活跃区，在过去的三四千年内曾发生过许多次强烈的地震，其中最强烈的一次发生在 1515 年 6 月 17 日（明正德年间）。此次地震的震级为 8 级，震中位于红石崖。地震对当时的老县城地表产生了巨大破坏作用，不但使此处成为一片废墟，还形成了著名的永胜红石崖"天坑"大地震遗址。

　　红石崖大地震遗址的存在对地质新构造运动、生物链的衍生和大震的复发周期等都有非常高的科学研究价值。如今，此遗址已成功申报为国家级典型地震遗址。

十五、沧源农克硝洞旧石器时代早期遗址

　　沧源佤族自治县位于云南省临沧地区西南部，西部和南部与缅甸接壤，全县多为山区，古时曾被称为佧佤山区、阿佤山区或"葫芦王地"。三国魏晋时期，沧源属哀牢县辖区，南朝时属宁州，南诏时为银生节度地，大理时归永昌府管理，元时属木连路军民总管府和孟定路军民总管府，明时属孟连长官司和耿马安抚司。民国初年，此处建立了沧源行政委员会，归迤南道管辖，1963年 9 月正式定名为沧源佤族自治县。

　　在沧源境内，有享誉国内外的三千年古崖画、南滚河国家级自然保护区，

保存着完整的原始生态群落，拥有丰富的动植物资源。此外，古朴的佤族风俗及多姿多彩的佤族歌舞还使其拥有了"佤族歌舞之乡"的美誉。其实，沧源不但有著名的崖画、多姿多彩的佤族舞，还有著名的沧源农克硝洞旧石器时代早期遗址。

沧源农克硝洞被当地百姓称为硝洞，位于沧源县勐省镇农克办事处南1公里的贺猛河东岸，海拔1195米。这个洞的洞口朝向东北，洞口到岩壁呈斜坡状，地层含有石制品、烧骨、炭屑、化石等。可惜的是，大部分地层已被当地百姓在挖肥料和"龙骨"时破坏了。面对沧源农克硝洞遭到的破坏，云南省文物考古研究所和临沧市考古所组成文物考古调查队，对临沧农克硝洞进行抢救挖掘，发现了砍砸器、刮削器、手镐、薄刃斧、石核等众多石制品。这些文物的原料为花岗岩、玄武岩砾石，加工比较简单、粗糙，大多是以单面加工为主，而且石制品的平均大小为10厘米。经过专家初步研究认为：这里属于旧时器时代早期遗址，文化性质应与蓝田人遗址、郧县人遗址相当。

沧源农克硝洞的发现，是继云南省元谋人遗址发现后，再次发现的旧石器时代早期遗址。值得关注的是，在洞穴内发现旧石器时代早期文化遗物在云南还属首次，这为寻找元谋直立人（猿人）阶段的人类化石提供了重要的线索，对研究我国华南与西南地区旧石器时代早期文化具有重大意义。

十六、石林县人类旧石器时代遗址

20世纪60年代，考古人员在云南石林县发现了人类旧石器时代遗址。这是在云南省发现的第一个旧石器时代遗址，当时考古专家们保守估计此遗址大约距今3—4万年。后来由于种种原因，对这个遗址的发掘和研究停止了，旧石器遗址也逐渐被人们遗忘在石林县。

40多年后，云南的考古专家再次对这里的人类旧石器时代遗址进行发掘，发现了很多旧石器，其中有小型石器、水晶雕刻器、半月型刮削器、修理台面的石核等。这些石器引起了专家们的关注，因为这个遗址中的旧石器与欧洲旧石器时代中期占统治地位的"莫斯特"文化很相似，说明此文化遗址距今已有

4万—12万年，推翻了当年认为该遗址距今4万年的推论。

后来，通过核能所对文物的测定，将此遗址的年代定在70—80多万年间。之后，科研人员还根据现场考察的情况描绘了一副史前图画：几千万年前，这里曾是一个巨大的湖泊，生存着很多古老的动物。后期青藏高原隆起，附近的山体提升，湖泊开始干涸。大约100万年前，此处逐渐下沉变为盆地。就在此时，原始人出现了，并逐渐掌握了制造石器的技术。

毋庸置疑，石林旧石器遗址的发现，为研究人类起源和发展，以及与欧洲文化的交流提供了重要证据。

十七、云南观斗山石雕

在云南威信县东北40公里处屹立的群峰之首便是观斗山，其毗邻四川叙永县，海拔1880米，观斗山石雕就位于观斗山上。

据史书记载：观斗山上的庙宇始建于明代，当时以观斗山为中心，建有昆仑山、小西天、神速林山等10多座庙宇。庙宇规模宏大、气势雄伟，是川滇交界处的佛教圣地。清代曾进行过数次扩建和维修，清末民初遭到损坏。1934—1937年间再次进行大规模的修建，复原了9座殿堂，占地10余亩。20世纪60年代后期，庙宇在无人管理的情况下逐渐衰败，后来全被拆除，木制雕塑也全被毁掉，很多石雕造像坍塌，庙宇遗址被淹没在荒草丛之中。

1985年，观斗山寺庙遗址受到政府的重视，被列为威信县重点文物保护单位。经过10多年的维护修缮，大部分殿宇恢复了原貌，现存的石雕像也进行了分类保护，被分别放在修缮好的九大殿中。第一殿是佛祖殿，内部供奉着一佛、五菩萨、二弟子，其中的千手观音、文殊、火池菩萨为石雕像。第二殿是关圣殿，供奉关羽、周仓、关平等人的雕像。第三殿是王母殿，供奉着王母、八仙和二弟子的石雕像。第四殿是三教殿，供奉着孔子、释迦牟尼和太上老君的石雕像。第五殿是雷祖殿，供奉着雷祖和雷部十天君的木雕像。第六殿为瑶池殿，供奉瑶池、无极、女娲、盘古、轩辕、伏羲、神农、斗母等道教神祇的石雕像。第七殿为黑煞殿，供奉张献忠、鲁班、张郎、赵巧等人的石雕像。第八殿为弥勒殿，内部造像全为弥勒像。第九殿为玉皇殿，供奉玉皇、元始天尊、天将、天兵的石雕像。

九重大殿内现有100多件精美的石雕作品，都是罕见的艺术瑰宝，且造像匠心独运、想象丰富、雕刻细腻、形神兼备，反映了云南地区近代雕塑的传统技艺特点，展示了川滇交界地区的宗教文化特征。如今，观斗山石雕已经成为云南省重点文物保护单位。

十八、南诏国太和城遗址

太和城遗址位于大理古城南7公里的太和村西苍山佛顶峰，遗址西起佛顶峰，南至洱滨村，面积约3平方公里。现在的遗址存有南北两道夯土城墙，西部佛顶峰上有建于唐天宝六年（747年）的金刚城。此外，遗址中还有南诏德化碑，碑西为南诏宫殿建筑。

太和城曾经是古代南诏国的都城，唐开元25年（公元737年），蒙舍诏皮逻阁在唐朝的支持下统一六诏，建立南诏国。公元739年，迁都太和城。779年，南诏王异牟寻迁都羊苴咩城。在迁都羊苴咩城前，这里一直是南诏国都，也是南诏前期的政治、经济、文化中心。明朝后期，此城逐渐荒废，如今只有一些断壁残垣。

遗址中的南诏德化碑立于赞普钟十五年，即唐太历元年（公元766年），是南诏王阁罗凤被吐蕃强迫叛唐以后所立。碑文内容丰富，讲明自己是受制于西戎，不得已才叛唐的。同时，还详细地叙述了南诏初期的历史、南诏和唐朝的密切联系、双方曾发生战争的经过等。

整个石碑有阴刻文41行，是研究南诏初期的重要资料，同时也为研究南诏的形成、社会制度、云南各民族的关系、唐王朝和吐蕃的关系等提供了重要的文献资料。

第三章

历 史 印 痕

　　只要是人类活动过的地方，就一定会留下历史印痕，一方面述说过往的故事，一方面为后人的探寻留下蛛丝马迹。云南是一个有着悠久历史的地区，自然少不了各种历史的印痕。它们或展现云南辉煌的建筑文明，或讲述云南的官宦历史，或记录云南的宗教历程，或再现云南的大户人家……不一而足，却都精彩绝伦。

一、真庆观古建群

　　真庆观古建群位于昆明市中心拓东路与白塔路交叉口东北角，由真庆观、都雷府和盐隆祠三部分组成。其中，真庆观以紫微殿为核心，结合老君殿的东、西厢房组成了一个院落；都雷府以雷神殿为核心，与门楼、清风亭、火神殿和一些厢房组成院落；盐隆祠以大殿为核心，由前殿、戏台和南北厢房组成一个院落。

　　真庆观原名真武祠，始建于元代。明永乐初年，长春真人刘渊然谪滇时就居于此观。洪熙初年，他被召回京城供职，于是请求把自己在昆明住过的真武祠改为真庆观，并让他的弟子蒋日和做真庆观的住持。宣德四年（1429 年），由黔国公沐晟兄弟出资，蒋日和主持了道观的扩建。6 年后，道观修建完工，蒋日和被封为"明真显道弘教法师"。他被褒奖后，更加精心地经营道观，真庆观也一度成为昆明附近香火最旺的道观。蒋日和逝世后，他的师弟徐道广接任主持。徐道广很有道术，使得真庆观的规模继续扩大。自明正统至嘉靖及清朝各代，都对真庆观进行了修葺和扩建。民国时期，当地政府还颁布了保护真庆观的布告，但到民国末年道观的香火就已经很冷清了。

现在真庆观由前殿、紫微殿、老君殿等组成。三个大殿均坐北朝南，建在南北轴线上，轴线两侧是前殿与紫微殿相接的回廊。紫微殿为土木结构单檐歇山顶式建筑，整个建筑保留了明代建筑风格，斗拱粗大疏朗，木梁结构具有明代皇家建筑的风格。大殿中央的顶部原来有一个结构精巧的八卦太极图藻井，但在后来的整修过程中，太极图被改为飞龙图。大殿内供奉着紫微大帝，左右配以雷神和真武像，两旁各有七八个雷部神像。原来的正殿东西廊为群仙廊，供有60多尊道教神仙，现在神像早已不存在了。紫微殿后面是老君殿，它还保留着元代建筑风格，殿内供奉着太上老君和其他神像。

真庆观紫微殿的东侧就是都雷府，它原来是真庆观的附属建筑，专门用来祀雷神。其始建于清康熙年间，在正脊下有"大清同治十二年岁次癸酉闰六月吉旦，会城官绅士庶众善姓全住持等重修"的题字，说明它在这时候进行了重修。

都雷府的大门为斗拱承载的单檐，四角翘起。大门门楣前书"都雷府"，后题"万古神风"，两侧有一副对联："愿天常生好人，愿人常行好事。"大门内有一个方亭，名"清风亭"，正脊上写有"大清嘉庆二十一年岁次丙子六月十六日吉旦……立"。清风亭造型独特、斗拱承载、雕梁画栋，亭内上方有雕龙的精致藻井。亭后是雷府大殿，整个建筑为单檐歇山顶式土木结构，大殿外有一对石狮，外廊有很多的雕花石栏。都雷府大殿在清代时除了供奉雷神外，还塑有一座灵官像。都雷府殿侧有一香油井，用以存储香油供各殿使用。其北面的古建筑是火神殿，内部供奉着火神。都雷府往北还有一个水质甘洌的古井，名为八卦井。现存的都雷府古建筑，比较好地保留了清代早期的建筑特征和彩绘风格。

盐隆祠位于都雷府的北侧，始建于清光绪七年（1881年），是由云南的盐商集资兴建的，到了民国时期，全省的盐行也设在这里。盐隆祠建筑群坐北朝南，由戏楼、前殿、前殿东西厢房、大殿、大殿东西厢房、耳房等建筑组成。大殿为土木结构，进深两间，面阔三间，楼上有走廊，花厅刻有二十四孝图等传统画，石栏上有栩栩如生的浮雕，外檐彩绘部分使用了档次较高的贴金工艺。整个建筑群较完整地保留了本地区建筑结构特征和彩绘风格，特别是戏楼，具有较高的研究价值。

真庆观古建筑群囊括了元代、明代、清代早、中、晚期的建筑，是当地建筑发展的实物例证，也是宗教、建筑艺术的完美结合体，其有很高的保护和研究价值，现在已经成为昆明历史文化名城的标志性建筑群之一。

二、百年土司衙门

云南元阳除了有驰名中外的哈尼梯田、哈尼蘑菇房外，还有历史悠久的土司衙门。它位于元阳县攀枝花乡，也叫猛弄司署，是明清封建王朝赐封的少数民族首领土司起居生活、办公、审案的地方。

土司衙门建筑一角

猛弄司署最早建造于黄草岭，后来几经搬迁，最终在与纳楼芭蕉岭土司普天庆家联姻后，选定了在攀枝花乡建盖衙门。此时，猛弄土司正处于发展的最鼎盛时期，他所建的衙门在红河两岸是最气派的。当时，红河两岸共有大大小小 18 个土司，其中猛弄土司是最有威望的，因为他是皇上封的世袭土司。清雍正十三年（公元 1735 年），皇上封猛弄为临安府所辖的世袭掌寨。

最早的猛弄土司由昂姓酋长担任，旧衙设在多孔。公元 1735 年，这个土司死了，可他的儿子还很年幼，其妻白氏就掌管了所有的权力。其间，猛丁寨长张仪登看昂家孤儿寡母，便把靠近猛丁的猛弄地盘占为己有，向临安府纳款造册申报其辖境。猛弄寨长白氏知道这个消息后，持历代印符到临安府，控告猛丁寨长张仪登强占猛弄寨一事。临安府长官当堂验证印符，问其姓名时，昂白氏把姓氏错报为白姓，从此猛弄的寨长就改姓白。白氏在黄草岭的衙门曾因生活严重缺水而迁到猛品、哈播、归洞等地，后又因惧怕猛丁掌寨吞并猛弄，再度迁回旧衙。后来，经芭蕉岭土司普天庆指点，选攀枝花为新址，大兴土木建盖猛弄司署。

护国战争爆发后，猛弄土司拥护唐继尧和蔡锷，这一举动得到云南军阀的赏识，世袭猛弄掌寨改为世袭猛弄司署。后来，国民政府在红河两岸进行改土归流，推行区、乡、镇制度，猛弄司署被改为建水第九区猛弄乡，但猛弄乡的土司制度依然保留。1940 年底，猛弄土司白日新成为滇越边区抗日第一游击支队副司令兼第三大队长。他带领族人抗击日军，得到民众的拥护。两年后，白日新成为第一集团军边疆游击联合司令，一跃成为十八土司的总头领，并巩固了猛弄土司的地位。正当事业如日中天时，白日新却病倒了。他去昆明治病时，江外几个土司买通了医生，在白日新服的药中下了毒。后来，白日新被送到甘美医院进行抢救，最终因抢救无效而亡，时年30 岁。由于孩子还小，他的妻子张惠仙成了代理土司，后来她把司署的管理事务交给其他人负责，自己和儿女住到了昆明。解放后，江外的部分反动土司阻挡解放军进驻，张惠仙为协助解放军重新回到了猛弄。此后，她担任了猛弄乡乡长。

猛弄司署坐南朝北、依山而建、气势恢宏，衙门由四组共 130 级台阶上下相连，第一组台阶不同于其他台阶，要略宽一些。衙门的门上悬着镌有八个金色大字"皇封世袭猛弄司署"的木匾。司署两侧是士兵住房，均为角楼式建筑，有大圆柱石鼓柱脚，门头和柱子上还雕刻着很多花鸟图饰。第二组台阶上建有一套厢房，第三组台阶上有一些厢房，第四组台阶则可通到司署大院。大院由一幢两层的正楼、左右两边的两层厢房及正面的屏风房组成。整幢司署自下而上设有兵房、兵头房、牢房、老总房、团长房、书房、佛堂、议事厅、土司家人住房等。司署的议事厅内悬挂着一个木匾，上面写着"内圣外霸"四个刚劲有力的大字，匾的两边还挂着十八土司的画像。

三、景真八角亭

景真八角亭位于勐海县城西16公里南哈河畔的景真山上，在傣语中称窝苏，属佛教建筑中的戒堂，也是佛教高级僧侣讲经、忏悔、开会议事和晋升佛爷的场所。

八角亭最初建于公元1701年，原来是景真勐级总佛寺内的一个重要建筑，由该佛寺的高僧建造，迄今已有300多年的历史。八角亭造型玲珑华丽、别具一格，通高20米，底部直径10米，亭基高5米，是我国小乘佛教建筑中的一件精品。

亭子为砖木结构，呈八角形，由座、身、檐、面、顶五个部分组成。基座为折角亚字形，亭身有三十一面、三十二个角。八角亭的偏厦从下到上逐层收缩，样子十分美观。其屋面上都覆盖着富有光泽的琉璃瓦，屋脊上还安置着傣族人精心制作的陶质卷草花卉、宝塔，八个角顶上饰有金鸟、凤凰陶塑，边沿挂有铜铃，亭冠有一把金属制作的伞盖。

八角亭的东西南北四面各开有门，东边的正门呈拱形，上方设有卷龛，供奉着一尊铜质佛像。两扇厚重的红椿板大门上，分别雕刻着傣式太阳花和双龙绞尾图案。正门前有一木梯与石阶相连，两侧各立着一条神龙和一头雄狮，神龙摇头摆尾，雄狮张牙舞爪，栩栩如生。在亭室内有二十四面墙，墙壁内外印有各种金银粉漏版金水图案。亭顶为呈锥形攒尖顶式的多层屋檐，12根长10米的横梁撑起十层别致的八角形楼阁，且面上铺有平瓦。

景真八角亭自建立以来历经沧桑，但在傣族人民的精心保护下，最终完好地保存了下来。现在，它已经成为境内外信仰南传上座部佛教的各族群众心目中的瑰宝，并于1988年被国务院公布为全国重点文物保护单位。

四、马 家 大 院

马家大院位于昆明老城区景星街小银柜巷 137 号，原是护国军元老、滇军名将洱源人马珍的宅院。大院始建于 1923 年，整个建筑坐北朝南，建筑面积为 1100 平方米，两层木楼房相通，中间有一个大的青石板天井，屋角还有四个小天井，这就组成了典型的"四合五天井"白族民居经典建筑，居住环境很清幽。

步入马家大院，就能看到大院内色彩纷呈的青瓦白墙和朱红门窗。整座大院是两层土木结构四合院，中间的大天井和四角的小天井组合成了传统的"四合五天井"样式。上楼有三座木梯，从任何一个木梯上楼都可通到所有的房间。每间房门都是六扇，俗称"六合同春"门，而这种木楼的结构则被称为"人马串过楼"。大院在建成之初是一个传统四合院形式，于 20 世纪 30 年代末扩建时改造成了白族的"三坊一照壁"风格。大院东侧为打通的厅堂，建有一个照壁。

马家大院外观有精工雕凿的福寿康宁、五福临门、牡丹朝阳、二龙戏珠和琴棋书画等民俗图案；柱头和接口都雕有金瓜、葫芦等造型。大院北面的正房楼上是一个佛堂，里面供奉着释迦牟尼、观音菩萨和福禄寿三星；楼下的一间房是供奉祖先牌位的地方。南面的二楼是客厅，挂有袁嘉谷、陈荣昌等名家的字画。大院建成时还有一个广植桑树、刺柏、元柏、紫荆等大树和各色花草的后花园，并凿有一个小小的水塘。逢年过节时，马家就在花园大宴宾客，但是现在花园已不复存在了。

马家大院在建筑结构上很独特，它承重结构的立柱和梁穿斗相互连接，形成互为依托的框架，梁坊、立柱、穿坊斗拱又结合为一个稳固的整体。在建筑的围护方面，采用了土基镶墙，屋面用嵌泥座浆的筒板瓦屋面，这样就可以避免屋瓦脱落，防止风沙入侵。

由于建筑精细、选料认真，大院建成至今虽经 80 多年的风雨，却依然保存完好。大院生动地体现了中原建筑文化与云南少数民族建筑文化相融合的特色，既保留了传统意义上的老四合院，又融入了独具白族特色的典型民居的建筑风格，具有很高的研究价值。2001 年，在联合国亚太文化遗产评选中，亚太地区有 40 多个国家申报了约 500 个参评项目，昆明马家大院顺利入围。

五、茶马古道

"茶马古道"是云南、四川与西藏之间的古代贸易通道，起源于古代的"茶马互市"。茶马互市是我国西南历史上汉藏民族间一种传统的以茶易马或以马换茶的贸易。人们在用四川和云南的茶叶与西藏的马匹、药材交易时，以马帮来进行运输，他们所走的路线就被后人称为"茶马古道"。

"茶马古道"不仅连接川、滇、藏三地，还伸入不丹、锡金、尼泊尔、印度境内，更远处甚至抵达西亚、西非红海岸。根据考古和历史文献资料记载：早在汉唐时期，西南就出现了马帮运茶的古道。两宋时期，滇、藏、川的茶马互市交易频繁。明清时期，茶马互市的规模更大，内容也更加丰富。当时运进西藏的主要是茶叶、瓷器、丝绸、布匹；从西藏运出的大多是马匹、羊毛、皮张和药材。据相关资料显示：仅在清顺治十八年（1666 年）一年的时间内，运入云南的茶就达 3 万多担，交换了上万匹骡马。从云南、四川至西藏，往来的商人和马帮日复一日、年复一年地长久跋涉，由此形成了茶马古道。

茶马古道的路线有两条：一条是滇藏道，它是从云南普洱茶的产地（今西双版纳、思茅等地）出发，经下关（大理）、中甸（今香格里拉）、丽江、迪庆、德钦，到西藏的芒康、昌都、波密、拉萨，再幅射至藏南的泽当、后藏的江孜、亚东，然后出境至缅甸、印度；另一条则是川藏道，它是从四川的打箭炉（雅安）出发，经泸定、康定、巴塘、昌都至拉萨，再经后藏的日喀则，出境到尼泊尔、印度、缅甸等地。在云南段的古道上有一个必经之地——十二栏杆。这里危崖耸立、山势峭拔，号称滇藏茶马道上第一道险要，还是当年内地接通中甸的咽喉之地。这里的马帮路只有 1 尺多宽，下面就是万丈深渊。道路对面就是玉龙雪山，路两旁悬壁如削、古木参天，令人胆战心惊。

"茶马古道"不仅在古代的商贸中有重要地位，在近代也发挥着重要作用。在抗日战争中，我国的东南沿海相继沦陷，外援进入要走的滇缅公路也被日寇截断。这时"茶马古道"就成了我国当时唯一的陆路国际通道，在抗战中发挥了巨大作用，成为我国西南一条进行对外联系和交流的国际通道。

现在，随着现代化交通手段的发达，往昔茶马古道的运输作用已被214、317、318国道所代替。它虽已沉寂于崇山峻岭之间，但作为可以与丝绸之路相媲美的古代商路仍然令人怀念。

六、陇西世族庄园

陇西世族庄园位于新平戛洒耀南的白虎山岩下，是世袭土司——岩旺土把总李显智——末代传人李润之的宅第。陇西李氏家族兴起于清乾隆三十三年（1768年），当时李氏家族的祖先李毓芳因征战云南有功，被皇帝诰封为"世袭云骑尉"。清乾隆五十三年（1783年），其子李显智又被皇上封为"世袭岩旺土把总"，官居七品。后来，他们的后代都是世袭土司，但是十几代人的努力没有使他们真正发迹，在东瓜岭的李氏旧宅也是普普通通。

直到陇西世族的末代传人李润之出现，李家的家势才出现了很大的转机。他继承了土司的职位后，

陇西世族庄园

在当时的军阀混战中因援助龙云有功，最终成了云南陆军第五独立团少将团长兼新平等五县的联防长官。此后，李润之还采取黑吃黑、走私贩盐、经商、办厂等手段，很快就为李氏家族积累了丰厚的资本。而且，他在黑白两道中都有势力，这使得陇西李家很快暴富。1938年冬，他开始筹划并大兴土木建造"陇西世族"庄园。为了选址，他请来很多当地著名的风水师和巫师测风水、

测地，确定房屋坐向，历经5年，终于在1943年完成了土司庄园的建造。1950年4月，全国已基本解放，但李润之和军统特务王树人等，在昆明组建"云南人民反共救国军"，并亲任中将总司令，策划了一些暴动。后来，他被昆明市公安局抓获。次年3月，李润之等匪首和特务被押回新平枪决。李润之虽然作恶多端，但是他建造的陇西世族庄园还是被政府较完好地保留下来。

陇西世族庄园占地4亩多，主要建筑依照走马转角楼形状构建，由拱形门、前院、中院、后院、花园、马厩组成，共有近60间房屋。由于陇西世族庄园修建于动荡年代，为了提高护卫能力，它采纳了欧洲中世纪的城堡建筑风络，具有坚厚的墙基和高大的围墙。庄园的大门是用大理石砌成的拱形尖顶欧式大门，上面雕有石狮、宝壶、石鼓、三角尖顶等，门头上刻着"陇西世族"几个醒目的大字。门的两侧以及后山墙、左右廊房的大墙上还有多处枪眼，从这些地方可以向外射击。

陇西世族庄园的选址和布局十分考究。它西靠白虎山的山崖，门前是漠沙坝子和红河谷，使得庄园形成依山枕水、西依山险、东控平川之势。而且，整座庄园布局结构紧凑，门前广场、前院、中院、大院、正堂依山就势、层层深入，三院一堂内具有浓厚的书香人家气息。庄园的右上方是供人欣赏游玩的养晦园，右边是专门用于储藏和烹饪食物的库房和厨房，使得庄园具备游览、欣赏、休息、住宅、防卫等多项功能。建筑的房梁、门柱、屏窗都雕梁画栋。

"陇西世族"庄园中有很多雕刻、绘画、书法等传统文化艺术珍品，尽管其中有许多古建筑、书画作品被毁坏了，但幸存的残刻、残画、残墨仍具有很高的艺术价值。园中的雕刻分为红椿木雕和大理石浮雕两种：红椿木雕是园中雕刻的精品，正堂大门的六扇雕花镏金屏门上的"佃户典租图"、"缙绅出巡图"、"少妇携子游春图"、"仙鹤猎鱼图"和"喜鹊唱梅图"等，都是奇妙绝佳的作品。大理石浮雕很多，遍及护拦、门架拱顶、柱础、花台等处。广场护拦顶端浮雕的十二生肖，大门须弥座上的"仙鹿蛤蟆图"、"蚌鹬相争图"、"蛟龙腾海图"，以及大门拱顶的浮雕"唐僧取经图"等，都雕刻得十分生动。

庄园收集的书画作品，都是当地文化名人普鸿武、朱明伟、李济美的佳作。其中的"飘漾海洋图"、"跨鹤吹箫图"、"昭君出塞图"、"夜游赤壁图"和"香远益清图"等，都称得上是画中精品。此外，很多书法作品技艺精湛，所写内容更是十分绝妙。例如写山野村夫恬淡生活的佳句："一犁春雨润无尘，晴后有人绿野耕。驱犊归来斜日下，披蓑直卧到天明。"又如昭示人生哲理、寓意深刻的名言："积金积玉不如积德，问富问贵还须问心。"

居住在"陇西世族"庄园内的枭雄早已在时代进步的涛声中灰飞烟灭，但是园中的一切却在向人们讲述着"陇西世族"当年的繁盛。

七、滇南古村落建水团山村

团山村因建于一个小山包上而得名。团山原是彝族村寨，村人大多姓张。他们的始祖张福在明洪武年间因贸易需要，从原籍江西迁至建水，后又因喜爱团山山川毓秀，再次移居到这里。现在村庄面积 16 公顷，房屋面积近 5 万平方米，大多是建于清末的汉族民居，现保存完好的古建筑有几十座，代表性的建筑包括张家花园、将年弟、司马弟、皇恩府、秀才府、大乘寺、张家宗祠、锁翠楼等。

现在团山村共有 200 多户人家，近千口人，依然保留着东、南、北三座寨门，村子的街道也是用大青石板铺成的。各户人家的大门都是主人财富与地位

古朴的建筑

的象征，大多采用高高挑起的斗拱飞檐。团山民居的布局和装饰与江南民居近似，建筑都坐西朝东、背阴向阳。每座房屋都以天井为核心，青砖作山墙的山尖、勒脚、墙裙，白灰粉饰外墙，屋面为青瓦。大门多在立体建筑一侧，经过宽窄不一的过道通往主体院落。团山村代表性的建筑——张家花园，是张氏后人张汉庭于清光绪年间修建的私宅，最能反映这种风格。

团山村现存的古民居，多是清末到民国初年建成的。他们采用典型的中原汉族传统建筑设计，并巧妙地吸收了彝族土掌房的建筑特色，由此形成了布局灵活、外雅内秀的风格。在这些民居中，有很多是一进院、二进院、三进院及纵横组合连接成的建筑院落，其中最常见的样式为"四合五天井"、"三坊一照壁"、"跑马转角楼"等。建筑物大多有木雕彩绘装饰大门，雕梁画栋，并在四壁上布置书画，甚至在壁板的后椽头上还装饰着精美的字画。据统计：团山村的诗词楹联有5000多副，其中一座楼的天花板上就有上百幅彩绘书画。此外，建筑物中沿天井的内界面也有精美的木雕，还有石雕、砖雕及彩绘，均布局合理、层次分明、简繁得体。在梁棹窗棂间的精细木雕中，工匠采取不同的雕凿方法，将穿漏和浮雕相结合，使木雕人物、动物、植物都栩栩如生。

2005年6月21日，云南建水县团山村因很好地保存了19世纪中国建筑的风貌，被世界文化遗产基金会批准为2006年世界100个纪念性建筑遗产保护对象之一，并于当年获得了云南最精美的古民居群称号。

八、云南第一个历史文化名村——郑营

郑营村位于云南石屏县城西10公里的宝秀镇赤瑞湖边，迄今已有600多年的历史。作为省级历史文化名村，它有着"云南第一村"的美称。村子面积为2平方公里，村内居住着汉、彝、傣、哈尼等族的居民。

郑营村在明洪武年间叫普胜村，是一个彝族聚居的村子。明洪武十四年（1381年），朱元璋命傅友德、侯兰玉、沐英等人，统率30多万大军出征云南。当时军中有一个叫郑太武的人，随军驻扎在蒙自。到了他的儿子郑从顺时，一家人从蒙自迁到了石屏，并选择山青水秀的普胜村定居。不久，人丁兴旺的郑从顺将普胜村改名为"郑营"。这时云南已经平定，镇守云南的沐英向明太祖朱元璋建议，移中原的大姓到云南居住，各族居民被迫迁往元江、西双版纳等地。于是，郑营又有武姓、陈姓、李姓等汉人迁入，郑、武、陈三大姓还在村内建起本族的宗祠，使得郑营变成多姓汉人聚居的大村落。

过去的郑营村好像一个完整的小城，四周筑有围墙，南北开有城门并筑有坚固的炮台，东西各建有一道栅子门。现今围墙、炮台已不存在，只保留着东西走向的青石板路。现在，郑营村东西长近千米，南北宽约 400 米，村中保留下来的青石板路把村子分成上下两半。村内有三街九巷，它们多以姓氏和地理环境命名。其中三街为南巷后街、北巷前街、村中正街；九巷是陈家巷、张家巷、西陈家巷、马家巷、李家巷、深巷、余家巷、里沟上巷、马沟上巷。

郑营村现有 400 多座四合院，保存完整的有近 30 幢。这些民居建筑很有特色，大多为土木结构、坐北朝南、青瓦铺顶的双层楼房四合院。民居的屋顶为硬山顶式，屋脊笔直，左右山尖向上翘起，左边的略高于右边的，取风水学中的"左青龙，右白虎，青龙压白虎"之意。村中著名的建筑有陈氏宗祠、郑氏宗祠等。

陈氏宗祠建造于 1925 年，坐南朝北，占地 1200 多平方米，通面宽 24 米，总进深 52 米。祠门为三开间瓦顶、砖石结构牌坊，门框用砖石拱卷。匾联用青石阴刻镶嵌在砖壁上，明间门额上有长宽约 1 米的 4 块石匾，上面阴刻着"陈姓宗祠" 4 字。匾下有郑营人、光绪时进士、曾任黎元洪总统秘书的陈鹤亭所题的对联。次间的匾联都是云南总督唐继尧所书，匾长半米多，上面刻着楷体的"源远流长" 4 个字。祠门背面的明间上有光绪时进士、著名书法家陈荣昌楷书撰写的"迪光贻令"匾，两边是他写的对联一副。在次间壁上有赵港务行书所题的"继志述事"石匾，两边是赵藩写的一副对联。

进入陈氏宗祠祠门后，沿中轴线依次分布着石桥、中殿、正殿。中殿和正殿的前面各有一个小院子，其两侧对称分布着偏殿楼阁。中殿前有一个单孔石拱桥，桥上有很多栏板和望柱，望柱头上还雕有十二生肖。中殿建在半米多高的石台上，四周建有回廊。正殿建造在 1 米多高的石台基上，大殿前有两座近 2 米高的石狮。它同样是重檐歇山顶抬梁式建筑，面阔三间，进深二间，分为上下两层楼，高大雄壮、庄严肃穆。

陈氏宗祠东面百米处有郑氏宗祠。现存的郑氏宗祠为土木砖石单檐硬山顶两进四合院结构，始建于清光绪八年，占地 700 多平方米，比现存的陈氏宗祠建造还早，但规模比陈氏宗祠小，因年久失修，已略显衰败。但是，若仔细看一下建筑上的雕梁画栋、描金绘彩，特别是宗祠屋檐上繁复的雕刻、精美的图案，其造诣绝对超过了陈氏宗祠。

在郑营村民居中，以位于村中心的陈载东的住宅最为豪华。陈宅占地约1000平方米，坐南朝北，大门以青石和砖混合砌成石墩，然后嵌上栗木门框和红椿木大门。大门的头横梁叠起，斗拱、昂枋、檐板上都有精细的雕刻和彩画的瑞兽、花草、鱼鸟等图案，门槛左右还分列着石门枕。从大门进去依次是下堂院、中堂院、上堂院。下院的左右耳房有方格梅花窗以及图案精美、雕刻细腻的屏门。中堂的楼上楼下、前前后后共有隔扇门48扇，屏门上雕刻着各种花草、吉祥物和条形格图案。上堂屋的明间可以进入耳房，左右两边还有寿字图案的圆窗，并有两根直通楼上的大圆柱。圆柱前后有吊脚柱，前吊脚柱下有镂空雕刻的木灯笼。上院楼四个角的屋檐处分别伸出三根小柱，与栏杆相连。整座陈氏民居大院十分豪华、典雅，现已成为省级重点文物单位。

在郑营村的民居里，人们还能轻易看到不少诗词、警句、对联，如"我本山中人，在说山中话，三月卖松风，人间恐无价"；"性静情逸，心动神疲"；"满腔心事凭谁说，只向花前诉一声"等。在这里，古老的民居和村民和谐相处，共同展示出深厚的历史文化气息。

九、石　鼓　镇

石鼓镇位于云南丽江西侧，距丽江古城50公里。长江从青海发源后，由滇西北进入云南，并在到达石鼓镇之前，与怒江、澜沧江一起形成了"三江并流"的自然胜境。在丽江县石鼓镇，长江从原来的由北往南前进，掉头折向东北，突然来了一个大转弯。它没有继续向南流，而是逆转奔入了中原，由此形成壮观的"长江第一湾"。

石鼓镇背负青山，面临金沙江，坐落在一片开阔的坡地上，民房多顺坡势而建，一条小街穿行其间。石鼓镇旁有一条冲江河，在它与金沙江的汇合处有一座木板铁索桥，桥的西头立一座形似鼓的青石碑，石鼓镇因此得名。唐代时，石鼓镇属于南诏铁桥节度使的属地。元朝初年，忽必烈兵分三路攻大理国，西路大军从西藏入滇，曾在此与大理军队激战，并从这里渡江一举攻下了罗波城（罗波是纳西族语，意为石鼓）。石鼓镇还是云南与西藏之间的要冲，金沙江到此后，由于江面变宽、水势平缓，很容易摆渡过江，所以这里历代都是兵家必争之地。明朝时，丽江土司在政府的支持下曾从此出兵与吐蕃交战 60 多次，并于嘉靖四十年（1516 年）进军吐蕃时取得大胜。

1936 年 4 月，贺龙、任弼时率红二方面军长征路过云南时，也从石鼓镇横渡金沙江，并成功渡江，实现了北上抗日和战略转移的目

石鼓镇一角

标。后来，丽江县人民政府在凤凰山顶上建立了红军渡江纪念碑，碑前有一尊雕塑，是一位红军与一位老艄公深情道别的场景。整个纪念碑由台基、碑座、碑身、碑额四部分组成，碑座呈方形，碑通高 8.1 米，南面阴刻"中国工农红军第二方面军长征渡江纪念碑"的字样。

石鼓镇上还有一座古代的小亭，里面竖着一个石鼓，鼓面上刻有很多铭文，记载了当年丽江土司向北进军吐蕃并得胜凯旋的功绩。在这个近一人多高的鼓面上，有一道仔细分辨后能看得见的弥合裂缝。据说它有神奇的功效，当这个缝自动闭合时，就预示着国运昌盛。1963 年，郭沫若先生曾来到这里，对此神奇之事惊叹不已，还专门留下了墨宝。后来人们就把它作为亭廊上的对联："民心得失演古今兴亡史，石鼓合开占天下治乱情。"

石鼓镇曾经是内地到西藏茶马古道上的一座重镇，集市贸易由来已久，相当繁荣，至今依然人气旺盛。而且，石鼓镇历史悠久，从这里走出了很多文化名人，如清末创办第一所学堂的周晖先生，曾任中国美术家协会云南分会副主席、擅长中国画的周霖先生等。

十、兰津古渡与霁虹桥

　　兰津古渡位于永昌古道上的天险处，今保山市罗岷山和大理永平县博南山之间的澜沧江上，自古以来就以"悬崖奇渡"而闻名天下。澜沧江是云南省内的四大河流之一，发源于青海的唐古拉山。进入云南后，澜沧江在横断山脉的山谷里奔流，两岸高山耸立、河道狭窄、险滩众多、水流湍急，给交通带来了极大不便。居住在两岸的人为了能方便交往，在江上开辟了兰津古渡。据史籍记载：早在公元前4世纪，人们就开辟出了兰津渡，并利用竹筏来往。两汉时期，人们以篾绳为桥，建成了交通工具——溜索。诸葛亮平定南中时，为了便于军队通行，在这里建造了木桥。到了唐代，这里已经出现很多木桥。

　　元代的贞元年间（1153—1156年），先不花西征时又用巨木造桥，并题名为"霁虹"，后称霁虹桥。后来桥被毁坏，人们又以舟进行摆渡。到了明洪武二十年（1395年），人们在江的两岸铸了两根铁柱，用来牵引舟渡，但水急时常发生翻船事件。明弘治十四年（1462年），江顶寺僧人了然集资建了一座铁索桥，建造时先以木头为柱，再用粗大的铁索横接两岸，然后在其上固定木板。不久，人们为了安全，又把木柱改为铁桩，并在桥上建廊。此后，霁虹桥又经过多次维修。清代时，康熙曾亲自为此桥题写了"虹飞彼岸"，所以现在东岸还建有"御书楼"。

　　现存的霁虹桥总长115米，横跨江面的距离约60米，桥宽约4米。桥身由18根铁索组成，其中承重的底层铁链为16根，用作扶手的铁链为两根，而且每边都用了30根高1.5米的铁条把扶链与底链相连，形成一个巨大的栏杆状。底部每隔6米就有一道铁夹板，用来锁住16根底链。在固定好的底链上还依次铺着4米宽的厚木板，被铁丝固定在铁链上。桥石礅是用条石在两边的山崖上筑成的半圆形，铁链则穿墩而出，并被牢牢地铆死在崖缝中。桥台上还建有桥楼，是供守桥人食宿的地方。20世纪80年代，这里发生了一次罕见的洪水和山体滑坡，大水冲坏了江边的桥头堡和18根铁索，现在霁虹桥只剩下两边的古桥墩。

　　渡口和古桥两侧的高山中还有著名的博南古道遗迹，桥西的古道大多盘山环绕，所以有"梯云路"之称。距离霁虹桥200多米开外有当年的碉堡残垣，前行不远则有一个名为"紧三步"的石券洞，古时称"飞石口"。由于上面山陡石头多，遇到恶劣的天气岩石会落下来伤人，每到这时人们就可以进洞躲避。"紧三步"前数十米处有一峭壁，名为"普陀崖"，上面布满了前人题刻的诗、联、题词，这就是著名的霁虹桥摩崖石刻。这里最早的石刻刻于明代中期，晚一点的也刻于民国后期，现存30多幅，少部分因自然剥蚀等原因已有损伤，但可辨认的还有近30幅。这些题刻从内容上看，一类是称颂长虹卧波的。如：明代成化年间所刻的"西南第一桥"、督学使吴鹏写的"沧水飞虹"、清康熙年间的"霁虹桥"等。第二类是赞美古渡天堑的。如：明嘉靖年间的"壁立万仞"、"兰津渡"、"金齿咽喉"等；清康熙年间的"天南锁钥"、"沧水飞虹"；乾隆年间的"悬崖奇渡"、"要塞天成"。最后一类是称颂劳动人民聪明才智的诗联。在这些诗联中，文采、书法俱佳的首推明代永昌（今保山）人张含的《兰津渡》，诗云："山形宛抱哀牢国，千崖万壑生松风。石路其从汉诸葛，铁柱或传唐鄂公。桥通赤霄俯碧马，江含紫烟浮白龙。渔梁鹊架得有此，绝顶咫尺樊桐公。"这首诗用楷书题于壁上，形式为横幅，每个字约有10厘米见方。在这首诗中，诗人深情地称颂了霁虹桥的历史和宏伟气势，表达了他对前人开辟渡口建桥之功的凭吊。此外，还有明代嘉靖三十九年（1560年）春，监察御史王大任题写的对联："怪石倒悬侵地隘，长江诘曲盘山多。"这个对联对仗工整、比喻贴切，生动地写出了兰津古渡的地形特点。这些题刻中所刻的大字很多，有的近2米高，气势雄浑壮丽。这些石刻作品中隶、草、楷书各体均有，既成为历史、文学、书法的宝贵资料，也为山川增添了光彩，增强了游人的逸兴雅趣。

十一、蒙自租界旧址

蒙自法国租界旧址位于蒙自县城中心地段，是清末旧中国那段屈辱历史的见证，在中国近代史上闻名遐迩。第二次鸦片战争结束后，法国开始以武力侵占越南，企图以此为基地，并利用红河作为入侵我国西南的通道。光绪九年至十一年（1883—1885年），中法战争爆发，战争在越南北部及中国东南沿海展开，中国名将冯子材在中法战争的越南之战中，率众将士大败法军。可是，昏庸腐朽的清政府竟然以此作为与法国谈和的条件，并屈从于法国的威胁，签订了丧权辱国的不平等条约，即《中法新约》。

光绪十三年（1887年），清政府又和法国大使恭思当订立《中法续议商务专条》。这个条约允许法国用蒙自东门外南湖畔及东村的土地做商埠，还可以在此享有设领事馆、海关、银行、商行和监狱等特权。很快，法国就在蒙自建立了海关和领事署，随后德、意、日、美也在这里设领事。几年的时间里，外国就在此设立了30多家洋行、银行、铁路、监狱、学校、教堂、妓院等。根据《中法续议商务专条》中的规定：法国在设蒙自海关后，就可以征收进出口关税。后来，他们还在蛮耗、马白关设分关，并在蒙自西门外及河口设立了检查的关卡。宣统元年（1909年）又增设碧色寨分关，一年后开设云南府分关，后来改称为昆明关。海关设税务司主管关务，这些人都由外籍人员控制。从蒙自法国海关开通至日本轰炸蒙自的50多年时间里，每天有五六千驮货物进出。当时外国物品充斥蒙自市场，蒙自原有的民族小工业全部被迫倒闭。

现在保存下来的蒙自海关、税务司署、歌胪士洋行、法人花园、法国领事馆、监狱等，都是当年帝国主义入侵我国的铁证。蒙自海关、税务司署位于蒙自城的武庙街，最早是一座名为听风楼的民宅。听风楼和院落民居是典型的四合院式园林，听风楼居于院落东侧，是一个单檐硬山顶样式的三层楼房，长19米，进深9米，高约9米，面阔三间。

后来，蒙自的法国海关和领事馆等迁到了昆明。1938年，西南联合大学文法学院曾迁到蒙自，这里被用做西南联大文法学院女生宿舍。1939年，日本侵略者轰炸蒙自，其屋顶被炸毁，后来就拆去了这一层。

现在，蒙自法租界旧址中保存完好并修复一新的还有哥胪士洋行。它系一幢砖土木结构的法式两层楼房，建筑面积近2000平方米，是光绪三十二年（1906年）由希腊人哥胪士兄弟建造的，目的就是为了方便通商。当时，这个洋行主要经营日用杂货和五金器材。1911年11月，蒙自发生了劫抢银行和洋行的兵乱，洋行被毁坏，在法国人的极力庇护下，云南地方政府被迫赔款10万银元重修洋行。后来，洋行在越南海防开设了总店，将蒙自的店设为分店，专门进口五金、百货、食品罐头，并向外出口蔬菜。民国十九年（1930年），昆明的分店关闭，1940年蒙自洋行也关门大吉。

后来，洋行楼上的房间被用作西南联大的教授宿舍，陈岱孙、郑天挺、陈寅恪、闻一多等著名人士和教授都曾住在那里。当时，法领事馆、法国东方汇里银行的蒙自分行等也设在这里。在这个大院落的群体建筑中，一共有50多间大小房屋，其中一些被用作西南联大的两个学院的课堂。现在洋行房屋的楼上，被设为西南联大校史和闻一多先生事迹陈列室。

十二、大姚石羊古镇

石羊镇位于大姚县城西北35公里白草岭下，古称"白盐井"，在历史上因盐业而兴盛。弯曲的香河水从石羊古镇穿过，白草岭上有重叠的山峰和浓密山林，南北对峙的宝塔、整洁的街道与纯朴墩厚的民俗融为一体，使这里具有世外桃源般的宁静。

古老的建筑

石羊镇历史悠久，早在西汉时期就开始制盐。唐初，政府在此处置泸南县，后来改名为卤水县，属姚州管辖。到了宋代，这里曾是南方丝绸之路的一个重要驿站，四方商贾云集于此。明末清初，石羊镇的盐业达到最盛，所产的盐可供附近 20 多个县的上百万人食用。清康熙四十五年（1706 年）被改名为直隶提举司，1921 年又改称盐丰县。石羊镇就是盐丰县城所在地，当时的工商和市场都很繁荣。现在石羊仍保留着许多当时用青石板铺成的人马驿道遗址，以及各种清晰可见的骡马蹄印。现存的文物古迹主要有：孔庙、孔子铜像，古盐井、晒盐棚、"封氏接井"浮雕、风雨桥、古民居、古塔，部分古代的庵、寺等。

在众多古迹中，最引人注目的还是镇上的孔庙建筑群，以及庙内有着数百年历史的孔子铜像。石羊孔庙坐落在象岭山脚下，始建于明洪武初年（1368 年），于万历三十七年（1609 年）进行了大规模的扩建，后来历代都进行了增建。孔庙占地面积 6500 多平方米，规模十分宏大，建筑格局是按古代宫殿的布置设计的，呈纵横对称排列。它的中轴线上布置着主体建筑，两侧是一些附属建筑。而且，所有的建筑都以大成殿为中心，两侧分布着东庑、西庑、乡贤祠、名宦祠、朱子阁、诵经阁、月拱桥、大理石壁画、石刻等。整体布局匀称、结构严谨、气势宏伟。

主体建筑大成殿的顶部用黄、绿、蓝三色琉璃瓦进行覆盖，大殿的木柱用朱漆彩绘，门窗上还雕刻着各种花草，玲珑别致、栩栩如生，使整座建筑显得金碧辉煌。大成殿的门上悬挂着康熙、乾隆和历代名人题写的"斯民在兹"、"圣集大成"、"万世师表"、"与天地参"等 9 块匾额。

大成殿正中有一个 1.5 米高的石台，供着我国最大的孔子铜坐像。它铸造于清康熙四十七年（1708 年），历经 9 年完成，高 2.3 米，净重 2.5 吨。铜像头戴琉璃玉冠，手执象牙朝笏，仪态威严地正面端坐于大成殿正中。其铸造工艺之精美、体积之高大、形态之逼真，以及保存之完好，在国内都是绝无仅有的。据说：曾有人用绳子系于孔子铜像上，想把它拉倒毁坏。结果铜像动摇起来，整个大殿也开始晃动。这些人以为有神灵护佑，赶紧停止了对铜像的破坏，它才得以保存下来。

孔庙东西两庑内供有孔子的弟子和贤人共计 172 尊塑像，均形态各异、栩栩如生。另外还有一块著名的"封世节井"浮雕，由 6 块大理石拼成，高 2.2 米、宽 4 米多。其刻绘于清道光二十一年（1842 年），画面上部是石羊赋，中部是石羊镇的风光，下部是清初名将张虎带兵攻打石羊的历史事件。整个画中有 80 多个人物、28 匹马，栩栩如生，因此这个浮雕也被誉为刻在石头上的

《清明上河图》。

孔庙所在的象岭山脚下，有始于汉盛于唐的古盐井，还有一座著名的龙女庙，庙里塑着穿着彝族麻布草裙的龙女。据说：这个龙女是洞庭湖龙王的小女儿。一天，她外出游玩，被路过的洱海龙王看到了。洱海龙王被她的美貌所吸引，把她抓到洱海，威逼她和自己成亲，龙女誓死不从。暴怒的洱海龙王就给了她300头羊，让她在深山里给自己放牧。龙女赶着羊来到象岭山上，发现那里水干草枯，于是历尽千辛万苦找到了清泉。这里人们的吃水问题解决了，可还没有盐吃，龙女又去寻找盐。后来，她看见羊总喜欢舔土吃，就抓起来尝了尝，发现土里有咸味。龙女高兴极了，赶紧用手刨出了一个盐井，最后自己也累死了。据说，龙女刨的这口盐井就是石羊镇的第一口盐井。后来，人们为了感谢龙女发现水和盐井的功绩，为她建造了庙宇，并于每年农历的正月十五在石羊镇的庙里举行庆祝活动。

此外，石羊镇还有天台高眺、文殊夕照、宝岫朝烟、香河夜月、象岭燕方、柳暗春波、西谷早梅、鹿洞天清等羊城八景，可以使人欣赏这里的山水景色。幸运的话，还可以参加这里的民间集会，如龙女会、观音会、开井节、杨梅节、跑马会等。

十三、玉溪古瓷窑址

玉溪古瓷窑遗址位于玉溪市州城东南2000米处的红塔山脚下的瓦窑村，是元末明初的民窑，遗址周围布满丘陵缓山和农田。

1960年，考古工作者在瓦窑村发现了该窑址，并认定其分为古窑、平窑、下窑三部分，瓷片分布面积近1.9万平方米。其中古窑的面积最大，约为1.5万平方米。1983年1月13日，遗址被列为云南省重点文物保护单位。

1986年1月，考古工作者对该古瓷窑址进行了发掘，出土了上万件旧瓷片、残瓷器、残窑具等，重约4000多斤。此外，还发现了两座龙窑，其中一座长29米，另一座长34米，两者均宽为2米左右，窑头低、窑尾高，呈顺坡向上爬之势，很像一条龙，因而被称为龙窑。

当时，古瓷窑中出土的物品有碗、盘、杯、碟、瓶、罐、盆、壶、钵等。

花纹制作方法有绘、刻、划、印、贴、捏等。花纹样式也很多，主要为花草、兽、禽、鱼藻和房屋等。出土瓷器共分为青釉瓷、黑釉瓷和青花瓷器三大类，其中青花瓷最多。青釉瓷和黑釉瓷多为杯、盘、碗、钵、碟等，青花瓷器则主要为碗、盘。青花分为素胎描绘青花罩釉和青釉印花加绘青花两种，纹饰多为鱼藻纹、团菊纹、鹿纹。通过研究发现：玉溪古窑青花瓷器的纹饰和景德镇青花瓷比较相似，但又有明显的地方色彩，再加上受当地原料的影响，釉色整体偏黄。

　　玉溪古瓷窑的发现证明云南较早就开始生产青花瓷了，而且这些瓷器在造型、釉色、纹饰、窑具及烧制技术等方面都有浓郁的地方风格，为研究云南元至明代瓷器发展史提供了不可多得的实物资料。这里出土的瓷片还曾在英国的大英博物馆、牛津大学博物馆和香港大学冯平山博物馆展出过，引起了不小的轰动。

第 二 篇

民 族 文 化

　　云南是一个多民族聚居区，不仅有汉族，还有傣族、哈尼族、彝族、瑶族、阿昌族、白族、苗族、傈僳族、布朗族、基诺族、拉祜族、怒族、纳西族、佤族、普米族、布依族、蒙古族、藏族、独龙族、景颇族、德昂族、回族等少数民族，众多民族聚居在一起，多种文化相互融合，形成了迥异于其他地区的独特的民族文化，洋溢着浓浓的地方风情……

第 一 章

云南汉文化

云南的汉族文化并不是土生土长的文化，刚开始时，它只是一种外来文化，后来随着时间的流逝，这种外来文化逐渐与当地的少数民族文化互相碰撞、融合，并保存着自己的特征，进而形成了具有浓浓滇味风格的云南汉文化。

一、云南汉族的宗教信仰

云南汉族人的宗教信仰和其他地区的汉族人基本相同，主要信仰佛教、道教、基督教和伊斯兰教。云南的汉族人有很多人信仰佛教，其中大多数人信仰汉传佛教。汉传佛教又称大乘佛教，在唐代就传入了云南。唐开元二年（714年），南诏国王派宰相张建成去唐朝上贡，唐玄宗厚礼相待，并赐给他佛像。张建成路过成都时，在那里学习佛经，回云南后就开始传播汉传佛教。当时的苍山、洱海地区出现了大量佛寺，后来南诏的统治者也开始拜佛，佛教由此在云南得到很大发展。大理国时期，佛教得到进一步发展。现在，汉传佛教主要分布在昆明等汉族人口相对多一些的地区，大部分汉族人都信仰云南汉传佛教。

云南的汉族佛教徒中还有一小部分信仰南传佛教，其又称巴利语经典系佛教和小乘佛教，在隋唐时由缅甸传入云南的西双版纳，并于公元615年在这里建立了第一座该派的佛寺——八吉寺。唐朝初期，缅甸景栋土司派比丘西维苏坦麻书那到云南宣扬佛法，从此南传佛教在西双版纳得到发展。现在南传佛教主要分布在云南的西双版纳、德宏、思茅、临沧和保山等地，信教的民族主要是傣族等少数民族，但是生活在这里的少数汉族人受当地人的影响也信仰南传佛教。

道教形成于东汉末年，在创立时就已传入云南，但是起初影响很小。到了唐代，道教与云南当地的巫教相结合，并以大理巍山为中心，很快就发展起来。道教对滇西各民族影响很大，尤其是一些少数民族。到了明清两代，云南的道教发展到鼎盛时期。明永乐年间，长春真人曾来到云南，并在这里兼修正一派和全真派，还把昆明真武祠改为真庆观，又在昆明建造了龙泉观，这些都对昆明地区道教的发展影响很大。现在，云南道教主要分布在昆明、保山、临沧、大理等地，其中信教群众大部分为汉族。

基督教包括天主教、东正教、新教等教派，云南的基督教主要指两大教派：新教、天主教。新教也叫耶酥教，信仰与天主教大致相同，但是新教不承认玛利亚是天主的母亲，不认为有炼狱。清代晚期，新教传入云南。它最早是由英国传教士麦卡锡从上海传入的，后来美国、加拿大和澳大利亚等国的传教士也相继到云南传教。建国以前，新教仅在一些民族中有影响。现在，新教在云南各个地区都有分布，其中有不少汉族群众信仰。

天主教在明末清初就传入了云南。清康熙三十五年（1696年），云南建立了天主教区。现在，云南天主教主要分布在昆明、红河、文山、大理、丽江、曲靖等地，汉族信教者约有2万多人。

伊斯兰教在我国也称回教，公元1253年，忽必烈率蒙古大军平定大理，伊斯兰教开始传入云南。后来，忽必烈派赛典赤管理任云南政事，并在昆明创建了12所清真寺。现在，伊斯兰教在云南都有分布，主要在昆明、玉溪、大理、曲靖等市，虽然信教者绝大多数是回族人，但也有较少的汉族人信仰伊斯兰教。

二、云南汉族方言

云南汉语方言属于北方语系，是西南官话的一种，与四川、贵州的方言比较接近。但是，经过仔细辨别后，仍可发现云南方言与四川、贵州的方言有着小小的不同，如一些词的语调升降不同，而且说话语音比较低沉。

在历史上，云南与外界几乎无交通，少数民族都使用自己的民族语言。后来，随着云南地区逐渐被开发，中原文化开始对这里产生影响，而且明清时期大量汉族移民的进入使汉语成为这里的主导语言。但是由于移民来自不同的地区，而且在长期与少数民族的交往中，语言文化彼此受到了一些影响，逐步形成了云南汉族方言。

云南汉族方言的一些汉语使用和说法都有本地的特色，比如云南人把吃饭说成"干饭"，这个"干"就是吃的意思。好客的云南人在招待外地客人吃饭时，常常会对着一桌男女客人热情地说："使劲干！不把肚子干大了，不能走的哦！"如此一来，外地人想不产生误会都难。

此外，还有一些读音上的偏差，如一个人说：走，上该买孩子刻。别奇怪，这句话的意思是：走，上街买鞋子去。云南汉族方言中的"街"就读"该"，"鞋子"一般都读成"孩子"，"刻"字在这句话里则是"去"的意思，有时候只是一种语气助词。比如"去刻"，刻字就和"吧"用处相同。

在语法的使用上，云南汉族方言经常把一些动词倒置于句头，表反问和提问的语气。比如：人们见面后就会问给吃掉饭了？这句话的意思就是饭吃了没有；说给打牌？意思就是打不打牌。云南人也很讲文明礼貌，在汉族方言中就有一些固定字组合成的搭配，是对人尊敬的称呼。如在街上遇到一个人时说：你聂给饭吃掉了；他说：干饱了，你聂？他们两人的对话就是说：您吃了饭没有？吃饱了，您呢？在这里，"你聂"就是尊称对方的，相当于现代汉语的"您"。

三、云南汉族民歌

云南被誉为我国的"歌舞之乡"，拥有灿烂的民族音乐，并有着悠久的历史。早在汉代的文献中就已经有了云南民间歌曲的记载，在云南还发掘出土了距今2000多年的编钟、铜鼓、葫芦笙、锣等乐器。虽然不少乐器和民歌都是云南少数民族所特有的，但是云南的汉族与少数民族在长期的生活和交往中，其文化和音乐也进行了广泛的交融。因此，云南的汉族民歌都带有浓厚的乡土气息，在曲调上比四川、贵州民歌更富有变化。此外，由于历史上有很多江南人迁徙到云南，所以云南的汉民歌又含有江南民歌的因素。

云南汉族民歌一般可以分为山歌、小调、劳动歌曲、舞蹈歌曲四大类。在一些地区，云南汉族山歌也叫做调子，主要是在山野和田间演唱。由于演唱环境很宽松，所以歌曲的曲调都比较自由、舒展、高昂和奔放。山歌还常采取对唱的形式，对唱时双方保持一定距离。为了唤起对方的注意，常常开始先唱一个漫长的引腔，再唱下面的主要内容。这类山歌大多没有固定歌词，多为即兴演唱，而且歌曲的旋律很优美。

云南汉族的小调也叫做生活小曲，数量很多，内容题材广泛。小调的来源很复杂，既有明清的小曲，也有许多来自全国各地的汉族民歌，它们大多有固定的唱词。

云南劳动歌曲有三种类型。一种是在集体劳动中，为了鼓舞大家的劳动情绪，减轻劳动带来的疲劳，起到协调动作的劳动号子。它通常由一个人唱，众人进行迎合，所以歌曲有鲜明的节奏和强烈的劳动气氛。一种是伴随着特定的劳动生产所唱的山歌。最后一种是由专职歌手在田间伴随劳动进行即兴演唱，演唱曲调多用山歌和小调联缀而成。

云南舞蹈歌曲则通常是指具有鲜明舞蹈节奏的、在花灯歌舞中的曲调。

云南汉族民歌在国内享有很高的赞誉，其中《猜调》、《小河淌水》、《绣荷包》、《耍山调》等受到很多人的喜欢。一些民歌演唱者还随各种艺术团体先后访问波兰、罗马尼亚、德国、朝鲜、日本、印度、印尼、缅甸等国，把云南的汉族民歌带到这些国家的舞台上。

四、云南的甲马纸

甲马纸也叫名纸马或者甲马，实质上就是木刻黑白版画，因为它只存在于民间，所以也被称为民间版画。甲马纸以阳刻线为主，木刻之后用水墨进行印制，可产生线条简洁粗放，线面错杂纵横、虚实变化，而又协调统一、古拙朴实的艺术效果。

甲马纸在滇南、滇中、滇东北和滇西都广泛存在。通常用的甲马纸为六种一套，分别由灶君、山神、土主、门神、桥神、水火二神组成。"甲马"有两种：一种是"顺甲马"，另一种是"倒甲马"。画面中的人在马后面的版画就叫做"顺甲马"，是用来迎神的；而马在人之后者则称为"倒甲马"，专门来驱鬼除祟。

云南纸马分布很广，至今还在印刷出售，供一些人宗教信仰所用。云南一些能念咒语的人，便是深通使用纸马的巫师。这些人大多在家中藏有木刻原版，会印制纸马且擅长用它进行民间的宗教迷信活动。

据考证：早在明朝初期，汉族就已经出现使用纸马的现象，而且在一些书中也能看到有关使用纸马的文字。《水浒传》第三十九回中就描写了神行太保戴宗在脚上绑的甲马，他在用完之后再用数百金纸烧送，这段文字就说明纸马是用于施行法术的专门纸符。明朝初期过后，大量汉族人迁移到云南，他们的到来自然把汉族的生活方式和信仰习俗带到了云南，甲马就这样被带到了云南。

起初，云南纸马只是汉族人使用，后来少数民族中的白族和彝族也开始使用。这主要是因为云南汉族与当地土著文化在进行交流和融合的过程中，绝大多数少数民族都或多或少地接受了汉族文化的影响，因此形成了使用纸马的习俗。

现在，国内绝大多数地区的纸马早已成为历史，而云南的纸马依然存在。这主要与历史上云南地理环境闭塞，交通不发达，长期以来经济和文化发展缓慢，一些地区的历史进程落后于国内大多地区有关。在一些边远偏僻的乡村，人们对现代化的科学知识知之甚少，还没有形成一种新的科学思维和概念，头脑中的诸神众鬼迷信观念也没有消除，因此被用来迎神驱鬼的纸马仍没有灭绝。

第 二 章

傣 族 文 化

傣族也称泰族、老族或掸族，是一个具有悠久历史的民族，自远古以来其先民就繁衍生息在中国西南部、印度东北部等地区。在我国，傣族主要聚居在云南省西双版纳傣族自治州、德宏傣族景颇族自治州和耿马、孟连、景谷、新平、金平、元江、双江等地，既拥有自己的语言和文字，也具有独特的民族文化……

一、亚热带最懂得美的民族

傣族人被认为是亚热带最懂得美的民族之一，因为他们人人爱好艺术，且个个能歌善舞。傣族人都喜欢把自己打扮得很漂亮，而且会在节日时展示自己美丽的服饰。

傣族人都擅长纺织，能织五色斑斓的彩锦，用这些材料做成的服装都十分华贵、艳丽。西双版纳傣族女子的服饰基本是上衣下裙。上衣多用自织的土布缝制，有的则用丝绸缝制，基本为对襟、小领、长袖，长度一般到腹部。衣服上部常紧紧地贴在身上，腰部紧紧地拢在一起，这样就把女人婀娜的上部身材凸显出来。下身一般配筒裙，颜色和衣服大体相同，材料多用彩锦或花布缝制。

西双版纳傣族女子都在头的后部梳一个发髻，髻上系上鲜花和塑料花串，或者插上金、银质顶端为花朵形的簪针。傣族人很喜欢金子，认为它能避邪驱鬼，所以她们的扣饰常常镀上一层金色。

玉溪等地的傣族被称为"花腰傣"，主要是因为这里傣族女人衣服的腰部都装饰得色彩丰富而花哨。花腰傣女人一般上身穿镶花边的黑色袖短衫，内穿镶有花边的紧身短背心。短背心基本上是用蓝色土布或粉红色、草绿色锻子做成的，长度仅到乳房以下，而且衣服前面的下端还钉着一排闪亮的小银泡。花腰傣女人下身一般穿镶有花边的黑筒裙，然后系小围腰，裹青布绑腿。一些妇女还喜欢上身穿几件无袖短外衣，这些衣服一件比一件短，最外面的一件镶有银泡，并挂着银穗链，装饰着色彩鲜艳的花边。然后下穿三四条筒裙，穿时呈横斜状，左高右低，再用彩带在腰上绕数道，这就是为人所称道的"花腰"。这些女人有的在头顶束一个发盘，再缠一些银饰进行装饰；有的缠带花边的黑色高筒包头，包头上戴着遮面的精致竹笠；有的则在额前系一个头帕，上镶成排的三角形银泡。

傣族女人心灵手巧，都会织挎包。这些挎包的图案极为丰富，制作也很精美，傣族姑娘往往在定亲时才把它拿出来送给自己的男朋友。傣族人不但勤劳善良，而且热爱和追求美丽，在日常生活和穿衣打扮上处处显露出自己的爱美之心、浓郁的乡土气息和浪漫的色彩。

二、傣族宗教信仰

傣族人信奉佛教，在德宏和西双版纳等傣族人居住密集的地区，傣族群众基本上都信仰小乘佛教，而它对傣族人的社会、政治、经济、文化、思想等各方面，都有着极其深刻的影响。

佛教开创以来是没有派系的，而后来的小乘佛教就是最初的佛教。公元前485年，佛教的创始人释迦牟尼逝世后，一些教徒就把所听闻的诸法规定为佛法，此时佛教开始分裂为固守旧说的上座部（即小乘部）和修改旧说的大乘部两派。后来，小乘佛教沿着南传路线，从恒河向印度南部传播，并把佛教的经文用巴利文记录下来，成为小乘佛经。公元前3世纪，印度高僧在斯里兰卡传教，当时斯里兰卡国王大力发展佛教，很快这里就成为向东南亚各国传播小乘佛教的基地。公元前后，小乘佛教传进缅甸，随后传入我国的西双版纳。

早期，西双版纳的傣人多信奉原始宗教，包括祭寨神和寨鬼。寨神是整个村寨的守护神，它的象征物通常是本桩或者巨石，每年都要由管理寨神象征物的人主持祭典，祈求寨神保护平安。寨鬼是各寨的鬼，傣族人通常在村寨的四个方位安装木门，四门之间纵横连接的路称为"鬼路"。每年，人们还要在头人的带领下祭寨鬼，即祭勐神和勐鬼，这是因为傣族人认为勐神和勐鬼是勐（勐是由有血缘或历史关系的村寨组成的区域）的祖先。在祭祀勐神、勐鬼时，还要宰杀牛和猪作为祭祀品，参加祭祀的人必须统一服饰。

傣家佛寺

后来随着佛教的进入，原始宗教逐渐被佛教取代，但它并不是完全消失了，而是与佛教掺杂在了一起。小乘佛教传入傣族地区后，经过了几百年的发展，到明朝中叶以后发展到鼎盛时期。当时，小乘佛教主张男人在一生中一定要过一段宗教生活，即进佛寺当和尚。这种思想对傣族人影响很大。他们认为男孩只有当过和尚才算受过教育，才能有结婚的权利。而没有当过和尚的人被认为是没有受到开化的人，会被人看不起。所以在过去，傣族男孩的启蒙教育就是从当小和尚开始的。寺院里的和尚还分"护用"、"帕"、"督"、"祜巴"等很多等级。傣族男孩刚进佛寺是"护用"，此时开始学习傣文和佛学基础知识，为当僧人做好准备。当他经过寺院的授戒仪式后就是"帕"等级的僧侣，可以剃发穿袈裟了。他如果在寺院生活到20岁以上，就可以成为"督"级的僧侣。不同等级的僧侣在衣、食方面都不相同，在上下关系及等级的高低方面，均表现为统治与被统治的关系。

傣族基本上全民信佛教，因此每个村寨都有一座佛寺，而且寺院通常会在村里大量招收男孩当"护用"。寺院僧侣的晋升和还俗，也带有全民的性质。当小孩从"护用"升为"帕"时，全村都要为他举行庆祝仪式。不同等级的僧侣还俗也要经过寺院和村寨统治者的批准，并举行不同而繁缛的宗教仪式。还俗的僧侣还要根据以前的等级，决定给予不同的荣誉和称号。而僧侣的生活，则由村民和教徒负责供养。每天清晨，由值班僧侣到各家去拿食物，此时各家都要把蒸熟后的第一团米饭送给僧侣，以表示自己的虔诚。在佛教斋日等宗教节日，傣族人还要向当地寺院布施，僧侣也在此时向群众宣扬佛法和戒律。在傣历一月的赕帕节、好轮瓦萨节，傣历十一月赕坦木节、赕黛哈班节等，当地傣族人也要向佛寺进行不同的布施。在赕帕节时，每对夫妇要向僧侣赠送做袈裟的布；在好轮瓦萨节，傣族人向寺院赠稻谷；在赕坦木节，人们要献经书。

三、傣　　文

　　傣文是傣族人发明的本民族文字，并根据不同的使用地区和文字形式分为傣仂文（西双版纳傣文）、傣哪文（德宏傣文）、傣绷文和金平傣文。这4种傣文都来源于古印度的字母系统，为拼音文字，且与泰文、缅甸文、柬埔寨文和老挝文同属一个语系。字序一般是从左而右，行序自上而下。但它们的形体和结构并不相同：傣仂文和傣绷文为圆形字母；傣哪文为方形字母；金平傣方圆兼备，还有一些尖角形的字母。傣仂文主要使用于西双版纳傣族自治州及孟连等县；傣哪文主要用于德宏傣族景颇族自治州的大部分地区及保山、腾冲、景东、景谷、临沧、沧源、双江、耿马、镇康等地的部分地区；傣绷文为德宏州瑞丽县和澜沧等县的部分傣族使用；金平傣文主要是红河哈尼族彝族自治州金平县的傣族人使用。

　　傣文中傣仂文的创制年代最久，大约在公元6—8世纪之间就出现了。此文最初只有41个字母，与巴利文字母的读音和顺序一致，后来根据傣语特点增添到56个字母。其中有48个辅音字母，根据声调高低分为2组，且它们只用2个声调符号。剩下的8个字母是7个元音和1个带辅音尾的韵母。在一般情况下，元音字母和韵母写在辅音字母的上下左右，声调符号写在字的上方。

傣哪文创制于 14 世纪，共有 19 个辅音字母，几十个代表单元音、复合元音和带辅音尾韵母的字母和符号。这种文字常用同一字母表示不同音位，也用几个字母表示同一音位，没有声调符号。

傣绷文大约形成于十四五世纪，与缅甸掸邦的掸文相同，使用和特点与傣哪文接近，但是比傣哪文少了一个辅音字母。

金平傣文形成得比较晚，共有 44 个辅音字母，根据声调高低分为 2 组，文字元音的表示方法比上面的 3 种要复杂一些。

这 4 种傣文在书写中都有合体字和形体固定的字，在书法上也有一定的规范。傣仂文与傣哪文的使用范围最广，用它们写成的文献很多，其中包括历史、政治、法律、道德、宗教经典、天文历法、农田水利、占卜、卦辞、故事、唱词、文学、军事学等方面的著作。这些书籍中还有一部分译自汉语小说、京剧和滇剧，以及从印度翻译过来的文学作品。

新中国成立后，国家对傣仂文和傣哪文进行了改进，综合它们的长处改制成了新傣文。新傣文在保留原来表音特点和字母形式的基础上，根据实际语音增删了一些字母，改变且增添了部分声调符号，并对字母读音、附加符号的使用和书写规则进行了规范。改进后的新傣仂文比原来减少了 6 个辅音字母，只剩下 42 个辅音字母，然后按照音调的高低分为 2 组，表示 21 个辅音音位。另外还设计了 2 个声调符号，并在书写上取消了合体字，保留了一些省略形式。

改进后的新傣哪文仍有 19 个辅音字母，但更换了其中的 3 个，并增加了 5 个调符，也取消了合体字。改进后傣文的声韵调系统比以前更清楚了，文字结构也趋于严密，更加方便书写和印刷了。

四、傣族文身

文身在傣语里叫"桑门"，傣族的先民百越族在远古时就有文身的习俗。关于文身还有一个小小的传说：远古时期，红河里来了一个水怪，害得人们都不敢到河里捕鱼捉蟹。穷小子媒桑为了给年迈多病的母亲看病，冒着被水怪吃掉的危险，常到河里捕鱼。一天，媒桑在打鱼时唱起了情歌，歌声吸引了河里的小龙女，她变成小金鱼钻到了媒桑网里。老龙王见女儿很久没回来，就派乌龟丞相去找。龟丞相变成一个少年，走进傣族村寨寻找。无意间，他来到了媒桑家里。好客的媒桑准备杀了金鱼来招待他，少年上前拦住他说："你不要杀死金鱼，我用三斗金和三斗银跟你换。"媒桑问为什么，少年告诉他这是龙女。媒桑听后说，自己不要钱财，也愿意把龙女放了。少年临走时，在媒桑身上刺满了花纹。此后，媒桑一到河边，水怪就会被吓跑，于是其他人就学他的样子，也在身上刺花文身。

实际上，文身和原始宗教信仰有关。傣族的文身与宗教巫术相结合，并派生出多种文身方法，如黥、刺、纹、墨，即在皮肤上刺好花纹，留下印痕或图案；镶、嵌就是把宝石嵌入肉体，让皮肤长合封住伤口。傣族文身分整体文身和部分文身。整体文身是从头至脚；部分文身只在两臂、手腕和小腿上纹一些简单的条纹、符号、咒语、生辰、名字等。在傣族传统习俗中，傣族男子到一定年纪都要文身，否则就是背叛傣族，人们会不承认他是傣族人，而且他还会受到妇女的歧视。

傣族文身最初是原始宗教的产物，后来它和南传上座部佛教相互依附，使得文身不但成为原始巫术、咒语护身的方法，而且成为膜拜佛祖释迦牟尼，推行佛学、佛礼，利用佛教礼仪、符录令牌护身的方法。因此其表现手法更加丰富，主要有文字，即用巴利文、傣文、缅文、暹罗文的字母或成句的佛经，还有咒语、符录、图案等。图案则是人形纹、半人半兽纹、佛塔纹、工具纹等；图案花纹中有圆形、椭圆形、云纹形、三角形与方形等图形；动物花纹中有龙、凤凰、狮、虎、豹、鹿、孔雀、象、金鸡、蛇、猫、兔以及植物的叶子和花等。

傣族在进行文身时，有专门制造的文身工具、特殊配制的原料，以及固定的文身程序，而且还有一定的仪式和禁忌。

五、傣族婚俗

傣族婚俗很有本民族的特色。青年男女双方恋爱成熟后，男方就请自己的舅父、姨母去女方家提亲。这时，女方的父母不发言，由族长和本村的头人询问结婚上门的年限和如何宴请亲友等，只有他们认可了才能结婚。

傣族婚礼场景

在德宏等傣族地区还有偷亲、抢婚的形式。男女双方感情成熟后，就确定好"抢婚"日期。男青年邀请一些伙伴，带着砍刀和铜钱到预定地点埋伏，等待姑娘走来，"抢"后就跑。姑娘要假意呼喊家人，男方则把铜钱撒下逃去。两人既成事实后，男方便托媒人到女方家提亲，双方邀请头人和亲友一起商量，等送来聘礼后才算正式过门成亲。

傣族的婚礼在傣语中称为"金欠"，为结婚宴请的意思，婚期一般都定在每年的"开门节"至"关门节"（傣历十二月十五日以后到次年九月十五日以前）这段时间。傣族男女结婚一般实行从妻居的习俗，也就是男的到女方家上门居住，因此婚礼在女方家举行。在婚礼开始之前，新郎和新娘先要到佛寺去拜佛，祈求吉祥幸福、白头偕老。举行婚礼当天，男方家派出很多亲朋好友到女方家参加婚礼，这些人陪着新郎，敲着象脚鼓和芒锣来到女方家，并在沿途不断鸣放鞭炮和鸟铳，以增加喜庆气氛和驱除邪魔。在这一天，新娘家要杀猪、杀鸡，备办丰盛的酒席宴请亲朋好友和父老乡亲。新娘家堂屋内设置"茂欢"（魂桌），摆上一至三张桌子，然后铺上芭蕉叶，上面摆好煮熟的雌雄子鸡和用芭蕉叶盛装的糯米饭，以及米酒、舂盐棒、食盐、芭蕉、红布、白布、白线等物。新娘的女友则陪伴新娘梳洗打扮，等待新郎登门。

女方家还在门口的地上铺一条花毯，上面摆一张小供桌，桌上摆放着鲜花和果酒。等新郎来了之后，请出穿着漂亮民族服装的新娘，两人并排坐在花毯前，请和尚念经。男方如果要走进女方的家，还需要经过几道关卡：到门口时，竹门早已被关闭，男方需放鞭炮，并付给礼钱，女方才打开门让男方进去；男方登竹楼时，会被女方的家人阻挡，男方需付礼钱才能上楼；进屋后，新娘早就被藏起了来，男方需付礼钱并给女方的朋友敬酒，还要经过几番恳求，新娘才会被送出来。

接下来就是婚礼仪式了，主婚人端坐在"茂欢"后的正中位置，长者坐在桌子的一边，新人按男右女左的位置面对主婚人跪着。坐在"茂欢"跟前的人都要伸出右手搭在桌上，听主婚人念诵祝词，主婚人会揭去盖在食物上的叶帽，为新郎和新娘祝福。主婚人念完祝词后，新郎和新娘从桌子上取一团糯米饭，蘸点米酒、食盐摆在桌前。这时，主婚人拿走桌上一根较长的白线，从左至右分别拴在新郎新娘的肩背上，把白线两端搭在"茂欢"上，并祝福新婚夫妇幸福吉祥，这样也表示把一对新人的心拴在了一起。然后，主婚人再拿两缕白线，分别缠在新郎和新娘的手腕上，祝愿新婚夫妇百年好合、无灾无难。接下来是在座的长者各拿两缕白线，分别拴在新郎、新娘手上，边拴线边祝愿他们。拴线之后，桌上的一只鸡要献给主婚人，另一只鸡则给村里的小伙子分吃，预祝他们找到心爱的人，将来也能幸福地拴线。其余的东西放在新婚夫妇的帐子边，三天后才能吃。接下来就是宴请宾客，席上的菜肴多是傣族风味，其中有一碗是用血做成的血炖，象征着吉祥和喜庆。席间，新郎和新娘要殷勤地向宾客敬酒，宾客也会向新郎新娘提出各种各样的问题，有的则要求他们表演节目。在傣族的婚礼上，不仅要筹办婚宴，还要请歌手唱歌祝贺。参加婚宴的人一般也要送点礼物或礼钱，以对主人表示祝贺。

在第二天天还没亮前，新郎就要返回父母家，到晚上才回妻子家。婚后的第三天，男方的母亲要挑着凉米粉等东西来女方家认亲，并分别向亲友送一块凉米粉。婚后的第五天，新郎、新娘又带着凉米粉到男方家认亲，也送亲友凉米粉一块，亲友则向新娘赠送礼物。至此，整个婚礼才算结束。

六、傣族的串姑娘和
纺场谈情

傣族青年谈情说爱的形式很奇特。按照傣族传统习惯，在每年的开门节（傣历十二月十五日）后至关门节（傣历九月十五日）前，小伙子可以去串姑娘，姑娘则可以借用纺场谈情说爱。串姑娘是小伙子主动追求姑娘的主要方式，而傣族女青年一般不到男青年家串访，她们多在夜间到寨场上纺线，利用这个机会与小伙子幽会谈情。

正在纺线的傣族女

到了晚上，未婚的小伙子装扮好之后，就披着毯子，揣着手电筒，拿着竹笛或琴，相约去找姑娘。一些小伙子看不中本寨的姑娘，还要到外寨去寻访意中人。

串姑娘的小伙子来到寨子后，一般不敢贸然登楼，只在姑娘的竹楼下吹竹笛、拉琴，用自己的琴声倾诉爱慕的心声，并召唤姑娘下楼。姑娘如果对这个小伙子有意，就会打扮一下走出竹楼与小伙子相见。喜欢上小伙子后，她还会在父母睡觉后邀请小伙子到自己的竹楼上倾心交谈。有的姑娘不想见小伙子，就躲藏在卧室里装睡。有的小伙子遭到冷遇却不灰心，而是固执地在楼下转悠着吹竹笛，并想方设法引姑娘下来。有的姑娘被小伙子的执着感动，梳妆打扮之后就下楼了。有的姑娘被逗得没办法，则下楼和小伙子打个招呼，然后委婉拒绝他的请求。

想寻意中郎的姑娘，常在秋末冬初的夜晚到寨子空地的纺线场上，点燃篝火集群纺线。天黑时，这些姑娘先梳洗打扮一番，然后带着纺车和两只竹凳到场地上纺线。想找姑娘的小伙子见到寨场上的火光后，就披着毯子，揣着手电筒，拿着竹笛或琴走进纺场。小伙子一进纺场就打开手电筒照射姑娘的脸，姑娘们则要半遮半掩地让小伙子看自己。小伙子看中姑娘以后，便主动靠近姑娘和她聊天，并倾诉自己的爱慕，有的甚至对着姑娘耳语，挑逗她。姑娘若对小伙子有意，便会抽出自己长筒裙下藏着的一只凳子，让小伙子坐在自己身边。如姑娘对小伙子无意，她就会一个劲地纺线，不加理睬。这时小伙子只好知趣地离开，重新找寻中意的姑娘。

纺线的姑娘如果看中哪个小伙子，并让他坐在自己跟前，那么她就会与小伙子热情交谈，并时而停住纺车，时而逗乐嬉戏。就这样，两人越谈越亲近，渐渐坠入情网。当两人感到情投意合时，就会在夜深人静之后合披一条毯子窃窃私语，直到黎明。再经过后来的多次接触，两个人很快就会进入谈婚论嫁的阶段。

七、傣族凤凰情书

凤凰情书在傣语里称"叁轰"或"叁诺列"，是一种古老而高雅的求爱书信，其得名缘于情书上需绘有生动的凤凰。传说，凤凰情书是一对长期分居异地的傣族青年夫妇所写的。这位傣族青年在婚后不久，便要离开自己心爱的妻子去远方。临别时，妻子把一只有灵性的鹦鹉送给丈夫，让他用鹦鹉给自己传递信息。丈夫离开妻子之后，时时都很想念她，于是采来树叶画了一对交首的金凤，然后把自己的思念用诗歌的形式写在叶子上，让鹦鹉带给妻子。

妻子收到丈夫的来信后，就效仿他的方法，在叶子上画好交首金凤，然后写上表达对丈夫思念的诗歌。这对夫妻共分别了十年，一直情书不断，两人的爱也越来越深。从此以后，傣族民间便有了凤凰情书这种传情求爱的形式。傣族的青年男女都把它看作是感情专一、爱情坚贞的象征，在民间十分盛行。

凤凰情书有固定的书写格式，情书所用的文体是格律诗韵文，而且信笺上都用凤凰图案装饰。想用这种方式求爱的人必须有学识，熟悉格律诗韵文的写法，并有一定的绘画水平。当时，很多青年不会写凤凰情书，只能请人代笔。在情书中，求婚的男青年称自己为铜凤，尊称女方为金凤。而且，情书的开头要用傣文字母隐写"金凤凰啊，金凤凰，请你在树桩上站稳，别让狂风吹动"的句子，然后以凤凰开头写诗。写情书的人要用最优美、生动的语言来称赞自己心仪的金凤，并用充满激情的诗文打动姑娘。好的凤凰情书不仅词句十分优美，还能当歌曲进行吟唱。

如果小伙子的情书打动了姑娘，姑娘就会在信笺上也绘上交首凤凰，然后写出自己的心声进行答复。以前的傣族女子大多不识傣文，她们要写情书多请那些有学识的"康朗"（还俗的僧人）或"章哈"（歌手）代写，而且这些情书大多在民间变成了流传的情歌。

凤凰情书曾经在傣族的民间流行了很长一段时间，傣族青年都以能写、能唱凤凰情书为荣，而历史上流传过的优美的凤凰情书也成了甜美的情歌，成为傣族宝贵的精神财富。

八、傣族醉酒歌

云南的一些少数民族都有饮酒的习俗，很多人都把喝酒看作是追求欢乐的方式。在云南的一些地区，一些少数民族以酒为命，有些人在新粮刚刚生产出来时就迫不及待地在地里开始煮酒了。煮好酒之后，他们就在地里喝上几天，然后背着空锅回家去。新粮运到家里之后，一些人更是拼命煮酒、换酒喝，到了青黄不接的时候只得向别人借粮造酒喝。

傣族人十分豪迈、好客，也很能喝酒，男子更把喝酒当作一件幸福的事。

他们喜欢集体聚饮，晚上各自收工回家吃完饭后，就开始集体聚合在一起喝酒。傣族人的宴席更少不了酒，人们会在宴席上相互劝酒，大碗喝酒，举办宴席的主人也不停地向客人敬酒，大有不醉不归的意思。

傣族人不但喜欢喝酒，还喜欢传唱一首诙谐风趣的《醉酒歌》。歌中唱道："不是愁，没有苦，因为太欢乐。大家来喝酒。张开大嘴喝，放开肚皮饮。……酒下肚，精神好；酒醉了，好走路。我们不去偷，我们不去抢，靠双手劳动，谁说不喝酒。喝醉了也不怕。喝呀喝，等到醉得头重脚轻时，我们才离开酒坛，东倒西歪回家去。"尽管这首歌谣表现了傣族男子汉善良、勤劳、豪爽的人生态度，但也能看出傣族人认为喝酒是一件乐事，并没有什么坏处，因此他们总是高唱要醉酒，充分体现出自己的豪爽。

九、傣族孔雀舞

云南被称为"民间舞蹈之乡"，有着最优美的傣族舞蹈——孔雀舞。孔雀舞是傣族最具代表性的舞蹈，起源于古代神话传说：远古时，森林里有很多孔雀，它们能歌善舞，只要一起舞，整个森林就开始欢腾。一天，森林里来了两个恶魔，强迫美丽的孔雀做自己的妻子。孔雀假装同意了它们的要求，并让恶魔到孔雀国的宫殿里与自己成婚。就这样，她把恶魔引到了森林边的沼泽地里。恶魔很快就被沼泽吞没了，森林里又恢复了原有的秩序，孔雀重新开始唱歌跳舞。

美丽的孔雀舞

傣族人信仰佛教，每年的佛教节日和迎新年时都要表演孔雀舞，由此也引出了另一个传说：很久以前，孔雀的羽毛并不漂亮，而且也没有美丽的羽翎。一次，当地举行"摆帕拉"节日庆典，佛祖释迦牟尼也来到凡间。虔诚的信徒们为了能得到佛光的照射，早早地就赶到寺院，把佛祖给团团围住。一只栖息在天柱山上的雄孔雀得知佛祖下凡的消息后，也赶到了寺庙。可惜它来得有点迟了，无法靠近佛祖，只能急得在人群外团团转。佛祖感觉到了孔雀的虔诚心，就向它射去一束佛光，不巧落在了孔雀的尾巴上，结果上面的羽翎很快就出现了镶有金圈的"圆眼"纹图案。后来，佛祖在离开时特意叮嘱孔雀，明年的"摆帕拉"节时再来。此后，每当"摆帕拉"节，佛祖就高坐于莲花宝座上接受人们的朝拜，然后观看孔雀向自己献演的孔雀舞。从此以后，每到宗教节日和年节庆典，人们都要表演孔雀舞。

由于气候及自然条件等关系，傣族人生活的地区孔雀较多，而且傣族人很早就开始饲养孔雀。他们喜爱和崇尚孔雀，认为它是美丽、善良、智慧、吉祥的象征。傣族人还把孔雀视为本民族精神的象征，因此在观察了孔雀的习性后，他们模仿其样子创造了孔雀舞，希望用舞蹈的形式表达自己的愿望和理想，歌颂美好的生活。孔雀舞有独舞、双人舞、三人舞。最传统的孔雀舞由男子表演，表演者头戴金盔和假面，身穿外罩孔雀羽翼的衣服，在象脚鼓、芒锣等乐器伴奏下进行舞蹈。

舞蹈还有严格的程式，其中包括丰富多样、带有寓意的手形，各种跳跃和转动的舞姿。表演者用优美的躯体造型，塑造孔雀的神态和自然情景。孔雀舞多表现孔雀飞跑下山、饮泉戏水、漫步森林、追逐嬉戏、拖翅、展翅、抖翅、点水、蹬枝、歇枝、开屏、飞翔等形态。

在傣族的村寨里，很多人都会跳孔雀舞，而且由于代代相传及民间艺人的精心创造，逐渐形成了各具特色、不同流派的孔雀舞。新中国成立后，艺术家对孔雀舞进行了较大的发展和提高。在世界青年联欢节上，我国的女子集体舞蹈——孔雀舞获得了金质奖章，民间舞蹈——双人孔雀舞获得了银质奖章，而一些傣族舞蹈家所表演的孔雀舞更是享誉海内外。

十、傣族泼水节

泼水节是使用傣历的傣族、布朗族、德昂族等民族的年节，其中以傣族的泼水节最为热闹，影响也最大。傣族泼水节也是傣历的新年，是傣族一年中最隆重的节日，于每年的公历 4 月 10 日左右进行，为期 3 天。

泼水节的热闹场景

据说：泼水节最早起源于印度，是婆罗门教的一种宗教仪式。后来，这种仪式被佛教所吸收，经缅甸传入云南傣族地区。届时，人们先到佛寺浴佛，然后互相泼水，用这种方式表示真诚的祝福。

关于傣历新年，即泼水节还有一段传说：很早以前，人间的天气是由一位名叫捧玛乍的天神掌管的。他把一年分为旱季、雨季、热季和冷季，并为人间规定了农时。然后，捧玛乍让一位名叫捧玛点达拉乍的天神代替自己掌管施行。捧玛点达拉乍自以为神通广大，根本不把天规放在眼里，为所欲为，乱行风雨和冷热。他的做法弄得民间风雨失调，老百姓叫苦连天。

见此情景，傣族村寨中一个叫帕雅晚的青年用4块木门板做成翅膀，飞到天庭向天王英达提拉诉苦，告诉他人间发生的灾难。办完事情后，帕雅晚就想飞到最高一层天去看一看，然后再朝拜天塔——塔金沙。可当他飞到最高一层天时，却不小心撞到了天门上，并把一扇天门给撞倒了，自己也被压死在天庭门口。帕雅晚死后，天王英达提拉决心惩处捧玛点达拉乍。他变成一个英俊的小伙子，去找捧玛点达拉乍的七个女儿谈情。结果，七位美丽的女子同时爱上了他，并从他嘴里知道了父亲降灾于人间的事，都为父亲感到惋惜。她们为了使人间免去灾难，决心大义灭亲。为此，七个人想尽办法，终于知道了杀死父亲的秘诀。一天，捧玛点达拉乍喝得酩酊大醉，她们就剪下他的一束头发，制作成一张心弦弓，然后割下了捧玛点达拉乍的头颅抱在怀中，并不时轮换着用清水泼洒冲洗污秽，洗去它的遗臭。

傣历新年多数在傣历的六月下旬，少数年份在七月初。新年的第一天称为"麦"，相当于阴历的除夕。到时，各户都要打扫卫生，准备过年的食物用品，吃年饭。但是，在这一天人们都不洗头、不理发、不干活。第二天称为"脑"，它不计算在旧年内，也不计算在新年内，因此也称为空日，传说这天捧玛点达拉乍的头颅腐烂了。这一天，人们要沐浴、洗头、理发、更衣、洗佛像和佛塔。晚上则举行"赶摆"，放烟火、孔明灯，把一年中的疾病、灾难和脏东西统统送掉，干净地走进新的一年。而且这一天还要举行泼水活动，纪念为民除害的天女，并以圣洁之水消灾免难，互相祝福。第三天叫"麦帕雅晚玛"，据说帕雅晚的英灵就在这一天带着新历返回了人间。届时，人们要"赶摆"、放高升、划龙船进行庆祝，并宴请亲朋好友。

在"脑"这一天进行的泼水活动，是傣历新年最古老、最有情趣的活动。到时，人们要先到佛寺浴佛，然后才能相互泼水。开始泼水时，人们都彬彬有礼，尤其是姑娘们，手提一小桶掺着香水的凉水，用树枝蘸一些水向长者和来宾轻轻泼洒，表示自己的祝福。等泼水进入高潮后，男女青年就开始互相追逐泼水，用满瓢、满盆的水追着泼向对方。这时，刚才还彬彬有礼的傣家少女开始不甘示弱地与小伙子展开对泼。顿时，水花在空中飞舞，传递着吉祥与祝福。而且，人们在泼水的时候还要唱泼水歌，唱道："澜沧江，黎明城，各族人，似穿梭。深情人，心中出，似洁泉，如甘露。银水花，在飞舞，一个个，湿漉漉。透进心，是祝福，笑脸盘，是花朵……"

　　泼水节中还有其他重要的活动——赶摆与丢包。赶摆是一种野外联欢活动，到时傣家人排成队伍，敲着芒锣，擂起象脚鼓，集体跳起"依拉贺"舞，相互祝贺新年愉快。"依拉贺"是一种边舞边歌的舞蹈形式，具有傣家人浓厚的生活气息。在进行联欢时，大家要相互拜年。拜年词这样唱道："攀枝花，红艳艳，桑开傣（新年贺新），已来到。帕萨傣（傣族），尽开颜，糯米酒，密样甜，共举杯，贺新年，依拉贺，依拉贺，水水水！"他们还跳传统的孔雀舞和象脚鼓舞等，并进行放高升、斗鸡等活动。

　　在赶摆的同时，傣族未婚青年还进行丢包活动。姑娘手中拿着自己精心制作的花包，花包就是她们的传情信物。丢包开始时，男女青年分为两个阵营，相距三四十步。姑娘看中了哪个小伙子，就把手中的花包丢向目标，小伙子则稳稳地接住它。这些青年男女就是通过这种方法来追求恋人的。

　　赛龙舟是泼水节的另一项重要活动，也是傣历新年节日活动中场面最壮观、最激动人心的一项活动，于新年的第二天举行。其词唱道："铜芒响，齐举桨，团结紧，有力量。像蛟龙，劈波浪，昂起首，使劲划，帕萨傣，赛龙船，依传统，争上游。依拉贺，依拉贺，水水水！"伴随着紧密的锣声、桨声，以及观者的加油声，整个泼水节的气氛被推向了高潮。

第 三 章

彝 族 文 化

彝族是我国具有古老文化和悠久历史的民族，在古代有诺苏、纳苏、罗武、米撒泼、撒尼、阿西等不同的称呼，主要分布在云南、四川、贵州三省和广西壮族自治区的西北部。彝族人能歌善舞，民间有各种各样的传统曲调，如爬山调、进门调、迎客调、吃酒调、娶亲调、哭丧调等。彝族宗教具有浓厚的原始宗教色彩，崇奉多神，主要是万物有灵的自然崇拜和祖先崇拜。此外，彝族的节日丰富多彩，主要有"火把节"、"彝族年"、"拜本主会"、"密枝节"、"跳歌节"等。

一、彝族宗教文化

彝族的宗教文化比较复杂，而且带有历史和时代的发展痕迹。据学者考证：最初，彝族人信仰多神，崇拜祖先，他们信奉的神灵包括泽格兹（天神）、黑夺方（地神）、灵都塞（火神）、默谷罗（土地神）、本塞（山神）、倮塔兹（水神）、咪戛毫则（树神）、戈斗塞（火土神）、戈塞（门神）、图塞（财神）、阿谱笃慕（彝族先祖）等。

在民族早期，他们还有明显的图腾崇拜倾向。例如：在彝族的九隆神话中，哀牢夷国王称自己是龙之子；鲁魁山彝族很多家族的图腾分别为"豪"

（龙羊）、"竜白勒"（龙獐子）。在他们心目中，龙不但是自己的先祖，还是水之源，因此彝族的很多村寨里都设有龙树，每逢天气干旱时，人们就会在这里祭龙求雨。

除了龙之外，彝族还特别崇拜虎，自命为虎族，彝语中的"罗罗"就是虎的意思。古时候，彝族的祖先常受外族压迫，他们很想像老虎一样威猛，反抗敌人，因此很多人以虎为名。男人称自己为"罗罗颇"，意思是公虎；女人自称为"罗罗摩"，意为母虎。历史上彝族人建立的王国也带有"罗"字，如"罗甸国"等。现在居住在哀牢山的彝族，每年都要供奉由巫师绘制的祖先画像，并称其为"涅罗莫"（母虎祖灵）。

在历史上，彝族的不同姓氏宗族还有各自信奉的图腾植物。如：方姓以猪食槽为图腾；杨氏以岩羊杨、绵羊杨、山羊杨为图腾；李氏的图腾是老鸹花李和香芝麻李；普氏的图腾是石蚌普、细芽菜普、象牙筷普等。

彝族人在经历了自然神、图腾崇拜后，开始进入祖先崇拜阶段，因此彝族人家都供奉有宗祖牌位。平甸、新化等地的彝族以马樱花树做祖宗灵牌。他们认为人死了之后，灵魂是不会消失的，而且人死后有三个灵魂：一个灵魂进了阎王殿，一个灵魂住在坟里，一个灵魂在家保佑子孙。所以，这里的人们用尖刀草做祖身，用马樱花树做手脚，用山竹做骨骼，然后涂上黄颜色，把它供于家中的灵台上，逢年过节和婚丧嫁娶时都要进行祭祀。而且，在祭祖时还要念诵《祭祖经》。

道教、佛教等产生以后，彝族也开始有人信仰宗教。明朝时，有不少人信佛，清朝时信奉道教的人逐渐多了起来。19世纪末20世纪初，外国基督教传教士在一些彝族地区开设堂口传教，有一小部分当地的彝族人开始信教，后来又有新教和天主教逐渐进入彝族地区，少量群众开始加入信教组织。

建国前夕，很多外国牧师纷纷离开，这里的教会活动基本停止。20世纪80年代后，彝族各地的基督教活动得以恢复，又有少数彝族人入教。

虽然彝族人中有部分人信奉宗教，但是大多数人还是信仰万物有灵的原始宗教，普遍存在自然崇拜、鬼神崇拜和祖先崇拜。他们认为天、地、日、月、星、山、水、火是神的化身，所以每年都要进行祭祀。而"毕摩"就是彝族祭祀活动的主持人，他熟知彝文，通晓史籍、典故和占卜，懂得天文、历法、医药等知识，精通各类彝族经书，而且会一些巫术，能主持各种祭仪，因此其社会地位较高，在社会上很受人尊敬。

二、彝人长街宴

　　每逢新年时，彝族人都要举行长街宴。按照彝人的历算方法，每年农历正月的某一天就是彝人的第一个龙日，他们把这一天视为新年的开始。彝族人恪守家族的观念，举办长街宴也是为了增加大家对整个家族的认同感，增强族群的凝聚力。这个庆祝活动一般都会持续2天，第一天由村里的男人去神山祭龙，第二天举行长街宴。

长街宴场景

　　祭龙其实就是祭寨神。在彝族人眼里，寨神是他们祖先的化身，所以在建立村寨时，人们要选择村头地势较高的密林，把它定为本村的神山。这个神山平时不准人畜进去，违反者会遭到全寨人的惩罚。彝族人还要在这个林子中选择一棵衫树作为神树，在神树旁边还会选择一棵小一点的"兄弟树"，他们认为祖先的灵魂就附着于里面。整个祭龙活动就是围绕着这棵神树展开的。

祭龙活动只允许男人参加，到了这一天，村里的长幼男子都要聚集到神山上。村子里德高望重、儿女双全的长者一般是主持祭祀的人，也被称为龙头。按照祖先的规矩，龙头一辈子只能有一个老婆，而且必须健在。祭祀时要用黑猪和鸡作祭品，黑猪是全村人集资购买的，鸡则要发财转运的人捐献。

在祭祀之前，龙头把煮熟的黑猪肉分成堆，然后配上鲜花和芭蕉叶供奉在神树前，表示全村人对祖先的怀念；把整鸡切成两半，摆放于兄弟树前。祭龙仪式开始后，男人依次在神树和"兄弟树"前磕头跪拜，龙头给他们一枚芭蕉叶，让他们戴在胸前。磕头祭拜结束后，所有的人围在一起看龙头杀猪后保存下的猪肝，这是云南彝族人的一种古老习俗——"肝卦"，通过它可以预测来年的吉凶。如果这个猪肝的颜色变黑了，或是肝叶上的纹路不顺畅，就预示着来年的状况不好，龙头就会带领大家向神树祈祷，乞求祖先护佑他们。祭祀活动结束后，人们就可以分吃祭品了。分吃时，龙头端着酒杯穿梭在人群中，每到一个人跟前都要念祝词，其他人也端起酒杯，齐声回应他的话。

第二天就举行长街宴。在吃长街宴之前，彝族的每个家庭都要先吃一顿自家的团圆饭。彝族人都信仰火塘，各家各户的火塘都要重新打扫，在外的人也要赶回来过节。妇女们把鸡蛋染成红色，用芭蕉叶包好糯米打成的粑粑，这些都是吉祥如意的祝愿。这天晚上，全家人都围坐在火塘旁聊天，象征着合家团圆和对祖先的追忆。

第二天中午各家就开始吃团圆饭了。一家大小按照规矩坐好，吃饭时男女不能同桌，这时候家中辈分很高的年老女性也要和小孩、媳妇等人坐在一起。在吃团圆饭前，他们会把整鸡供奉到祖先牌位前，而且彝族人认为鸡屁股是最尊贵的食物，通常把它留给辈分最高的男性吃。

到了晚上，整个村子就开始了长街宴大会。彝族人的长街宴是由村子统一操办的，宴会的各项准备工作村里都会派专人负责，而买菜、切肉、做饭菜的活都是村民自愿参与进去的。快到傍晚时，村长就通知大家做好准备。这时，村里的人盛装以待，女人们换上彝族传统的百褶裙，搬出自己家的桌椅，企盼着长街宴的开始。一切都准备好之后，帮忙的人就把饭菜摆在街道上早已经放好的桌子上，此时热热闹闹的长街宴就开始了。

三、同床共枕过七关

在云南西北地区和香格里拉边缘地带，生活着一些他留人（彝族的支系），这里的青年男女在谈情说爱时有着神秘的风俗。一般都要先经过洗礼、换裙、拜祖先、过"七关"等程序，其中过"七关"的过程特别奇特，令人匪夷所思，而这正是他留人婚恋习俗的特色所在。

他留姑娘在出现月经初潮后，就要接受成人的洗礼。母亲和其他女性长辈会选一个好日子，点起好香，挑来净水把姑娘的全身洗净。然后，已等候多时的女伴们进来，为她换下以前穿的白裙子，穿上标志成年女子的黑裙子，并说一些祝福她的话。同时，家里人在自家正房外的院子里为女儿搭盖一间"青春棚"，让她单独住在里面，开始让她与人交往。此后，青春棚里有什么动静父母都不去过问，来棚中的小伙子越多、越热闹，父母就越高兴，他们会认为自己家的姑娘有本事、有魅力。

他留人家的男孩子长大成人后，男性长辈就会选一个日子让小伙子向祖宗灵位磕头，祈求祖宗护佑自己。只有履行了这道手续，小伙子才能成为正式的大人，也才可以与姑娘们交往。

经过成人洗礼的小伙和姑娘，虽然已经具备了大人的资格，可以名正言顺地谈恋爱了，但还不能冒失地去找对象。他们如果希望自己心理成熟一些、见识宽广一些，在恋爱时言谈举止比较得体，还得找一位老师。小伙子要拜自己亲哥哥以外的"阿哥"为师，请他好好教自己。这个阿哥则要向徒弟传授与姑娘们交往相处的知识和一些规矩，并带他到青春棚里去玩耍，广泛结识朋友，积累一些经验。姑娘也得找一个"阿姐"，向她请教一些经验和知识，还要和阿姐到一些青春棚去看那里的姑娘是怎么言谈、如何运用眉目传情的，然后就是过"七关"了。

过"七关"的第一步，先由阿哥为小伙子物色一个最好的青春棚姑娘，然后在月上房梢时领着小伙子到那里去。阿哥和姑娘寒暄一阵后，便假咳两声对姑娘说："姐姐，我这兄弟到了谈情说爱的时候，我们都敬慕姐姐的好人材和品行，来找姐姐帮帮他，教给他做人的道理，请姐姐把他调理成真正的成人。"

姐姐心中很高兴，嘴上却要说："哥哥夸奖我了，我嘴笨相貌丑，怕自己教不好这个弟弟。既然你们相信我，我就试一试吧。"阿哥听了这话，心里就踏实了，便说天色不早了，自己该走了，让这两个人说一说吧。

阿哥走了以后，姑娘就开始铺床，安排弟弟和自己就寝。他们俩和衣并排躺在床上，小伙躺在床的外侧，然后姐姐就开始问弟弟家有几个兄弟姐妹、是家里的老几、有多少田地、庄稼长得怎么样、牛羊猪鸡有多少、平时在家干什么活……姑娘可通过这些话题了解小伙的家境和性格，看他的见识、修养和素质情况。后来，两个说困了，就开始睡觉。一整夜，小伙和姑娘同床共枕，可是各人稳守自己的领地，井水不犯河水，而且还要压抑住青春热潮的躁动，经受毅力的考验。即使谁要翻个身，也得非常小心和轻巧，以免惊醒对方引起误会。第二日早上，小伙子要是神色安详地出了青春棚，说明他夜里坐怀不乱，得到了姑娘的信任，他也就顺顺利利地过关了。

第二天晚上，阿哥又领着小伙子到姐姐的青春棚，而这回姐姐和他们一起去另外的青春棚找姑娘。阿哥还是对这个新的姑娘说明自己的来意，姐姐则在一旁引荐这个小伙子。时候差不多了，阿哥和姐姐就借故走了。留在棚中的姑娘和小伙又是在一张床上同眠，交谈一些话题。如果小伙仍能谈吐有分寸、行为有规矩，他就过了第二关。如此这样，姐姐要负责给小伙找够包括自己在内的7个姑娘，让小伙子过关。如果小伙子过了七关，说明他品行和素质好，他的美名就会在远近传播。以后，小伙子到任何一个青春棚，都会受到姑娘的热情款待。

小伙子找的第一个姑娘最重要，如果小伙子没有出什么错误，这个姑娘就要把他负责到底，成全他的美名，为他在本村找7个姑娘（包括姑娘自己）。如果凑不足，她就得凭自己的关系带着小伙子到其他村寨找姑娘，直到包括自己在内凑足7个姑娘为止。

作为回报，小伙子的阿哥要找足包括小伙子在内的7个好小伙子领来让这个姑娘挑选。过七关时，如果小伙子压抑不住欲火，图谋越轨，他就会被姑娘蹬下床铺，赶到门外去。在以后的日子里，他会受到乡亲们和姑娘的鄙视，而且很难找到对象。姑娘要是和小伙在接触中动了春心，也免不了会被人看不起。

姑娘和小伙子过了七关后，就取得了与异性交往的资格，他们就能自由交往。不管两人认识的时间是长是短，只要姑娘愿意收留哪个小伙子为自己青春棚的男主人，其他人都不能干涉。只要两情相悦，青春棚中发生什么事情，其他人也不去理会。

四、"二彝人"的婚俗

　　云南的鲁鸡彝人，称自己为"二彝人"。每到节日，二彝人的男女就整天整夜地对歌。其中以每年火把节的对歌最为隆重。在对歌中，二彝人男女不仅交流了思想，联络了感情，有的青年还通过对歌定下了终身。

　　二彝人的婚俗包括定亲、认门户、辞亲人、攮"麦戳"、"廊长酒"、哭嫁、再难"麦戳"、送喜神等程序。

　　当地的青年男女在经过一段时间的交往，双方确定关系后，男方就请媒人带上几十斤酒送给女方的族人。如果女方的亲戚喝了酒，这门亲事就算定了。定了亲后，两家要互相走访认门户。这时，男女青年都要被女方的亲友请去吃饭。通过认门户，两人的感情可进一步加深，并多认识一些亲朋好友。

　　结婚时，姑娘要出门了，得向伯伯和叔叔磕 3 个头，并边磕头边唱"气无摩"："侄女要出嫁，不能照顾大爹，请大爹原谅。"伯伯和叔叔忙劝慰："姑娘别哭了，这可是你一生的好事，快快起来吧。"这就是辞亲人。

　　攮"麦戳"是婚俗中最有趣味的。"攮"是捉弄的意思，"麦戳"是牵马的人，这个人必须是逗人喜爱、福分好、脾气好、吃苦耐劳、忍辱负重的人。在结婚的前一天，他受男方之托，牵一匹马带着两个背箱挑担的助手，到女方家去娶亲。到了之后，女方家要在门外放上张桌子，桌上放一碗水、一碗酒和几支小木棍，让"麦戳"辨认水和酒，然后"麦戳"取出 20 斤米、2 瓶酒、1 包烛交给女方。

　　女方接下这些礼物后，就把桌上的小木棍悄悄拿走。姑娘们把木棍的皮剥去，让"麦戳"辨认这是什么树的木棍，如果他认不出来，姑娘就把大门堵得严严的。这时候，小姑娘站在最前面，第二排是少女，第三排是大姑娘。这些人组成一个人墙，然后唱道："牵马的麦戳，你敢过来？你不敢过来，就来给姑娘们磕 3 个响头。"

　　一般这个时候麦戳都是一直向上冲，但结果往往是败下阵来。姑娘们则以胜利者的姿态，编出一些俏皮话来挖苦"麦戳"。此时，"麦戳"忙拿出好烟来招待附近的小伙子，并倒出好酒让他们喝，请小伙子们给自己帮忙。

于是，小伙们把"麦戳"抬起来，高高地举过姑娘们的头顶，向着人墙冲去。"麦戳"在忍受姑娘们的捏手、揪耳之后，最后被按坐到一个水盆里，这样他就取得了胜利，围观的人都捧腹大笑。这时麦戳站起身来，拜天地、祖宗，再拜女方父母，然后被请去入席喝酒。

女方在出嫁的前夜，还要吃"廊长酒"，一般都是在当晚 10 点以后，家人会置办一桌酒席来请来全村的老人。大伙围坐着酒席，一边吃一边唱着祝贺姑娘。这天晚上，青年姑娘和媳妇都要陪着新娘，一起唱哭嫁歌。半夜三更时唱一次，鸡叫头遍又唱一次。

姑娘离家之前，年轻媳妇和姑娘们还要为难一下"麦戳"。一般都是在"麦戳"的脖子上挂一串马铃铛，然后大伙手拉手围着八仙桌跳舞，"麦戳"则带着铃铛跳起舞来，声音特别响。他要是跳累了，铃铛不响了，"照顾"他的姑娘还会帮他摇铃铛。

最后就是送喜神了，大家闹了个通宵达旦后，新娘会被扶上"麦戳"牵来的马上。这时，她会拉着兄弟和亲人的手，哭着不愿意离开。"麦戳"则要用钱、烟、酒把自己的马铃铛赎出来，挂在马脖子上。他的帽子会被姑娘们挂上花布条、辣椒、草绳，脸上会被涂上很多锅底灰。可他还要笑着牵上马匹在门口绕一圈，之后送亲婆骑上马绕桌子一周，"麦戳"就把新娘接走了。

五、父子连名制

彝族现在还保持着父子连名制，它是一种把父名与子名相连的命名制度，历史非常悠久。据考证：它产生于母系氏族解体、父系氏族确立之后，产生的直接原因是母系社会转入父系社会后，世系由按母系计算被改换为按父系计算。在这样的情况下，采用父子连名可以确保父系血统按直系血亲进行传承，而且还能区分出直系亲与非直系亲。另一个原因是，这时候出现了私有财产，男性成为父系直系亲属中享有财产继承权的人，所以父子连名制也就出现了。

父子连名有三种方式。第一种是正推顺连父子连名，也就是把父亲的名字放在前面，儿子的名跟在后面，一般都是用祖父名字的最末一个字或二个音节放在儿子名的前面，以后又用儿子名的最后一个或二个音节再加在孙子的名字的前面，世代相连。第二种方式是逆推反连法父子连名，即儿子的名字在前面，父亲的名字在后面，用父名的一个字或二个音节放在儿子名的后面。最后一种是冠姓连名法父子连名，即在名字之前或名字之后加上父亲的姓氏。

彝族人都使用正推顺连法父子连名的方式，父亲名字的最后一个字通常都是儿子名字开头的一个字。他们就是这样父子连名，一代一代地传承下去。在传宗接代中，他们每隔九代要进行一次大祭祖，然后从第十代开始，各个家族支系之间就可以通婚了。通婚后，各氏族家支又以长子为首，将连名向下传。

六、摔跤的传说

撒尼族是世代居住于石林的彝族支系，有着风格独特的语言文字、绚丽多彩的服饰、风姿豪放的民间歌舞、古老的诗文传说、传统的斗牛斗羊。直到现在，他们还保存着古朴粗犷的摔跤竞技传统。而关于摔跤，还有一段美丽的传说。

据说很久以前，撒尼村寨里有一个青年叫若格帕。父母很早就死了，也没有兄弟姐妹。有一天，他正在犁田，看见远处来了一个异乡的客人。这个客人走近之后，看见若格帕犁田行走如飞，感觉很新鲜，就和他攀谈起来。若格帕通过交谈，知道这个远方来客就是流落到这里的建文皇帝。

建文皇帝和他说了一会儿话后，就在田头歇息，突然觉得肚子很饿。若格帕就把自己带来的苦荞粑和蜂蜜拿出来招待他，皇帝越吃越爱吃，就问若格帕："这样好吃的东西是谁帮你做的？"若格帕家中养有八九十群蜜蜂，他听到这话之后，就和建文皇帝开了个小玩笑，说自己养着八九十万兵马，手下管着八九十个王子。皇帝听了很吃惊，瞪大眼睛说："你的兵马比我的还多啊！"接着，两人越说越投机，竟然到了无话不说的境地，还结拜为兄弟，长期吃住在一起。

有一天，建文皇帝和若格帕到山上放牛，一头大牛突然得了病，肚子胀得像鼓一样，倒在地上动不了。他俩急忙去东山、西山、南岭、北峰找草药，终于找到一棵。他们把药捣成汁水，灌进牛肚。牛吃了草药后，拉出稀屎便好了。两人见状，高兴得跳了起来，并互相拥抱着在地上打滚。

这事被附近一个牧羊人看见了，还以为他们在打架，就上前去劝解。可当知道具体原因后，就笑着说这可是好事啊，你们应该互相抱着使劲摔，多跌几跤才痛快！这样就能把那些病魔摔掉了！

从此，撒尼村寨的人们为了保佑人畜能够安康，经常举行摔跤比赛，这种习俗一直延续到今天。

七、彝族"阿哩调"

彝族自古以来就是一个能歌善舞的民族。每逢过年过节、举行祭祀、欢庆丰收、婚丧嫁娶，彝族人都要请来民间歌手弹四弦、唱长诗，叙述本民族的历史、颂扬英雄豪杰。在彝族歌曲中，"阿哩调"最为出名。

"阿哩调"是彝族各种情歌的统称，也是彝族男女青年表达自己感情的一种形式。其种类很多，具体可以分为：男女相互试探的"试心调"、赞美情人的"夸夸调"、倾诉自己衷情的"分别调"、表达永世相爱的"真情调"、歌颂真挚爱情的"迎花调"、失恋后唱出自己忧怨的"失恋调"。

"阿哩调"中的每种小调，曲子基本上都是一致的，但是唱词却不固定，大多都是触景生情，有感而唱。唱词多用五言和七言，用词自然朴素、耐人寻味。

每当到了传统节日，彝族青年男女就开始自编自唱，倾诉自己的衷情。许多青年男女都是由"阿哩调"作引线而缔结的姻缘。

最近几年，"阿哩调"又有了新的发展，文艺工作者综合了彝族民歌音调，并融入唱词、韵白、动作，用以表现故事情节和人物，创制出了"白话腔"，与原来的"阿哩调"相比更加动听。

八、彝族"跳乐"

跳乐在彝族语中叫"扎拉作"，也叫"烟盒舞"、"跳弦"、"跳三步弦"，是峨山彝族各支系中流行最广的一种自娱性舞蹈。在彝族村寨中，男女老幼人人会跳，而且当地还流传着这样一句话："听见四弦响，脚杆就会痒。"说明彝族人十分爱好跳乐。

彝族人为什么会喜欢"跳乐"呢？据传说：很早以前，彝族人还过着刀耕火种的生活。他们在春播时，白天给土司头人种地，晚上才能借着月光种自己家的"火地"。很多时候，火地里的火灰还没有完全熄灭，人们就要光着脚进行劳动，结果脚被烫之后，就抬起来跳两下，口中还喊着"阿嗜嗜"，这就是此舞蹈的基本步伐。后来，农闲时，人们就在月光下跳这种舞蹈，很快就成为青年们喜爱的一种娱乐形式，最初被称为"跳月"，后来逐渐被叫成"跳乐"。

"跳乐"的节奏比较奇特，一般都是五拍，伴奏乐器是笛子、大小三弦、树叶等。吹笛子的人是舞蹈的指挥者和领舞者。舞步始终跳跃，一般跳三步，然后抬脚跳两下，与对舞者对脚，也有在抬脚对舞时自转一圈的。该舞蹈看起来比较简单，但是曲调很多，节奏感也比较强，最大的特点就是人数不限，时间不限，男女相间围成圈就可以开始跳了。

据彝族的老艺人说，跳乐调有七十二调，但是舞蹈曲调主要分为"拢总调"和"杂弦调"两部分。"拢总调"的动作很简单，它是跳乐入门的基本动作和开场舞蹈，因此在彝族人中有这样一句话："会跳不会跳，先跳拢总调。"而在彝族各支系跳乐舞中，他们都是以"拢总调"开头，然后再转其他的曲调。除"拢总调"之外，一些地方把其他跳乐调都称为"杂弦调"。这些舞蹈曲调繁多，节奏鲜明强烈，旋律富有变化，唱词有简单的叙事情节，演唱时虚词虚腔较多。

彝族跳乐风格特点各异，各支系由于生产、生活、服饰的不同，其舞蹈各有特色。而跳乐动作差别不是很大，基本的动作是"拢总"、"顺脚"、"合脚"、"串脚"、"穿花"、"蹲乐"等。所谓"合脚"，就是跳舞的人相互出不同脚，互相斗脚；"串脚"是舞伴之间对脚交叉换位；"穿花"是跳舞的人相互穿插……一些彝族支系在跳乐中还有"纳苏"、"聂苏"，舞蹈动作粗犷，动作幅度较大，身体随音乐节奏前后摆动，给人以潇洒开朗的感觉。他们脚上的动作变化很多，双膝微屈，舞蹈动作多用"点步"、"甩脚"、"跺脚"、"吸腿"、"转身"等。彝族支系中的花腰彝的跳乐舞蹈动作小巧、轻快、敏捷，双膝始终微屈，整个身子随着手和腿上的动作左右摆动。

红河哈尼族彝族自治州的彝族属彝族支系尼苏泼。他们在进行跳乐时，双手手指夹住一个烟盒的底与盖，以食指边弹边舞，所以跳乐也叫"烟盒舞"。为什么会有"烟盒舞"呢？原来，这里的彝族人在猎取野兽时，曾经有披着兽皮混到兽群中的经历。在这个过程中，他们自然需要模仿野兽的动作，发展到后来就成为此种舞蹈。除此之外，还有一种说法，认为这种舞蹈是挑秧苗上山和下山的样子。而手里拿着烟盒跳舞，是因为最初跳舞的时候没有道具，导致节奏不统一，大家跳得不整齐，于是用拍手来统一节奏。后来，有人用装黄烟的烟盒弹着玩，发出悦耳的声音，结果人们就用弹烟盒代替拍手，于是就有了"烟盒舞"，并用它取代了跳乐这一古老的说法。

"烟盒舞"的动作分为正弦和杂弦，正弦也叫"母弦"，杂弦也称"子弦"。按惯例先要跳正弦，然后才跳杂弦。正弦还叫"三步弦"、"簸箕弦"（相当于其他地区叫的"拢总调"），这类舞蹈用乐器伴奏，不唱歌，参加人数最少为两人。舞蹈的命名是根据动作来定的，比如"三步弦"就是因为它是由登步、过堂步、蹲步剪子口三个动作组成的，所以叫"三步弦"。在正弦中有"三步弦"、"二步半"、"一步半"、"歪歪弦"、"斗蹄壳"等，其中"歪歪弦"的动作是双脚交叉，左歪右歪；"斗蹄壳"的动作是模拟动物斗蹄。

杂弦则以载歌载舞为形式，分为自娱性和表演性两种形式。自娱性的杂弦是集体性的舞蹈，参加的人围圈而舞，每套都是以晃跳步、盖披步等动作为基础，加上模拟劳动的动作，或者根据唱词的变化表现劳动中的"踩谷种"、"踩茨菇"、"戽细鱼"等。自娱性的杂弦还有表现爱情生活的"大理弦"、"大红丝线水红青"、"三妹子"等。表演性的杂弦多由两人表演，一般都从跳"三步弦"开始，然后根据情节表演许多优美的舞姿和造型，而且曲调很复杂，表现力也很强。

彝族跳乐调的歌词大多是世代相传下来的，即兴编的唱词很少，因此它的结构也比较稳定，唱词所要表现的内容十分广泛，有的反映生产生活，有的赞美自然风光，有的表达男女爱情和婚姻，其中以爱情和婚姻方面的内容最多。

彝族人有个习惯，那就是跳乐不准在寨子里进行，男女青年要定好日子，相约在山里或村外的平地，点起火堆，围成一圈进行舞蹈。而且，大部分彝族的村寨还有个约定成俗的规矩，本寨的男青年绝对不准和本寨的女青年跳乐，只能邀请其他寨子的女子跳。

现在，彝族人在茶余饭后依然喜欢跳上两调，在过年和过火把节时，人们还要进行大规模的跳乐舞蹈表演。

九、彝族丧葬

彝族人口多，分布广，丧葬习俗乃至仪礼在各地彝区也不尽相同。一般来讲，彝族的丧葬有树葬、陶器葬、岩葬、天葬、水葬、棺木土葬、火葬等类型。

树葬是彝族古老的葬俗，它是用帛缎裹好尸体，然后放在青松树丫上。当尸体腐烂，骨头从树上掉下来后，人们就用桶把裹着帛缎的骨头装好，放进树洞里。陶器葬又称直葬，在人死以后，用6尺高的坛罐将尸体以站立状放入，埋在土里垒成坟堆。岩葬是把骨灰装入陶罐，然后把它放入岩洞里。水葬是一些彝族人请毕摩（在彝语音中，"毕"是举行宗教活动祝赞诵经之意，"摩"意为长老或老师。毕摩是彝族社会的"传道、授业、解惑"者，对彝族传统文化的继承与发展起到了极为重要的作用）根据死者的生肖进行掐算后，认为水葬最好，于是家人就把死者投进河中，让水冲走。天葬是由毕摩择定日子，把死者背到山头上，放烟告天，然后任飞禽走兽食用尸体，如果没有被吃尽，就把尸体抬到别处烧埋。还有一些地区的彝族人，受汉族丧葬习俗的影响，采用棺木土葬。

此外，彝族盛行的传统葬式是火葬，就是用火焚尸的丧葬方式。火葬葬礼的规模视死者的年龄而定，以老人的葬礼最为隆重，青壮年者的葬礼次之。按传统葬俗，火葬主要包括收殓、丧集、守灵、出殡、聚食等几个程序。

彝族人死后，不管男女和身份的高低，家人和邻居都会给他穿上黑、白、蓝配套的丧服，并把尸体的眼睛和嘴都合起来，蜷起双腿，两手交叉于胸前，手指轻轻扣拢成拳。然后盖上披衫，把遗体侧身放在木尸架上，男的左侧在下，女的左侧在上，面部都用白布蒙好。遗体可以放在院子里或者家中，近邻听到哭声后，都要哭着赶来一起料理丧事。村人到齐后，长辈就选择出殡日期，并分头派人给亲朋报丧，告诉出殡日期。

接下来就是丧集，即在出殡前夕集合人，彝族称之为"撮热"。这一天是丧期中最热闹的，参加葬礼的人都必须在这一天到齐，并要送来祭品。奔丧者多以家或村寨为单位，一般都提着酒或牵着牛羊，有的还带着祭账。临近灵棚时，所有人都要大哭一场，然后劝诫家属。主方则请他们用酒，然后统一安排食宿。

入夜后要进行守灵，这时奔丧的人都得回到停放遗体的灵棚举行各种形式的活动。如果是老人辞世，人们一般都不会过分悲伤，所以灵前没有哭声，只有划拳喝酒和扣人心弦的摔跤比赛。

在鸡叫之后，通常组织众人排成队，以领唱的形式为死者指路送魂。这时，祭师毕摩念《送魂经》，叙述死者从生到死以及亲人得到噩耗时的情景，然后再从死者的起居处为起点，一程一程地把灵魂送到祖先居住地。

接下来是出殡，彝族人的葬地大多都选在住房上方的坡地上。出殡前丧葬队就要去砍柴，如果死者是男的就派9个人，如果死者是女性就派7个人。他们还要平整好葬地，把柴按规矩堆放起来。一般为男9层，每层9根；女为7层，每层7根。

出殡时，领路人拿着火炬在前面引路，还有几个人扛起灵床紧跟其后，所有的送葬者都尾随在灵床后。到了葬地后，把灵床安放到柴堆上，引着柴火并劝回家属。

送葬人群返回后，到指定地点依次坐好准备聚食。人们一般分成主客两大片区域，坐在一个开阔地上，主人给客人敬酒。这时还要鸣枪，在枪声中人们集体饮酒，然后主人马上端出砣砣肉和荞饼，凡是在场的人都按人头分给一份。分完后，主人鸣枪，大声宣布丧事圆满结束。

十、彝族打歌节

彝族在每年的农历二月初八都要举行为期三天的打歌节，据说这个节日和一对彝族青年男女有关。

传说很久以前，一个勤劳勇敢、美丽聪明的彝族姑娘在山上放羊时遇到了豺狼围攻，一个彝族青年猎手勇敢地救了她和羊群。姑娘摘下一朵白花送给这个青年，此后两人便相爱了。但是，这里的土官为了霸占当地的姑娘，修建了一座天仙园，谎称请来仙女住在这里。很多姑娘都好奇地去看，结果再没有回来。这个姑娘为救这些姐妹，在二月初八这天采来有毒的花戴在头上，并把一些花泡在酒里劝土官喝下。土官要与她一同喝酒，姑娘为了给民除害，就和他一起喝下了毒酒，献出了自己的生命。

青年打猎回来后追到了天仙园，却只找到了心爱人的遗体。他抱着死去的姑娘痛哭，哭得两眼流出了鲜血，染红了杜鹃花。

后来，彝族人为了纪念这个姑娘，每年的二月初八都有数千人带上饭菜和木柴聚集在一起，在山上彻夜唱歌跳舞，三天后才散去，后来这一活动就演变成了打歌节。

彝族人都非常热情、好客，有的地方还流传着一个古老的习俗，那就是在每年的打歌节上举行"抢客人"的活动。在这一天，彝族人家家户户都像过年一样，不但要举行打歌，还要准备美酒佳肴，以备招待抢来的客人。在打歌场上，大家一起尽情地跳舞、唱歌。到太阳偏西快要落山时，彝族群众就把从外村寨来的人，拖着、拉着往自己家里抢，并以好酒好菜招待他们，这就是彝族人的抢客习俗。

按照彝族人自己的说法，谁家抢到的客人多，就说明谁家最富裕幸福，并预示这家在来年五谷丰登、六畜兴旺、万事如意，日子越过越红火。

十一、彝族火把节

在西方，彝族火把节有"东方狂欢夜"的美誉，因为它是彝族人一年一度最隆重的节日。在关于火把节起源的传说中，最具影响力、流传最广的是彝族英雄斗败天神恶魔的故事。

据说很久以前，天上有六个太阳和七个月亮，使得土地荒芜，万物面临灭绝的危险。这时，彝族英雄支格阿龙射死了五个太阳和六个月亮，并驯服了剩下的日月，治了了洪水，消灭了危害人间的妖魔。此后，彝族人过上安稳的生活。

天神恩体古孜看到人间的太平和繁荣心怀不满，就把他的儿子斯热阿比派到人间收税。斯热阿比带着天兵来到人间，烧杀抢掠无恶不作。这时在支格阿龙的故乡出了个彝族英雄叫黑体拉巴，他力大无穷、智慧超人，骑着千里马经常为人们排忧解难。一天，黑体拉巴上山打猎时引吭高歌，他的歌声引来了在另一座山上牧羊的姑娘妮璋阿芝婉转的歌声，于是他们隔着高山对歌，并通过歌声相爱了。

斯热阿比也喜欢妮璋阿芝，当听说两人的恋情后心生嫉妒，想找机会杀死黑体拉巴。不久，斯热阿比向黑体拉巴挑战摔跤，可是来到黑体拉巴家时，黑体拉巴恰巧上山打猎去了。黑体拉巴的母亲热情地接待了斯热阿比，端出一簸箕铜砣砣和铁蛋让他吃，并说儿子就吃这个。斯热阿比心想黑体拉巴实在太厉害了，能吃这样的东西，自己也伸手抓起一个铁蛋就咬，结果硌掉了三颗牙。他因此恼羞成怒，要杀黑体拉巴的母亲。

危急时刻，黑体拉巴打猎回来，肩上还扛着一头野牛和狗熊。他放下猎物就与斯热阿比讲理，可是斯热阿比蛮不讲理，还先动了手。两人扭打起来，一直打了三天三夜，最后斯热阿比败下阵来，变成一只猫头鹰飞到山上躲了起来。各部落的人为了除掉这残害人间的妖魔，开始搜山寻找，后来妮璋阿芝发现了斯热阿比的藏身处，黑体拉巴连忙赶到杀死了他。

七天七夜之后，一只贪吃的乌鸦发现山上有许多白虫子，知道这是斯热阿比尸骨生出的蛆虫，就飞到天庭把这件事告诉了天神。

天神恩体古孜知道儿子死后很生气，为了惩罚人类，用妖术把蛆虫变成害虫。一时间，遮天蔽日的蝗虫都来吃庄稼，黑体拉巴也无可奈何。这时，妮璋阿芝找到一位老毕摩，他告诉妮璋阿芝要消灭蝗虫，就要用火把。于是，妮璋阿芝和黑体拉巴带领民众扎了很多蒿杆火把，烧了三天三夜，所有的蝗虫都被烧死了。

后来，天神恩体古孜用法力把劳累的黑体拉巴变成了一座高山，妮璋阿芝痛不欲生，也在大毕摩的祈祷声中舍身化为了满山的索玛花。这一天，正好是农历的六月二十四。从此以后，彝族人为了纪念英雄黑体拉巴和妮璋阿芝，并祈求风调雨顺，都要在每年农历的六月二十四点燃用蒿杆扎成的火把和篝火驱邪除恶，久而久之就形成了彝家人的火把节。

火把节一般历时三天，分为迎火、玩火、送火。第一天是迎火，村寨里的家家户户都要杀猪宰羊，用酒肉迎接火神并祭祖。夜幕降临时，人们在毕摩选定的地点搭建祭台，并以击石取火的传统方式点燃圣火，然后毕摩诵经祭火。诵经完毕，每家由老人从火塘里点火把，然后儿孙们接过火把在房前屋后和田边游走，以此驱除邪恶和灾难，最后再集聚在山坡上唱歌跳舞。

火把节的第二天是玩水，也叫颂火、赞火，是火把节的高潮。这天早上，男女老少都穿上节日的盛装，带上砣砣肉和荞粑到火把节活动的场地参加活动，还要聚集起来进行赛马、摔跤、唱歌、选美、斗牛、斗羊、斗鸡等活动。在这一天，彝族人还要进行选美比赛，年长的老人按照传说中英俊潇洒的黑体拉巴和美丽大方的妮璋阿芝的形象，选出美男子和美女。傍晚，成千上万人拿着火把组成一条条火龙从四方涌到同一个地方，围着篝火尽情地跳舞唱歌，一直欢闹到深夜。篝火快要熄灭时，男女青年就悄悄走进树丛弹月琴和口弦，互诉情思。

火把节的第三天是送火，也是火把节的尾声。这天傍晚，人们手持火把聚在一起，搭设祭火台举行送火仪式。毕摩念经向火神祈祷，祈求赐给这里的人们安康、幸福、丰收，此后整个火把节宣告结束。

十二、彝族插花节

每年二月初八是彝族的插花节，也叫马缨花节。关于它的起源，有一古老的传说。很久以前，洪水淹没了大地，只有一对兄妹幸存，他们是躲在大葫芦里才幸免于难的。这个葫芦在洪水中漂流了许多天，在洪水退去之后落到一根大树杈上。一只老鹰从这里飞过，听到葫芦里有声音，就抓起来放到山顶，并把葫芦的腰给抓细了。后来，一只耗子把葫芦啃了一个洞，顿时一束光芒照进葫芦里。兄妹俩就顺着光亮从里面爬了出来。

一位老神仙告诉这对兄妹，为了使人类繁衍下去，他们要结为夫妻。兄妹俩问："我们是同一个父母生的，怎么能够成亲呢？"老神仙说为了人种的延续，他们一定要成亲。兄妹二人为这件事情很为难，哥哥想出一个办法，他说："我们俩各在一方烧一炷香，如果香烟绕在了一起，我们就成亲。"结果香烟绕在了一起，可是妹妹却不肯成亲。哥哥又说："我们各自在山头滚石头，如果石头能拢在一起，我们就成亲。"他们就这样办了，结果两块石头又合拢在一起。最终在老神仙的劝说下，兄妹俩终于结成夫妻。

十个月后，妹妹生了第一胎，是一个奇怪的肉团。这时，老神仙又出现了，向兄妹俩贺喜说："你们已经生下了人种。"说完，他抽出宝剑，劈开肉团，顿时50个童男童女从里面蹦了出来。老神仙用剑一挑包着人种的肉皮，甩在旁边的一棵小树上，这棵树就开出了红彤彤的马缨花，而这天正好是农历二月初八。

50个童男童女出生后，飞禽走兽都来帮他们抚养孩子。彝族人就是野马喂大的，所以彝族人不吃马肉。他们长大后相互婚配，形成了彝族、汉族、苗族、回族、藏族、白族、傣族等几十个民族。

此后每年的农历二月初八就成了彝族的节日。这一天彝族人都要身着盛装，背上竹箩上山采马缨花。采回来的鲜花不但要插在门口、窗户和房子周围，还要在山寨的一些主要通道上搭起的彩棚上面插满鲜花。此外，人们还要在牛头上插上马缨花，并用盐水给牛洗嘴，然后赶牛上山，和牛一起在马缨花树旁跳舞唱歌进行娱乐。

过插花节时，彝族人家还要杀鸡宰羊、春糯米粑粑、做荞面饼邀客人饮酒。晚上，村寨里或者山坡上都会燃起篝火，青年男女们则伴随着芦笙跳舞唱歌，年纪大的老人就在大树下的火塘边吸烟、喝包谷烧。

插花节也是彝族青年的爱情节日，许多相爱的青年男女会以插花做订婚礼。小伙子会把鲜艳的山茶花插在姑娘头上，姑娘则把马缨花插在小伙子的芦笙上，他们还会一边插花一边唱情歌，以此互诉衷肠。

十三、彝族三月会

在每年的农历三月二十七到二十九这三天，云南牟定的彝族人都会不约而同地聚到一起，尽情地跳左脚舞、唱调子、弹月琴。每当这时，满街都是身穿艳丽彝族服装的彝族男女，大街小巷都能听到月琴声和调子声。

为什么要在三月会上跳左脚舞呢？这还有一个古老的传说。很久以前，牟定的坝子荒草丛生、人烟稀少，而坝子的龙潭里有一条恶龙，常常兴风作浪，造成洪水危害。人们虽对它恨之入骨，但却无可奈何。这时，彝族青年阿里和阿罗勇敢地站出来，决定前去制服恶龙。

彝族人在阿里和阿罗的带领下向恶龙开战，恶龙见情况对自己不利，赶紧逃回了龙潭。为了彻底战胜恶龙，人们在阴历三月二十七日这天把事先烧红的炭块倒进潭里，然后全寨的男女老少挑土抬石把龙潭填平。人们还怕夯压不实，给恶龙翻身的机会，于是在上面燃起篝火，边唱边跳边跺脚，三天三夜后恶龙终于死了。

彝家人为了庆祝胜利，就用恶龙的头、皮、骨、筋制成月琴，并在每年阴历三月二十七到二十九这三天聚到一起跳脚弹琴以示庆祝，还高唱左脚调"阿里罗"。经过世代相传，便形成了"三月会"。

三月会一般在晚上举行。夕阳西下之后，彝族人纷纷聚在一起，弹起龙头弦子，男女和声或齐声唱起左脚调。调子的种类很多，但大多都具豪放的风格。一类是好客调，如："喜欢也要来，不喜欢也要来，管你喜欢不喜欢也要来"；另一类是欢歌唱丰收的年景，如："月亮圆又圆，弦子调好了。我们大家一起跳，歌唱丰收年"；另一类是欢唱人们的美好生活，如："三月会，三月会，又弹弦子又跳脚，又卖缸罐又卖箩，阿里罗，阿里罗"；最后一类是吟唱爱情的调子，如："传情就是三月会，跳脚三天也不累。不来就说不来话，莫让阿妹空等着"……届时，人们手牵手、肩并肩，围成的几十人乃至上百人的圆圈，欢快地跳左脚舞。在弦子铮铮的作响声和高亢清脆的歌调声中，人们时而折步跌脚，时而蹉脚闪腰，时而摆手转身，时而甩腿对脚，整个舞步整齐统一，舞姿轻盈优美。

十四、彝族赛衣节

彝族人在每年农历三月二十八日都要举行赛衣节，又叫服装节。传说这个节日是为了纪念一位叫米波龙的彝族姑娘舍身与当地的恶霸作斗争，死后化为一只美丽的小鸟。

在每年的赛衣节期间，彝族姑娘要身带数套花衣，齐聚跳歌场围成圆圈，并在小伙子的月琴和唢呐伴奏下，手挽着手一起跳舞。稍过片刻，她们就退出舞场，换一套新装重新跳起舞来，并通过更换衣服比试灵巧和美丽。

一般来说，彝族女孩在八九岁时就把头上的单辫盘于头顶，并在辫尾缀上红线，辫子上扣弓形小木梳做装饰。出嫁时，双辫交叉盘压在红里青面双层绣花头帕上。彝族女性都喜欢穿百褶长裙，它是用宽布与窄布镶嵌横联而成的。儿童的裙子以红、白色为主，或几色相间，裙子一般为两节，腰小裙摆大；大姑娘的百褶长裙以红、蓝、白色或红蓝白相间为主，一般为三节，上节为腰，中节是直桶状，下节为细密的格纹。这种长裙的特点是裙子的下节层层皱折，所以称为百褶裙，彝族人以多褶为贵。

一般彝族青年的女装色彩鲜艳、纹样繁多，花纹和花边有着非常浓厚的民族色彩。她们的衣服上一般都绣有鸡冠、牛眼、羊角、獐牙等动物图案和日、月、星、云、天河、彩虹等天象图饰，以及树叶、花等植物图案。彝族女青年的装饰品色彩鲜明、花样繁多，大多是用金、银、铜、玉石等为原料，让本地手工工匠通过铸造、打制、压制、镶嵌、雕刻等工序制作而成。

在彝族赛衣会上，彝族女青年不仅会在衣服、帽子、围腰上比赛绣花，而且还在挎包、鞋子、鞋垫的图案、工艺、用色上进行比较，民族风情十分浓郁。

第 四 章

瑶 族 文 化

瑶族是我国的少数民族之一，在历史上曾经自称"勉"、"金门"、"布努"、"炳多优"、"黑尤蒙"、"拉珈"等。因为经济生活、风俗习惯的差异，瑶族又有"花篮瑶"、"过山瑶"、"白裤瑶"、"盘瑶"、"山子瑶"、"顶板瑶"、"红瑶"、"蓝靛瑶"、"八排瑶"、"平地瑶"、"坳瑶"等称谓。中华人民共和国成立后，其统称为瑶族，现在主要分布在广西壮族自治区和湖南、云南、广东、贵州等省。

一、瑶族礼仪及禁忌

瑶族在日常生活中非常注重礼仪，有许多礼仪禁忌。

瑶族人在路上相遇时，不管相互之间认识与否，都要热情地问候对方，否则就会被认为没有礼貌。如果遇到的是老人，不但要主动打招呼，还要让到路的下方，如果骑着马或者自行车，见到老人时必须立即下马或车。

在日常生活中，平日用的洗脸盆不能拿来洗脚，用餐时忌讳互用碗筷。与老人和长辈同桌共餐，要让他们坐上席，主动为其添饭加菜，好的菜肴要放在老人和长辈面前。在老人或长辈面前，不能跷二郎腿，更不允许说脏话、随地吐痰，或者直呼老人和长辈的名字。同时，瑶族人还忌吃狗肉、乌龟、蛇和鳝

盘王节场景

鱼，而且忌讳把衣裤对着门户晾晒，忌讳在屋内乱吐痰。他们一般在鸡日不杀鸡，猪日不杀猪，牛日和马日不买卖牛马。客人来到家里，先要和主妇打招呼，这样主人才会高兴，否则会被认为傲慢无礼。此外，火塘在瑶族家庭中具有重要地位，火塘上的三脚架和灶膛不能用脚踩踏，火塘内的柴火忌讳倒着烧。

瑶族女人生了小孩后，会在门上悬挂柚子、黄果和桔子枝条，以示禁忌。在小孩未满月时，外人不能穿鞋进入产妇家。小孩生下的第三天，要举办诞辰礼——"打三朝"。按瑶族人的礼节，参加"打三朝"要送给婴儿一顶小花帽或一件花衣服，还要送产妇鸡、鸡蛋和红糖等物。

小孩若体弱多病或日夜啼哭，家人还要为孩子找一个干妈，这样小孩就能健康成长，瑶族人把这称为"拜寄"。所谓拜寄，就是根据孩子的生辰八字，为孩子选择好拜寄的父母，然后带着孩子到准备拜寄的干妈家，让干妈在孩子的手上拴一根红线就可以了。有的地方是在门口插香棒，几天内来的第一个人就会被认作是干妈或干爸。一般情况下，被选为干妈和干爸的人都不得推辞，要高兴地接受主人家的要求，在孩子手腕上或脖子上拴一根红线，并说一些祝福的话。

瑶族的男孩长到 12 岁时就要举行成人礼，接受瑶族传统的伦理道德教育——"度戒"。参加"度戒"仪式时，要先征得主人的同意，而且在整个度戒过程中外人不得随便与孩子接触和交谈。

按照传统习俗和谷物收成的情况，瑶族人一般3—5年举办一次盘王节，日期为农历的十月十六。届时，村寨和房舍都要打扫干净，男女老幼必须换上节日盛装。

瑶族也过春节，大年初一时，妇女不准串门访亲，不能吃青菜，有些地方还要在门外插一青枝或木牌，而且在正月初三、初五、初六时，家人都不能出门。

瑶族人在每年农历二月初二还要举行祭龙仪式，仪式的内容包括：求谷魂、祭谷娘、盘古、玉皇、神农等，目的是希望龙能保佑四季平安、五谷丰登、六畜兴旺。祭祀的同时还要扫寨，并禁止所有妇女参加，也谢绝外人进入寨子，已在本寨的外人要等祭祀完后才能离开。

二、咬手定终身

瑶族人在婚俗上有着浓厚的民族特色，青年到了20岁就能在过节时邀请姑娘对歌。如果是男方邀请女方来唱歌，大家就要先凑钱买一头猪轮流养，然后选一户热情的房东作为歌堂的场地；还要写一封信，并用一块花巾包着四只手镯，再用纸包好四块红糖，托人送给姑娘。女方接到书信和礼物后，如果认为小伙子符合心意，就会把礼物收下，把红糖分给大伙吃，这样就算答应对方对歌的邀请。如果女方不同意，或有其他原因不能去，就会把书信和礼物退还男方。

瑶族对歌是比较隆重的礼仪，通常采取对歌对唱的形式。在进行对歌时，青年男女聚集到灶膛边，先是一对小伙子唱，一对姑娘接唱，然后其他小伙子和姑娘相继一对接着一对地轮流对唱。通过对歌，一旦双方两情相悦，就互相赠送小件饰物。经过一段时间的接触，两人建立真感情后便开始约会。

瑶族民间有句谚语，叫做"咬手疼进心，爱情才真诚"。约会时，小伙子要在心爱姑娘的手上咬一口，表达对姑娘深深的爱。小伙子咬姑娘手臂时，要掌握好分寸，如果咬得太轻，姑娘会认为爱得不深；如果咬得过重，在姑娘的手上留下伤口，就会被别人耻笑。因此，小伙子咬姑娘白净的手臂时，要慢慢用力，既不能让姑娘感到很疼，也不能把姑娘的手臂咬破。经过咬手定情，男女双方就会把自己找到对象的事告诉父母。男方告诉父母后，如果父母同意，就托媒人到女方家里送上一锅毛烟求婚。女方父母若收下烟，就表示同意这门亲事。

此后就进行迎亲仪式，男方包括媒人等一共9人一起到女方家迎亲。到了女方寨子时，女方村寨里的人都会赶来，争着到路口要毛烟。小伙子还会被男女青年用横凳拦住去路，要求对歌询问来意，然后才允许进村。当天晚上，迎亲者要与女方村寨的男女青年彻夜对唱。第二天清早，当媒人和新娘的父母在屋里商谈时，女方村寨的姑娘会悄悄把门锁上，然后按照传统的习俗对着外面高声唱"拴门调"，等媒人回歌后，姑娘们才会把门打开。到了晚上，所有迎亲人都要到女方家赴酒宴对歌，而女方的两位接客则用方桌堵住大门，待对歌结束后才能放他们进来。此时，新郎开始拜岳父岳母，拜寨老、寨主和德高望重的老人，之后才可娶亲回家。

迎亲回到男方家后，当晚就会举行婚礼仪式，男家设宴招待寨子中的长老和亲友。翌日清早，新娘要提着水桶抢在众人之前把水挑回来，表明她在这里安家了，这时她就从咬手定终身时的姑娘变成了主妇。

三、青裤瑶婚俗

青裤瑶是瑶族的一个支系，生活在云南南部的山区。自古以来，青裤瑶男女的恋爱都很自由，只要男女两厢情愿，他们的婚事就算定下来了。一般来说，青裤瑶人从恋爱到成亲要经过"凿壁探婚"、"火塘定情"、"深夜接亲"三个阶段。

青裤瑶人的房屋都是土木结构的楼房，楼下以土筑墙或石片垒砌成，用来关养牲畜；楼上是木板墙壁，供人住宿。青裤瑶的人家只要有女儿，父母就要预先给姑娘准备一间"探婚房"，一般设置在紧靠楼边的侧屋。当女儿长到14岁时，父母就让她独身居住在"探婚房"里。

在"探婚房"的木板墙壁的中央，凿有一个筷子粗细的洞，当地人叫做"探婚洞"。这个洞口正好与姑娘的床铺平行，并对着姑娘的枕头。哪个小伙子要是看中了这个姑娘，便在夜深人静时来到姑娘的"探婚洞"外，用一根小竹杆或圆形小木棍伸入"探婚洞"内搅动，把入睡的姑娘唤醒。姑娘听到搅动声后，知道有小伙来相会，就会立即起床，在洞口与他交谈。如果姑娘对小伙子比较满意，就会开灯打开大门，把小伙子请进屋内，然后生起火塘，两人相对坐在火塘边互叙衷肠。如果两人谈得情投意合，就会一直说到天明才走；如果一方感到不合适，双方稍坐片刻后，小伙子便离开。

男女双方经过一段时间的探婚，就到了火塘定情的阶段。因为两个人逐步有了感情，于是双方开始频频接触。这时候，小伙子每天晚上都会定时到姑娘家里来，两人在火塘边互诉情意，吐露自己的肺腑之言。对于这种约会，女方的父母兄长都不会加过问和干涉，但是按瑶族祖上传下来的规矩，夜间幽会绝对不允许在屋外进行，而且两个人只能说话，不能有其他动作。男方不能对女方非礼，否则就要受到族中长老的惩罚。

小伙子和姑娘经常往来之后，感情越来越深，这时小伙子就会买来绣花的丝线，送给自己心爱的姑娘。姑娘则把这些礼物精心制作成绣花绑带，回赠给男方。男女互赠信物即可算为定婚，无需再征得父母的同意。

男女双方随着年龄的增长和感情的不断加深，很快就到了结婚的时期。对于这里的青年男女来说，结婚日期不用算命卜相来确定，只要姑娘和小伙自己商定就可以。他们的婚事也是在婚前几天才告诉双方父母的。

青裤瑶人的婚礼都是选择在夜间完成。一般是在凌晨的时候，小伙子独自一人或请一两个人作伴，带着给新娘子的新鞋新袜到女方家接亲。这时，姑娘换上新衣服，戴上母亲送自己的祖传银饰，梳妆打扮好后便跟着小伙赶到男方家成亲。新郎、新娘一进家门，就会有几个男方寨中的亲戚和姑娘跑进碓房把空碓舂得震天响，这时候全寨的人便知道这家娶亲了。

成亲后的第二天早上，新娘要邀请全寨同姓的姑娘及年轻媳妇到自己家来吃一顿家常饭。下午全寨的姑娘和媳妇又分别请新娘吃一餐饭，表示从此以后大家就互相认识了，要和睦共处。

结婚三天后，新娘要在几个年轻姑娘的陪同下回娘家，娘家人会磨豆腐款待自己的女儿。此时，她的父亲和家中的男人都要回避，不能见新娘。吃过饭后，新娘和姑娘们还要一起回新郎家。她回到新郎家休息一会后，再次独自回娘家住一晚上，然后再回到男方家。

　　十天后，娘家的兄弟会挑着六斤糯米饭、一大块圆糯米粑、几斤酒肉到男方家认亲，男方家要热情宴请。客人回去时，男方要回赠比女方挑来数量还多的同样礼品。三天之后，新娘新郎二人一起回门拜见岳父和岳母，至此婚礼就完全结束了。

四、瑶族抛花包

　　抛花包是瑶族男女青年的一种娱乐形式，花包在瑶语中称为"武多"。关于这个活动，瑶族还有一个美丽的传说。

　　相传在很久很久以前，一个瑶族村寨里有对青年男女相爱了，男青年名叫盘阿思，女的名叫刘三娘。刘三娘长得很漂亮，当地的瑶族头领很想讨三娘做自己的小老婆，于是就派人上门去提亲，结果被三娘严辞拒绝。头领没有办法，只好去逼迫盘阿思，要他给自己制作一件五色凤凰衣，否则就不准他与三娘结婚。

　　盘阿思为了能迎娶三娘，就开始寻找凤凰。可是他找啊找，却连一只鸟儿也没有猎到，就在他一筹莫展的时候，一位仙女被盘阿思的精神所感动，送给他一件五色凤凰衣。盘阿思把五色凤凰衣交给了头领，可是头领还是不同意他们的婚事。后来，盘阿思和三娘在众多乡亲的帮助下，打死了瑶族头领，结成了夫妇。

　　三娘为了感谢那位仙女的恩情，按照凤凰衣的颜色，绣了红、黄、蓝、白四个花包，表示冲破黑暗、走向光明。自此以后，在瑶族地区就流行抛花包的活动。

　　现在瑶族地区的抛花包活动是青年男女的一种交际活动，而且花包大多都用红、黄、蓝、白四色布拼缝而成，里面装一些玉米。在进行抛花包活动时，参加的人数不限，男女各为一方，每人都握2个花包，距离约3—5米，左手接右手抛，男女进行对掷。参加的人比较多时，就如同满场飞舞的彩花一般。在当地，许多未婚的青年男女都是通过抛花包活动结为终身伴侣的。

五、瑶族盘歌

在瑶族，只要村寨来了客人，村里人就要和客人进行盘歌。如果双方难以分出高下，就要从晚上盘到第二天天亮，有时甚至连着盘几个晚上。

瑶族人认为盘歌是在比试才智，所以能歌善唱的人才会受到尊重，不会唱的人就会受到冷落。在进行盘歌时，如果客人赢了，主人就要盛情款待。如果客人输了，会先接受主人的"讥讽"，然后才能受到热情的款待。

每逢节日和喜庆之时，瑶族人都要聚集在一起盘歌，这时漫山遍野都是对歌的人群，歌声此起彼伏，萦绕在山间和田野，气氛十分热闹。

瑶族的盘歌其实就是一问一答形式的对歌。答的形式有两种：一种是答的内容与问的相对应，这种歌大多表现在情歌对唱中；还有一种就是答对问进行解释。盘歌讲究歌词，也讲究运腔，歌词一般都运用比兴手法。

从盘歌的歌腔角度来说，广泛存在于山歌中。此外，它还存在于小调、劳动歌曲和礼仪歌曲中，特别是在姑娘出嫁前一天的歌唱中，许多歌都是以盘歌形式出现的。

六、瑶族干巴节

每节农历三月初三，瑶族人都要举行传统佳节——"干巴"节。为了过好这个节日，一般在农历二月下旬，各瑶族村寨的人就开始忙碌起来——一起商议节日活动的内容，然后各个村寨分头进行准备。上山狩猎的村寨负责修理枪支、准备火药、做弓弩、打码子等；下河捕鱼的村寨则准备鱼网、鱼叉等器物。

到了"干巴"节这天，天刚蒙蒙亮时，上山围猎的村寨就组织成年男子手持火枪、弓弩，带上粑粑等食物上山围猎。老年人和妇女则在家里制作各种饭食，宰杀鸡鸭，舂粑粑，准备好酒菜。

　　上山男子获得的野物一般都要拿回村寨进行分配，此时人人有份。如果哪一个人没有猎得野物，就会被人们取笑，尤其被年轻的姑娘看不起。因此，上山狩猎的男人总是不辞辛苦、千方百计地捕获野物满载而归。

　　下河捕鱼的人也要在黎明之前出发。他们捕到的鱼虾也是按户进行分配，使全村人共享节日的欢乐。傍晚，人们回到寨中互相串门祝贺，各家取出香甜的米酒，吃着香味扑鼻的花糯米饭，用当天的猎物或鱼美美地饱餐一顿。大家通常会将食物或多或少都留下一部分，把它挂在火炉边烤成野味干，以便以后用它来招待客人。男女青年则会围在火炉边，唱起动人的瑶族民歌。

　　在吃过饭后，村寨里的人就开始汇聚到广场，男的敲铜鼓，女的翩翩起舞，尽情享受劳动的欢乐，并彼此预祝来年谷物丰收。

七、瑶族扎巴节

　　每年的农历二月十五日，瑶族人都要举行自己的传统节日——"扎巴节"。

扎巴节场景

所谓"扎巴节"其实就是一个择偶舞会，也是未婚年轻人的节日，这天已婚男女都要回避。

在这一天，未婚的姑娘和小伙子们都要早早地起床，把自己打扮得漂漂亮亮。等三声竹笙响过后，小伙子和姑娘们就拿着黑伞或者花伞轻盈地步入晒谷坪。竹笙再次吹过三声后，小伙子就打开手中的黑伞，姑娘则打开花伞，同跳"扎巴舞"。

姑娘和小伙子一边熟练地跳"扎巴舞"，一边深情地用眼睛在众多男女中寻找着中意人。如果男子看上了哪位姑娘，就会凑上前去轻唱自编的情歌："世上姑娘数不清，唯有阿妹合我心。"如果姑娘没有看中这个小伙子，就会很有礼貌地报以歉意的微笑，接着向他轻鞠一躬转身离去。如果她对小伙子有意思，就会随声应和唱道："世上男儿数不清，唯有阿哥最多情。阿妹知哥情似火，愿与阿哥伴终身。"

两人就这样一唱一和地进行交流，然后在伞的遮掩下柔情相视，互吐爱慕之情，并将伞当作爱情的信物相互交换，到此也就算完成了择偶的过程。最后两个人相互携手步出舞场，一双双、一对对地选择幽静的地方，依偎长谈，结成终身伴侣。

八、 瑶族达努节

在每年的农历五月二十九日，彝族人都要过"达努节"。"达努节"也称祖娘节或瑶年，相传这一天是瑶族始祖"祖娘"的生日，它是瑶族人一年中最隆重的传统节日。关于"达努节"的由来，在瑶族人中还流传着一个传说。

古时候，在万山之中有两座高大而对峙相望的宝山，左边的叫布洛西山，威武雄壮得像一位武士；右边的叫密洛陀，很像一个温柔的姑娘。每年这两座山都会互相移近一些，经过了九百九十九年之后，两座山最终融为一体。

有一年的农历五月二十九日，天上响起惊天动地的雷声，伴随着雷声山上裂开一条缝，从里面走出一个叫布洛西的高大男人和一个叫密洛陀的女人。

后来他俩结为夫妻，并生下了三个女儿。多年后，密洛陀老了，头发全白了。一天晚上，她对三个女儿说："孩子，你们长大了，要自己去谋生了！"第

欢度节日的人们

二天早上，大女儿就扛着犁耙到平原去犁地种田，她就是汉族人的祖先；二女儿挑了一担书走出大山，她成为壮族的祖先；三女儿在山里种小米，并在此安居乐业，她就成为瑶族的祖先。

三女儿在山里辛勤地劳动，禾苗长得十分粗壮、籽粒饱满，可是快到收获的时候，庄稼全被野兽、老鼠和鸟雀吃光了。三女儿很伤心，哭着回了家，密洛陀安慰女儿继续干下去，并给她一面铜鼓和一只猫。第二年，三女儿的庄稼长得很好，鸟兽又来偷食，她按照母亲的吩咐，敲响铜鼓吓走了鸟兽，放出猫吃光了地里的老鼠。这一年她的粮食获得了丰收。为了报答母亲的恩情，在五月二十九日密洛陀生日的这天，她带着丰盛的礼物回家向妈妈祝福，并庆贺丰收。后来，瑶族人民为了纪念密洛陀，就把她的生日定为"达努节"。

每一年过节之前，村寨里家家户户都要打扫卫生，把家里收拾得干干净净，然后杀猪宰鸭、酿米酒、做糯米粑粑，准备丰盛的节日食品。过节这一天，瑶族村寨的人们会把甜米酒和糯米粑粑祭献给祖娘，穿着节日盛装的青年男女则聚集在广场上，参加那里会举办的歌舞、武术、球赛等内容丰富的文体活动。

在这些活动中，最引人注目的是瑶族人的铜鼓舞。它是一种民族民间舞蹈，每次出场都是两个男子和一个女子，其中一个男子敲着铜鼓，表演瑶族的传统舞蹈；另一个男伴在一边敲鼓为他伴奏；女的在铜鼓手后面做着扇凉的舞姿。各组表演完之后，人们就向表演最好的鼓手敬酒，赐予"鼓王"的美名。

跳完铜鼓舞后，接着就是点燃冲天炮。人们把做好的冲天炮在广场上摆上几十或上百个，男女老少同时点燃，看谁在同样的时间内点的冲天炮最多。比赛时，周围的观众都屏住呼吸，仔细注视着点炮的人。比赛结束后，人们会立即蜂拥到优胜者的面前，把他抬起来抛向天空。之后，人们还要唱传世的"密洛陀"古歌，跳起欢快的舞蹈，歌颂祖娘的功德。

第 五 章

阿昌族文化

阿昌族是我国云南境内最早的世居民族之一，主要居住在云南省德宏傣族景颇族自治州，多与傣、汉等民族分寨而居。古代汉文史籍曾记载的"峨昌"、"娥昌"、"莪昌"、"阿昌"或"萼昌"等，都是对阿昌族不同时期的称呼。新中国成立后，根据本民族的意愿统称为阿昌族。阿昌族有自己的语言，属汉藏语系藏缅语族，因为长期和汉、傣等民族交错杂居，阿昌人一般都能讲汉语、傣语。

一、阿昌族婚俗

阿昌族婚俗的民族特色十分鲜明。每年泼水节时，阿昌族的青年男女都要相互对泼，到了傍晚太阳落山时，小伙子要是看上了哪个姑娘，就会走到姑娘身边要求晚上去她家串门。如果姑娘也看上了他，便会点头同意，小伙子就会邀几个同伴去姑娘家。他们还要一边走一边对歌，此时姑娘也要记住今晚到家来的几个小伙子。

姑娘把小伙子领进村后，就会去找姑娘来陪伴他们，而且要为每一个小伙子都找一个姑娘。找好姑娘后，姑娘们就分头去找鸡，每人都找一只，交给做主人的姑娘，让她去请村寨中最好的厨师，大家一起杀鸡做菜。饭菜做好之后，做主人的姑娘就要招呼小伙子们吃饭。在餐桌上，每人两只碗，其中一碗是米酒，另一只碗里放着鸡头。小伙子入座前，要先数一数鸡头，如果数字不对就不入座。

宴席开始后，小伙子们偷偷把鸡头藏起来，说姑娘的鸡没有杀够。而姑娘就要去找鸡头，如果找出来了就罚小伙子喝一杯酒；如果找不到，小伙子就把鸡头拿出来，罚姑娘喝一杯酒。小伙子们在吃饭过程中，会一起把吃饭的钱凑齐，悄悄藏到一个地方让姑娘们去找。吃完饭后，大家开始对歌，男女进行自由组合，如果两人对歌对出情意来，就会到外面去说悄悄话。

男女恋爱成熟后，小伙子家就请媒人提亲，女方家要是同意了，就举办抬锅盖订婚仪式。女方家拿出几个锅盖，上面放一碗热肉和熟鸡蛋，双方的老人互敬锅盖上的食物，然后再敬媒人。敬送食物时，双方老人会把带皮的鸡蛋夹到媒人嘴里，媒人必须用牙齿和嘴剥皮。这个仪式结束后，双方就算定了婚约。

男女青年在举行婚礼时，接亲的新郎会遭到女方姑娘的戏弄。新郎到新娘家后，姑娘们就会用冷水泼他，让他清醒头脑，以后见到别的姑娘不能动心。新郎进入房间后，姑娘们就用锅灰油泥抹在他脸上，还会笑闹着说不这样抹就记不住姐大。接下米，姑娘们还给新郎挂上算盘和秤，并拉到院子里去让大伙看。

除此之外，阿昌族还流行抢亲，主要有以下几种：

1. 男女双方经过自由恋爱建立感情后，男方请媒人去说亲，如果女方家人不同意，想把女儿许给其他人，男女青年就会私下定好日子，让男方来抢亲。到了约定的时候，男方就请很多小伙子深夜来到女方家，找到姑娘后扛起来就跑。这时，姑娘还要假意高声喊自己的父母，以示自己是被人抢走的。

2. 姑娘和意中人的行动被父母发觉，或男方走漏了消息，姑娘的父母不同意女儿嫁给那个小伙子，就会叫他们选中的小伙子尽快来把姑娘接走。这个小伙子回去后，马上组织人先把姑娘家包围，然后派两人到家里找姑娘。找到姑娘后，两人对她说声我来接妹妹了，就一个人把姑娘反背着，紧紧抓住她的双手，另一个人抬着她的双脚，拼命往回跑。在这个时候，如果姑娘的意中人来了，按照阿昌族抢亲的规矩，他不能闯入女方家中或在半路再将姑娘截取，只能眼巴巴地看着她被抢走。

3. 男女青年在恋爱过程中，双方立下了海誓山盟。但是如果女方中途变心了，男方就会组织人趁姑娘外出时把她抢走。抢亲到家，男方会马上放鞭炮进行拜堂，当夜把姑娘领到较远的亲戚家住下，有时甚至躲进山林，直到家里与女方家长谈好后才能回家。

一般情况下，男方在抢亲后第三天就请媒人到女方家说亲，虽然说亲是在女方家，可是女方家不负责招待，而由男方家负责，并付给女方家一些钱。男女双方的代表进行激烈的讨论后，最终达成协议，双方就成为关系很好的亲家。

二、阿昌族腊撒

阿昌族男女青年在恋爱时，都要做一种特殊的游戏——"腊撒"。"腊撒"在汉语中就是"换手艺"的意思，它大致分为"相送"、"回礼"、"赠送"、"刹水"四个阶段。

"相送"是指某个小伙子在对歌中看中了哪个姑娘，或哪个姑娘看中了一个小伙子，就用递烟的方式请对方收下烟盒。

十天或半个月后，姑娘把自己缀着蚂蚱花的"绢迈"（用布做的披巾），外加一包香烟和火柴用纸包好，再用彩线系个活扣捆好，亲自送给小伙子，表示自己对他有爱慕之意。如果姑娘没有看中男方，就在外面打一个死结扣，表示让对方死心，自己不想与对方保持情感方面的关系，这个环节就是"回礼"。

男方收到女方的"回礼"后，就能了解姑娘的态度。如果姑娘同意和自己交往，小伙子就亲手雕刻一个银簪，在上面拴上两颗有彩色珠子的蚂蚱花送给姑娘，也有用手镯、银链、银扣，再加一些水果糖当作礼物请人带给姑娘的，以此来表示自己真心实意地爱上了姑娘，这就是"赠送"。

在"刹水"阶段，如果姑娘真心想和小伙子结成夫妻，她会用亲手织成的阿昌布做一个对襟衣送给小伙子。如果姑娘不想和小伙子成亲，就给他送一个枕头表示歉意，请男方另选对象。

在新婚的晚上，男女青年各有一人陪伴。新郎到了姑娘家，先点燃两柱香插在姑娘家的供桌上，然后转身离开。姑娘在伴娘的陪伴下离开家，跟随小伙子回家。到了男方寨子后，姑娘由伴娘陪伴着住到别人家。

第二天，新娘身挎长刀来到新郎家，新郎拔出刀，用尖刀指着姑娘的头，然后两人走进堂屋，小伙子把刀挂在墙壁上。接着，两人开始拜堂成亲。婚后第二天，女方家请客。新郎给每桌人鞠躬，青年们则趁机给新郎的脸上抹锅底灰。宴席结束后，新郎要在回家前跪在岳父母面前接受长辈的赠礼。

三、阿昌族服饰

阿昌族的服饰以简洁、朴素、美观著称，此外它还是反映阿昌人是否成婚的标志。阿昌族男子都留短发，未婚男子包白布或黑布包头，布带上绣有五彩花纹；已婚男子包藏青色布包头，穿蓝、白、黑等素色斜纹对襟布扣袢上衣，裤脚短而宽的黑色或蓝色长裤，系黑色绑腿。阿昌族已婚妇女用黑布帕包头，层层缠绕高达30厘米，上面还覆有黑布巾，这种头饰称为"箭包"，也叫高包头，它是已婚妇女特有的标志。这种头饰是用自织自染的两头坠须的黑棉布长帕缠绕在梳好发髻的头上形成的，其造型高昂雄伟，所用的布料足有几丈长。

妇女在包头的时候禁忌很多，包戴仪式神圣而庄重。第一次包戴是在婚礼后进行，家人请村中儿女双全的妇女在新房内包。阿昌族已婚妇女在平时包头的时候，长辈和晚辈都要回避，外人更是不能随意去看。

关于这种头饰的来历，在民间还有一个传说。很久以前，阿昌族的居住地受到了外族人的侵扰。在一次抗争中，男人们把箭都用光了，女人们在给他们送箭时却被敌人阻拦。此时，一个妇女想出了好主意，她让前方男子用布、带包成高包头，妇女们向"高包头"上射箭。这样，男人就获得了足够的支援，而且还迷惑了敌人也向高包头射箭。就这样，高包头救了阿昌族人，妇女们为了纪念这次战斗和那位妇人的机智，从此包起了高包头。

阿昌族未婚的女子一般是把长辫子盘在头顶上，包一个圆盘状的头帕，装饰上鲜花和绒球。服装也有区别，已婚妇女一般穿窄袖对襟短衣、及膝长筒裙，裹绑腿，系银腰带，戴各种银饰，也有穿对襟窄袖衫的裙子。未婚者不穿裙子，但是都穿青布长裤，外系围腰。女人们都珍藏有各种首饰，而且银质装饰较多。她们喜欢大耳环、雕刻精致的大手镯、银项圈，有的还在胸前的四颗银钮扣上和腰间系挂上一条条长长的银链，拴银盒，还在银盒内装石灰、槟榔等物，走起路来银光闪闪，耀眼夺目。

在一些地方，阿昌族新婚妇女还要系一条用手工织成的花带子，上面绣有狗牙、谷穗、蚯蚓、鸡爪、骨、瓜籽、刀等与阿昌族人生活密切相关的动植物花纹。而这些图案都有各自的含义：狗牙能消灾避邪；谷穗表示五谷丰登；瓜籽象征子孙兴旺；刀代表着开辟新生活……这个花带子做工精细，是新婚妇女必不可少的装饰品，新婚时才被系在腰间。婚礼结束后，新娘就把它珍藏起来。

阿昌族人还喜欢用花作为服装的装饰，无论男女都喜欢在头上、胸前、腰部、小腿等处缀饰鲜花或毛绒线花。插戴的鲜花一般为红、黄、白色，因为阿昌族认为红花象征着欢乐，黄花代表着爱情，白花象征着纯洁。

四、阿昌族三月箫

三月箫在阿昌语中叫"拍勒咸罕"，意思是春天的箫。它的样子很像汉族的直箫，是阿昌族的吹奏乐器，主要流行于云南德宏傣族景颇族自治州的陇川、盈江、梁河等地。因为一般是在春天吹奏，到农忙时节就不再吹了，所以叫"三月箫"。

三月箫用竹子制成，长约20厘米，两端都有吹口，上端1/4处留一竹节，竹节外开一椭圆形发音孔，发音孔正中刚好是竹节横隔处，横隔向外处削有一个小口子，气流从这里通过。

三月箫的指孔共有7个，正面6个，背面1个。一般都是用蜂蜡做成片状，然后在竹节的隔膜发音孔上留一点空隙通共鸣筒。发音孔上的蜂腊不但能调整气流，还能控制气流的大小和音色变化。

三月箫的音域为一个半八度，常用音区是一个八度，在演奏时下唇盖住吹口大部，仅留一小空隙进入气流，按孔的左右手因个人的习惯而异，可在上也可在下。三月箫既可在行进中吹奏，也可以站着、坐着吹奏，音色清亮、曲调流畅、节奏自由，能很好地表现人们的感情。

到了每年的二三月份，阿昌族小伙子就开始寻找对象。白天，阿昌族小伙子在后脖子的衣领插一把三月萧，走到哪里遇到心仪的姑娘，就会立刻抽出来吹起响亮动听的乐曲，意思是让姑娘停住脚步，咱们两个说几句话。姑娘听到三月箫声后，一般会立刻停下来互相打招呼。如果谈话很投机，小伙子就要送姑娘回去，在路上边走边吹三月箫边唱山歌，他们的爱情也就这样开始了。

到了农忙季节，小伙子就停止吹奏三月箫。农忙结束进入农闲季节，阿昌族小伙子为了赚取家庭生活开支，以及日后自己定亲和结婚的费用，需要打制各种刀具出售。打刀打到得意处时，小伙子就会放下工具，拿起三月箫吹上一气；有时候心慌意乱烦恼起来，为了排解愁闷，也会拿起三月箫吹上一段后再接着打刀。

五、阿昌族"户撒刀"

阿昌族是我国少数民族中著名的"刀的民族"，有着世代相传的精湛制刀技艺，他们在古时就很善于打刀。据史书记载，明朝洪武年间，沐英西征时曾在这里留下一部分军队驻守屯垦，阿昌人就从他们那里学习和掌握了锻制刀、剑的技艺，至今已有600多年的历史了。经代代相传，刀越打越精，并具有民族特色。

阿昌族的户撒刀因产自阿昌族主要聚居区——德宏傣族景颇族自治州陇川县的户撒地区而得名。关于户撒刀的来历和得名，在当地还流传着一个传说。古时候有一对兄弟，哥哥叫阿多，弟弟叫兴过，他们以打猎为生。一天，兄弟二人和寨子里的人一起上山打猎，发现了一匹金鹿，金鹿见人惊慌不已，扭头就跑。人们跟在后面追赶，结果金鹿钻进了一个很深的山林。哥哥怕山林里有老虎，不敢继续追赶，弟弟则带着大伙继续追。他们在山林里追了三天三夜，追到河边金鹿不见了，大家却意外地发现了一片辽阔的坝子，于是大家就在那里住了下来。

过了一段时间，弟弟听说附近有个地方住着一些出名的铁匠，他们的刀削铁如泥。于是，他带上平时打的鹿茸和兽皮准备到那里去换一把宝刀。他走了5天才到达，刚走到街上就被一个美丽的姑娘吸引住了。姑娘看了兴过一眼，害羞地向他微笑一下就走了。兴过赶快去找那姑娘，最后在一家铁匠铺门前找到了她。姑娘笑着要过他的刀，仔细看了看，很快就一脸失望地转身进了铁匠店。后来，兴过向周围的人打听，得知姑娘是铁匠的女儿，名叫软诺。到了晚上，他在铁匠家外吹起了葫芦笙，优美的声音引起了老铁匠的注意，他出来把兴过请进自己的家。这一夜，兴过和软诺对了一夜歌，他表达了自己对姑娘的爱，唱出了自己所有的心里话。

兴过呆了几天后便回去了，准备了很多礼品，用马驮着到了铁匠家向软诺求婚。老铁匠对兴过说："你的心意我领下了，我不要你这些东西，我们阿昌人以打刀出名，明年的浇花水节时你再来。"原来，铁匠想给女儿找一个好铁匠做丈夫，所以他决定在明年浇花水节时，让求婚的小伙子们进行比赛，谁的刀打得好，软诺就嫁给谁。兴过为了打出好刀，就去请教四乡八寨的铁匠，研究他们采用的矿石，细心地观察他们怎么下锤锻打、淬火、起口……他吸取了各家的长处，在浇花水节前终于打出了81把好长刀。

浇花水节到了，兴过选了一把最好的长刀赶到铁匠家参赛。来求婚的人很多，土司的儿子也来参加比赛，他的刀是用高价买来的银把刀。但是谁的刀也没有兴过的刀快，比赛结束后老人宣布他为胜利者，软诺也很高兴。土司的儿子看着软诺和兴过订下了迎亲的日子，心里很是嫉恨。

软诺在订亲后，就开始赶织结婚时穿的衣服。兴过想再打一把更好更漂亮的长刀，于是天天上山去采挖铁矿。土司的儿子知道这个情况后，就乘机带人冲进软诺家把她抢走了。兴过回来后，拿起长刀去土司家要人。土司儿子让七八个士兵一起教训兴过，结果被他打得头破血流。后来，全寨的人都赶来冲向土司家，土司才交出了软诺。

这件事之后，土司儿子更恨兴过了，于是想出一条毒计。一天，他看兴过不在家，就派管家溜到兴过家，把一只猫扔到他打铁的炉子里。然后管家就到处造谣说，兴过用火炉杀了动物，今后所有的铁匠就打不出锋利的刀，铁匠的炉子也会要废掉。按照祖辈传下来的规矩，人们要把兴过的炉子拆了，并把他绑起来丢到河里淹死，这样铁匠的炉火才能重新兴旺。

这天晚上，兴过回来不久就被无辜地处死了。软诺知道兴过被害后，悲伤地大声哭喊，结果两座大山都被她哭崩塌了。最后她决心死也要陪着兴过，于是就跳河自杀了。第二天，这里的小伙子和姑娘们被他们忠贞的爱情所感动，就把山里的花全采来撒到河里。夜里，土司家的大院突然起火被烧成灰烬，远近的两个坝子也连在了一起。人们为了纪念兴过和软诺，就把兴过住的坝子叫"户撒"，把软诺住的坝子叫"腊撒"，两个坝子连在一起就叫户腊撒。后来，阿昌族的铁匠们为了纪念这位青年铁匠，就把打制的各种刀称为户撒刀。

阿昌族的户撒刀款式众多，且制作工艺独特，刀具质地精良、式样美观。有些能工巧匠打造出的长刀，铁色锃亮，刚柔兼备，平时可柔韧弯曲系于腰间；在使用的时候，取出的刀具还可自然挺直，并可以削铁击石。

阿昌族人擅长制刀，也十分珍惜刀。他们打造每一把刀时，都要进行精心装饰，使刀片、刀柄、刀鞘在外观上能融为有机的整体，成为一件精美的艺术品。他们常常在刀柄和刀鞘上镂刻"龙飞凤舞"、"猛虎长啸"、"飞燕迎春"、"东山日出"等多种图案，既能使刀赏心悦目，也更具有鲜明的民族特色。

六、 阿昌族会街节

"会街节"是阿昌族人的传统节日，在阿昌话中叫"熬露"。一般在每年农历八九月间举行，是迎接佛祖回人间的日子。据说在这一天，佛祖"个打马"（释迦牟尼）为了能使母亲上天，就返回人间念经三日，此时凡间佛光普照，青龙白象呈祥。阿昌族会街节时，人们必须耍青龙白象就是起源于此。

阿昌族视青龙和白象为吉祥、幸福的象征，在会街节前，人们就会扎好质朴可爱的青龙、白象。扎制青龙、白象并不是件容易的事。阿昌族老艺人要先用木头做好架子，用草纸糊身子，用布做象鼻和龙头、龙尾，这样扎出的青龙和白象就很结实、轻巧、形象。耍青龙和白象时，人就藏在龙身和象肚子里，专人负责扯动龙头、龙尾和象鼻，使青龙抬头、张嘴、闭嘴、摆尾，白象也能上下左右甩鼻子。

节日当天一早，小伙子们便身背户撒长刀，挎着象脚鼓，姑娘则身穿民族服装，大家在鼓乐和鞭炮声中，簇拥着披红的青龙和白象进入会街节广场。主持节日的老人宣布节日开始后，鼓声和锣声交织成一片。人们开始舞青龙和白象，青龙时而摇头、时而摆尾、时而张嘴；白象则不断甩动长长的鼻子，时而前进、时而后退，接着滑步、下跪、后仰、前倾，笨拙憨厚的姿态引起人们的阵阵哄笑。此时，姑娘们便围着青龙起舞，她们双脚跳跃挪动，身体波浪般起伏，边蹲边跳。阿昌族男子则围着白象跳象脚鼓舞，他们一边敲一边舞，鼓声时缓时急、节奏分明，有时还伴有晃鼓、甩鼓、摆鼓等动作，人们欢乐的情绪很快就达到高潮。

第 六 章

哈尼族文化

　　哈尼族是云南的独有民族，为古代羌族人的后代，主要聚居在滇南红河和澜沧江之间的元江、墨江、绿春、金平、江城等地区，其见于汉文史籍的名称有"和夷（蛮）"、"和泥"、"窝泥"、"阿泥"、"哈泥"等。自称多达 30 余种，如"哈尼"、"僾尼"、"碧约"等。哈尼族使用的语言叫哈尼语，属汉藏语系藏缅语族彝语支，其内部分为哈雅、碧卡和豪白三种方言，按照这三种方言，哈尼族又分为哈雅、碧卡和豪白三大支系。大多居住在山区，主要从事农业生产，民族风情迥异，特色鲜明。

一、别具一格的"擦拉欧"

　　在哈尼语中，纺线就叫"擦拉欧"，哈尼族妇女的纺线方法可以说是别具特色。走在哈尼山寨或者哈尼族聚集区，随处都可以看到年轻和年老的哈尼族妇女，她们在上山砍柴的路上或劳动的地头，一边唱着婉转悦耳的民歌小调，一边用纺线锤纺线。

　　哈尼族人十分勤劳，姑娘们从开始懂事时就要下地劳动和上山砍柴。她们在下地劳动和上山砍柴的路上，还要跟长辈学习怎么使用纺锤纺线，到了十七八岁时，哈尼族的姑娘个个都会成为劳动和纺线能手，无论走到哪里，都随身带着棉花和纺线锤，随时可以纺线。

　　哈尼族妇女之所以能很方便地进行纺线，是因为她们的纺线锤很独特。哈尼族的纺线锤长 20 厘米左右，整个锤轴像一支筷子，上细下粗。在纺线锤的上端顶尖有个可以挂线的小钩，一般用竹木制成，也有用铁、铜等金属制成的。在纺锤中间穿有一块木片，有的则是用葫芦壳削成圆形薄片。在用纺锤纺线时，先从棉条中抽出一根线头挂到纺钩上，然后用手把纺锤往腿上一搓，线头就能很快地旋转起来。这时候，左手提着挂在纺锤钩上的棉花条，右手配合不停地抽线，当线达到一定的长度时，就把线绕在纺锤上，然后继续纺线。

二、神圣的火塘

　　哈尼族是最崇敬火塘的民族，火塘在其家庭中居于特别重要的地位。它不仅能带来温暖和光明，也是一家人在劳动后团聚的中心。过去哈尼族人认为火是家庭的生命，对火很敬畏，他们还认为火种不断与家庭的兴旺相关，因此必须让火种长燃不息。每家都有数个不同的火塘，火塘里的火一年四季不能熄灭，而且每个火塘的用处不能弄混。

　　逢年过节时，人们在敬祖先的同时还要用米饭、肉食和酒专门祭祀火塘。全家围坐火塘时，必须按辈分高低就坐，家中辈分最高的座位是在火塘左侧的矮床里，矮床中间和外面是客人和晚辈坐的位置。

　　在哈尼族中，任何人都不准对火塘有不敬的行为：火塘上的锅庄石或三脚架不能用脚踩踏，男女老少都不准跨越火塘，不能向火塘内吐口水或者擤鼻涕，不准用脚扒火柴头。

　　哈尼族不仅崇敬火塘，还用火塘传烟的方式说亲。如果小伙子看中了某个姑娘，就会把这件事情告诉父母。父母知道后，就要为儿子物色两个媒人。然后需要准备一个新饭箩、一包毛烟、一对新梳子和一小把野麻交给媒人。

　　到了晚上，媒人手举火把，拿着新饭箩和其他礼品去女方家。当地的风俗是：媒人进门前先咳嗽三声，告诉女方家里来人了，然后熄灭火把进门，进门后不准说话。两个媒人只把饭箩放在火塘的烤板上，然后各取一只烟筒，在火塘边吸烟。他们吸几口烟之后，就把烟和烟筒递给女方的家长抽，然后再依次递给火塘边的其他人，烟筒在这些人中传递两圈后，媒人就离开了。第二天早上鸡叫的时候，姑娘又将饭箩送回男方家。晚上两个媒人和前一天晚上一样，把饭箩又拿到女方家，在火塘边传烟。女方要是同意了，就不再送回饭箩，这样也就算订婚了。

三、哈尼族开秧门

每年春耕前，哈尼族所有的村寨都会沉浸在欢乐的气氛中。因为在这个时候，他们要举行一个古朴的仪式——"开秧门"，这是一个为迎接丰收而进行播种的节日。

哈尼族人对"开秧门"这个节日十分重视，在节前都要准备肉食酒菜、香烛黄纸到田边祭烧，祈求保佑丰收。

在过节这天，鸡刚叫完头遍，村寨里的人就开始做饭，家家户户一大早就吃黄饭和红蛋。而且，人们也给牛吃一些黄饭团，表示和它同甘共苦。据当地人说，只有这样做了，结出的稻谷才会颜色金黄、颗粒饱满。

人们吃完饭后，就要到田间举行隆重的开秧门仪式。这时，他们都穿上崭新的民族服装，来到村寨最大的一块水田边。这块田的主人和主妇会拔下自家的第一把稻秧，然后请寨里一个年纪最大、威信最高，且很有劳动经验的人下田插下第一窝秧苗，祝贺秋季获得丰收。据说第一窝秧是否成活，关系着稻谷能不能丰收。老人插完后，大家就纷纷下田插秧苗。

按照哈尼族人的风俗，在开秧门这天，凡是从这块田边经过的人，不论男女老少、外地的陌生人或者附近的熟人，主人都会很热情地拉着你的手，让你下田去参加集体插秧这一盛大的活动。不管会不会插秧，只要客人能插上几支，主人就会非常高兴，因为这代表着吉祥和幸福。

四、哈尼族芒鼓舞

　　芒鼓舞在哈尼语中称作"鲁堵堵赊赊"，意思是"跳鼓舞"，是云南哀牢山区流行的一种民间舞蹈，起源于哈尼族的祭龙活动。相传在古代，哈尼族人居住的地方经常有虎豹出没，常常吞吃牲畜和人。哈尼人没有办法抵御猛兽的攻击，只好请求神灵保佑。他们认为龙有降虎伏豹的威力，于是就在正月属龙的日子设下祭坛，摆好祭品，跳起芒鼓舞，唱起祷告歌，祈求龙神保佑。后来，这个活动世代相传下来，并逐渐发展成为一种娱乐活动。

粗犷的芒鼓舞

　　哈尼族的舞蹈大多与芒鼓有关，有的用芒鼓伴奏，有的用芒鼓作道具。哈尼族人认为鼓是本民族和村落的标志，鼓声可以代替人向天神传递信息，鼓里放有五谷及象征人丁兴旺的草，所以只有在节日庆典、发生地震、日月蚀和战争时才能敲击。

　　跳芒鼓舞时，一般都是由几个壮小伙在一边有节奏地敲锣打鼓，其他人轮流跳舞。舞蹈的动作多样并富有变化，动作还分为男式和女式，男式动作威武激昂，女式动作优美舒畅。

此外，芒鼓舞还有单人舞、双人舞和集体舞。这些舞蹈的动作基本相同，都是一只脚前伸，屈膝，脚尖点地，跳舞时往上提起，小腿弹动；另一只脚半蹲，臀下坐，双手上下交替，蹲下时手挨身体，掌心朝外，从胸前斜下至腰侧；起立时手臂稍开放，环至胸前，上身随手臂的舞动而扭动，臀部左右摆动。有的舞蹈还用双手手背击鼓、后仰身击鼓和跳起后手背从抬起来的腿下击鼓等动作。扭身和摆臀显示出粗犷和柔和。身体的起伏也具有变化，起的时候多为轻拍，伏的时候多是重拍。整个舞蹈表现出一种古老、深沉、质朴、粗犷的动律和风格。

五、哈尼族的蘑菇房

哈尼族人在选择住址的时候，一般喜欢选择居住在向阳的山腰，并依山势

奇特的蘑菇房

来建造他们的村寨。其村寨一般为几十户，多的可达数百户，村寨后是丛林，村前是层层延伸的梯田，距村寨不远处就是泉水井。哈尼族住房结合地形布局，高低错落有致，形成了朴实多变的景象，最有趣的是他们的房子都像一个个蘑菇，因此人们也称它为蘑菇房。

蘑菇房是怎么建起来的呢？传说很久之前，哈尼族人全部住在山洞里，由于山高路陡，出门很不方便。后来，哈尼族人迁徙到一个名叫"惹罗"的地方，这里的山上到处都生长着个头很大的蘑菇。它们不怕风吹雨打，一些蚂蚁和虫子也在它们下面做窝，于是哈尼族人就照着蘑菇的样子盖出了蘑菇房。

哈尼族蘑菇房状如蘑菇，形式多样，大多是土墙草顶楼房，由土基墙、竹木架和茅草顶三部分构成。房子以石子垫基，以木为柱，土基砌墙，屋顶为四个斜坡面，上面铺有茅草，少数用瓦覆盖。房子分为上、中、下三层。底层关牛马牲畜、堆放农具等；中层住人并存粮食；上层堆放杂物，并设有一个常年烟火不断的方形火塘。一些竹木结构的楼房还设有凉台，样子别具一格。

蘑菇房玲珑美观，使用效果很好，还具有冬暖夏凉的优点。

六、哈尼族姑娘节

哈尼族人在每年农历二月初四，都要过一个很有意思的姑娘节。

姑娘节起源于一个古老的传说：很久很久以前，在一个四面环山的村寨里有一个长得像仙女一样的姑娘，名字叫悠玛。后来，悠玛与村寨里一个英俊的青年猎人戛期相爱了。在当时，哈尼族姑娘的婚姻是要父母和土司头人作主的。悠玛的父母不同意两人的婚事，并把她许配给了土司残疾的儿子。

悠玛哀求父母也没有用，为此她很痛苦，于是决心以死来捍卫自己忠贞的爱情。在农历二月初四这一天，悠玛一个人去山上砍柴，遇到了临村的3个姑娘。悠玛向她们诉说了自己的遭遇，3个姑娘听完后都放声痛哭，原来她们也是到这里来躲避不幸婚姻的。后来，4个姑娘一起在山顶上互诉苦衷，忘了砍柴和回家，她们越说越伤心，最后一起跳崖自尽。

这个悲剧的发生使哈尼族人认识到长辈不能干涉姑娘和小伙子的婚姻，应该尊重姑娘，让她们自己选择意中人。为了告诫后人，哈尼族人就把每年的二月初四定为"姑娘节",用节日的方式表示尊重妇女和婚姻自由。

现在,每到这一天的早晨,在天还比较黑的时候,村里的男人们就要先挑回一担水,等天开始慢慢亮起来时,男人还要砍一捆柴回来。然后,男人们就生火烧水,妇女也开始慢腾腾地起床,此时男人要把洗脸水恭恭敬敬地端给她。接下来,男人们还要煮饭、洗菜、剁猪食、洗碗筷、带小孩;妇女则悠闲地坐在一边,要么指挥男人做这做那,要么聊天、做点针线活。

吃过午饭后,男人们就要急忙赶到寨中的公共场地去,因为按当地的习俗和说法,先到这里的人是勤劳者,后到的就是懒惰者。这时,小伙子们要向情人借来女式的衣裤,把自己打扮成姑娘的样子,并在欢快的弦乐伴奏声中跳舞。傍晚时,他们又要赶紧回家做饭,继续服侍妇女到深夜。

七、哈尼族"耶苦扎"节

"耶苦扎"是西双版纳哈尼族人的传统节日,一般是在每年农历六月的牛日开始举行,为期3—5天。

传说远古时,哈尼族聚居区发生了一次严重的虫灾,这种虫的头上长着两只角。它们先吃稻子叶,后吃谷粒和稻秆,田里的谷物很快就被吃光了。很快,它们又把树叶吃光了。它们还爬进哈尼族人居住的竹楼,啃食衣服和被子。哈尼族人用竹棍打虫,虫子却越打越多;他们用水淹,虫子却会在水中游泳;用火烧,虫子就飞到天上去,火灭之后又落到地上。

哈尼族人杀鸡求神、宰猪祭龙,都无济于事,只好去向祖先阿培明耶请教。阿培明耶听到这件事情后,就派儿子耶苦去帮助哈尼人。耶苦挖来许多毒草,熬了一百盆药,然后把自己的手腕划破,用鲜血把毒药全部染成红色。虫子闻到血腥味后,便飞来吸食带血的毒药,很快就被毒死。耶苦为了杀死全部的虫子,不断地熬药,不断地用自己的血来拌药引诱虫子来吃。终于,虫子被全部杀死,耶苦的血也流尽了……耶苦死的这天,正好是农历六月一个属牛的日子。于是,人们便在每年的这个日子祭祀这位为民除害的英雄,也就有了"耶苦扎"节。

现在,每到"耶苦扎"节这天,男子们就杀猪、杀牛,小伙子们还要上山砍树和藤条，运回寨里做秋千。这时，每个村寨都要搭秋千架。搭建时，由寨里的老人选择地址，凿洞立木柱搭架子。在荡秋千开始前，有的村寨还要在秋千架旁杀狗、杀鸡祭祀秋千。然后大家在老人的带领下，举行打秋千仪式。老人来到秋千前，把一些黑土抹在秋千板上，再摘3片红泡果树叶、红毛树叶、山茅草叶铺在脚踏板上。接着手扶秋千绳来回荡三荡，再一手扶绳，一手端酒念祭文："旱谷打包了，秧苗返青了，虫子不要来吃谷叶，老鼠不要来吃秧苗。黄豆开花了，农活松闲了，快来打秋千，把灾难荡掉。"老人念完祭词后，把酒泼在秋千下，这时候人们就上前争着荡秋千。只要有人登上秋千，大家就要边看边唱，并不时发出"嗦、嗦"的欢呼声为他加油。

这天，妇女则在家煮饭、做菜、舂糯米粑，等待一家人回家大餐一顿。吃完饭后，众人继续去参加节日里的其他活动，比如赛马、打陀螺、跳竹筒舞、赛球、拔河、歌咏比赛等。到了夜里，年轻人还要集合在寨场上唱歌，手拉手跳"咚八喳"舞、竹筒舞、竹竿舞等。

八、哈尼族"苗爱拿"节

每年春耕时节，哈尼族人在举行过"开秧门"仪式后，就要进入紧张而忙碌的插秧农忙时期了。插完秧后，哈尼族人都要过一次"苗爱拿"节，"苗爱拿"的汉语意思是插完秧后的休息天。一般"苗爱拿"节选在五月上旬的一天，在这一天里，全村寨要共同杀一头猪、一头牛，然后各家分一份回去煮食，表示栽秧结束，大家可以在家休息了。

过"苗爱拿"节时，人们还要高兴地吹响牛角号，表示耕牛也可以休息了。据说在从前过"苗爱拿"节时，一个哈尼族人想把自己家的两头耕牛赶到山里或者田边去吃草，可是平常在劳动时很听话的耕牛这回却不再听话。它不愿上山，也不愿意去田边，哈尼族人没办法，就吹了一会牛角号，并对耕牛说："老牛啊，老牛啊！前一段时间你太辛苦了，现在已经插完秧，你也可以休息了。"如此一来，耕牛就非常听话，欢快地跑到草地上吃草去了。

按照传统习俗，在"苗爱拿"节这天吃早饭前，人们要把一碗茶水、一碗酒泼在准备好的青草上，还要拿出一碗肉和一碗饭，连同青草一起喂给自己家的耕牛，表示对耕牛辛勤劳作的慰劳。然后，哈尼人就把犁耙、锄头等干活的工具洗净收好。到了晚上，人们在村寨的场地上燃起一堆堆篝火，全寨子的人都会到这里跳舞、唱歌，庆祝"苗爱拿"节。

九、哈尼族"米索扎"节

布孔人是哈尼族的一个支系，他们在一年中要过"米索扎"、"卜马兔"、"苦扎扎"等三个盛大的传统节日，其中以"米索扎"节最为盛大，一般持续3—6天。

在节日快来临时，布孔的男女老少就换上了民族的节日盛装。其中以姑娘们的服装最引人注目，她们藏青色的包头布上，有红绿丝线刺绣的花纹，鲜艳的红线则扎在头巾中。她们穿的衣服胸前部分布满银泡，正中的地方还缀有一块象征着盛开白莲花的八角形银牌。她们的腿上紧紧裹着藏青色的布，上面扎着毛线结成的红绒花。在"米索扎"节的第一天，家家户户都要做汤圆、舂粑粑。吃过汤圆和粑粑后，一家人就开始忙活着杀猪、杀鸡，准备过节的午餐。

吃过午饭，大家就来到村寨里的平坦场地，此时小伙子们上山砍来6根很粗的竹子做秋千。

接下来就是隆重的荡秋千仪式，主持这个仪式的人叫"莫叭"，由大家在村中推选一个儿孙满堂、勤劳简朴、年纪在60岁以上的老农担任，鳏寡孤独、好吃懒做的人不能当选。

荡秋千仪式开始后，"莫叭"端着一碗糯米做的3个白颜色和3个黑颜色的团子，口里念着"里那施米黑衣巴"等祝词，把黑团子丢进草地，表示辞去旧年；接下来再念"里普述十喝色七拉的"等祝词，表示盼望新年来临。随后，全寨的壮年一起鸣火枪，青年一起敲芒鼓，"莫叭"双手把秋千推三下，然后男女老少就可以去荡秋千了，据说这样能消灾除难、长命百岁。

在节日的最后一天，"莫叭"又念一遍"里那施米黑衣巴"、"里普述十喝色七拉的"等祝词，把秋千绳向下推三下，用刀把它割断，表示节日就要完全结束了。接下来，全村寨的小孩子们敲锣打鼓，到各家去祝贺节日。

在节日最后一天的晚上，全村寨的人在草坪上燃起篝火，大家拿出桌子，摆好酒肉、水果和其他食物，年青人跳"阿拉楚"扭鼓舞，有的则在一边唱民歌，老人们席地而坐观看年青人表演。就这样，大家彻夜不眠，狂欢通宵。

十、哈尼族"阿玛突"

哈尼族在农历二月属龙的日子，都要过一个传统的节日——"阿玛突"。"阿玛突"又叫二月年，包括祭山、祭祖、祭社林等内容。

在"阿玛突"的第一天，哈尼族人要杀鸡祭外鬼，然后用竹签编成符抵御外鬼进入家中。清晨时，全村的男女老少还要自动到井边去掏井，并除草扫地，然后由村寨里的魔巴或威望很高的部族长老，在井边杀一只白色的公鸡，祭祀水井之神。

祭祀完水井后，哈尼族人还要祭山。这里的人认为水来自于山，山靠林养育，他们一般把水井建在树下。到了中午，就要祭寨心塔。它是建寨的最早地点，一般用泥土垒成后立于村寨的中央。祭祀结束后，以寨心塔附近的人家为起始，每家准备一桌酒席，顺次序挨家挨户往下排，称街心酒宴。村子里的男性都得参加这个宴会，以达到凝聚全寨人的作用。

宴会结束后，全寨的男人都得去祭树林。树林在村子附近，村寨中的人不许动这个林子里的一草一木，女人则禁止进入。在祭树林时，魔巴、族长、长老三人带领两个装扮成一男一女的小伙子，敲着锣，带着准备好的3个鹅卵石进行血祭树林。这三个鹅卵石：一个用狗血染红，放在树根右侧，表示祭鬼；一个用本寨处女的经血染红，放于树根左侧，表示祭龙；一个用猪血染红，放于树正中的前方，用于祭社林和祖先。装扮成一男一女的两个小伙子则代表童贞，站在树的两旁。魔巴、族长、长老三人一边念祈求五谷丰登、人丁兴旺、消灾灭难的咒语，一边向三块石头拜祭。这样的祭祀活动一共进行7天。这时候人们要停止一切生产和集市活动，此时如果有人来到了村寨，就必须等祭祀全部结束后才能出寨。

第 七 章

白 族 文 化

白族是有着悠久历史和灿烂文化的少数民族，主要分布在云南省大理白族自治州、丽江、碧江等地区。白族的先民史称"滇焚"、"叟"、"爨氏"、"白蛮"、"白人"、"民家"等。自称"焚子"、"焚儿子"、"白尼"、"白伙"。白族人使用白语，属汉藏语系藏缅语族。绝大部分居民操本族语言，通用汉语。当地有着其他民族鲜见的风俗与崇拜现象，很是耐人寻味。

一、白族雄鸡图腾

白族先民把雄鸡作为本民族的图腾已有很悠久的历史，这种文化现象在现在白族人居住区的风俗活动中还能找到一些踪迹。例如在白族人的婚姻大事中就要用到雄鸡。如果白族小伙看上哪家的姑娘，男方就会请媒人领着小伙子，提着烟酒糖茶四色水礼，在农历双月的十五晚上悄悄地上门提亲，还要问女方的生辰八字。无论小伙子和姑娘是否认识，只要媒人说明自己的来意，不管以后这门婚姻是否成功，女方家都要杀一只大公鸡做夜宵，用鸡肉和鸡汤来款待上门的求亲者。

如果男女双方的生辰八字相投，而且姑娘和父母也同意这门亲事，男方家就选定一个好日子，举行订亲仪式。在定亲这天，男方要给姑娘送来一些首饰做信物和一些新衣服，此外还必须送来一只挂彩的大红公鸡和两瓶烈酒，这就叫"订鸡酒"。

到了结婚迎亲这天，男方还要送来一只挂彩的公鸡和烈酒，表示男方家与女方家要结为亲家了，两个新人会恩爱到老，不离不弃。在结婚的第三天，新婚夫妇在唢呐的伴奏下，用红色托盘端着男女式样的鞋袜和鞋垫各一份、四色水礼、挂彩的猪脚杆和一只大红公鸡，到媒人家去谢媒人。新人在婚后喜得

雄鸡图

贵子，男方就要备上一只大红公鸡；如果生了女孩，就要准备一只母鸡外加两瓶红色喜酒到丈母娘家报喜。娘家人则把喜酒分给亲戚品尝，共同分享增添人口的快乐。几天后，女方家则组织亲戚带上酿好的甜米酒、鸡、蛋、米等到女儿家探望外孙，恭贺亲家和女儿、女婿。

白族人家在盖房子的时候，都要举行一个上梁竖柱的仪式。在仪式上，木匠师傅要用雄鸡点血祈祷平安，并要说一些话恭贺主人家。如："鲁班用鸡来点血，保佑主人福禄寿，金鸡久住凤凰窝，主人精神气血好。"在新房竣工的仪式上，泥水匠师傅要抱着雄鸡，面对新房向主人家说一些祝词祝贺，如："鸡是五彩凤凰鸡，吉日良辰点吉礼，点好幸福的根基，大红公鸡生得好，好似凤凰来祝贺，今日借你开金口，幸福明日自己来。"此外，白族人在生活中还要用大公鸡敬神，祈求保佑。在烧砖烧瓦时，用公鸡敬奉火神、石神、土神；开山取石时，用公鸡敬山神；做木制屋架时，用公鸡敬木神等。

二、白族本主崇拜

本主崇拜是白族最普遍和独有的一种宗教信仰，本主又叫本主神，白语称"武增"，又称"老谷"（男性始祖）、"老太"（女性始祖），各地还称"武增

尼"、"增尼"、"东波"等。它的汉语意思就是"我们的主人"、"本境土主"、"本境恩主"、"本方之主"等，"本主"是简称。这些称呼有祖先和主人的含义，却不是单纯的祖先崇拜，确切地说本主是一个白族村落或几个村落的保护神，主宰着居民的命运。

本主崇拜源于原始社会社神崇拜和农耕祭祀，形成于南诏时期，在南诏、大理国时期成为白族的一种重要宗教信仰。据唐朝樊绰著的《蛮书》记载：唐贞元十年（公元794年），南诏王异牟寻与唐朝使臣在苍山会盟，举行了重大的祭典。异牟寻为了表达自己的真心，还立下了谨请西洱河、点苍山神祠监盟的誓言。这两座神祠就是本主庙，可见当时的本主崇拜已经形成。以后又历经数百年，本主数不断增多，其包含的文化内容也更加丰富。

白族人认为本主就是村社的保护神，掌管着本地区和本村寨居民的生死祸福，能保佑人们平安、风调雨顺、五谷丰登、六畜兴旺。所以在白族村寨里，几乎一村一庙，供奉本主。本主庙中的祀神有主神和配神之分，"本主"是指本主庙中的主神，配神是本主庙中主神以外的其他各种祀神。因为本主崇拜是多神崇拜，所以各个村寨本主庙内都塑有他们的本主神，有时候也出现几个村寨共同信奉一个本主的情况。不同本主任务不同，有管阴间和人间大小事务的，有管人间疾病和牲畜的，有管阴间兵马的。这些本主神大体可分为以下几类：自然本主，如石头、树疙瘩、水牛、猴子、白骆驼等；神灵本主，如龙王、山神、谷神、猎神、太阳神等。其中最多的是人物本主，又分为英雄本主，如杜朝选、段赤诚、白洁夫人等；帝王、祖先本主，如南诏、大理国王及细奴逻、阁罗凤等高级将领；外族人本主，如郑回、杜光庭、诸葛亮、关羽、李宓、傅友德、李定国等；佛教与道教神祇本主，如观音、老子、李靖等。

从本主的分类也可以看出，本主的发展经历了三个阶段：自然崇拜、龙神崇拜、人神偶像崇拜。白族的古老先民认为万物有灵，因而把日月星辰、风雨雷电、山川河流、水木石土等看作是有灵气的东西进行崇拜。古代先民把它称为"天鬼"，而这些就是白族最初的本主崇拜。白族早期宗教形态是对动物和植物的崇拜，因此才会有肖石头、树疙瘩、水牛、猴子、白骆驼等本主的出现。白族很崇拜龙，常称龙为龙王，认为湖塘、泉眼是龙王的住所。实际上龙王也就是水神的代名词，而对龙的崇尚与白族的农耕生活是有直接联系的。白族人为了祈求风调雨顺、五谷丰登、六畜兴旺、生活幸福，把龙和山神等列入了本主崇拜。

本主的人神崇拜大约产生在南诏时期，这是社会和文明发展进步的产物。在历史和传说中，为民解忧、有功于民的人被白族人列为本主；白族在长期的发展中，与周边民族发生交往，也把其他民族的英雄奉为本主，如汉族的郑回、杜光庭、诸葛亮、李宓、傅友德、李定国，蒙古族的忽必烈，傣族的李传珠等。随着佛教和道教的传入，白族人也开始奉佛道二教的神为本主。

经过了三个阶段的发展，本主崇拜已经具备了宗教的特征，并具有一般宗教组织的形式。这主要表现在：白族几乎是全民族崇拜本主，每个本主都有固定的庙宇和神像，这些本主庙在村寨中自成院落，而且还有本主祭祀的礼仪和《本主经》，形成了一套清规戒律和道德规范。它们要求人要孝敬父母长辈、忠于国家、尊老爱幼、勤俭劳动、不做坏事等。本主庙有专人、专门组织进行管理，并进行公共祭祀活动。除了日常祭祀外，每年有两次固定仪式祭祀本主的庙会，一次是春节迎送本主，另一次是庆祝本主诞辰或忌日。朝奉和迎送本主时，白族的男女老幼都要身穿节日盛装、杀猪宰鸡、舞龙耍狮、烧香焚纸、燃放鞭炮献祭，祈求本主消灾解难，祛鬼驱邪。

三、"白风"与汉俗交融

在大理白族自治州峰奇岭秀的灵应山麓，有个坝子叫三营坝子。据地方志记载：公元1253年，元世祖忽必烈渡过金沙江，攻占大理国。他见这个坝子紧靠吐蕃（西藏），就留下300户土卒在这里守卫，三营坝子的名称因此而来。在三营坝子里，白族和汉族杂居在一起，相互通婚，因此婚礼婚俗既有白族风情又有汉族民风。

迎亲的"正席日"那天，在娶亲的唢呐声和新娘的哭声中，陪郎头在迎亲的路上就开始让新郎和新娘上演闹剧。陪郎头看到路面平坦的地方，就有意大声咳嗽一下，走在后面抬嫁妆的陪郎们很快就领会了他的意思。他们把嫁妆放在一起摆放在路中心，码成两个大堆，然后就不再走了。这时候，陪郎头就对新郎说，想让陪郎继续走，你就得和新娘一起绕着嫁妆跑"8"字。无可奈何之下，新郎新娘只好照办。跑"8"字时，有时是新郎在前新娘在后、脚跟着脚一起跑；有时是两人手拉着手跑。众目睽睽之下，新郎和新娘比较害羞，也很紧张，往往会步调慌乱，一旦配合不好，新娘就会把新郎脚上穿的新鞋踩掉，这时看热闹的人就在一边捧腹大笑。

在举行婚礼的"正喜日"傍晚，新郎家要在新房外面摆起两桌"团房席"。桌子四周坐的是新郎、新娘、陪郎和伴娘。在欢快的唢呐声中，新郎和新娘先喝交杯酒，再吃"合心肉"。然后，两个人按照惯例开始说四句。说四句的规则是：新郎说第一句和第三句，第二句和第四句由新娘

喜庆的白族婚礼

说，这样就形成了夫唱妇随。"说四句"可以现编词，也可以照搬传统"老四句"，但是必须把陪郎、伴娘和围观者逗笑才算过关，他们才能进入新房。要是大家听了之后笑不起来，他们就得重新再来一次，直到大家认可后才准进入新房。有的人编不出来，就用传统的"老四句"：新郎说"八仙桌子四角方"，新娘说"一对红鱼游中央"，新郎接着说"好吃不过红鱼肉"，新娘说"好看不过新大娘！"因为新娘有意自诩自己很好看，人们自然会忍俊不禁，这样一对新人就过关了。

四、白族"客头"

白族人向来很好客，在生活中十分讲究有个好的"客头"，认为这预示着好兆头。哪家的婴儿出生后，从他们家大门口进来的第一个人便是婴儿的客头。客头对婴儿的脾气个性有着一定的影响，客头性格不沉稳，脾气急躁，婴儿长大后脾气也会急躁，不够稳重；客头性格开朗，为人直爽，婴儿也会和他一样。

大年初一的早晨，每家每户都会打开大门，等第一个进来的人做自己家的

客头。一些精明能干的人为了避免不明事理的人第一个闯进自己家,抢去了客头的地位,就专门在大门外转悠,等待来往的人,有时候他们还会邀请熟悉的人进门。如果发现一个比较合意的人或者活泼可爱的小男孩,主人就赶紧伸出手邀请,有的甚至推搡着邀请别人进家来做客头。客头进屋后,一边走一边还要高声祝福:"恭喜四季发财!恭喜来年五谷丰收!"这时候主人就高兴地回答:"多谢您,沾您的福和吉言!"然后给客头倒茶,殷勤款待一番。

白族人在出门赶集和做买卖时,也喜欢找客头。他们走出大门口后遇到的第一个人,就是自己家的客头。当了客头的人,如果看见主人准备去卖牛、卖猪、卖鸡,就会随机应变地想出一些祝贺的词语:"恭喜主人发财,恭喜生意好!"主人则高兴地对客头说:"借您的吉言,但愿能够这样!"而后主客双方互相寒暄几句,就各自做自己的事情去了。如果家里有孩子考上大学,上学出门的这一天,从大门口出去碰上的第一个人也叫客头。客头看到家长和孩子带着行李和箱子,就会连忙祝贺学生学业有成,前途无量!

五、白族入赘男子随妻姓

白族婚姻习俗中有入赘的风俗,不少白族人还有意把儿子"嫁"出去,或者为自己的女儿招赘一个姑爷,所以在白族的民间有"打发儿子招姑爷"的俗语。在白族人的社会风俗中,入赘男子的社会地位和不入赘男子是一样的,而且还会受到女方家庭成员、亲友和邻里乡亲的尊重,并享有继承女方家财产的权利。当然,他在享受权利的同时,还需要承担赡养女方父母、照管年幼弟妹的责任。

白族男女青年的恋爱是很自由的。如果两个人确定了恋爱关系,女方就可以要求男子到自己家上门,而且男子自己也愿意到女方家上门。他在征得自己父母的同意后,两个人就可以举行定婚仪式。在举行仪式时,女方的家人要把男子及他的长辈和亲友全部邀请到自己家里,还要准备宴席宴请他们。这时,女方的家长要当着亲友的面为自己未来的女婿改姓。从此,他就随妻子的姓,不再使用原来的姓氏,而且按女方在家中的长幼次序获得排位。自此,男子结婚后就是女方家庭中的一员,女方家的同辈人和他以兄弟相称,不再把他称作姐夫或妹夫。

六、白族贺新房习俗

在白族人的生活中，盖房盖屋是人生中的大事之一，而贺新房习俗与祝贺歌在盖新房中占有重要地位。贺新房一般要举行隆重而热闹的仪式，并按一定的仪式和进程吟唱祝贺歌。盖新房先要选择一个好日子，然后动土砌好石脚。石脚砌好之后，大多要隔几个月后再选择一个吉日开工造房。建造房子时，必须唱祝贺歌。祝贺歌一般由"上梁歌"和"封龙口"两部分组成，分别由木匠师傅在不同的时候吟唱。

房屋上梁时，木匠师傅就要唱"上梁歌"。在唢呐、锣鼓和一片祝贺声中，木匠师傅的领头身披红彩，抱着主人准备好的大红公鸡开始步出堂屋，唱道："大红公鸡雄纠纠，它在家中报五更，遇着主人造金屋，它来报佳音。吉日良辰放声唱，四邻好友贺新房，良辰喜庆大家唱，日子天天新。"他边唱边走，爬过脚手架登上用柱子临时搭好的阳台，面朝四方各拜一拜，并高声唱道："一点龙头出学子，二点龙尾上天庭，三点龙身立天地，四点年年好年景，五点代代出贵人。"唱完之后，两个泥工师傅从院里抬起一根染红的梁走过来，两人同时唱道："中梁中梁好中梁，你在山中做树王，主人喜庆造金屋，让我选你做大梁。"

两位师傅唱完后，唢呐和锣鼓就吹奏起欢快的"龙上天"乐曲，两人再沿着脚手架上到阳台。这时乐曲四起，鞭炮声大响，两人各拿一把大木锤，在领头木匠师傅指点下一边敲木头一边唱："右边敲三下，主人大发财；左边敲三下，满屋生金光。"随后，领头木工师傅接住主人递上的一大箩包子，站在梁上准备丢包子。白族的风俗是丢包子图喜气，增添上梁的热闹气氛。他在阳台上唱道："上大梁，上大梁，包子丢给大家抢，你争我抢真热闹，众人日子好又长。"然后，他挑出一个大包子给所有在场的人看，接着高兴地唱道："这个包子蒸得好，主人说是专给我，大家不要多心眼，让我把它收藏好。"他一边唱，还一边笑眯眯地把包子藏进自己的挎包。随后，他分别向东南西北中五个方位唱颂歌、丢包子，而底下的众人则急着抢包子，整个场面十分热闹。

房屋建造完工后，还要封龙口、唱祝贺歌。封龙口也叫"合龙口"，就是在屋脊上由师傅盖上最后一片瓦。在这一天，主人为了感谢泥工师傅为建造自己的新房付出的劳动和心血，还要单独为他们摆席。泥工师傅也不忘木工师傅的劳动，他们会相约到这里进行祝贺。这一天的封龙口歌，则是由泥工师傅的领头吟唱。仪式开始后，领头接过主人递来的大红公鸡，大声唱道："接到主人一只鸡，身穿五色凤凰衣，吉日良辰点吉礼，点幸福根基。大红公鸡生得好，恰似凤凰来祝贺，今日借你开金口，幸福自来朝。"上面的师傅在唱，底下的看客则发出"好"、"好"的祝贺声。领头走上屋顶后就顺着屋脊开始滴鸡血，然后又唱道："良时良辰合龙口，谷米满仓金满斗，今日盖下大金屋，钱粮样样有。"接下来，他还要面朝东南西北中各个方位唱祝贺主人的歌，并进行一些风趣的即兴表演。封好龙口后，他就爬下脚手架来到主人面前，把公鸡交回给主人，接着唱道："一座楼房已建完，鲁班弟子来归交，祝贺主人再创业，幸福财源大无边。"然后主人设宴款待泥水工师傅，酬谢他们的辛劳，整个盖新房仪式和吟唱祝贺歌就此结束。

七、白族丧葬

在云南白族，当家中有老人快要咽气时，子女便要给老人口中含一粒"断气果"，在白语称"尼期"。"断气果"是用银子作外壳，内装有荔枝和桂圆肉，放它的目的是让死者到阴间后不缺衣少食。

老人死后，还要举行一个送魂归祖的仪式。然后，家里人才向亲邻报丧，孝子为长辈净尸，并把尸体停放在正房中，杀猪祭灵。碧江的白族在晚上还要围绕尸体跳舞、唱挽歌。明代以前，由于受到佛教习俗的影响，白族比较盛行火葬。经过长期的演变，现在白族人大多改为棺木土葬。男子死后一般进行装敛，妇女死了还必须等娘家人看后才能入棺。入棺仪式要请村里的老人主持，木匠师傅要点血开棺，主持人以言语安慰灵魂。接下来是设灵堂，夜晚以歌舞送灵。

出葬前一天的下午，人们用五色彩纸扎成八角或十二角的"彩球"、"摇钱树"，由家里的孝男孝女哭着把它们送到大门外，竖立悬挂起来，意思是丧葬正式开丧，亲友都可以前来悼祭。出殡之前，按白族葬俗还要举行一个"鉴点"仪式。在进行家祭鉴点时，先要在供桌上摆好果酒和佳肴，由两位司仪引导所有的孝男孝女在灵前下跪，鉴点主持人在长子的食指上扎一针，把血滴点于亡者的牌位，然后安放在神龛上。

出殡时，一位长辈在前面走，引导死者的灵魂回到祖先处。棺木下葬入土时，墓穴底部中央要安放一个海底罐，罐里要装一些水和活鱼，并用红布封口，这称为"活水养鱼"，表示死者是安葬在吉祥之地。出殡结束后，垒好土坟，在死者头部的方位竖一根长粟木棍，并挂一些土锅、麻布衣裳等祭物，而且要把死者生前所用之物一并烧掉殉葬，表示悼念。在下葬后，死者的"灵魂"还要重返家中，所以人死后第一、三、七、三十日各送魂一次，在第一百天时送最后一次。送魂时，要准备酒宴请村邻亲友守夜，为死者送魂。白族人认为只有这样做，死者的魂灵才能到达阴间。

八、白族板凳戏

每逢结婚、竖房子、火把节、本主会，白族人就会围拢在一个地方，不需要戏台和化妆，只要吹起唢呐，敲起锣鼓，就可以演出传统的"板凳戏"。板凳戏以清唱滇戏为主，有时也穿插演唱一些白族调子。滇戏主要采用京胡和打击乐伴奏，白族调使用龙头三弦伴奏。板凳戏的演出程序一般分为两个阶段。第一阶段先唱三出首（财神、赐福、魁星），是由一个德高望重、夫妻偕老的年长者唱财神："吾乃财神老爷，今日前来庆贺，魑魅魍魉远遁，违者用鞭诛之。天启三阳开泰，地肥五谷丰登，农耕三春花柳，财发万万金。"接下来由年事较高、大家较喜欢的人唱福星："吾乃天官赐福，今日前来庆贺，妖魔鬼怪快避，违者决不饶恕。天空红霞万朵，地上五彩缤纷，人间吉祥如意，幸福万万年。"最后，由知识比较渊博的乡间秀才唱魁星："吾乃魁星射斗，今日前来庆贺，不让白丁再现，攻克文化堡垒。天上星斗拱月，地上文人荟萃，敢与李杜比美，勤奋出天才。"

三出首唱毕，第二阶段就由大家轮唱。轮唱的形式不拘一格，可以唱滇戏、白族调、一字腔、吹吹腔。至于这些唱词大多都是照搬照套，所唱的内容也是喜庆吉祥和欢乐风趣的传统唱段，如："东边一朵紫云开，西边一朵紫云来，两朵紫云缘相合，夫妻和好比蜜甜。"即兴创作的内容大多围绕祝愿新婚夫妇互敬互爱、兴家立业、白头到老，说一些祝愿的吉祥话。比如在结婚的时候唱："山上蝴蝶对对飞，河中鱼儿双双游，人间佳人配成偶，永远不分手。不学霜露一清早，要学松柏久年青，男耕女织勤劳动，发财致富靠双手。"在本主庙会上祈祷唱："国泰民安迎本主，天赐良机吉昌久，祈求风调和雨顺，保得粮食大丰收。"在盖房子的时候唱："紫气东来气象新，上梁竖柱闹五更，千秋大业从今起，今后更上一层楼。栋宇维新重后裔，芝兰挺秀耀后人，堂开端日金莺鸣，春风玉燕带喜来。"

如果是办喜事、竖新房、祝寿，唱的这些戏就叫"喜庆戏"。天黑下来的时候，吹奏者和唱"板凳戏"的民间艺人坐在长桌前，主人摆好一长排桌子，上面摆满丰盛的糖果和烟酒，供唱戏者享用。当《迎宾调》、《仙家乐》等白族乐曲吹响后，村里的乡亲们就会前来听艺人唱戏。白族人办丧事时，也会邀民间艺人来唱戏，这时候唱的都是"伤情戏"。如果是老人病故，大多唱当地的《五更曲》、《灵前哭父（母）》等曲目。唱词以白语为主，用唢呐伴奏，使用或高亢嘶裂，或如泣如诉，充满无限悲哀气氛的白族吹吹腔的哭板，以此表达人们对死者的惋惜和惦念，让后人不忘父母深恩。

九、白族门楼

自古以来，白族人就从事水稻生产，因此也是定居生活的民族之一。而且，白族人很注重居住条件，当时在一些地方就有这样的俗语："白族人大瓦房，空腔腔，客籍人茅草房，油香香。"意思是说，白族人节衣缩食，建造结实舒适的住房；客籍人住在简陋的茅草房里，但是在吃饭的问题上却毫不马虎。

白族民居从院落布局、建筑结构和内外装修风格上来说，与中原地区的民居建筑有很多相同点，但是又具有明显的民族和地方特色。白族四合院的主房一般是坐西向东，在地理上形成依山傍水的特点。它们的平面布局一般为：一正两耳、两房一耳、三坊一照壁、四合五天井、六合同春、走马转角楼等。白族的普通民居大多是两层，都有精美的雕刻、绘画装饰。他们把木雕多用于房屋的格子门、横披、板裙、耍头、吊柱等部分，多是一些栩栩如生、造型千变万化的卷草、飞龙、蝙蝠、玉兔等动植物图案。

白族建筑最气派的要数门楼，当地人十分重视门楼建筑。他们通常采用中原殿阁的造型，飞檐串角，多用石灰塑成或砖瓦垒砌。除大门瓦檐裙板和门楣花饰部分是木结构之外，其他都采用砖瓦结构。木质部分凿榫卯眼结合紧密，它们和砖瓦部分错落有致，形成了精巧严谨的格局。花枋和斗拱的布局与安装，支承挑檐、纵横交错、结构严密、造型简洁大方，给人以均衡对称又美观的感觉。

在门楼的装饰上，他们通常采用彩泥塑、木雕、彩画、石刻、大理石屏、凸花砖和青砖等组成串角飞檐、花枋精巧、斗拱重叠的艺术图案，显得富丽堂皇、雄浑稳重，又不失古朴大方的整体风格。

白族门楼是建筑艺术的代表，其造型不仅富于传统和民族特色，而且在建筑结构上也很独到。白族的一些门楼，其各个部位全部用凿榫卯眼相连接，有的门楼在建造的过程中不用一颗铁钉或其他构件，但联接得依然非常牢固，这一切都充分体现了白族人在建筑上的才华。

十、白族寿鞋

白族服饰虽有着大体一致的风格，但不同地区也有一些细小的差别。大理地区的白族男子大多在头上缠着白色或蓝色的包头，身穿白色对襟衣和黑领褂子，下身穿白色长裤，肩挂绣花的挂包。白族妇女一般身穿白色上衣，外套红色或紫色丝绒领褂，下着蓝色宽裤，腰上系有绣花飘带的短围腰，脚穿绣花的"百节鞋"。已婚的女子挽髻，未婚者垂辫，但是她们都喜欢缠绣花、印花或彩色毛巾的包头。

在白族人的服饰中，寿鞋是一个重要的物件。白族姑娘和媳妇从小就要跟随家里的女性长辈学做寿鞋。寿鞋一般是用大红色的绸缎或布料制成鞋的外面，在鞋头的地方拼有一个"寿"字图案。在这个图案底下，用蓝色或者绿色的丝线绣着一枝针叶松，代表常青和长寿；鞋帮的后跟是对称直角三角形的图案；鞋底为手工制作的三层底。

人一穿寿鞋就代表已进入老年，而且福禄双全。一般情况下，白族人在过六十大寿时就开始穿第一双寿鞋。此后，每年老人的生日都会收到子女送的寿鞋，一些多子女的老人每年都会收到好几双寿鞋。白族人认为寿鞋收得越多，老人就越有福，说明他的儿女孝顺和教子有方，所以受人尊敬。当老人穿着寿鞋走到大街小巷时，人们总是很羡慕，老人心里也美滋滋的。人们还会说谁家的女儿或媳妇会做寿鞋，做得如何如何好，而不会做寿鞋的妇女会常被人们讥笑。

十一、独特的青年集会

大理州北部的剑川县，全县总人口 17 万，其中白族人口为 16 万多，占到了 90%以上。在剑川县县城所在金华镇以南 5 公里，有一个湖泊名叫剑湖，海拔 2186 米，是一个高原断层湖泊，因地势低洼，湖水源流充足。它的主要水源来自于附近的金龙河、格美江、永丰河、回龙河，现在湖内还有断层潜水涌出。整个湖面南北长约 4 公里，东西宽 3 公里，水容量为 2000万立方米，最大水深约 8 米，平均水深 3 米。每年农历八月十五日，剑湖沿岸的白族未婚青年都要来到这里举行青年集会。

当天晚上皓月当空，湖光激滟，剑川坝子的未婚男女青年每人划一只小船到湖上相聚。此时，湖上百舟竞发，烛灯点点，并传来此起彼伏的白族调子。一只只小船在白族情歌声中从四面八方开始向湖中央聚集。到了湖中央后，船体交错摆开，船与船间相距约 10 多米。未婚的男女青年各站在船头，先高歌几曲或者对唱调子，抒发自己的情怀。对唱一段时间后，男青年就点燃事先准备好的烛灯放在湖面上，让它随着水波和微风飘荡。如果烛灯飘到哪个女青年的船头，女方用水把灯弄灭，说明不想接受男方的追求；如果女青年接住了烛灯，放灯的小伙子就可以划着船向女方的船靠拢，并跳上女方的船头和她在湖面上泛舟。开始时，男女分坐在船两头，唱曲调十分婉转含蓄、娓娓动听的白族调——《搭桥》。这个调子里包括了自己的姓名、年龄、家庭情况、情趣和志向，以及理想与追求等。调子对完后，双方都有了一定的了解，如果认为对方很适合自己，就表达爱慕之心，有的还在这里定下终身。

这天晚上的青年集会，从明月初起一直进行到天亮，刚刚认识的情人依依不舍地离开剑湖。据当地的白族老人说，剑湖一带的青年集会从明朝时就开始了，体现出白族青年追求自由和幸福爱情的情怀。

十二、白族耍海会

大理白族自治州境内有不少高原湖泊，当地人称其为"海子"。居住在这些湖泊周围的白族人在长期的生产生活中逐渐形成与"海"有关的民族节日，其中最有代表性、规模最大的就是白族耍海会。

耍海会又叫"捞尸会"。关于这个节日有两个传说故事：一个是流传于邓川到喜洲一带的故事。相传这个节日是为了纪念打捞南诏时期投入猕苴河殉节的柏洁夫人。柏洁夫人又名为慈善夫人，是六诏之一的邆赕诏的第一夫人。当时在六诏之中，处于最南端的蒙舍诏从细奴逻开始，得到了大唐的支持而逐渐强大起来。到了第四代王皮逻阁，他想兼并其他五诏，据说皮逻阁让人在山上建了一座楼，并给五诏送去请柬，请他们在六月二十四日前来祭祖先，而且说谁要违抗了命令就要受到严厉的惩罚。五诏的大王们明知这是鸿门宴，但慑于皮逻阁的威势也只好前去。皮逻阁把他们请到楼上举行宴会，并把这五个人灌得烂醉，然后自己悄悄溜下楼去，还用祭祖的纸钱把楼点燃。

不一会儿，整座楼就燃起了熊熊烈火，且此楼早已经被弓箭手包围，结果五位诏主都被活活烧死。后来，皮逻阁派人把他们的夫人们接来，说这是一场意外火灾造成的悲剧。这些夫人在废墟中寻找丈夫的尸骸，但一切忙碌都是徒劳的，这五个人早已经被烧得难以辨认。只有慈善夫人用双手刨开废墟，凭一只铁镯认出丈夫的残骸。原来慈善夫人事先知道丈夫这次前去凶多吉少，所以她在百般劝说无效后就让丈夫戴了一只铁镯。皮逻阁知道这件事情后大为感动，不禁喜欢上了这个妇人，要娶她为妃。慈善夫人假意答应，但是要求安葬完丈夫并守孝百日之后再与皮逻阁完婚。慈善夫人回去后，安葬好丈夫，立即准备兵马积极备战，抵御皮逻阁的攻打。最终，在兵尽粮绝的情况下，慈善夫人投湖自尽。后来，皮逻阁统一了六诏，仍不能忘怀慈善夫人，于是就加封她为"柏洁圣妃"。慈善夫人死后，很多人就到湖上打捞她的尸体，后来逐渐演化为捞尸会。

另一个传说则流传于大理、下关一带，相传这个节日是为纪念打捞南诏时期除蟒救民葬身海底的英雄段赤诚。南诏国时期，大理的小岭峰脚下有一个绿桃村，村里住着一个靠割草过活的姑娘。一个下雨的早上，姑娘割了很多草，背到河边去洗泥，忽然看见顺水漂下来一个小碗大的桃子，于是她就把桃子捞起来吃了，结果却怀孕了。

这个姑娘怀了 13 个月的孕，在七月二十三日清早于山坡上生下一个男孩，小孩后来取名为段赤诚。姑娘很疼爱孩子，虽然生活艰苦，但坚持把孩子抚养大。段赤诚小时候跟着母亲割草，长大后当了石工，在苍山脚下干活。长期的锻炼使得他两臂有千斤之力，并成为一个见义勇为的人。

一年，马耳峰来了一条巨蟒，经常危害这里的乡亲。众人没有任何办法，因为它一摆尾就可以把树木扫断。一些上山干活或去山中拜佛的人，常常被蟒蛇吞吃。段赤诚知道这件事情后，为了除去蟒蛇，就请来几个铁匠打制了许多钢刀，然后把刀绑在身上，手持宝剑去与大蟒搏斗。他和蟒蛇打得难解难分，最终到了一个湖边。这时巨蟒张开大口，把段赤诚吸进了肚子。可是他身上绑的刀很锋利，穿破了蟒腹，大蟒就这样被杀死了。人们为了找到他的尸体，划着船在湖里打捞，最后把他葬在了宝林村，用蟒蛇的骨灰拌泥烧砖，修建了一座名叫"它骨塔"的纪念塔，而这个节日就起源于当时人们在湖上打捞尸体的情景。

耍海会的起源传说不同，举办的时间也有前有后。邓川、上关、喜洲一带的耍海会从农历七月二十三日开始，持续 3—5 天。大理、下关一带的耍海会时间一般是从农历八月初八开始。

耍海的内容也有差异。邓川、喜洲的白族群众在这几天身着民族盛装，聚会在洱海之滨，举行彩船游河泛海、唱山歌对调子等活动。期间，每家每户都要接已经出嫁的姑娘回家，节日和过春节一样隆重。而大理和下关沿海的白族人在举行划船耍海对歌活动之外，还要举行龙船比赛。在比赛之前，参赛队要彩画龙船，给船挂彩和插旗。比赛时，看哪只龙船最先绕过海心的标记转回到岸边。观看和助战的人群聚集在海边，大声呐喊着为参赛龙舟加油助威，使整个耍海活动十分热闹。

十三、大理渔潭会

在大理地区，每年的八月十五人们都要聚集在洱海最北端的渔潭坡上，举行为期7天的大型民族传统集会——渔潭会。渔潭会也称渔潭坡，届时附近的各族群众都会到渔潭坡出售产品，购买物品。盛会期间，渔船云集，牛马满坡，参会者达数万人，交易骡马、渔具和民族特有商品的人比比皆是。此外，人们还出售一些药材、毛皮、山货、鱼等土特产及日常生活用品等。同时，附近的男女青年还会聚集在一起，唱歌、跳舞、舞狮子、耍龙灯、演唱"大本曲"（以唱词为主，辅之以道白的说唱艺术）等。

渔潭坡下还有很多纵横交错的石洞，其中一个大洞名叫渔潭洞，那里经常游进游出很多油鱼。这种油鱼只有一两寸长，因体细鳞小、肉嫩油多而得名。在烹调时，不需要放很多油味道就很鲜美，而且细嫩得如同新鲜的豆腐一样。

关于渔潭会的来历，据说和当地特产的油鱼有关。传说在渔潭洞中，有一头老油鱼，它能内吞五行之精，外感阴阳之气，修炼百年之后成为鱼精。油鱼精特别喜欢酣睡，而且在酣睡中能够产出油鱼。每年的八月十五日是它苏醒的日子，油鱼醒来后就会把嘴伸出水面换气。这时，它还要离开自己的洞穴，到岸上吃掉一男一女。白族人对它恨之入骨，为了治服这个鱼精，白族人民便在八月十五这天吹响牛角，背上刀枪，扛着戈矛，捧着月饼、果酒等聚集在坡上，敲锣打鼓，鸣钟放炮，燃香点蜡，狂欢赏月。并在洞边的坡上搭起帐篷，白天进行交易集会，晚上灯照彻夜。鱼精见人多，再也不敢出来。从此之后，每年的八月十五日人们都要在渔潭边上举行鱼潭会。

十四、白族三月街

三月街又名观音市，它是云南大理白族人的盛大节日，每年的农历三月十五至二十日在云南大理城西的点苍山中和峰麓举行。关于大理三月街最早的形成，据一些史料记载，大致在唐永徽年间（公元 650—655 年），距今已有1300 多年的历史。

白族三月街盛况

　　相传很早以前，洱海一带住着一个罗刹恶魔，每天要吃几十个人。观音菩萨看见白族人受此苦难，就显身用法术收降了这个恶魔，并把他缚在了一根大石柱子上。白族人为了纪念观音的功德，就在观音菩萨下凡的农历三月十五日搭棚诵经，并以蔬菜来祭观音，后来逐渐发展成为白族的一个盛大节日。

　　另一个说法是在南诏细奴罗时，观音在三月十五日这天来到大理传经。因此每年的这个时候，善男信女们就搭棚礼拜诵经进行祭祀。本来这里是讲经说佛的庙会，由于大理地处交通要道，庙会就逐渐演变成贸易集市和节日。

　　民间还有传说认为：很久以前，洱海边上住着一个叫阿善的青年，他以捕鱼为业。一天，他驾着自己的小船和往常一样到湖里去捕鱼，却网网都打不到。他很不开心，便弹琴唱起了悲歌。他所唱的乐曲很哀怜，将洱海龙王

独特的白族舞蹈

的三公主阿香深深感动。于是，她就来到船上帮他撒网，结果每网下去都能打上来满网的大鱼。捕鱼结束后，阿香对阿善产生了爱慕之情，阿善也喜欢上美丽的阿香，并把她带回家，两人建立了美满幸福的家庭。三月十五日，天上一年一度的"月亮街"街会到了，各路神仙都齐会月宫。这天阿香变成了一条金龙，驮着阿善去月宫赶街。他俩来到月亮街后，看到这里摆满了珍珠宝玉、云丹仙草，就是没有鱼网农具和生活用品。逛完街后，他们回到村里，向乡邻讲述月亮街的情形，并向大伙倡导在人间也办一个像天上月亮街一样的街会。从此之后，每到农历三月十五日，人们就在点苍山脚下摆起街场。

三月街经过漫长的岁月，已成为白族人民一年一度的重大节日。清代资料记载：当时的街会在大理西门外的教场举行，每年三月十四、十五、十六三日为大街会，这时百货商聚集于此。后来，三月街的会期逐渐延长，一般为3—5日，多则10天。现在的三月街已经发展成单纯的物资和文化交流盛会，前来赶会的不只是白族人，还有彝、藏、傈僳、纳西、怒、回和汉族人。在街会上，彩旗飘飘，帐篷林立，人们穿着节日的盛装在这里挑选自己喜欢的用品，同时一些人还带来自家的土特产品进行交易。

在三月街上，民族特需用品专柜最吸引顾客，这里有白族妇女缝领褂所需的丝线；白族姑娘喜爱的耳环、珠链、手镯、围腰链；藏族人喜爱的毡帽和酥油壶；纳西族和彝族所需的花边和彩带等，货物丰富多样。而且除了大规模的物资交流外，还举行赛马、民族歌舞等文娱体育活动。

第八章

苗族文化

苗族主要聚居于贵州省东南部、广西大苗山、海南岛及贵州、湖南、湖北、四川、云南、广西等省区的交界地带，是个能歌善舞的民族，以飞歌、情歌、酒歌享有盛名。芦笙是苗族最有代表性的乐器。在中国古代典籍中，很早就有关于5000多年前苗族先民的记载，那就是从黄河流域直到长江中游以南被称为"南蛮"的氏族和部落。苗族有自己的语言，苗语属汉藏语系苗瑶语族苗语支，有文字。通用汉语文。苗族风俗颇多，歌舞技艺代代相传，具有十分浓厚的乡土风情。

一、苗族特异年俗

苗族的年俗比较特殊，大年三十傍晚人们先要手拿武器站一会岗。而且年三十这天，苗家人很早就做好腊肉、酸鱼等民族佳肴，并备好了包谷烧酒，准备过一个欢欢乐乐、和和美美的新年。

傍晚终于在等待中到来了，但是此时全家人还不能坐下来一起吃团年饭。家里的男主人要先在门前挂出懒力巴枝条、包泡刺藤、菖蒲，用它们来隔除邪气、消除灾难。然后男主人还要戴着钢盔，穿上铠甲，手握一支尖梭标枪，一个人躲在自家大门的角落，两眼不住窥视寨外，做出站岗放哨的样子。据苗族人解释说：如果在这时候，有饥饿的野兽窜进了村寨，站岗者就用这支锋利的梭标把野兽杀死，使刀尖见红。如果有外族来侵犯，就用这支梭标和他们火拼，把敌人赶出寨子。如果这时候苗族人的朋友来了，主人就会高兴地跑出家门，把朋友请进自己家里，请他吃一顿友好的团年饭，并和自己的家人一起欢度除夕。

苗族人为什么会有这种特殊的年俗呢？据苗族的一些老人说：苗族最早是住在黄河岸边的，可是他们总是遇到外族残杀、驱赶，无奈之下才迁到西南的山区。苗族的祖先在这里架木为巢，繁衍子孙后代。可是，他们在这里生活后，还常常遭受野兽的侵害和外族的侵犯。这些外族人常乘除夕之夜，纠集很多人马偷袭苗族的村寨，把苗家人过年的酒和腊肉全部抢走，还杀死很多无辜的人，并把村寨烧毁。因此，苗族祖先为了保护自己的安全和家园，在除夕之夜，每家每户都要手持武器、全副武装地戒备着。年长日久之后，就逐渐演变成一种特异的年俗。

二、苗族吃新节

苗族有一个传统的风俗习惯，叫做吃新节，在苗语中称"努格西"，意思就是吃新米。每年的农历七月十三，苗族人都会欢喜地迎来吃新节。早在这天之前，姑娘们就准备好美丽的衣裙、飘带和银花首饰；小伙子们修整和添置好芦笙；大人把家里的牛马喂得膘肥体壮。节日这天，客人穿上盛装，担着鸡、鸭或米酒等礼品，牵着斗牛来到主人村寨。各家的主妇也早早蒸好了新米饭和鲜鱼。等到年老的客人来了之后，户主就带着自己的孩子，挑着鸡鸭鱼和酒到田埂上去进行祭祀仪式，最先祭祀的是自己的先人。祭祀时还要念道："古老古代，没有粑粑，吃的野果，鸟兽鱼虫。'告秋'、'务秋'、'务当'，拓荒功大。开出田土，栽种庄稼。有了白饭，养老育娃。后人记恩，请把凡下。喝酒吃饭，领受鸡鸭。"念完之后就杀掉鸡鸭，并央告逝去的老人在天之灵保佑自家谷粒归仓。

祭祀结束之后，主人和客人就一起返回家中，开始丰盛的筵宴。在宴席上，主人大多要唱歌助兴："田里香稻花，好客来到家。喝口新米酒，请把歌来答。'告秋'和'务当'，把田开出啦。谷种在哪里，谁背到田坝？竹种在哪里，谁背到山洼？谷种快快长，拔节扬新花。竹种快快长，冒笋发枝丫。砍竹编箩筐，请谷来回家。"

客人针对主人歌中唱词随即答道："今年风雨顺，田无稻花香。主人勤耕种，谷穗再尾长。主人情意厚，要我答歌腔。路上拾几句，试唱也不妨：谷种在天边，家住嘎里扬。竹种在天边，相挤闹嚷嚷。有七群白鸽，背谷下天堂。有七群斑鸠，请竹下山梁。谷种播田野，竹种山洼长。谷种勃勃长，面色黄央央。竹种蓬蓬发，枝叶盖四方。砍竹编竹箩，抬米入新仓。主家情意深，鱼肥酒饭香。"经过这样反复对唱，主客才开始开怀畅饮，直到宴席结束。

吃完饭后，客人就和主人一起牵着自己的牛赶到斗牛场。此时的斗牛场早已是人潮涌动，姑娘穿着盛装站在斗牛场的两边，小伙子则吹奏着芦笙。很多人都牵着自己的水牛，等待比赛时间的到来。中午过后，村里一位德高望重的老人把一葫芦酒喷洒到斗牛场上，然后宣布比赛开始。接着就是一个大汉扛着一块百战百胜的红色木牌走在最前面，后面由几个人牵着一头颈插虞旗（虞人在汇集所获猎物时用的旗帜）、头戴护头草包、角系红绿纸花的水牛绕场一周，此时比赛就真正开始了。往往场上的牛争斗得难解难分，场边的人喝彩声不断。到了晚上，老人们在家里唱酒歌，妇女和姑娘们则三五成群在门楼边或者树荫下找人对唱。这样的活动一直持续到次日早晨，客人才向主人告别。主人把他们送出村外，分手时客人还会请主人在第二年吃新节时到自己家作客。

三、苗族姑娘结婚"五礼"

苗族人的婚恋一般采用"游方"来进行，这是苗族姑娘谈情说爱、公开社交的一个传统。晚饭后，小伙穿上新衣服，结伴到没有出嫁的姑娘家，用吹口哨、芦笙等方式召唤屋子里的姑娘。姑娘听到后，走出家门用电筒照小伙，并询问对方家乡的风土人情、姓名、年龄和家庭情况、是否已有情人等。经过一番了解后，小伙子就开始表达自己的心声，两人对唱情歌。如果双方都满意，就说好下次约会的时间和地点，姑娘还会把自己身上的围腰送给小伙子做信物，小伙子则把自己心爱的东西回赠给姑娘做信物。

姑娘和小伙子经过一段时间的恋爱后，双方加深了了解，感情的基础也牢固了。某一天，姑娘说下地去劳动，其实是悄悄去和小伙子约会。这时，小伙子牵着姑娘的手，高兴地把心上人领回家，小伙子的母亲则热情地让姑娘住在家里。然后，男方请两个媒人按照当地的习俗，把姑娘带来的劳动工具送还姑娘的父母或兄嫂，并向姑娘的家人说明自己的来意。女方的家人知道这个情况后，会很快请来两个媒人，和男方来的媒人进行商谈，商定彩礼的数目和举行婚礼的时间，这样姑娘和小伙子的婚事就算定了。

苗族结婚很隆重，也很热闹，而且还有一种格外有趣的"五礼"习俗。"五礼"就是男方给女方家人的五种礼金：客礼钱、福份钱、奶母钱、释手钱和撵路钱。

客礼钱是男方家给女方家的礼金，女方家把一部分礼金分给姑妈、姨妈、舅母、婶婶、大妈等亲戚。接受了客礼钱的亲戚，要按自己接受金额的多少备办等值的嫁妆送给新娘。客礼钱的金额最少为 60 元，多则 360 元。福份钱是给女方祖母和外婆的钱，意思是说祖母和外婆有福份，能看到自己的孙女出嫁，这个礼金的数额一般是 16 元或 36 元。奶母钱是男方给新娘母亲的钱，用来表示报答新娘母亲的养育之恩，这份礼金少则几百元，多则几千元。释手钱是在新娘出嫁准备出门时，新娘的母亲牵着自家姑娘的手，放声啼哭不舍得孩子离去。此时，男方的迎亲婶娘就上去拉新娘上路，如果新娘的母亲还不放手，那么迎亲婶娘就要给新娘母亲手里塞上一点钱，这个钱就叫释手钱，一般是 3 元或 6元。新娘出门后，新娘的弟弟和妹妹会跟着她走，如果出现这样的撵路情况，迎亲的人就要给撵路的弟弟和妹妹塞上一点钱，这个钱就叫撵路钱，一般是几块钱。

四、苗族婚礼三部曲

苗族的婚俗具有特殊的苗乡风情，而云南凤庆县苗族婚俗中由把曲、对歌、拦歌组成的婚礼三部曲，更是别有一番趣味。

在新娘出嫁的前一天，新郎家要派一个和新郎同辈的小伙子，挑一些酒和肉到新娘家去迎亲。这个迎亲的小伙子在苗话中叫"把曲"。这天晚上，新娘的父母兄叔伯要先和"把曲"喝酒吃饭。吃过饭后，"把曲"就和大家坐在火

靓丽的陪嫁

塘边聊天。此时，主人就开始用木叶吹出一段段忧伤的曲子，以表达自己舍不得女儿出嫁的心情。"把曲"听到曲子后，就要唱道："树大分枝女大嫁，哪怕你是心头开着的花，先谢阿妈养育情，再谢阿爹培育恩。后谢家中姐姐和哥哥，小妹要搭阿哥去，隔三岔五还来看望你。"意思是用歌声安慰主人，您的女儿和女婿会经常来看望您的。

在"把曲"唱歌时，新娘的女伴们中先有一个人把锅灰抹到"把曲"的脸上，在他脸上留下黑手印，周围的人都会被他的花脸逗得开心大笑。然后，其他姑娘也上前给"把曲"抹锅灰，他只能让她们抹而不能逃走，更不能生气。因为当地的苗家风俗认为：画"把曲"的脸是件好事，他的脸被画得越黑越好，新娘过门后就会事事如意。"把曲"被画得面目全黑时，主人会让姑娘们暂时饶了他，并让她们打水为"把曲"洗脸。这些姑娘一心要整"把曲"，于是就从冰冷的水池里打来冷水，直往"把曲"身上冲，把他冲得连连求饶。光求饶可是不行，姑娘们还要求他唱歌，而且要求唱的歌都是感谢新娘家的好话。主人家只要听得高兴，就会马上让人拿出好酒来招待这个被整的"把曲"。

在举行婚礼时，还要进行对唱喜歌这个最吸引人的环节。对歌之前要进行充分的准备，歌队通常是由一位歌师和两名歌手组成。参加婚礼来送贺礼的客人都要参加对歌，各自也有自己的绝活，上场时高声歌唱绝不退缩。对歌从晚饭后就开始，附近各村各村寨的青年男女都赶到这里看歌师的风采。对歌先由主人和正客对，哪一方输了就退下去，赢的一方再与贺客对。有时候几个歌队一起对歌，歌声此起彼落，特别有趣。对歌结束后，人们都会高兴地加入到夜晚的打歌队伍中，并在篝火旁痛快地跳舞。打歌到高潮之后，新娘和新郎也会亲自参加。

婚礼的第三天，客人开始准备回家。他们在离开寨子之前，主人要进行拦歌（苗语称"卡三"）。从家里的大门口一直到寨子外，层层设关卡，这些人都向客人"讨歌"。按照当地的习俗，客人每跨过路上的一块石块，就要唱一首歌。来送亲的大多是一些年轻的姑娘，所以村寨里进行拦歌的也大多是小伙子。他们所唱的歌词大多是关于爱情的，此时村里的老人们会有意回避，让青年人痛快地对唱，倾诉自己心里的爱慕之情。在"卡三"过程中，"把曲"的表现最为活跃，因为这可是他"报复"姑娘们的最佳时机。他让送亲的姑娘们唱出一首又一首歌才可以走，一些姑娘甚至被整得深更半夜才能回家。

五、苗族抬"官人"

抬"官人"是苗族群众非常喜爱的传统文化娱乐活动，苗语称为"店宁蒙"。主要通过化妆表演，运用艺术造型的手法，把过去抬"官人"的历史现象用艺术的表演手段再现出来，具有浓厚的戏剧色彩。

在每年春节的"月贺"中，男女青年都要进行抬"官人"表演。这天一大早，他们就带着数十或数百人的歌队、戏班子和芦笙队，浩浩荡荡地到另一个寨子去作客，这个村寨的人则杀猪宰羊盛情接待。"月贺"时，这些人要演唱"嘎劳"戏，还要到各家各户唱"嘎琵琶"歌，持续3—5天后就可以进行最后的好戏——抬"官人"了。

"官人"是由村寨里的一个青年所饰，他乘四人抬的滑杆，在众多青年的前呼后拥之下显得非常威风，官气十足。这个官人一直不说话，在快要进寨时就派四到五人抹成花脸，前往村寨报信。信用红纸写成，贴于一块木牌上，上面写着："悉贵寨春节，本官前来祝贺。寨老大人福安，某某寨赖食官，某年某月某日。"寨老得到报信后，马上带领村寨男女到寨口迎接。三声炮响之后，

"官人"的队伍在芦笙声中进入村寨。"官人"前面是几个人鸣锣开道，然后是持矛、戟、枪、剑的仪仗和护卫，"官人"和"官夫人"紧随其后。官人的后面是他的"随从"，他们均奇形怪状：有的饰传说中的魔鬼；有的饰远古的原始人；有的饰"蒙面大盗"；有的饰匪兵或乞丐等等。

"官人"途经寨子的鼓楼歌坪，要绕鼓楼三圈，这时村里的"良民百姓"就开始吹芦笙鸣炮，为其斟茶送水。"官人"饮完茶后，就赠送一个大红包表示谢意。他们继续前行，又会遇上扮"褴褛"的人拦路，向"官人"和"官夫人"索要钱财，"官人"只好用钱打发他走。当"官人"走到鼓楼前，很多姑娘就以歌拦路，向他要钱。姑娘唱道："哪里来的贵官人，真是一身富贵像。见着百姓散钱财，哪有官人不救民……"姑娘们每唱完一首歌，"官人"就将钱递出，直到递完为止。

这时，官人的随从来到歌坪，开始尽情耍闹，逗大家发笑。他们摹拟古代的生产、生活、文化娱乐等活动，表演捉鱼、打粑粑、挖地、赶牛、用竹子夹吃生鱼和吹芦笙跳舞等动作。他们用可笑的面目、滑稽的动作上演一出出闹剧，使在场的群众捧腹大笑。"官人"队伍的最后面是一批衣着整齐、头戴银饰、插着鸡羽的苗家姑娘。她们右手撑布伞，左手提着盛放米花、糯米粑粑等食品的竹篮。走进歌坪后，她们就把篮子里的东西依次赠给寨老和正在表演的人们，表示对他们的慰问和祝贺之情。姑娘把食物赠完后，这些搞笑的"随从"也就收场了，村寨里吹笙鸣炮欢送他们至寨口。此时，抬"官人"活动才算结束。

苗家人进行抬"官人"活动的主要目的是为了娱乐，增添春节的欢乐气氛。再有就是增进苗族村寨之间的团结，加深男女青年之间相互了解，帮助他们加强沟通、建立感情。

六、传统技艺"跳三桩"

在云南玉溪市"二月二"传统戏会上，苗族人都要表演传统技艺"跳三桩"。"跳三桩"又叫"芦笙舞"或"跳芦笙"。在表演中，人们把芦笙、木桩、铁锅、尖刀、瓷碗等物品巧妙地融合起来，观者不但可以看到吹芦笙的人表演

欢乐的苗族姑娘

滚锅、滚刀、顶碗，还可以欣赏到走木桩的绝技。

　　跳三桩是流传于苗族地区的一项历史悠久的民族活动，每逢过节或婚丧嫁娶，苗族人要都吹一段芦笙，并结合曲调跳舞，以此表达自己心中的感情。很早以前，跳芦笙舞时就有一些翻滚、大跨步等动作，手中的芦笙曲调不停，声音不断。在一些地方的芦笙舞中，还有吹芦笙踢脚的较量，一些年轻人一边吹芦笙一边伺机伸脚踢对方，如果谁被踢倒谁就输了。

　　苗族人在长期的生产和生活中，不断对这一民间传统文娱节目进行改进，形成既保持传统又有所创新的跳三桩。现在的跳三桩保留了在苗族民间流传很久的芦笙舞"跳三桩"、"垒宝塔"、"滚锅"等高难度技巧表演：人吹着芦笙在高1.2米、直径30厘米的三棵桩子上做跳桩、穿花、走梅花、倒立、下腰、虎爬、桩上叠罗汉、上天梯、垒宝塔等动作和造型。比较精彩的是桩上叠罗汉，将三棵桩子做成的道具摆放在广场中央，3个表演者依靠着桩子，面朝天仰躺在桩子一角。3个人6只脚呈三角鼎立，相互抵到一起。然后一个身轻如燕的苗族少女手持芦笙，跃立于三个人互相抵着的足尖上，吹出优美动人的民族曲调。

　　垒宝塔是先让2名男表演者手持芦笙站在地面上，手持芦笙的2名女表演者分别站在 2 个男子的肩头或头部,直立吹芦笙。有时还可以让一个女子夹在这两个女子之间,她的双手拉住站在男子肩上两女子的手,配合音乐做出一些绝妙的动作和造型。

滚锅时,关键要把握好力度的均匀,使锅既能均匀受力,又能受惯性作用不停地转动,且可以左晃右摆做惊险的表演。表演最初是一个表演者坐在一口直径为 1.2 米、锅底呈弧形的半圆锅中,随即前后用力将铁锅晃动起来,并做360 度转动。然后又有 1—2 个男子加入进去。此时铁锅被转得呼呼生风,滚到最惊险处几乎快要侧立,坐在锅中的人将要被倾翻出来,但在他们巧妙用力后立刻化险为夷。

跳三桩的表演者要胆大、心细、眼急,而且要腿脚快、动作稳,如果反应稍迟钝一点,或者稍有疏忽,就会造成损伤。跳三桩作为苗族传统的民间活动,现在经过技艺挖掘和整理,不仅成为苗族人逢年过节时不可缺少的活动,也成为当地民族节日中的保留节目。

七、苗族鼓舞

苗族鼓舞是我国苗族居住区最独特的舞蹈艺术,是一种边击鼓边舞蹈的苗族民间舞蹈。舞蹈中使用的鼓为木制,以牛皮蒙于两端,放在架子上敲击。苗族鼓舞历史悠久,据说源于汉代以前,产生在苗族祭礼活动中。历史上有关苗族击鼓歌舞的记载,最早见于唐代的《朝野金载》,在此书的十四卷中写道:"五溪蛮,父母死,于村外闾其尸,三年而葬,打鼓路歌,亲戚饮宴舞戏一月余日。"这段文字记录说明:鼓舞早在唐代就已经在苗族民俗中存在了,至今已有 1000 多年的历史。

由于苗族长期分散居住,不同聚居地的人们在语言、服饰、风俗方面存在一些差异,鼓舞的风格特点和形式也不相同。现在流传下来的有:花鼓舞、团圆鼓舞、跳年鼓舞、猴儿鼓舞、踩鼓舞、木鼓舞和调鼓等。这些鼓舞在不同的历史阶段有着各不相同的功能,在苗族人的生活中发挥着不同的作用。花鼓舞的风格温婉妖媚,身态轻盈柔美,富有表现力。团圆鼓舞的场面宏大,时而边歌边舞,柔慢抒情;时而激情狂舞,轻松活泼。猴儿鼓舞的动作灵巧多变,风

舞蹈的场景

趣诙谐，时而打鼓，时而离鼓，挑逗戏耍，表演风格十分诙谐，主要在春节和隆重的传统节日中表演。木鼓舞在祭祀祖先、祈神禳灾中使用，调鼓主要在丧葬中告慰亡灵。

现在，大多数鼓舞都已经演变为节庆活动和劳动之余的娱乐形式。功能的转化促使鼓舞的节奏及击鼓动作发生了变化，使它们变得更加具有表演性。在春节及"六月六"、"八月八"、"赶秋"、"赶夏"等苗族传统节日中，人们都会进行花鼓舞表演。它的表演形式是：两人各持2根一尺长的鼓槌分别站在鼓的两面同时击鼓，还有一个人拿鼓槌站在中间击打鼓腰伴奏。两边打鼓人击打的节奏要统一，动作要对称，其他的人则可以围鼓跳舞。在舞蹈开始前，人们要先唱一首颂扬制鼓工匠的古歌，以表达对祖先的怀念。花鼓舞的动作一部分来自于生活，如插秧、割稻、打谷、梳妆等动作，也有一部分来自于武术，如青龙缠腰、雪花盖顶等动作。

团圆鼓舞是一种歌舞形式相互结合的鼓舞。舞蹈开始后，一个鼓手在场中央击鼓伴奏，跳舞的人则围绕着鼓，踏着节奏明快的鼓点，晃手摆腰绕圈进行舞蹈。舞蹈的动作基本是"大摆"、"小摆"、"细摆"几种。跳了一段时间后，人们就要唱一段山歌，歌词多反映劳动生活和男女爱情。在团圆鼓舞中，歌舞交替进行，直至尽兴而归。

跳年鼓舞的形式及动作风格与团圆鼓舞大致相同，只是在伴奏上多了一面铜锣。

猴儿鼓舞是由男人进行表演的舞蹈，它是从单人鼓舞和双人鼓舞的基础上综合发展而来的。表演时，舞者主要用槌和拳击鼓，以此来表现猴子到庙里偷吃供果，进去时无意中敲响更鼓后的惊慌，以及后来对鼓嬉戏的情景。它的主要动作有"偷桃"、"抓痒"、"滚球"、"倒上树"、"戏鼓"等，十分滑稽，富有戏剧性。

踩鼓舞是女人的集体舞蹈，主要在每年春节时表演。舞蹈开始时，先是一名鼓手唱一首号召妇女来舞蹈的"踩鼓歌"，随后就开始敲鼓伴奏。接着，佩戴银头饰、项圈、手镯，穿着厚实花衣长裙的舞蹈者开始应声加入舞蹈的行列。整个舞蹈都是以鼓手为中心进行的，舞蹈者只做甩手摆腰、轻轻抬腿踢脚的"四方舞"、"六方舞"、"旋转步"等。

木鼓舞在苗语中称"直质努"，是一种具有原始宗教色彩的祭祀性舞蹈，在每隔13年举行一次的祭祀活动——"吃牯脏"中进行。按古老风俗，跳木鼓舞时使用的鼓是用一根直径1尺、长5尺的树干挖空，然后在两端蒙上牛皮制成的。在进行表演时，要同时用一个新鼓和一个旧鼓，在祭祀结束后，旧鼓被送到山上自然腐朽风化，新鼓则放置屋梁上保存，下次再举行"吃牯脏"时使用。过去在"吃牯脏"时的"木鼓舞"活动，先要选择好日子，到了这一天，每家每户都要杀一头牛，蒸很多的米饼，男女老少来到一个固定的场地。苗族的巫师拿着雨伞，身穿很长的巫衣，手摇铜铃召请神仙，一个人击竹筒，一个人打鼓，其他男人和女人身穿盛服，围绕着鼓跳舞。它的舞蹈动作表现的主要是斗牛、宰牛、狩猎等劳动内容，舞姿为上身前倾、弓腰甩胯、顺手顺脚的动作。

苗族还有一种鼓舞就是铜鼓舞，是用一头有面、中空无底、呈平面曲腰状的铜鼓为打击乐器进行伴奏的舞蹈。进行铜鼓舞的时候，把铜鼓悬于庭前或场坝，由击鼓手一手拿木槌敲鼓腰，一手持皮头槌击打鼓面进行伴奏。舞蹈者则围成圆圈，踏着明快的鼓声，时里时外、且进且退地舞蹈，并且边跳边喊"嗨唏唏"的声音来助兴。舞蹈的动作主要是模拟"骑马"、"赶鸭"、"捕鱼"、"捞虾"等生产、生活活动。

八、苗族太平萧

太平萧是苗族一种传统的吹口气鸣乐器，在苗语中称为"展本都"或"展拍籁"，云南保山地区的苗族人用汉语称之为太平萧。关于它的来源，在当地人中还流传着一个传说。古时候，有两个苗族部落交战，双方的伤亡都很惨重，却未能分出胜负。此时，其中一个部落的老人用竹子管制了一支萧，并在两军之间吹奏起《孤儿调》。双方战士听后，怀乡厌战的情绪大涨，于是纷纷放下武器。后来，两个部落通过谈判结束了战争。接着，这位苗族老人又吹奏起《散心调》，从此之后两个部落长久和睦相处。因这种竹管乐器换来了天下太平，所以苗族人民把它称为太平萧。

太平萧有1米多长，是用直径3—4厘米的竹管制成的。其中间无节，两端通透，并且上粗下细。管首的地方斜向削去后部，使它成为一个半弧形，把所剩的前侧管壁顺着竹纹向下破为两层，然后把中间两旁夹一些细竹篾，并用线绳把它扎牢，再涂一层蜂蜡，使之形成一个长4厘米、宽0.5厘米的进气孔道。在距离吹口1.5厘米的气道上，凿穿管壁制作一个圆形的发音孔，然后在孔下方的两层管壁间夹一片薄竹片做分气阀。萧管的正面下方有4个圆形、直径为0.5厘米的按音孔，第四孔距吹口40厘米，其余的音孔间距为9—10厘米。太平萧因流传地区不同，在管身长短、气道制作和音孔开列上也有差别。管身最短者约60厘米，长者可达100厘米。部分萧的进气孔道并没有破开管壁，而是削平外壁，上面盖一块薄竹片，两旁垫以竹篾，外面扎一些线绳。有些萧在正面开第一和第三个按音孔，在背面开第二和第四个孔；而另外一些萧则在正面开第二和第四孔，左侧开第三孔，右侧开第一孔，而且孔距和音位也不相同。

演奏太平萧时多采用坐姿，管身斜置，下端管口放在右脚的一边。两手伸直按孔，左手拇指、中指按上面的两个音孔，即一孔、二孔；右手拇指、中指按下面的两个音孔，即三孔、四孔。下唇堵住上端管口，嘴含住吹口，气流从气道进入后，激发音孔下端分气阀，使管内气柱振动发音。它的音色与洞萧很相似，声音柔和而深沉，所以常常被用来演奏委婉抒情、忧郁伤感的曲调。目前，苗族地区能演奏太平箫的艺人已经很少，一些古代传下来的乐曲已流失殆尽。目前，收集整理的传统乐曲曲调只有《孤儿调》、《散心调》、《情歌调》和《古歌调》4首。

九、苗族爬竿

苗族的传统体育活动有斗牛、斗狗、踢毽子、秋千、踩鸡蛋、互蹬、穿针赛跑和爬竿等，云南苗族在农历立秋这一天要打秋千，苗族人称之为"赶秋"。这一天，苗族青年在打秋千中，看谁荡得最高、最刺激。踩鸡蛋活动是把3个鸡蛋放在地上，表演者在由鸡蛋组成的三角形阵地上走过去，而且要一边走一边吹芦笙。互蹬是两人一组，在进行比赛时，相互握紧双手，看准对方的臀部和大腿用力蹬去，对方则左躲右闪。在比赛中谁要是被踢中了大腿和臀部或者跌倒了，那么他在比赛中输了。穿针赛跑是苗家姑娘参加的一项体育活动，每组在进行比赛时先要排成"一"字型，裁判发给每人几根针和一根棉纱线。起跑令发出后，参赛者要在规定的距离内把线穿进针眼里，谁完成了穿针并最先到达终点谁就获胜。

在这些体育活动中，最有趣味的就是爬竿了。爬竿也叫爬花杆，是苗族人在"跳坡"节上举行的一项趣味民间传统体育比赛活动。所谓花杆，就是在一根立着的木杆上挂上酒、肉等物品。比赛之前，村寨的人要选好日子，把彩杆竖好，并把竿顶上的酒、肉、糯米粽粑等固定好。进行比赛时，附近会有很多苗家男青年来爬竿。爬竿时只能用双手，而且要保证身体和脚不能挨在竿上。爬到竿顶后，就可以打开壶盖喝上一口酒，然后用嘴咬住挂肉和粽粑的绳子及酒壶的飘带，身体倒立着顺竿往下滑。

下滑时，谁最先到达地面并没掉一样东西，谁就是获胜者。以前，村寨的族长还要在当天设宴招待获胜者。他会让小伙子拿自己事先备好的围巾，到场子四周找那些前来观看比赛的姑娘，然后把围巾和姑娘们的围巾合对，如果分毫不差的话，这个姑娘就会成为他的未婚妻。

十、苗族百褶裙

在苗族女性的服装中，裙子是十分重要的，有筒裙、带裙和百褶裙等多种，其中百褶裙最富有民族特色。百褶裙是指裙身上由许多细密、垂直皱褶构成的裙子，它少则数百褶，多则上千褶。苗族的百褶裙可分为长、中、短三种，长裙可及脚面，中裙过膝，短裙不过膝。百褶裙制作工艺精湛，皱褶细密、繁多，有的可达千褶以上。裙身讲究纵向挺直、横向富有弹性，上面还绣有五彩缤纷的图案花纹。

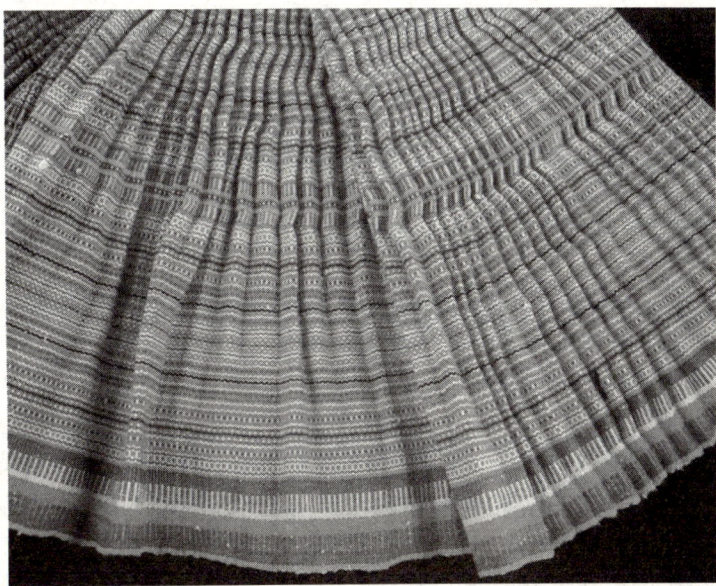

土布百褶裙

一般的百褶裙要用十几至二十多米长的、自织自染的土布制作而成。制作的时候，先把土布铺在晒席上，喷洒一些白芨汁，折叠成很多宽窄相同的褶皱。然后再喷洒一次白芨汁，用棉线把它们串在一起即可。百褶裙由裙首、裙身、裙脚组成，其中裙脚是最美观最重要的。它从下至上用四道横向的纹样组成，第一道为刺绣的"小人花"，第二道为刺绣的"雀翅花"，第三道和第四道为编织出的"龙花"纹样。

据说古时候，苗族妇女只穿筒裙，后来为了使服饰有别于其他民族，就采用百褶的方法制裙子。关于百褶裙的来历，在苗族地区还流传着一个传说。

古时候，苗家妇女穿的是粗布缝的裤子，裤脚很大，一只裤脚就能装下一斗米。当地有一座被茂密森林覆盖的山，白天都见不到阳光，野兽很多，根本没有人敢靠近。这个大森林里有一个朝天洞，洞里有石盆、石碗、石凳、石床等家具，洞里住着一个猴精。它时常走出大森林，到附近的苗族寨子里抢一些貌美的姑娘，把她们折磨死后吃掉。

大森林边有一个寨子，寨子里的一对老俩口生了一个姑娘，名叫兜花。兜花长大后十分漂亮，一天她去掏猪草，结果再也没有回来。寨子里喜欢她的小伙子们背上弓箭，带着锋利的钢刀去大森林里寻找。七八天过去后，他们带着伤垂头丧气地回来了。原来，他们被大群猛兽攻击，有的还丢了性命，可还是没有找到兜花姑娘。老俩口很悲伤，他们请来巫师，打算在一个月后为女儿做道场。可是一天晚上，大门外传来狗叫声。老俩口急忙开门去看，原来是和姑娘一起出门的黄狗回来了，它嘴里还叼着姑娘的银项圈。老俩口看见银项圈明白姑娘是被猴子精抓去了，黄狗是回来送信的。

原来，兜花姑娘在掏猪草时被猴子精抓到了朝天洞。在那里，她受尽折磨，猴子精让她挑水，沉重的石桶压得姑娘直不起腰；晚上还让她给它抓背，它虱子很多，兜花姑娘动作稍慢一点，猴精就用树条抽她，打得鲜血淋淋，还不准她哭。她被折磨得死去活来，每天深夜都想自己的爹妈，想得偷偷地哭。一天，黄狗嗅着她的气味找到了朝天洞。她就把银项圈摘下来，叫黄狗叼回去送信。一天深夜，兜花姑娘等猴精睡下后，又开始偷偷地啼哭。就在这时，一个白胡子老人出现在她面前，对她说："姑娘，你想逃出去就要找来很多松脂，因为猴精每天中午要在洞外的石头上晒太阳，你把松脂涂在上面，猴精坐上去就起不来了。"

从此以后，兜花姑娘每天等猴精出去后就到森林里找松脂，把松脂一滴一滴地聚集起来。时间一天天、一月月地过去，兜花姑娘终于收集到很多松脂。一天，她把松脂涂抹在那块大石头上，猴精坐下去就被粘住，动弹不了。兜花姑娘马上带上自己的伞，逃出了朝天洞。她在大森林里饿了就吃野果、喝露水，晚上就睡在树上。一个月后，她终于走出大森林，可是衣服、裤子全被挂破。她羞于这样回到村庄，就急忙将伞布拆下来，罩住自己的下半身。色彩鲜艳的伞布穿在身上还很好看，兜花就这样欢欢喜喜地回家了。她和爹妈团聚后，就用布仿照着伞的样子缝制了一条百褶裙。很多姑娘们看到后都觉得裙子很新奇，而且看到她从森林里平安回来，以为可以避邪，就纷纷用布仿照着做。就这样一传十，十传百，远近村寨的姑娘都开始穿这种裙子。

十一、苗族串山会

云南大理州永平县的苗族群众，在每年的正月初三都要举行传统的"串山会"。因为早年居住在永平的苗族人主要以狩猎为生，男人上山打猎时经常要从这一座山赶到另一座山，渐渐形成串山这种群众性集会活动。

芦笙舞

苗族串山会上所举行的主要活动有斗牛、斗狗、踢毽子、跳芦笙舞等。在斗牛活动中，很多牛被放在一起争斗，一直斗到场上只有一头牛时，这头取胜的牛就被称为"牛王"。此时，村寨中德高望重的老人走上草场给它戴花，然后牛的主人牵着牛依次接受乡亲们的祝贺。在串山会上还有踢毽子比赛，所踢的毽子是用包谷壳扎成的，能踢得很远。

在所有活动中，最吸引人们的就是跳芦笙舞。永平苗族人制作的芦笙有5种，一般长的可达近2米，短的也有1—2尺。谁家的孩子出生后，亲友就要来送贺礼，而他们的礼物大多都是芦笙。这个男孩长大之后，首先要学的也是吹芦笙，所以永平苗族人不管是外出劳动还是上山打猎，都吹着芦笙。一般在串山会的当天晚上才跳芦笙舞，这时全场燃起一堆堆篝火，篝火旁摆着很多坛苗家人自酿的包谷酒，坛口上常常插着几根吸酒的芦苇秆。

到时，芦笙吹响后，村寨里的小伙子和姑娘们就开始围着这些酒坛起舞。随着音乐的变化，跳舞的队形也随之变化。每个跳舞者的右手都伸到肩后，让后面的跳舞者拉着，这个动作表示人们在生产劳动中结下了友谊的疙瘩。随后，芦笙乐曲发生变化，跳舞者就开始依次叉花，表示解开了这个疙瘩。舞蹈结束后，所有的人都走到酒坛前，用芦苇秆吸酒，以此来表示和睦团结。然后，人们接着重复上面的舞蹈，一直跳到第二天清晨。

十二、苗族斗牛会

云南很多苗族聚居的地区在农历八月十五都要举行一个盛大的喜庆节日——斗牛节。在这节日到来之前，参赛的人们就开始为自家的牛补充营养，并收拾得十分干净漂亮。斗牛的会场一般选择在四周有茂密森林的草地上。到了比赛的日子，苗族村寨的男女老少都会穿上节日盛装，成群结队地唱着山歌，参赛者则牵着斗牛蜂拥而来。

比赛开始后，参赛的人把自家的斗牛一齐放进斗牛场。一时间，几十条斗牛开始在场地上相互寻找对手，开始顶斗。在顶斗过程中，斗败者拔腿就跑，而取胜者还在后面紧紧猛追。直到这头牛逃出场地，取胜的牛才神气十足地返回斗场，继续寻找其他对手争斗。

经过第一回合的争斗后，很多失败者逃走了，留下来的胜者再一次展开争斗。同样，经过一番激烈的斗争后，失败者又逃走了。通过多轮淘汰，直到剩

激烈的斗牛场景

下最后两头牛，它们之间将进行最精彩的对决。坚持到最后的这两头牛，它们的体力和实力相当，争斗起来非常激烈。有时最后的决赛能一直斗数小时还难以分出胜负。在这场最后的较量中，它们不仅要比力气，还要比斗技。它们互相寻找对方的薄弱处和致命处，勇猛冲杀。此时，只听到两对牛角互相碰击的声音，看到它们极力争斗时爆起的肌肉。有时两头牛的争斗会一直持续到傍晚，其中一头牛才败下阵来。这时，得胜的牛昂首站在场中。比赛的主持人给它戴上大红花，主人则牵着它绕场一周。观众纷纷给它喂染红的鸡蛋和节日的饭菜，并向它撒去很多鲜花。

这天晚上，苗寨的人们还要聚集到斗牛场上。他们燃起一堆堆篝火，青年男子吹起芦笙，姑娘们围着篝火跳舞，老年人则在一边相互讲一些古老的传说故事，通宵达旦地欢庆这个节日。

十三、苗族踩花山

踩花山是苗族人在正月里过的一个传统民族节日。从正月初二至初七，云南苗族人就开始聚集在一起欢度这个节日。在这几天，苗家男女老少都穿金戴银，从四面八方赶到几个苗寨之间的开阔坡地上举行一系列活动。

关于苗家踩花山的起源还有一个传说：很早以前，苗族人住在平原，这里土地肥沃，每年粮食都有好收成。苗王蒙子酉生有九个儿子和八个姑娘。每天晚上，他就带着儿子和姑娘吹芦笙、打鼓、唱歌、跳舞。一天晚上，鼓声传到皇宫，惊动了皇上。他就派人去查访，得知苗家人生活在一片好田地里，立刻派兵攻打蒙子酉。蒙子酉带领苗家人奋力抵抗，终因人数太少被赶到深山。

此处的深山连绵不断，苗家人逃亡过程中很多人走散，蒙子酉为召集苗家人，只好砍下杉树，去掉枝，剥去皮，把树染成红色，解下自己的红布带拴在树杆的一端，立在最高的山峰上。就这样，苗家人又纷纷聚拢到一起。蒙子酉就在花竿下扎下村寨，然后让儿子和姑娘各统领一些苗人分别驻守在一些要地。经过多年的劳动，苗族人的日子逐渐富裕起来，他们又开始吹芦笙、打鼓、唱歌、跳舞。鼓声又传到皇宫，皇上又派出兵将顺着鼓声来攻打蒙子酉。蒙子酉听到皇上派兵的消息后，就把儿子和姑娘召集起来，问关卡都守好了没有。除了儿子农耍咪以外，其余的人都回答守好了。蒙子酉见农耍咪没有说话，就问他守好了没有，农耍咪笑着说自己没有守关卡。

蒙子酉听后大怒，质问道："你难道要放官兵进来，杀死我们所有的人吗？"农耍咪回答道："阿爸，我这样做是想把官兵引到花竿脚下，我们一起围攻，只有这样才能打赢他们。"农耍咪告诉父亲，他要选一些姑娘和一些武艺高的小伙子，让他们在花竿下跳舞，引官兵到花山来，然后在周围埋伏下重兵。官兵到了山腰后，让一个人挂好旗子，然后四周的兵马全杀上去，内外合攻，肯定能打败他们。在这场战争中，最关键的是要选择一个挂旗人，他挂旗一定要适时，而且动作要迅速、灵活。蒙子酉问让谁来挂旗呢？几个儿子都争着要挂旗。后来，他决定比赛爬竿，谁赢了就让谁来挂旗。比赛开始后，苗家人都来到花竿下，蒙子酉问谁先爬？这时，小儿子跑上前去抱住花竿，很快就爬上去又滑下来，要求把这个任务交给自己。

就在蒙子酉准备把旗子交给小儿子时，二儿子大声说："慢点，看我的。"他两手抓竿，两腿蹬竿，身子不贴竿，很快上了顶端，然后又很快滑了下来，接着走到父亲面前说："阿爸，把红旗给我吧！"此时，农耍咪上前一把夺去红旗，然后咬着红旗，只凭两只手就爬到了竿顶，而且速度很快，最后大家都同意由他来挂旗。农耍咪选了一部分漂亮姑娘和精壮的小伙子留在花竿下诱敌，其余的人都埋伏起来。山头上的人只管吹吹打打，四周的苗族人则等着官兵到来。一天后，官兵走进包围圈，农耍咪站在花杆下，看官兵离自己不远了，开始爬竿挂旗。

官兵好像知道农耍咪的用意，不断向他身上射箭。当农耍咪爬到一半的时候，几支箭射到背上，他大叫一声，口中的红旗就掉了。于是，他又滑下杆子捡旗子，再次爬向竿顶。这回终于爬到竿顶，不幸的是他中箭了，整个人和红旗都掉了下来。这时，官兵已经快到花竿底下了。农耍咪拔出大刀进行护卫，然后冲到花竿下，背贴花竿，双手抓住杆子，头朝下，脚朝上，向竿顶爬去。这次他使出全身的力气，终于爬到竿顶挂起红旗。埋伏的苗族人见到旗子后都冲杀出来，结果官兵被杀得大败，农耍咪却牺牲了。在这一仗中，蒙子酉的儿子和女儿全部战死，苗家人把他们抬到花竿下，为他们守灵。到了第二年的正月初三、四、五，人们才杀牛祭奠他们，把他们安葬在花竿脚下。从此以后，苗家人在正月初三、四、五都要举行爬花竿等比赛，并逐渐转化为踩花山节。

踩花山节最重要的标志就是"花竿"了，它一般选用挺直高大的青松或柏树，然后扎以鲜花和彩旗制成。定花竿的人被称为花杆头，他要在节日的早晨太阳还没有出来之前，把花竿竖在场地上。届时，先是花竿头向前来参赛的人敬酒和祝福，然后宣布活动开始。顿时，锣鼓齐鸣，鞭炮声和铜炮枪声大作，各种欢庆活动同时开始。爬花竿的小伙子腰上扎着彩带，面向花竿，手脚并用向上攀，很快就爬上了竿顶。到竿顶后，他只要一松手，很快就滑落到地面。爬花竿表演中最精彩的是倒爬竿，爬竿者都背贴花杆，头朝下，脚在上，双手向上反扳，一纵一纵地向上跃，有的还在爬杆时吹芦笙。

除了爬花竿之外，踩花山节上还有斗牛、斗画眉、吹芦笙等活动。青年男女有的对唱山歌，有的跳三步舞、蹬脚舞、狮子舞。苗族的青年男女通常会在这个节日里用歌声互诉爱情，开始时是一群小伙子和一群姑娘对歌。他们用歌声互相提问，后来就会变成一个小伙子与一个姑娘对唱。两个青年男女一旦在歌声中相恋，男的就会赠送给姑娘一条花围腰带，女的则回赠他一个亲手绣制的花帕或包头。

十四、隆昌"四月八"爬山节

每年农历四月初八，苗族村寨的年轻人都要聚集在一起，登山赛歌，为自己找一个如意的终身伴侣，这就是远近闻名的隆昌"四月八"爬山节。

在隆昌，有关这个节日的起源有两种说法。一种是说在三国时期，随诸葛亮来云南的王氏三弟兄和一个名叫阳工的来到了隆昌。当时的隆昌是一片荒山，他们在这里开垦农田，栽种水稻。后来，王家老二和老三被召回朝廷做官，老大和阳工还留在这里。几年过去，他俩在这里也有了家室，王老大有五儿三女，阳工家生了七男四女。后来经过多年的发展，两家发展成村寨。王、阳两家后代为了共同祭祖，就选择四月初八老祖宗到隆昌的日子作祭日。到了这天，两家的男女老少就在祖坟前杀猪宰羊进行祭祀，然后全部上山"闹春"。老年人背起土枪打猎，妇女带着小孩游山，年轻人跳芦笙、唱山歌、倾诉爱恋之情。

另一个说法是：以前这里住着一户人家，母子二人相依为命。老母亲年迈体衰，希望儿子望坚能早日找一个媳妇。可是，她家里很穷，媒人说了很多女子都嫌他家穷，没有人愿意。村寨里有家富户，有个长得十分漂亮的女儿名叫梅福。许多人来上门求婚，都遭到她的拒绝，其实她心里早就爱上了望坚。有时候两人相遇，经常会说一些甜蜜的知心话。两人相爱的事很快在寨子里传开，并传到梅福父亲的耳朵里。父亲不同意他们交往，并把梅福关在厢房里不让出来。

一年后的春天，望坚来梅福家里作帮工，梅福想和心上人说说话。这时正好她家死了一头牛，于是她就在夜里把牛皮披在身上装成一头牛。天亮之后，望坚赶着牛出工，等到了田里，一头牛突然跑了，望坚就在后面不停地追。追到一个山坡后，这头牛终于停住了。望坚走近一看，原来是自己的心上人梅福。两人长久未见，有说不完的话、道不完的情。他俩手拉手在山坡上漫步，唱了很多首表达自己心声的情歌。他们在山上唱了一天一夜，歌声传遍整个山寨，感动了所有人。

第二天，寨子里的青年男女都来到这个山坡，各自寻找心上人对歌。梅福的爹妈知道这件事后，派来很多家丁用扁担把梅福和望坚给活活打死。这对情侣死后，其他青年男女还在每年的四月初八爬到山上唱情歌，一方面表示对这对坚贞情侣的怀念，一方面为自己寻觅心上人。后来，就逐渐发展成为爬山节。

爬山节这天，苗族青年男女都会成群结队来到附近山坡上谈情对歌，为自己找心上人。现在的节日除了男女青年进行爬山和对歌活动外，还增加了斗雀、赛马、篮球赛、拔河等体育活动。

十五、清水江畔的龙舟节

每年农历五月二十四日，苗族人都要穿着节日的盛装，汇集到清水江边欢度为期四天的龙舟节。苗族的龙舟节历史悠久，清初学者徐家干在《苗疆闻见录》中就曾这样写道："五苗好斗龙舟，岁以五月二十日为端节，竞渡于清水江宽深之处。其舟以大整木刳成五六丈，前安龙头，后安凤尾，中能容二三十人，短桡激水，行走如飞。"由此可见，龙舟节在当时已经颇具规模。

据说在很久以前，清水江边住着一个苗族渔夫，名字叫保，他的独子叫九宝。一天，他和儿子去打鱼，突然从河里跃出一条龙把九宝拖进水里。保潜水入洞救儿子时，龙已经把他的儿子杀死。保很愤怒，找来火镰和火草再次潜入龙洞，放火把龙烧死后，天上下起滂沱大雨，九天九夜没有停止，所有人都很担心。当时，村里一个妇女带着孩子去江边洗衣，孩子拿着捶衣棒在水里划来划去地玩，嘴里念叨着："咚咚多！咚咚多！"他就这样喊着喊着，雨停了，天上的乌云开始消散，久违的太阳也出来了。

后来，被烧死的恶龙浮到水面，附近的村寨都争先恐后到江边分龙肉。当天晚上，恶龙给大家托梦说：你们只要照着我的样子用杉树做一个身躯，在清水江上划几天，我就能兴云作雨，使你们雨水充足、五谷丰登。这个梦传开后，人们开始商定在农历五月初五划龙舟。但此时正值农忙时期，大家互相协商后改在五月二十划船，龙舟节就这样流传至今。

在划龙舟的四天中，苗族的村寨每天要蒸一甑糯米饭，并准备好米酒、肉、鱼、鸭等食品，专门供给划龙舟的人食用。龙舟里吃饭的人都不能用筷子，必须用手来抓。比赛前，最禁忌的是女人上龙舟，据说这样会翻船。所用的龙舟一般长7丈，宽3尺，由3根挖成槽形的杉树捆扎而成。龙舟的中间是母船，长7丈；两侧为子船，各长5丈。龙头和龙颈由7尺长的水柳木雕成，上面涂有金、银、红、绿、白5种颜色。龙头上有炯炯有神的龙眼、含着活珠的龙嘴、长长的龙须和昂首向天的龙角。一些制作很讲究的龙舟，龙身上还在彩鳞上嵌有很多小镜片。

龙舟的组成人员有鼓头、锣手和水手。鼓头是龙舟中的主角，在苗族村寨中很受大家尊敬。他身穿布长衫，外套镶有黑边的红色或青色背心，头戴宽边麦草帽。鼓头在比赛中要背靠着龙头，面向水手，按节拍击鼓，从而协调水手划行的速度和节奏。划龙舟结束后，大家要先选出第二年的鼓头人选，并将鼓和龙头一并送到他家。新鼓头接鼓时，要款待送鼓的人。锣手就是打锣的人，他坐在离鼓头1米左右的地方，由小男孩装扮成女孩形象，佩带着银项圈和精美的银饰衣，和着鼓声敲铜锣。

龙舟上的水手共有38名，他们都由寨子里的壮小伙担当。这些人分别站在母船和子船上，龙头一个人撑篙，母船尾巴上站着5个人，其中一个人掌握船行的方向，并发出调节水手划船速度的号令。每个子船被分为4段，每段站有4名水手。他们每人手持一根5尺长的木桨，穿紫青色土布短衫和丹士林布裤子，腰上扎着嵌有银扣的腰带，头戴马尾斗笠，帽沿上还插着3片银片。

五月二十四日这天，各村寨的龙舟就汇拢在清水江边。这时江两岸的人会赶到江边，燃放鞭炮迎接他们，还要为龙头挂彩绸，并送上鸡、鸭、鹅、猪、羊等物，这些东西一般挂在龙须上或放在母船的船槽里。龙头上彩绸和礼物越多，说明这个队伍越受人喜爱，鼓头越受人敬重。比赛开始时，用土炮发出比赛的信号，这时只见江上的龙舟如同离弦之箭，几十条桨掀起一片片浪花，两岸的锣鼓声和呐喊助威声雷动。

在龙舟节上，除龙舟赛外，还有球赛、图片展览、赛马、斗牛、斗鸟、对歌等活动，平坦的地方还进行物资交流。傍晚时，还要进行对歌活动，成群的男女青年高声对唱情歌，江边很快成为歌的海洋。

第 九 章

傈僳族文化

傈僳族源于南迁的古氐羌人，与彝族同属一个族源，其族名称最早见于唐代著述，主要居住在怒江傈僳族自治州。另外，德宏傣族景颇族自治州和保山地区也有傈僳族居住。傈僳拥有自己的语言，属汉藏语系藏缅语族彝语支。傈僳族节日众多，规模较大的有"阔时节"、"新米节"、"刀秆节"、"火把节"、"收获节"、"澡塘会"、"拉歌节"、"射弩会"等，具有浓郁的民族特色。

一、以物代信的 "来苏"

傈僳族至今仍保留着古老而传统的婚俗，那就是男女青年通过以物代信的"来苏"相互交往，并以此来谈情说爱。

如果小伙子爱上了一个姑娘，他就会找来两小截长短一样的茅草、一个完整的大蒜、一个槟榔和一些草烟，再加两小片嫩绿的树叶，并把叶子面对面地合在一起，然后用一张白纸或芭蕉叶包好，用红线扎牢，送给他心爱的姑娘，这就是情书——来苏。它所暗含的意义很含蓄、很丰富：同样长短的茅草表示双方各方面都差不多，我在姑娘中选上了你；完整的大蒜表示两人以后永不分离；槟榔和烟草表示我爱你的心是挚热的，我想把你含在口中；相对的绿叶表示我俩结婚吧；红线表示红火的相爱。

姑娘收到小伙送来的情书后，经过一番仔细考虑，如果同意和小伙子来往，就会把槟榔嚼了，草烟留下用。姑娘还会给小伙子回一封同样的"情书"，在里面加上一些芫荽，外面用白线扎起来。芫荽表示我愿和你相好，白线表示我清清白白。如果姑娘想拒绝小伙子，就会找来一截辣子和槟榔、草烟等原物退还。小伙子接到回信后，知道了姑娘的心意，也就不再去追求这个姑娘了。

二、傈僳族丧葬

傈僳族人一般实行棺木土葬，如果是非正常死亡的人则多实行火葬，而且村寨及家族均设公共墓地。傈僳族人死后，由死者的邻居来主持葬礼。如果老人去世，尸体要停放于火塘边的木板或篾席上，以麻布盖脸，然后进行祭奠活动。全寨子的人都要前来吊丧，家属要杀猪宰羊招待吊唁的人。

前来吊唁的人，带着猪羊肉和酒。在吊丧活动中，所有人都要唱丧歌，告慰死者的亡灵。大理地区的傈僳族会在人死的当天通知死者的亲友，并准备宴席招待吊丧的人。主丧人得知消息后，要从家里牵一只羊去奔丧，把它和带来的酒献给死者。到死者家里后就要杀羊，先在羊角上挂上两条孝布，然后把它牵到棺木前杀死，以示献祭。

家人要请傈僳族巫师尼扒为死者的灵魂开山引路，使它能够顺利到达阴间。巫师用溺死的鸡放在死者胸部，表示镇住阴魂，然后带着亲属绕灵，男性死者绕9圈，女性死者绕7圈。尸体入棺妥当，家人在院子里烧起大火；亲友们则带着物品献祭，日夜围坐火塘，听尼扒或老人唱本民族古老的丧歌。在出殡前一天的晚上，主丧者要召集吊唁的人为死者举行打歌活动，一般会持续一整晚。

出殡起灵时，以向空中连发三箭为号，开道的尼扒念驱鬼咒语，送丧的男子们舞弩挥刀相随，送葬的乐队吹奏芦笙，8个小伙子轮流换着抬棺，在中途不停歇赶到墓地。如死者是男子，在埋葬时还要把他生前所用的砍刀、弩弓、箭袋等物品悬挂在墓室里做随葬品；如果是妇女，则把她生前用过的

织麻工具、煮饭用具等作为随葬品悬挂在墓内。棺材入土后，众人立刻垒坟，并举行打歌（又称跳乐、跳脚、跌脚、左脚舞、三跺脚、踏歌等，是一种群众性的舞蹈），一方面表示告慰死者，另一方面表示酬谢大家。有的地方则在坟丘上栽一些芦草，按照当地人的说法，草要是长得很茂盛，就代表这家的后代将会发达兴旺。入葬的当天晚上，亲人还打着火把来上坟，以此来消解死者的孤寂。

三、傈僳族马古

　　口弦在傈僳语中称"马古"，是傈僳族的传统器乐之一，历史悠久，起源于我国古代的"簧"。据史籍文献记载，从先秦到晋代，簧就是贵族使用的高雅乐器，在当时的上流社会很盛行。在公元4世纪末的西南少数民族地区，簧已经非常流行了。元代以后，簧在内地逐渐失传，但在边疆地区仍相当流行，傈僳族人从簧中派生出了口弦。

　　根据材料的不同，口弦分竹制口弦和金属口弦两种；根据簧片数目的不同，可以分为单片弦和多片弦；根据演奏方法的不同，可分为手指弹拨弦和用丝线抻动弦。傈僳族的口弦长15厘米，宽1厘米，一般用坚硬的楠竹片制成，即用锋利的刀子刻薄竹片，然后在口弦的中间刻一道沟，中间放一块簧片。簧片的首部宽大而薄，朝向柄端，中部窄而厚。簧舌的两侧削成斜面，根部较薄，与片头处相连。弹动片头时，簧舌自由往复振动发音，音响低沉，音色优美动听。

　　演奏口弦时，左手拇指和食指夹住弦柄，如果是多片弦则使它们呈扇形，把簧舌放在唇间，用右手拇指和食指来回拨动口弦尖端，便可以发出乐音。

　　演奏抻动口弦时，因为每个簧片的顶端都系着一条线，所以演奏者要把线头套在右手上，以手指牵拉线头，使簧片振动发出声音。演奏者还可以利用双唇来增加共鸣，以口型和控制呼气等方法变化出不同的音色。

　　傈僳族的口弦应用范围很广，人们在生产劳动、谈情说爱时，都喜欢用它来表现自己的感情。在结婚、新房落成或过年过节时，人们常常演奏它来为舞蹈者伴奏。

傈僳族年轻姑娘最喜爱口弦。小伙子一旦和姑娘相恋，一定会制作一个精巧的口弦，并雕刻出带有花纹系有丝线的弦筒，把口弦装进弦筒送给自己心爱的姑娘，姑娘则把它佩戴起来作装饰。

傈僳族姑娘都能熟练地演奏口弦，她们把曲调和自己想要表现的情绪完美地结合在一起，从而演奏出美妙的口弦曲调。

四、傈僳族传统竞技

傈僳族人喜欢进行一些传统竞技活动，包括射弩、泥弹弓、溜索和"嘟哒哒"等。他们还善于射弩，在一些节日里都要举行射弩比赛。姑娘用糯米粑和肉当箭靶，小伙子争着去射。谁射中了东西就归谁，最后谁得到的东西最多谁就是胜利者。

傈僳族的泥弹弓比较有趣。弹弓用竹子制成，弦用动物的筋做成，要射的泥弹则用粘土制成。比赛时，先在15米外的地方设立一个人头大小的"猫头鹰"作靶子，然后用泥弹弓射击它的眼睛。每次射十发或二十发，击中眼睛数最多的人就是冠军。

傈僳人称溜索为"娄痕"，是一种古老的渡江工具，傈僳族人把它发展成为一项比赛项目。比赛时，必须把装滑轮的溜板扣在溜索上，把溜带从溜板孔中穿过去，并在臂部和腰部绕一圈，再把绳子系在脖子上。系好绳子后，手握溜板，顺势下溜，一瞬间的功夫人就可以到达江的对岸。

"嘟哒哒"中的"嘟"意为"抛起"，"哒"意为"接住"，"嘟哒哒"是傈僳族群众喜爱的一项体育竞技活动。它是一种用棕叶编成的竞技器材，做工考究精致，有两种制作方法：一种是用4片叶子编成四方的篱笆花，用它做基座，然后编织，到第六至九层时，捆扎成斗型；另一种方法是以篱笆花为基座，留半尺长的叶子收拢捆扎成灯笼状。

"嘟哒哒"竞技的方式有三种：一种是"单挑"，在4—6米宽的场地上，两人面对面地站立，一人连续向对方抛出，接不住者就输了。一种是单人"嘟哒哒"，在2平方米的场地上，两人同时向上抛接，最先接不住的就出局。最后一种是分两队，面对面地排列，没有人数限定，少则几十人，多则上百人。两队之间相距 5 米，比赛时只要有人接不住"嘟哒哒"，该队便输了。队列抛接"嘟哒哒"时，由于参赛人员较多，众多"嘟哒哒"在空中翻滚，场面十分热闹。

五、傈僳族"阔时"敬祭

每年的十二月，傈僳人都要过传统的"阔时"（过年）节。届时，要举行多姿多彩的活动，其中的敬狗、祭"三脚"（火塘的支架）和祭祖最具有民族特色。

到了"阔时"，首先要做的是敬狗。据说古时候，傈僳人种的粮食作物顶上能长出谷穗，中间能结玉米，根下还能生出土豆。当地先民抱怨这样的作物在收获时很麻烦，天帝听到后，一怒之下收回了粮食作物，结果人间没了粮种。这时，傈僳人养的狗昼夜不停地对着天上哀吠，替人类求粮种。最终，天帝被感动了，把粮种重新还给人们。傈僳人为了记住狗的恩德，在舂"阔时"粑粑时就把舂好的第一窝粑粑留给狗，然后祭三脚、祭祖，最后才自己吃。

傈僳人往往在"阔时"前就舂好糯米粑粑，宰杀年猪，准备好过节的所有物品。大年三十傍晚，家里的老人手持栗树枝清扫家里的烟尘，并用簸箕接住灰尘。扫除堂屋、火塘上的尘埃后，就开始祭"三脚"。老人在"三脚"的每个腿上贡一份粑粑和猪肉片，然后端起一碗酒，面对"三脚"念祭辞："'三脚'是我家的保护神，新的一年里，你要让我全家平安健康"，再把酒洒进火塘。此时，"三脚神"的祭祀才算结束，全家才可以杀鸡准备除夕饭。

大年初一，傈僳人用猪头肉、粑粑和酒来祭祖。主持祭祀的祭师由族里德高望重、熟谙祭祀的长者担任。这天早上，人们很早就准备好祭品。祭师到家以后，开始口若悬河地念祭文，祷告祖先的亡灵，保佑这一家人生活幸福、家道兴盛、平安富贵、五谷丰收、六畜兴旺。祭祀结束之后，全家人才能开始享用新年的早餐。

六、傈僳族刀杆节

　　傈僳族的刀杆节是为了纪念古代一位对傈僳族有恩的汉族英雄而流传下来的节日，每年农历二月八日举行。这天也是这位英雄的忌日，傈僳族人用上刀山、下火海等仪式表达愿赴汤蹈火报答恩情的心意。

围着篝火舞蹈的人们

　　相传明朝时，朝廷派兵部尚书王骥到云南边疆安边设卡。他到边疆后，体察民间疾苦，帮助傈僳族人发展生产，使他们过上了好日子，因此受到傈僳族人的爱戴。后来，王尚书遭奸臣诬告，被皇上调回朝廷。二月初八，朝廷为王尚书设宴洗尘，奸臣竟然用毒酒害死了他。不久，这个不幸的消息传到傈僳族的所有山寨，人们为了给王尚书报仇，就把他遇害的日子定为操练武功日。每年的这天，练武者都要苦练本领，传授功法，经代代相传就成了刀杆节。

　　刀杆节这天，傈僳族群众穿着节日的盛装，从四方八面汇集到刀杆场参加刀杆节的开幕式——"跳火海"。夜暮降临后，刀杆场上燃起许多火堆，广场中央更是燃起四个火堆，把全场映照得通红。几声锣响之后，场上的人就手拉着手，围着明亮的火堆跳三弦舞。当场中央的四堆大火烧得只剩下红火炭时，主持人就宣布跳火海开始。这时，四个赤着双脚的骠勇汉子跳到烧红的火炭里，在里面不停地弹跳，脚步踩起的火花四处飞溅。他们还表演各种绝技：有的手拿通红的火炭，在脸上和身上擦洗；有的则拿着火球在手中飞快地翻滚、搓揉。看过表演后，很多围观的群众也闯进火海，脱去鞋光着脚毫不畏惧地在火堆里跳来跳去。经过一阵紧张激烈的跳动后，火炭都被踩成碎粒，跳火海活动随之结束。

第二天，刀杆场上早就竖好两根 20 多米高的树杆，上面交叉着 36 把刀刃朝上的长刀，每把相距 1 尺左右，每 10 把中又用两把长刀交叉起来。中午时，人们再次来到广场，主持者宣布上刀山开始。在鞭炮和锣鼓声中，昨晚跳火海的 4 名大汉头戴蓝布帽，身装大红袍，赤脚来到刀杆树下。喝完一大碗酒后，他们纵身跳上刀杆，双手紧抓上层的刀梯，赤脚踩蹬在锋利的刀刃上，运用练就的气功撑着脚掌，一步一步地向上攀登。上到杆顶以后，他们表演各种动作，并把杆顶插着的小红旗抛向四方。

七、傈僳族狂欢节

傈僳族的狂欢节就是在春节期间举行的"澡塘会"，它是怒江地区的傈僳族一个独具特色的传统盛会，距今已有 100 多年的历史。

每年从大年初二到初七，住在高山和峡谷里的傈僳人就背着毯子、被子，带着米、肉、油、盐、菜和炊具，到怒江边有温泉的地方相会。他们在这里的岩壁下、石洞里或者石缝中铺上很多干草，展开带来的被子，组成在这里的"家"。然后，人们都下到烫人的石砌温泉澡池中尽情地浸泡着，在温泉中舒展筋骨、洗去污垢。男女老少相聚在热腾腾的温泉里，相互间帮着搓洗、悠闲说笑、嬉戏打闹。洗澡之后，大家聚在一起谈古论今、对歌跳舞。傈僳族人认为：用天然温泉的水洗过身体之后，人在新的一年里不会生病，所以他们把洗温泉又叫"洗百病"。

在"澡塘会"期间，傈僳族除了进行温泉洗浴之外，还举行一系列其他活动，如精彩的上刀山、下火海表演，射弩和打秋千比赛等。年轻的男女还要举行通宵达旦的赛歌，一唱就是整整三天。据说形成这种风俗的原因是：傈僳人大多分散居住在大山里，人与人的交往受到地理环境和交通不便的限制，人们之间缺少联系和往来，澡塘会则为他们进行社交提供了方便。

第 十 章

布朗族文化

布朗族是中国少数民族之一，主要分布在云南省的西双版纳、临沧、思茅地区。有本民族语言布朗语，属南亚语系孟高棉语族佤崩龙语支，分布朗与阿尔佤两个方言。部分人会讲傣语、佤语或汉语。布朗族部分自称"布朗"、"帮"，部分自称"阿瓦"、"阿尔瓦"、"伊瓦"、"佤"和"翁拱"等。汉族或傣族称之为"濮满"、"蒲满"、"孟"等。该民族有着迥异于其他民族的风情文化，十分耐人寻味。

一、有趣的布朗婚俗

布朗族小伙子成年后，就开始为自己找对象、"串姑娘"。晚上，小伙子站在平顶房上向寨子里的姑娘发出"串姑娘"的哨声，然后开始唱串姑娘调。寨子里的姑娘们听到小伙子的歌声后，会在手上弄很多锅底灰，高高兴兴地出门。小伙子见姑娘们出来，就迎上去，姑娘们则一涌而上给他们脸上抹黑锅灰。小伙子们被抹成大花脸后，会相互看着笑闹一番，接着洗去脸上的锅灰。然后大家找一个地方，在三弦的伴奏下双双开始对唱。

男女青年通过抹灰和对歌建立恋爱关系后，便各自同父母商量，请媒人说亲。说媒这天，媒人穿戴一新，挑上男方准备好的米、酒、肉等礼物，高高兴兴地去女方家。女方知道媒人前来提亲，会给其准备喝的酸茶、米酒，还要用斑鸠、肥鱼来招待他。如果在这一天媒人不吃女方家的饭，说明他看不起女方家，这门婚事也就彻底告吹了。

媒人走进女方家门时，姑娘心里十分高兴，但还要装出生气的样子，甚至拿起一根棍子去打媒人的脚，边打边说"谁让你来我家的"……媒人则赶紧躲到女方父母身后。其实姑娘不是真的打媒人，而是打在地上。她打一下，媒人跳一下，围观者就在一边哈哈大笑。接下来，主人把媒人请到火塘边，大家围着火塘席地而坐，中间摆放酒菜，上的第一盘菜是猪头肉，接下来是生葱、生姜和生大蒜，最后上的是各种烤肉和酸菜。吃酒席时，主宾之间还要对歌，这样婚事就算定了下来。

正在精心打扮的布朗族新娘

举行婚礼的这一天，全寨的男女青年都要来贺喜，并在男方家弹小三弦、敲象脚鼓，载歌载舞，特别热闹。在婚礼上，男女青年还要跳"采茶舞"、"癞蛤蟆舞"、"狮舞"等民族舞蹈。婚礼当天晚上，新娘就住在男方家里，而且要在男方家里住满7天后才回到娘家去住。以后的几年时间里，新郎白天在自己家中干活吃饭，晚上赶到岳丈家过夜，直到两人生了孩子，小俩口才背着孩子重新回男方家里住。

二、布朗祭谷由来

布朗人具有万物有灵的观念，且认为山水有灵魂，谷子也有灵魂，因此有

"新米节"和祭谷的民俗。

关于"新米节"的来历，还有一个蛇仙送种的传说。相传在很久以前，布朗族的先人阿木旺正在打扫自己的谷仓，恰巧稻谷从天上落了下来。阿木旺见谷仓还没有打扫干净，就对稻谷说：你们过一会再来吧。稻谷一听，马上就飞走了，再也没有回来。布朗人要用稻谷耕种，可是他们想了很多办法，稻谷还是没有回来。最后，人们就请守护寺庙的蛇仙出面，终于把稻谷请了回来。从此，布朗族每年收获前都举行召谷魂仪式，过新米节。在新米节期间，"达曼"（寨子头人）家的院子里燃起一大堆篝火，全寨的人都要赶到这里来"打歌"。人们围住火堆，跳起粗犷大方、热情奔放的舞蹈，一些青年男女还在这时对唱情歌。

布朗人在播种和除草前还要举行祭谷仪式，因为他们认为只有祭祀了谷魂，自己所收获的谷粒才能饱满。秋收开镰之前，人们要挑选一个属蛇的日子，在"达曼"的带领下身穿盛装来到田边，群体面向东方，用镰刀割倒一捆稻穗，舂出新米，煮出新米饭，再放上一包肉菜，到寺庙敬献给寨神和祖宗。然后，全寨才开镰收割。打出稻谷后，布朗人要请白摩（巫师）祷告，其口里念道："谷魂谷魂，大家来请你，怕外面下大雨，不让你住岩洞里，不让你住树缝里，请你住到家里的仓房。"等他把谷魂请到仓房"住"下后，全家人再围着粮仓走三圈，经过这个仪式后，稻谷就可以吃了。

三、"栽曼"与"召曼"

"栽曼"、"召曼"是布朗族人经常使用的两个称呼，意思是寨心和寨主。以前，布朗人的祖先认为村寨也有心，所以在建村寨时就在村中央竖立栽曼，作为村寨的主心。栽曼其实是几根木桩，呈四方形，顶端都被刻成人头状。栽曼是人们信奉的寨神的灵台，他们大多是古代的部落首领和英雄，布郎族人认为其可以保护全村人，并保佑本村寨人畜兴旺、五谷丰登。因为栽曼很神圣，所以立栽曼是全村的一件大事。在竖立之前，要通过占卜选择一个好日子，到时先举行祭祀，再由全寨人一起动手把寨心柱竖立起来。有了寨心之后，很多祭典就在这里举行。在平常生活中，人们还要防止牲畜踩踏它。

"召曼"是村寨之主，他不是继任、选举或者指派产生的，而是按照古习俗用抽签的方式产生的。抽签仪式就在"栽曼"前举行，谁抽中了签谁就是"召曼"。佛教传入西双版纳后，仪式改在佛寺内举行，由和尚监选，并增加了一些规定。比如："召曼"的候选人必须是康朗（当过和尚而还俗的知识分子），而且必须是有妇之夫，但不能住在妻子家里。举行抽签仪式时，寺院的主持在若干竹签中抽出一根写上"召曼"，然后把它和其他签混在一起投进铜罐，并向神佛祷告："全寨人当着佛的面，抽签选'召曼'，神佛在上，万事皆知明，谁要是适合当'召曼'，神佛就让他中签!"

主持祷告结束后，全寨的男子就开始抽签。他们要到佛像前抽签，且必须先把头巾脱下，跪在地上抽。"召曼"选出来后，就站在佛像前由主持向他滴水、拴线，其他人则在佛寺周围敲象脚鼓和芒锣表示祝贺，然后所有抽签的人和新头人、佛爷一起用餐。"召曼"选出来后是不能任意更换的，因为他的更换是由神来决定的。如果村寨里经常发生牲畜和人员受伤，或是牲畜跳上"栽曼"台内的情况，就表明"召曼"亵渎了神灵，大家就会重新举行抽签仪式，选出新的"召曼"。

四、"拥"与"邦"

"拥"和"邦"是布朗族居住的村寨，它们之间的主要区别是在建寨时是否举行过建寨的仪式。举行过仪式的村寨叫"拥"，而没有举行过的则叫"邦"。

按照布朗族的古老传统，建村寨时要举行仪式。建寨前，先仔细挑选好寨址，而且要用占卜的方式选择好村寨的位置。布朗族选择寨址所参考的主要条件是方便人们种地，因此大多村寨都建在山坡上，只有少数村寨建在河谷地。据说这是因为布朗族很怕水鬼，所以大多山寨都不建在水边。村寨的地址和方位均确定好后，人们就请来寨主或寺院的主持举行建寨仪式，大家则按照他们的指点，用茅草绳先把寨子的范围圈出来，并在这块地中间打一些木桩，再用白线拴着木桩结成网。接下来，由主持与寨主围着木桩念经、滴水，其他人则跟在他们后面跳舞，然后大家把圈寨子的草绳头尾连接在一起，表示所有人愿

布朗族生活的地方

意团结地居住在这里。

人们把草绳连好之后，要先建立四道寨门。村寨的正门在布朗话里叫"都永"，意思是寨门；其他三个门都叫"巴都水"或"巴都膝"，意思是通向山野的门。每道门的两边都要打上两根木桩，象征着守寨门的神。建立寨门后，人们就开始在村寨的范围里破土动工修建自己家的房子。"邦"的意思就是棚房，布朗族人把地棚、田棚、凉棚统称为"邦"。那些被称为"邦"的村寨，在布朗族人的心目中并不是一个村寨，而是暂时居住的一个地方。

五、布朗山康节

布朗族最盛大的节日是每年傣历六月中旬的、为期三天的山康节。其第一天是除夕，这天每家都要打扫卫生、杀猪宰牛，做用来赕佛和馈赠亲友的"厄糯索"（黄粑，一种食品）。早上，晚辈把做好的饭菜送到老人跟前，跪着请他们吃饭，并祝老人健康长寿，同时伸出双手，掌心向上，接受老人对自己的祝福。

　　节日的第二天是元旦，这是整个节日中最热闹的一天，村寨里要举行赕佛、赛歌和泼水活动。三声马蹄炮响过之后，人们就可以去接新水了，并在里面加一些中药，煮成药水洗佛像。洗过佛像的水，大家都争抢着用来给自家的老人和小孩洗脸，期盼他们能身体健康。接下来，人们还要向祖先和神佛献饭、堆沙、滴水、扶树。

　　元旦的早上，人们带着准备好的河沙和用芭蕉叶包裹的米饭、粑粑、烟、茶等，陆续到公房前的竹掌子（头一天搭建的面积约 1 平方米的竹屋），手拿点着的香烛，口里念着一些祈祷词，绕着竹掌子转圈。人们在转圈时，还要捏出一撮撮米饭，并把它们放在竹掌子上的箩兜里，然后把带来的黄粑、烟、茶、水果、鲜花等放在竹架上，这就是给佛祖和祖先献饭。堆沙则指人们把沙子捏成小团，放在竹掌子下的地面，一团沙代表一家人，用意是祈求神佛和祖先保佑自己的家人能平安幸福。

　　炮声响过之后，所有的人都要敲锣打鼓地涌进公房。公房的正堂里有佛像，一些老人早已在那里念经和拜佛了。大家进来之后，就可以滴水了。几个人围在一个盆前，各自拿出从家里带来的一瓶水，然后点燃香蜡，听和尚师傅念经，经文念到某一段内容时，他们就把自己带来的水向盆里滴出一点点，意思就是给逝去的先人送水。在公房前还有一棵神树，这一天各家都砍一个树杈，用它把神树的树枝撑起，据说只要神树不倒、则村寨不倒、族人不倒。

　　这天午饭后，人们还要进行歌舞比赛和泼水活动。届时，人们身穿节日盛装，涌向舞场，在路上彼此互泼清水。在舞场中最引人注目的是被称为"打别"的两个领舞人，他俩全身都裹着黑布，只有眼睛、鼻子、嘴巴露在外面。传说天帝曾派两个神仙到人间，他们佯装成穷人暗察人们的心地和对佛的虔诚度，还担负着逗乐和保卫人们的任务。这两个领舞人扮演的就是两个神仙的角色，他们脖子上挎着一个包，跳到众人前面乞讨，人们也都给他们施舍。活动之后，人们开始吃百家饭，即各家把自己家做的饭菜，用芭蕉叶包好带来放在一起共享。吃饭时，饭菜包都放在桌子上，大家任意选一包饭菜就可以吃了。这天晚上，村寨里还要放花，青年男女则在烟花下歌舞。

　　节日的第三天，人们要进山拜祭山神和祖先。这时，全村寨的男女老少都敲锣打鼓，带着祭品来到村寨后山的密林里举行祭拜仪式。祭祀结束后，人们还要在山林里找一块平坦的地方唱歌跳舞，一直闹到傍晚才回去。

六、布朗族冈永节

冈永节也就是祭竹鼠节，这个节日有时在傣历四月举行，有时在傣历九月举行，具体时间由寨村里的人们集体讨论商定。冈永节不是所有布朗族人的节日，仅是云南勐海县布朗山布朗族乡老曼峨、新曼峨一带布朗人的节日。

老曼峨、新曼峨一带的布朗人为什么要过冈永节呢？传说：很久很久以前，老曼峨、新曼峨一带有个布朗族妇女叫雅枯栓，她收获了一粒比南瓜还要大的稻种。她把这粒稻种藏在仓房里，可是有一天，稻种竟然自己滚出仓房，而且越变越大，都快把她家的竹楼压垮了。对此，雅枯栓很生气，用棍子猛打稻种，把它打成了很多碎小粒。这些米粒漏下竹楼，很多都钻进了土缝的深处。这时一只有灵性的竹鼠从洞里钻出地面，把一粒粒稻种撒到地里。稻种发芽、成长、结果，使人类获得了种子。布朗族人为了报答竹鼠保种的恩情，专门设立冈了永节。据说：在冈永节祭过竹鼠后，当年的谷物会生长得很茁壮，秋天时就会获得丰收。

在过冈永节时，老曼峨、新曼峨一带布朗人村寨的男女老少都穿上节日的服装，背上竹篓，扛着锄头，一起上山去挖竹鼠。挖到竹鼠后，人们要把其中的一只用野花草进行装饰打扮，给它带上花环，然后拴在一根长竹竿上抬回村寨。接着，人们敲着竹板，抬着竹鼠缓缓绕寨一周，然后把竹鼠抬到达曼家中，去掉其身上的装饰，砍下竹鼠头给达曼。再把竹鼠身子洗干净，每家分割一小片肉带回家，放在铁三脚架上表示祭祀神灵。放在这上面的竹鼠肉，不能随意移动，也不允许跨越铁三脚架，以此表示对竹鼠的崇敬。

第十一章

基诺族文化

基诺族自称"基诺",意为"舅舅的后代"或"尊敬舅舅的民族",主要分布在云南省西双版纳傣族自治州景洪县基诺乡,其余散居于基诺乡周围的山区。其使用的基诺语属汉藏语系藏缅语族彝语支,没有本民族的文字。基诺族的文化艺术多姿多彩,民间流传着丰富的神话传说、故事和诗歌。基诺族民间音乐也相当丰富,民歌有叙事歌、山歌、贺新房歌、哄娃娃歌、儿歌等。此外,基诺族还有精湛的刺绣艺术和竹编工艺艺术,极具欣赏价值。

一、追逐太阳的基诺人

基诺族非常崇拜太阳,这从他们生活的各个细节中都可以看出来。他们的村寨里有装饰成太阳形状的路面,基诺族男子的背心上和女人使用的背包上都有太阳的图案。此外,基诺族最重要的法器叫太阳鼓,其正面似一轮太阳,鼓身插有 17 根木管,象征着太阳的光芒。

太阳鼓是基诺族最神圣的祭器和乐器,每个村寨都有一公和一母两面鼓。基诺族视太阳鼓为太阳神的化身和村寨的象征,认为它能保佑族人平安兴旺、五谷丰登。因此,制作太阳鼓是村寨子里最重大的事情,有一套十分严格的程序。制作太阳鼓时,先要选好一棵树,选择好日子杀鸡祭神,再砍掉这棵树。

在蒙鼓皮之前，要杀鸡祭鼓，鼓面蒙好后还要举行祭鼓仪式，全村人欢跳大鼓舞。然后，人们一路载歌载舞，把太阳鼓抬到卓巴（长老）家供奉。平时，这面鼓就供放在卓巴家里，任何人都不能随意触摸和敲击它，只有卓巴宣布过年了以及在一些特定的场合才能敲击。

在每年农历十二月，基诺山的鲜花盛开时，寨子里的卓巴就会宣布过年了，接着他会敲响太阳鼓，把全村的人汇集在一起。大家会情不自禁地围着大鼓，随着有节奏的鼓点跳起喜庆丰收的民族舞蹈"太阳鼓舞"。据说敲太阳鼓和跳"太阳鼓舞"是有目的的，就是祈盼太阳能保佑全寨人有好运。

二、基诺礼仪禁忌

基诺族在生活中特别喜欢鲜花，他们认为鲜花是纯洁、友爱和吉祥的象征，因此每户人家的房前屋后都种着很多鲜花。在传统节日里，妇女们都要穿上民族盛装，并在头上和耳环里插几枝鲜花。青年男女还以鲜花为媒人，小伙

基诺族山寨

子若喜欢哪位姑娘，就会摘几枝花送给她表示自己的爱慕。青年男女在恋爱时也喜欢互相送花，并喜欢把花插在对方的耳环里。

过"特懋克"节时，基诺族人要相互拜年，并邀请一些人到寨中过节。客人不管到哪家，都会受到盛情款待。基诺族孩子过成年礼时，要把牛膘和牛肉用芭蕉叶包好，分送给村寨里的各家各户，表示喜庆。

基诺族人待人真诚，并一直保留着"生分熟吃"的习俗：如果有人捕到猎物，凡是看到猎物的人都可分到一份生肉或者熟肉，直到吃完为止。客人到家里后，主人喜欢用酒招待，只要客人不放下杯子，主人就一定会奉陪到底。在村子里，谁要是违反了村规或做错了事，一般要罚他十碗酒，情节严重的则要罚他杀两头猪，再出百余斤大米和几十斤酒请全村人大吃一顿。

基诺族的禁忌比较多，存在于生活的各个方面。基诺族每年都要"祭大龙"，用来纪念其创世始祖阿嫫尧白。在"祭大龙"的三天时间里，外地人不能进村寨，妇女禁止出门，祭鬼的供品也忌人触摸。在村寨装换龙门的三天时间里，任何人都不准进入村寨，而且村寨里的人要安静，不能打闹、爬树等。基诺族的计日方法是十二天为一周期，每天都有不同的名称。在这十二天中，"水"日为最大的日子，多进行重大的祭礼活动；"西夺"日是腰白神的葬日，这天不能埋葬死者；"嫫"日象征男女交合，这天不能葬妇女。在每年农历二月的"木嘎"，村寨外还要举行祭"白猪"仪式。仪式结束后，所有祭祀食品由参祭者食用，但是不准带回村寨，参祭者必须于日落前回到村寨。

基诺族妇女怀孕后，她的丈夫就被禁止猎杀羽毛为花、黑、黄白、红黑色的鸟和大嘴鸟、犀鸟，以及声音不好听的鸟，还禁砍棕树和打猴，否则婴儿的声音和容貌就会受到影响。除此之外，丈夫还不能去抬死亡的老人；不能参加绷大鼓、斗刀把等活动；忌打蛇、爬树摘果子等，否则妻子就会难产。而且，产妇不能在自己家的竹楼生产，只能在凉台上或楼下的小房子里生产。生产后，要用水冲净地面，然后到客厅的火塘边坐月子，等孩子的脐带脱落后才可以重新到竹楼内住。坐月子时，产妇禁止吃一切家畜，只能吃山笋、野菜和鱼类等食物。在小孩出世一个月内，婴儿的父母忌唱歌，否则孩子将不健壮或不漂亮。在婴儿满月那天，父母忌说话，还忌外人带瓜菜、猎物等进屋，直到太阳落山后孩子的父母才可以说话。

基诺族在居住上也有一些禁忌，比如：住室忌讳没有男人居住，家里的大竹楼必须有男性家长居住。如果哪家的男性全部死了，村寨里就必须拆掉这家的竹楼和所有的房子，然后让妇女回娘家居住或自行改嫁。

三、基诺族成人礼

基诺族很重视成人礼，因为它是基诺族人一生中的大事，举行成年礼后孩子就取得了村寨正式成员的资格，并从此获得恋爱的权利。

基诺族各村寨举行成年礼的年龄和形式有所不同，但大体都使用突然对当事人劫持的方式。经过这次仪式后，父亲会为成年的儿子准备好全套农具，母亲则会送给他成年男子的衣服。到时候必须把帽子换成包头，父母还会送给他一个绣着彩色图案的简帕。从此，他就作为一个成年人正式参加劳动，并正式成为村社成员，可以单独或邀约伙伴去串姑娘了。

女子成年礼的方式和男子相差不大，也多采用突然劫持的方式。姑娘们经过这一个仪式后，围裙就换成夹层的，发式也要改变成一条独辫，这样才可以背简帕（即挂包）。换上成年女子的服饰，就标志她获得了村社正式成员的资格。

按照基诺族的习俗，举行过成年礼的青年还必须参加社会性的青年组织。这个组织有一定村规，比如：规定青年人要团结互助；在串姑娘时要尊敬竹楼里的老人；在公共场合不讲脏话等。参加组织后，大多数村寨的青年男女夜晚时不在家里居住，而是到社团的"尼高左"（公房）住宿。因为这里是他们的社交场所，他们由此开始进入恋爱角色。

四、基诺族独特的竞技

基诺族人很喜欢进行竞技活动，并在长期的生活中逐渐形成了一些独具特色的竞技活动，如踩高跷赛、顶竹竿和爬云梯。踩高跷赛是基诺族男女青年喜爱的一项竞赛，一般分两种形式：一种是高跷赛跑，参加的人数不限。参赛者踩着高跷站在起跑线上，起跑令发出后，这些人就踩着高跷跑向终点，先到达终点者为冠军。另一种是高跷踢架比赛，它是两人为一组，双方踩在高跷上，相互用高跷架踢对方的高跷架，踢倒对方高跷的人为胜方，然后进入下一轮比赛。

基诺族青少年都钟爱力量型竞赛活动——顶竹竿，比赛用的竹竿一般长3米，直径10厘米，比赛的场地上也会先划好一条中线。比赛之前，双方把自己的包头布解下来围在腰上，然后两人相对而立，各自顶住竹竿的一端，竹竿的中点正对着地面的线，双方的手都不能碰竿，以弓步站稳。比赛号令发出后，两人用力把竹竿顶向对方，脚先踩上中线者为胜。

爬云梯竞赛是先用两棵20—30米高的大龙竹，以及一些短木条捆绑成一个结实的云梯，在云梯顶端扎上几朵彩花，再把它竖在两株高大的百叶树中间。比赛时两人为一组，比赛号令发出后，双方就开始攀爬，最先攀上云梯顶端摘取彩花的人就是获胜者。

五、基诺族打木鼓

基诺族和汉族一样要过年。除夕夜时，基诺山寨非常热闹，人们都要在村寨的广场上打木鼓。传说古时候，有一对基诺族男女为躲避异族的追杀，藏在木鼓里才免去杀身之祸。后来他们结为夫妇，并成为基诺族的祖先。基诺人为了纪念他们，每年的除夕都要打木鼓。

木鼓用一整段原木制作而成，一般采用红毛树或椿树的树干下部为材料，然后把其中部掏空。木鼓一般都是成对制作，而

打木鼓场景

且是一大一小。大的长 2 米左右，直径在 50 厘米以上；小的长 1.5 米，直径也在 50 厘米以上。大木鼓的声音低而沉重，小木鼓的声音高而明亮。

打木鼓所使用的两根特制鼓槌一般长 40 厘米左右，且两头粗、中间细，与哑铃的形状大致相同。打木鼓时，两手各执槌的中部，一边跳舞，一边敲击鼓身两侧，木鼓就发出咚咚的声音，可以传到数里之外。此外，可以右手持一个鼓槌，左手执一个竹片，两手配合着敲击鼓的中部，发出"咚咚"与"啪啪"的声音，使鼓声具有更加丰富的节奏。

除夕这天晚上，基诺族人喜欢用两根特制的鼓槌，一边擂鼓，一边跳跃。这时村寨里的其他人则手拉着手，围成一个大圆圈，一个人在中间领唱，大家合着鼓点，摆动着身子，跳起舞蹈。据基诺族人说，在除夕打木鼓能给自己的村寨带来吉祥，因此打木鼓的气氛十分热烈。

六、基诺族耳环眼

在基诺族的山寨里，很多人都戴着耳环，甚至很多男人都戴耳环。人们要么在耳垂上挂一个粗大的耳环，要么在耳环眼里塞上一个纸卷，很有民族特色，但最引人注目的还是他们的耳环眼。因为一般的耳环眼只比针尖大一些，而基诺人的耳环眼却特别大。

基诺族人通常在孩子长到七八岁时，就在他们的两个耳朵上穿孔，然后在孔里塞上小竹枝或木管。随着孩子年龄的增长，塞子由开始比较细的东西，逐渐换成比较粗的，如此一来耳孔自然逐渐扩大。孩子长到十五六岁时，就会在他们的耳朵眼儿里插上鲜花，这说明他们已成年，可以谈情说爱了。

此外，基诺族人认为耳环眼孔的大小是勤劳与否的象征，一个人的耳环眼越大，就说明他越勤劳、勇敢；反之，他就很懒惰、懦弱，没有耳孔的人还会被大家视为懒鬼。基诺族女人喜欢戴耳饰，她们的耳饰多为空心的柱形软木塞或鲜花。基诺山上四季都有鲜花，基诺族女人就把采来的鲜花塞在耳环眼里做装饰。有的妇女很爱美，为了保持花的鲜美，一天中要更换数次。基诺族青年男女在恋爱时喜欢互赠鲜花，还把鲜花插在对方的耳环眼里来表达爱慕之情。

七、基诺族特懋克节

特懋克节是基诺族最盛大的节日。"特懋克"是基诺语，意思是"过年"。"特"的意思是"打"，"懋克"为"大的铁"，因此"特懋克"节也称"打铁节"。它起源于一个神奇的传说：很早很早以前，一位基诺族妇女怀孕后一直没生出孩子，直到九年零九个月后，一个男孩才出世。他出母腹之后很快就长成大人，而且一手持锤，一手握钳，无师自通地安上火炉，支好铁砧，动手打制铁刀、铁斧。从此，基诺族开始使用铁器，发展生产，改善生活。为了纪念这个男孩，人们就在每年的腊月举行一次打大铁的节日，后来这个节日逐渐成为特懋克节。

以前过特懋克节都以村寨为单位，节期由村寨卓巴（长老）来决

参加祭祀的人们

定。节日期间，村寨要举行剽牛、祭大鼓（神鼓）、跳大鼓舞、荡秋千、踩高跷、打陀螺等活动，还要象征性地举行一次打铁仪式。全寨的人要向铁匠师傅献一只竹鼠，表示对打铁手艺人的敬重。

以前，节日前一天要举行剽牛仪式，然后大家上山给铁匠捉竹鼠，接下来是各家各户杀鸡宰猪备办酒宴。节日当天，长老擂响大鼓，大家聚集在一起跳大鼓舞，并举行一些文艺体育活动，最后一天再举行一些其他活动。现在，这些活动已经容纳在两天时间内。过节当天的早晨，村寨的老卓巴用力敲击供在

自己家楼上的大鼓，告诉大家节日来临了。村里的男女老少听到大鼓声后，就穿上节日盛装拥向剽牛场参加剽牛。

　　全村人基本到齐之后，老卓巴会面对一头拴牢待剽的耕牛诵念一段剽牛词，然后开始指挥人们剽牛。这时，全村成年男子每人手持一根削尖的竹标，站在距离耕牛几米外的地方，按照次序举标投向耕牛。很多竹标扎在牛身上，鲜血不停地流出来。接着，几个人用剽枪扎进牛的身体，并在耕牛受到重创时用刀杀死耕牛，最后剥了它的皮分割牛肉。牛肉先要分给寨内的卓巴、卓色、巴糯、色糯、可补、补糯、奶奴等"七老"，然后再平均分给各家。

　　中午时，各家的家长带上自家准备的酒菜到卓巴家参加祭大鼓。祭鼓时，要在鼓前摆一些鸡毛、铁锤、铁钳、姜、芋头、花卉。"七老"按照次序坐定，老卓巴开始念祭鼓词，并敲响大鼓，带领着大家跳大鼓舞、唱迎新歌。下午，"七老"分头到村寨里的各户去吃饭。当天晚上，人们集中在老卓巴家听村寨歌师唱歌，男女青年则在楼外随意歌舞。

　　第二天早上就要举行打铁仪式了。"七老"带领着村寨群众，把所有会打铁的人请到卓色家，献给打铁师傅每人一只竹鼠，并请铁匠挥锤敲砧，意思就是说：已经打好了新刀和新斧，大家准备投入春耕吧！在这天剩余的时间里，青年男女唱情歌、跳竹竿舞，其他人则开展荡秋千、打陀螺、丢包、踩高跷等文体活动。

第十二章

拉祜族文化

拉祜族是我国少数民族之一，源于甘肃、青海一带的古羌人，早期过着游牧生活，后来逐渐南迁，最终定居于澜沧江流域，主要分布在云南省澜沧江流域的思茅、临沧两地区。拉祜族有自己的语言，属汉藏语系藏缅语族彝语支，分拉祜纳和拉祜西两大方言。过去无文字，新中国成立以后创制了新的拼音文字。拉祜族经济以锄耕农业为主，旱谷、水稻、玉米是主要作物。当地有着迥异于其他民族的风情和民俗，值得感受一番。

一、拉祜族分手时的风情宴席

一般而言，爱人之间分手时都很痛苦，大多是不欢而散。而拉祜族在这方面却很大度，他们不仅不悲伤，还要高高兴兴地吃分手席，然后再离别。

拉祜族的恋爱很自由，他们从开始交往到最后成婚，很少看重物质上的东西。小伙子给姑娘的定情物不是贵重的金银或者钻石，而是一把口琴、一块玉石，或是自己心中的一首歌，除此之外就是深爱对方的心了。当然，他们的爱情也会遭遇危机，此时他们往往会选择分手。拉祜族青年看着自己的爱人与别人相约而去，不但不会对情敌大打出手或口出恶话中伤别人，还会问自己的爱人新对象找好了没有。如果对方不回答，也不勉强；如果对方说还没有找到，他们还会提醒对方要多观察，不要操之过急，依然表现出对彼此的担心和牵挂。

爱情和婚姻走到尽头时，他们还要举行一道手续——分手宴席。大家很有礼貌地吃一顿饭，并把一切都摆在饭桌子上谈。宴席一般由村子里的召曼主持，有时还会邀请拉祜族的长者和当地有威望的老人参加。宴席开始之前，分手的男女一起拿一对蜡条或者一缕线，由主持人用剪子把它斩为两段，表示夫妻两人的关系从此断绝。主持人在剪断之前，往往会先进行劝解与游说，一些夫妻被说到伤心处还会抱头大哭，进而重新言好。哭完之后，他们会从主持人手中接过剪刀，把它扔得远远的，表示两个人重新生活在一起。

如果主持人调解后，两个人还是没有重新和解的想法，那么宴席就开始了。在宴席上，男方会主动给女方挟菜，女方则会事先准备好一个小礼品在此时送给男方。主持人用剪刀剪断线后，男方就不能再向女方说甜蜜的知心话，如果要说也要征得女方的同意，否则会被女方瞧不起，村里的人也会笑话他。宴席结束后，两个从此就没有什么关系了，并开始各奔东西。

二、拉祜族婚俗

拉祜族青年男女的恋爱很自由，在农闲之际，男青年就结伴去串姑娘。他们用葫芦笙、木叶等乐器，向村寨子的姑娘发出邀约。姑娘接受邀请后，相约出寨，大家一起到树林里对歌，表达自己的感情。青年男女经过一段时间的接触后，觉得感情已经成熟，就换包头巾定情，然后分别回家告诉自己的父母。男方的父母会马上托媒人去说亲，待女方家长同意后，就在男方家里举行婚礼。

举行婚礼的那天，男女双方家里都要杀一头猪。男方先给女方家送猪头，到女方家后把猪头砍成两半，一半留在女方家，一半自己带回去。接着，女方把自家的猪头送到男方家，也切成两半，一半留给男方家，一半自己带回。男女双方把两半猪头合在一起，表示结为骨肉之亲。这一天，新郎和新娘要一同去背水和砍柴，将背的水和砍的柴送给女方，并给岳父、岳母献饭。然后，新

拉祜族婚礼场景之一

郎、新娘回到男方家，给父母亲献饭，再到寨庙去拜佛上供。接着，由寨老人为他们主持祭寨神仪式，祭礼完成后新郎和新娘回家祭祖，并拜见自己的父母和亲戚。复杂的仪式完成后，新郎、新娘和客人一起吃鸡肉稀饭，主客之间开始对歌。

当天晚上，村里的年轻人还要闹新房。传统的闹新房过程是：新娘端来热水，甜蜜地喊自己的丈夫洗脚，并帮他把脚洗干净。这时，来闹新房的故意用灰把新郎的脚弄脏，让新娘重洗。有的干脆在水里撒很多灰，让新娘重新打洗脚水。经过反复多次的戏弄，新娘才能把新郎的脚洗好，然后把一双新鞋给他穿上。有时候，来闹新房的人还让新郎和新娘表演节目，向他们索要喜烟和喜糖。等闹新房结束后，年青人们还要吹起芦笙，载歌载舞，庆贺他们喜结良缘。

婚礼结束后，新郎带着锄头、毯子等生产和生活工具，并抱一只公鸡和母鸡，在亲朋好友的陪同下，同新娘一起到女方家上门，时间为三年。在这三年时间里，新郎可以回家看望自己的父母，还可以帮助家里干活，但是不能居住。三年的上门结束后，丈夫带着妻子和子女回到自己家里生活，还可以重新盖房屋另立门户。如果在上门的三年内，男子继承了女方家的财产，那么他就要永远留在女方家。拉祜族男女对爱情非常忠贞，婚后他们上山打猎、下河捞鱼，经常是同出同归。

过去，拉祜族一般不与外族通婚，在本民族内则禁止五代以内的直系血亲结婚。拉祜族还严禁纳妾，不允许婚前发生性关系，也不许婚外发生性关系，违反者将遭到很重的惩罚——被赶出寨子。

三、拉祜族射弩

"拉"在拉祜语中的意思是虎，"祜"的意思是火烧的食，"拉祜"的意思就是用火烤吃虎肉。从名字中就可以知道历史上的拉祜族是一个善于狩猎的民族，现在的拉祜人依然擅长射弩。

弩是由弓发展而成的一种远程杀伤性武器，由弓和弩臂、弩机三部分构成。弓横向装在弩臂前端，弩机安装于弩臂后部。弩臂可以撑弦，并供人托持；弩机用来扣弦和发射。射弩时，把弦拉开以弩机扣住，把箭放在弩臂上的矢道内，瞄准目标扳动弩机，弓弦回弹后，箭被射出去。传说：战国时期楚国人琴氏发明了弩，地处南方的楚国不可避免地与西南的少数民族部落发生了冲突，少数民族则从战争中受到启发，学会了弩的制造方法。

由于弩射击准确性很高，所以它受到少数民族的钟爱。到今天，弩还是拉祜族成年男子必备的工具，而且他们把弩和烧饭用的三角架看作是家族的支柱。拉祜族的男孩长到 10 岁时，就开始跟着家长学狩猎。在学射弩时，先练习射树叶，然后再射跑动的物体，逐步提高射弩的技艺。拉祜族人还经常举行射弩比赛，在高大的柏树上划个圆圈，插上三支箭，参加比赛的射手们在 50 米之外瞄准目标，连发三箭，要把柏树上插的箭全射下来。一些技艺高超的人，一箭射出，可以把箭杆和箭花都分成两半。在生活中，拉祜族人喜欢用弩弓射杀飞鸟，命中率相当高。拉祜族青年参加云南省少数民族传统体育运动会时，在射弩比赛中往往会取得优异成绩。

四、拉祜族名菜"剁橄榄"

拉祜族的名菜剁橄榄，也叫橄榄剁生，是西双版纳拉祜族人逢年过节招待客人时必不可少的一道民族风味菜肴。

剁橄榄因用橄榄树皮作菜的主料而得名，又由于这道菜中要用乌骨鸡作配料，所以也叫橄榄乌骨鸡。制作前，需备4段人工栽植的粗壮橄榄树枝，每段长20厘米；配料是一只刚打鸣的雄鸡或乌骨鸡；佐料为适量香蓼、芫荽、草果粉、大蒜、姜、精盐、味精、小米辣粉。

制作时，先把橄榄枝洗净，然后刮去最外面的一层薄皮，把肉质皮刮下待用。把雄鸡或乌骨鸡宰杀后取血，血里放适量盐，切记不能加水，用筷子快速把鸡血搅成糊状，再割一块去皮的鸡瘦肉待用。用米汤把刮好的橄榄皮洗一遍，除去涩味。然后把洗好的橄榄肉质皮、鸡瘦肉、香蓼、芫荽、用火烤熟的草果粉、大蒜、姜、精盐、味精、小米粉等混合拌匀，放在砧板上反复剁，直到剁成可以捏丸子的肉浆为止。把剁好的加有原料的肉浆做成大小适中的丸子，再用鸡汤将丸子煮熟就可以食用了。剁橄榄味道鲜美、回味无穷，而且具有滋补强身的作用。

五、拉祜族"科尼哈尼"

"科尼哈尼"在拉祜语中的意思是旧的一年结束了，新的一年开始了，也就是指过年或者过春节，是拉祜族非常隆重的传统节日之一。拉祜族的过年分大、中、小三段，初一至初四是过大年，初五至初六为中年，十三至十五为小年，小年结束后就意味着新的一年开始了。

拉祜族的大年最隆重，届时家家户户都要杀猪、造酒、舂粑粑。大年初一这天，人们是不出门的；初二这天，人们才走出家门，互相拜年、跳芦笙舞。拜年时，拉祜族通常是以两块肉、两块粑、两根甘蔗、两包茶叶作礼物，因为他们认为双数代表吉祥。跳芦笙舞时，在场地中间放一张桌子，桌上放有篾箩，以及装有各种谷物种子的升斗，里面还插上桃花、樱花、李花等，象征着新的一年里将会风调雨顺、吉祥如意。全村的男女老少，都围着桌子跳舞。

过年时，拉祜族人喜欢跳芦笙舞。它是拉祜族传统节日跳的舞蹈，曲调动听、舞姿优美，据说一共有70多种跳法。整个舞蹈把农活中的备耕、撒种、薅草、收割等活动，全都生动形象地展示了出来。

正在吹奏乐器的青年

在中年这两天，人们主要是休息。当然，男人也可以上山打猎、下河捉鱼；妇女可做家务；青年和小孩子则很自由，做自己感兴趣的事情。在小年的三天时间里，一般要舂粑粑。小年过完后，大家就开始新的生产活动。

六、拉祜族库扎节

库扎节是拉祜族的传统节日，在每年傣历的三月或四月初举行，节期一般为四到五天。在节日的第一天清早，人们要在村寨外鸣放排枪，寨中人听到火枪声后迅速集中，敲着铓锣与象脚鼓，一路载歌载舞，到寨门前迎接亲友回来过节。

亲友们提着礼品到寨门时，安占（负责宗教活动的人）的妻子和寨老会向客人敬酒、撒米进行祝福，然后主客队伍汇合，一起进入村寨。进寨后，客人要先到"安占"家向安占叩拜祝福，再唱歌、跳舞一番后离开。

早饭后，各家带好火枪、祭品、食物等集中在寺庙前的平地上，朝山谷不断放枪，然后绕着寺院撒米，再进寺院进行隆重的祭祀。上午，人们抬着装有丰盛食品的竹箩，拿着火枪和一根画有图案的标竿，由一长者带领着，敲着铓锣，开始绕村串寨，沿路讨米。这个活动结束后，人们便开展荡秋千、打陀螺等活动。

晚饭过后，青年们会先到各家门前放枪、泼水，提示人们快到寨中的广场上去。这天夜里，全寨汇集于广场，在这里通宵达旦地唱歌跳舞。节日的第三天，全寨要团聚在一起吃年宴，酒、肉、饭均为各家自带，所有人按性别区分，即男右女左在两个火塘进行。宴席上主持人致词贺年，祝福大家节日快乐、人寿年丰、六畜兴旺，然后大家开怀畅饮，并在宴席上讨论村寨中的一些公共事务。

有些地方的拉祜族会在节日的第一天，请相邻村寨的各族亲友来寨中赴宴，并相互赠送食品。第二天下午，村寨里鸣枪通知送外族人出寨，同时全村开始"戒严"，不许外寨人再进村，以防节日期间失窃。如果有外人误闯村寨，人们会将他暂扣在路边的临时"客房"里，每日用酒肉招待他，等全村过完年后才放他离开。

第十三章

怒 族 文 化

　　怒族自称"怒苏"、"阿怒"或"阿龙",主要分布在云南省怒江傈僳族自治州的泸水、福贡、贡山、兰坪县,迪庆藏族自治州的维西县和西藏自治区的察隅县等地。与傈僳、独龙、藏、白、汉、纳西等民族交错杂居。怒族有自己的语言,属汉藏语系藏缅语族,由于与傈僳族长期共处,多数人会讲傈僳语,无文字。怒族经济以农业为主,以狩猎、采集为辅,主食玉米、荞麦等。传统服饰以麻、棉布长衫为主。其风俗独特、文化迥异,具有很强的民族特色。

一、怒 族 婚 礼

　　怒族男子善于弹琵琶,女子爱吹口弦,他们在劳动和社交时常用琵琶和口弦交流感情、倾吐爱意,有的还因此定下美好的姻缘。两家人都同意后,双方就定好婚期。到迎亲之日,新郎请几个最相好的朋友,背一捆柴、一捆松明子、一罐酒到女方家迎娶新娘。

　　迎亲的队伍到女方家时,女方的亲朋就关上门,不准迎亲的人进入。这时男女双方开始对歌,内容为:"尊贵的客人,你们来做什么?尊敬的主人,我们来要小猪;尊贵的客人,我家没有猪儿;尊敬的主人,村头阿婆说有;尊贵的客人,那是阿婆乱讲;尊敬的主人,老阿婆不乱讲;尊贵的客人,我家小猪

迎亲途中跳"奎翩嘎"

怕冷；尊敬的主人，放心猪舍已盖……尊贵的客人，那就进来带走；尊敬的主人，谢谢啰，感谢啰。"

这时，女方的亲友会把房门打开，手捧酒杯站在门口，向迎亲的每个人敬三杯酒，然后请他们进屋。迎亲的人进去后，就开始在屋内跳"奎翩嘎"，新娘和新郎则坐在父母身边听长辈的教诲。跳完迎亲舞，说明新娘已成为新郎家的人，迎亲的队伍就可以迎娶新人上路了。女方的送亲人会背上嫁妆，和迎亲队伍一起出发。新娘则由一个同龄女伴陪着，用红布蒙面走出家门。在婆亲的途中，女方的送亲队伍和男方迎亲的队伍还要同跳"奎翩嘎"。

到了男方家时，新郎的舅舅或舅母要先敬陪送新娘来的每人一竹筒酒，新娘这才跨进男方的家门。这时，来庆贺婚礼的人中年长者多围坐在火塘边，并吟唱怒族古老的民歌。男女青年则手拉手围成圆圈，围绕着屋里的中柱，边歌边跳"腊叉嘎"。当舞蹈达到高潮时，亲朋会把竹筒投入舞场中央，人们则边跳舞，边去争着踩踩竹筒。竹筒被踩烂或踩碎，说明婚礼隆重；反之，人们会认为女方不满意这门婚事。另外，当地人认为在婚礼中踩踩竹筒代表着吉祥和对新人的祝福。跳过"腊叉嘎"后，人们就承认他们建立了夫妻关系。

结婚四天后，男方家要杀一头猪，酿一罐酒，让新郎、新娘带上这些东西，随送新娘的人一起到新娘父母家。新郎会把酒、肉送给岳父和岳母，表示这是自己在婚后第一次对老人敬孝。然后，新郎领着新娘返回自己家里，到此婚礼才算全部结束。

二、怒族斜拉

怒族人的饮食习惯有些与众不同，不是一日三餐，而是一日吃两顿饭。他们的主食大多是玉米，食用方法主要是：煮焖咕嘟饭（玉米面稠糊）、包谷稀饭、包谷粑粑、石板粑粑等。常见的蔬菜有青菜、白菜、萝卜、瓜豆、辣椒、竹笋、野百合、各种块根类及蕨类植物。他们的肉类来源主要是牛、猪、鸡、狗、羊、鱼，以及野牛、野猪、鹿麂子、岩羊和山鸡等猎物。在日常生活中，最受怒族男女老少喜爱的一种食物是"斜拉"。

"斜"在怒族语中是肉的意思，"拉"是酒，"斜拉"翻译为汉语的意思就是肉和酒炒在一起。怒族人在做"斜拉"时，先把大块的猪肉切成很多小片，然后用酥油炒40分钟左右，再放入一些清酒，搅动片刻，盖上锅盖几分钟就可以食用了。"斜拉"营养丰富，是怒族人款待客人的佳肴。它不但口味好，而且有治疗风湿、妇科病的效果。如果你到怒江两岸，好客的怒族人就会给你端上一碗热乎乎的"斜拉"，吃完后你一定会感到精神爽快了很多。

三、怒族猎棚

待秋季最忙的时节结束后，怒族的青壮年男子和小男孩晚上就很少在村里聚会了，有的连家都不回，而是到山上去守猎棚。猎棚一般都建在大树下、石岩旁、丛林中、山溪边。怒族男子用树枝、树叶和茅草，在那些地方搭起简陋而又隐蔽的小棚子。平时，它可以用来遮风避雨、存放一些东西，秋天就成为狩猎所用的猎棚。他们通宵地守在这里，猎取山鼠、竹鼠等小动物。

秋收之后，因为庄稼已经收完，山鼠、竹鼠等靠偷吃粮食为生动物的食源被切断，只好到处找吃的东西。怒族人用竹签穿起包谷，放在猎棚四周。这些小动物闻到食物的香味，就会来这里大吃一顿。猎人则根据竹签上的齿痕判断

怒族人生活的天地

来吃食物动物的数量、大小和种类。然后，带上弯弓和长刀以及其他需要用的物品，到猎棚里去守候。

白天，怒族人在猎棚中削箭、烧茶、喝酒，但是不能高声聊天，因为这样会吓跑藏在附近的小动物。到了夜晚，野兽们出来活动，只要听到"嚓嚓"的响声，猎手们就开始准备拉弓搭箭。等猎物确认没有危险，埋头大吃诱饵，失去警觉时，猎人才会瞄准目标，从容地张弓放箭，很多猎物就在不知不觉间毙命了。

守猎棚是对男人勇气和胆量的考验，他们打到猎物的多少还关系着个人的荣誉。谁在猎棚获取的猎物最多，谁就被誉为村寨中最能干的人，并受到人们的称赞。如果他是一个未婚青年，更会收到姑娘们投来的爱慕的眼光。

四、怒族达比亚

达比亚是怒族古老的弹拨乐器，又称"达边"，当地汉族人称其为怒族琵琶，主要流行于云南怒江流域。达比亚虽被称为琵琶，但是它比琵琶还要古老。怒族的山寨里还流传着有关达比亚的传说：古时候，一个居住在深山的怒族孤儿由于没有田地和房屋，独自住在深山的岩洞里。一天，为了消除寂寞，他找来一段黄桑木树干，以棕丝为弦，做成一件达比亚。每天夜晚，孤儿就弹起达比亚，抒发自己的情怀。达比亚清脆动听的琴声感动了附近山寨里一位美丽的姑娘，她跑来与孤儿结为夫妻。从此，达比亚在怒族中流传开来，一直到现在还经常在怒族青年男女谈情说爱的场合中使用。

达比亚通体用一整块楠木或黄桑木制作，由共鸣箱、琴头、琴杆、弦轴、琴马和琴弦等部分构成，全长 60 厘米左右。共鸣箱为椭圆形或三角形，正面蒙有松木或杉木薄板，板的中部有很多圆形的出音孔。琴头没有什么雕饰，左右两侧有四个木制弦轴。琴杆短而宽，表面为按弦指板，不设把位。面板下方有木制琴马，上面系有四条琴弦，早期使用羊肠弦，现在已改用钢丝弦。

演奏达比亚时，琴头向左斜置于胸前，左手持琴，用食指、中指和无名指按弦，用右手拇指和食指弹拨发音。它的音量较小，音色明亮柔和，定弦法因演奏曲调的不同而有多种，中间的两弦演奏旋律，外边两弦进行和声衬托。进行演奏时，左手很少变换把位，常使用带音和打音等技法，右手常用弹、挑、勾、抹、撇、分等技法。在怒族民间音乐演奏中，达比亚常被用于独奏、合奏或伴奏，经常演奏的曲调有《织布调》、《哭调》、《送葬调》、《友情调》、《相爱调》、《阿尼木尼哦》等。

怒族人无论是在田间劳动、探亲访友，还是在谈情说爱、外出远游时，都随身带着达比亚。怒族男青年向姑娘求爱时，也用达比亚的琴声来传递自己的爱慕之情。在怒族人婚嫁喜庆和风俗节日里，达比亚也是不可缺少的民族乐器。

五、怒族吉佳姆节

每年的农历腊月，怒族就会迎来他们最热闹的节日——古佳姆节，一般历时 15 天。在节日到来之前，家家户户都开始准备过节用的米酒，杀猪、做舂米粑粑，并把屋子内外打扫得干干净净。

在节日的第一天，姑娘们身穿绣有花边的衣裙，佩带着用玉石、玛瑙、贝壳串成的项链；小伙子穿戴一新，带上粑粑和肉，背着弩弓和乐器，和姑娘们来到村外的场地上。然后，大家把粑粑和肉挂在大树上，小伙子们则用弩弓去射，谁射中了这些东西就归谁。这天也是青年男女谈情说爱的好日子，姑娘和小伙子们以歌为媒，一般都是小伙子首先弹唱追求调："月亮星星是一伙，琵琶口弦不分家。妹呀妹呀来烧火，今夜月明好相谈。"小伙子唱完后，姑娘就从怀里取出口弦，吹起相爱调作为回和："鲜花绿叶要配齐，妹吹口弦哥弹琴。阿妹请哥来烤火，情人烧火暖在心。"然后，大家开始相互用歌声倾诉衷情。

在节日里，姑娘还要打秋千。她们在核桃树上挂好秋千，一个个轮流着荡起秋千板，看谁荡得最高。在节日的夜晚，每家都要吃团圆饭，举行"那作莫"仪式。举行仪式时，人们把包谷花、三片肉和三杯酒等放在火塘的三脚架上，祝愿新的一年粮食丰收。吃完饭后，青年男女相约在一起，跳起传统的"洗衣舞"、"琵琶舞"、"打猎舞"、"猴子掰包谷舞"、"乌鸦喝水舞"等。这些舞蹈动作优美，具有浓郁的民族风格。村里的老年人则聚在一起饮酒、唱酒歌。

六、怒族鲜花节

每年的农历三月十五日，是云南怒族人最隆重的传统节日——鲜花节。关于鲜花节的来历，怒族还流传着一个传说：很久以前，有一个勤劳、善良的怒族姑娘名叫阿茸。当时气候恶劣，怒族人居住的地方常年遭受旱灾，庄稼全部枯死，山野一片荒芜，饮水也成为很困难的事。这时，阿茸姑娘挺身而出，凭借着自己的力量劈开悬崖，在高黎贡山上凿通一个岩洞，把清澈的泉水引进了怒族人居住的村寨。

有水之后，土地有了生机，庄稼长得好了，阿茸姑娘的名字也传遍了怒族人的村寨，人们都感激地称她为仙女。

可是，一个坏人却对美貌的阿茸姑娘起了坏心，想霸占她。阿茸知道这个消息后，躲进了深山的山洞里。坏人却不死心，追到洞口，强迫阿茸姑娘嫁给自己。阿茸姑娘死活不答应，坏人就在农历三月十五日这一天放火，把她活活烧死在山洞里。阿茸姑娘死后，当地人为了纪念她，就把三月十五这天定为本民族的节日。由于此时山上开遍了野花，人们便把这个节日叫做鲜花节。

每年的这一天，天还没亮，怒族人就会起来准备参加节日的活动。姑娘们穿起民族的盛装，带上准备好的祭品以及在山上进行野餐所需的食物，结伴从村寨出发，翻山越岭前去仙女洞进行祭祀。仙女洞周围事先已经挂好许多经幡和唐卡，穿红黄教服的老人在祭台的两侧坐着吹唢呐、打鼓、敲锣、念经文。前来祭祀的人们将一束束扎好的杜鹃花放在祭台上，还将几个玉米立在洞口，并把各种洗干净的粮食堆成一小堆。主祭人烧起松烟后，整个祭祀仪式就开始了。主祭人先念祝辞，手持法器的喇嘛开始打鼓念经，大家在祭台前叩头献贡。这时，整个洞口会插上很多松枝（象征吉祥如意、万古长青）、鲜花（敬献给"仙女"的礼物）和玉米（表示五谷丰登）。

祭祀仪式结束后，人们都走向仙女洞。姑娘们手捧采摘的鲜花，带着祭品，来到"仙女洞"取"仙女"的"乳汁"（当地民间认为，洞内钟乳石上滴下来的水是仙女的乳汁），以祈求仙女的保佑和赐福。然后，人们围坐在山坡上，把事先准备好的食物摆放在铺着松针的地上一起分享。他们边吃边歌，有的人还在歌声中跳起欢快的舞蹈，整个山坡充满欢乐的节日气氛。

回家之后，各家各户还要设宴饮酒，年轻人则身着盛装到宽阔的场地上进行射箭比赛。晚上，青年男女们燃起篝火，在篝火旁唱情歌、跳舞，彻夜不息。

七、怒 族 年 节

怒族的年节叫"炉瑟"，意思就是"新年"或"岁首"，在每年农历的正月时过。腊月二十九，村寨里的每家每户都要清扫庭院，扫去火塘里的积灰，并把这些陈垢倒在离家很远的地方，表示送旧迎新。然后，人们采来青松枝插在自家的大梁和中柱上，并在地上铺很多松针，以此来象征四季常青、新年吉祥。在这一天，村寨还要举行隆重的祭谷神活动。

怒族人在新年之前，要砍好过年这段时间用的柴火，并杀年猪，还用糯米和籼米春粑粑。到了除夕这一天，人们把准备好的东西全拿出来，欢欢喜喜地

怒族人的村寨

做年夜饭。吃年夜饭时，人们要先祭奠祖先，并举行敲犁头祈雨的活动。

　　大年初一的早上，村寨里的鸡叫头遍后，各家的小孩打着火把，背着水桶，抢先去舀全村寨水井里的水。他们从每口井里舀一瓢水，然后背回家。据说：在新年的第一个早上，天上会飘下像酥油一样的东西，这是天神赐给人间的吉祥物，常常会漂浮在水井的水面上。过年时，人们只要喝到这种吉祥物，新的一年就能事事如意。

　　从初一的早晨开始，人们互相拜年。怒族人不但要给自己的长辈拜年，还要给自家的牛和狗拜年，甚至给牛和狗行跪礼，并喂它们油煎面饼和肉汤。怒族人之所以这样做，是因为他们认为牛耕田、狗撵山，它们辛苦了一年，在这个时候应该回报它们的辛劳。在新年期间，怒族人还要举行游乐活动，包括射箭、打石头靶、摔跤、打秋千、歌卜（猜唱）、荡秋千、舞蹈等等。此外，人们还要遵守很多禁忌。比如：在大年三十和初一，吃三餐时不能泡汤吃，如果泡汤吃的话，就可能导致新年风雨不顺、旱涝成灾，此外还忌讳往外泼水。

第十四章

纳西族文化

据考证：历史上曾游牧在青海省黄河、湟水谷地的古羌人，曾辗转南迁至川西南、滇西北一带，并分化成不同的民族，其中就包括纳西族。现在，纳西族主要聚居在云南丽江纳西族自治县。历史上，汉文史籍曾以"摩沙"、"磨些"、"么些"、"摩梭"称呼纳西族，新中国成立后统一定名为纳西族。纳西族有自己的语言和文字，语言属汉藏语系藏缅语族彝语支。当地民俗文化源远流长、涉及面广，具有浓厚的纳西族风情，令人回味悠长。

一、东巴民俗文化

东巴民俗文化历史悠久，涉及到祭祀、音乐、绘画和文学等方面。所谓"东巴"，也称"经师"，纳西语意为"山乡诵经者"。祭天是传统的东巴文化民俗，在每年农历正月和七月分别举行大祭、小祭，其中以正月举行的大祭最为隆重。举行祭天时，必须遵循一套严格而繁复的仪式，所有参祭人员和祭品都要通过"除秽"。而且，祭天场禁止外人进入，以保证祭天时民族的纯净性和仪式的神圣性。纳西族所祭祀的"天"内涵十分丰富，包括民族的祖先和天、地、自然万物。他们进行祭天的目的，就是祈求天地和祖先赐予自己恩惠，保佑子孙平安、家族兴旺、家庭和睦。这个仪式还有一个作用，就是使子孙后代不忘先祖的恩德。

纳西族人的村寨

除了祭天之外，还有祭署和祭风。祭署在纳西语中称为"署古"。据东巴的古代文献记载：人和署本来是同父异母的兄弟，署是专门管理农耕和畜牧的。后来，人不断破坏森林，滥杀野生动物，署很生气，就对人进行报复，使人遭受瘟疫、洪水、地震等灾难。后来，人们为了向署认错，祈求免去人间的灾难，便请丁巴什罗协调彼此的关系，使两者和谐。于是，纳西人在每年的农历二月举行隆重的祭署仪式。

祭风在纳西语中称为"海拉里肯"。纳西族人相信人死之后，他的灵魂还活着不死，而非正常死亡的灵魂会受到魔鬼的折磨，还会变成恶鬼来害人。因此，人们就请东巴祭司进行招魂，对这些灵魂进行超度，安抚这些亡灵。因殉情而死的亡灵，则会被祭司超度到玉龙第三国。那里有蓝天、白云、高山、青松，还有老虎可以当坐骑、白鹿可用来当耕牛。死去的亡灵在那里可以实现男耕女织、无忧无虑、相亲相爱的生活梦想。因此，祭风的目的就是超度那些因殉情、战争或灾祸而非正常死亡者的亡灵，使它们安息。

东巴音乐是指在东巴宗教和祭祀活动中，由宗教人士在伴乐中吟诵的一种曲调，是东巴民族文化的重要组成部分。它主要以口头的形式流传，除了占卜经书外，大多经书都是用来诵唱的。东巴音乐的唱腔有 50 多种，吟唱的曲调主要以纳西民歌调为基础，使用的乐器主要是板铃、板鼓、锣、钹等。它的特点是唱音乐和器乐音乐相合，节奏单一、谱点简单、音调洪亮。

东巴文学主要是诗体韵文，其大多是东巴祭司在神坛上吟诵的经文，还有一些是东巴祭司和民间歌手唱的民歌。它们实际上是劳动人民集体创造出来的，只不过被东巴祭司和民间歌手进行了部分整理和应用。其中很多韵文和民歌已被收录进东巴经，一部分则以传统民歌的形式在民间歌手中传唱。

古老的东巴画是东巴民俗文化中宝贵的文化遗产，形式多样，主要有木牌画、纸牌画、布卷画和经文画几种。纳西族人在举行仪式时，都要绘制很多佛神、人物、动物、植物以及妖魔鬼怪的形象，然后对这些画进行膜拜与祭祀。这种具有宗教活动性质的绘画，就是东巴画。东巴画艺术具有贝叶经的形式、优美的线条、美丽的色彩、动态的表现和特征的摄取五大特点，主要表现古代纳西族人的信仰，以及神灵鬼怪和一些理想世界的形象。在东巴画中，以表现丧葬时超度死者亡灵仪式的布卷画《神路图》最为出名。它长 14 米，宽 26 厘米，画面主要分为地狱、人间、自然世界、天国 4 个部分。整个画面色彩鲜明、人物造型生动，极具纳西族的传统风格和特色。

二、 纳西族象形文字

纳西族的象形文字又叫东巴文，是一种十分原始的图画象形文字。从文字的发展历史来看，它比甲骨文还要原始，属于文字起源时候的形态。它最早被画在木头等东西上，后来因发明了纸，这些符号图象又被写在了纸上，形成东巴文经典。

现在保留下来的纳西族象形文字大约有 2200 多个，它们具有浓厚的图画特点，一个字像一种事物或其含义。但是，它又和图画所追求的美感不同，因为其主要功能是表达某一个物体或者含义。它用简单的笔画画出事、物、意的轮廓，并把一个字与一个字进行区别。其造字方法主要是依类象形、变易本形、突出特征、依声托事四种。所以用这种象形字写出的句子，大多时候像是一幅图画，而且只具有一种提示意义的作用，没有固定的读法。这种特点导致在纳西族人居住的地方，人们会说纳西语，却不认识用象形文字书写的东巴经书，更不读不懂经文。只有少数从小从师学习的东巴教徒才能看懂经文，并读出其中的句子。

随着纳西族社会的不断发展，以及民族之间文化的交流和影响，在明末清初时，丽江纳西族中的一些东巴在原有文字的基础上创造出格巴文。格巴的意思是弟子，格巴文的意思是东巴什罗弟子创造出的文字。一直到今天，纳西族人所创造的这两种古文字还在使用，成为文字史上的一个奇迹。由于东巴文是目前世界上唯一存在并被使用的象形文字，所以它被称为人类文字起源和发展的"活化石"。现在，纳西族还保留着很多用东巴文和格巴文书写的东巴经。这些经书记录了纳西族先民的语言、文字、社会、历史、经济、天文、历法、地理、神话、宗教、哲学、诗歌等方面的内容，对于了解、研究纳西族文化和东巴文有着重要作用。

三、纳西族婚俗

纳西人的婚俗受到汉族文化的影响，婚事一般由父母做主，由媒人撮合，讲究门当户对。纳西人在本民族内部，同姓不同宗的人可以通婚，但禁止同姓同家族的人结亲。结婚都要经过订亲、请（送）酒和婚礼三个阶段。

在纳西语中，订亲叫"日蚌"，意思就是"送俩"。纳西族的父母在自家男孩长到五六岁时，便开始为他物色媳妇。一般是请东巴算八字和生辰，然后到寺庙烧香求签。如果看中女孩的生辰属相都很好，男方的父母就请媒人带一壶酒去女方家为儿子说亲。如果女方的父母经过考虑和调查后同意这门亲事，双方就会在女孩十岁以后选择一个好日子订婚。

订婚时，男方要向女方送去礼物，这个过程叫送小酒。男方送的礼物包括白米20斤、好酒5斤、红糖2包、茶叶2包。送了小酒之后，如果双方对婚事不满意，还可以反悔。如果女方想退婚，就把所收礼物退还；男方想退婚，把决定告诉女方就可以了。送过小酒后的一年，男方要向女方送第二次礼，这次叫送大酒。礼物除了酒、红糖、茶叶外，还要送上一匹布、两件衣服、一对

欢庆婚礼的人们

玉石或银手镯、30斤猪肉和一些现金等。这次送礼要披红挂彩，由媒人和男方亲友把东西送到女方，女方家里则用酒席招待客人。而且，人们在喝男方送来的酒时，要称赞酒好、酒甜，这样表示双方很乐于结为亲家，也有祝贺的意思。吃完酒席后，女方送一壶酒和两盒红糖给男家作为回礼。送过大酒之后，双方对婚事就不能反悔了。

送大酒的第二天，男家的亲戚要到女方家去看看，此后两家人就开始相互来往。送过大酒订婚后，男的在每年端午、中秋和冬至，都要请媒人给女方送去几斤大米、2包茶叶和红糖。农忙时，男方还要请未婚媳妇来帮助，走时送给她一些优质小麦作为回报。每年春节，没有完婚的男女各自找个伴友，一起前往对方家里拜年。但是他们不能互相谈话和接触，要严格遵守伦理道德，更不能做出越轨的事情。

等男女双方到了20岁左右时，两家就要商量选出一个好日子举行婚礼。婚礼由男方家族中的长者操办，并由他分派族人办一些具体的事情。结婚的前几天，族人会在新郎家的院子里搭彩篷，在大门外扎迎亲牌坊，挂宫灯、贴对联。在洞房的门框上挂一个用红纸糊着的筛子，红纸上写着"麒麟在此"，并在上面插3支用桃木做的箭，用来驱邪。在结婚的前一天，媒人带着男方的亲友和吹鼓手，抬着迎亲用的衣服、布匹、酒、肉、米、糖、茶、饵块等物品去女方家。女方家会把送来的彩礼放在自己家院中的方桌上，举行点收仪式。当天晚上，男方在自家院子里摆好糖果、蜜饯、酒和茶水招待附近的青年。他们边唱祝婚歌、边跳舞，以增加喜庆的气氛。女方家同样在本村招待男女青年，大家一起唱"嫁女"古歌。入夜之后，新郎要和一位小男孩睡在新床上，进行"压床"，据说这样可以使新郎以后儿孙满堂。

在结婚的当天，新郎穿上长衫和马褂，带着插花的礼帽在门前迎新娘。新娘到了之后，他就走上前去掀开花轿的门帘，扶新娘出轿，向送亲的人鞠躬致谢。新娘进门时，按照风俗要跨过门槛上的"马鞍"，说明新娘从此就是男家的成员了。新人在祖先祭台前拜过祖宗后，进入洞房。此时，新郎要换上新娘送来的拴有红线的新鞋，再次出新房招呼客人。新娘则脱下红大褂，重新梳妆打扮，换上新的衣服。过了一会，两个新人一起到堂屋进行认大小仪式，即按照长幼亲疏对在场的人鞠躬行礼。接下来，按照传统习俗，男女宾客入席就座。在男宾席上，新娘的兄弟被尊为上宾，坐在首席上；在女宾席上，新娘的母亲坐在首席，其他客人则依长幼次序入座。举行喜宴时，新郎和新娘要向来宾敬酒，亲朋们则举杯祝新人幸福。这天晚上，青年人在新郎家的院子里唱婚歌、喜歌和欢乐调。主人则用酒、糖、茶、瓜果和点心招待他们，新郎和新娘也出来向他们敬酒。新婚的第二天，婆婆要亲自端来并喂新媳妇一碗莲子粥、一碗面条，以示对新娘的关心。

婚后的第三天，新娘和女婿要回门。这天吃过早餐后，早已经妆扮好的新娘和新郎在朋友和亲属的陪同下，带着茶、糖、肉、饵块等礼物去女方家。新娘在快到自己家时要放声大哭，表示自己急着见到自己的家人。进家门后，新人先拜祖先，再拜父母和长辈，最后向客人敬酒行礼。客人们喝完酒之后，送给新人一些礼物。女方村寨的男女青年会到新郎坐的桌上敬酒，同时想出很多办法戏弄和刁难新郎。当天傍晚，新人不能留宿于女方家，必须返回自己家。在离开之前，岳父和岳母要回赠些酒、糖之类的礼物给自己的女婿。

新婚的第四天，如果新人家离丽江古城比较近，就会一起游丽江的古城街，在路上遇到亲友时还要向他们散发喜糖。在一些纳西族人居住的地区，新娘在这一天会在小姑等女性的陪同下上街买鱼、葱和松明等东西，表示鱼水之情、照亮前程和孩子聪明等含义。第五天，新娘要独自回娘家，同母亲、自家姐妹、女伴谈话。这时，父母会教她怎么待人处事，以及一些生活方面的规矩和礼节，傍晚新娘必须返回夫家。到此，新婚才算完全结束。

四、演变中的中元节

每年农历的七月十五，纳西族人都要过传统的节日——中元节。它在纳西语中称"三美波季"，也被称为"鬼节"或"七月半"。纳西族有祖先崇拜的习俗，中元节是他们祭拜祖先的重要节日。在节日期间，他们要把自己家或家族的历代祖宗接回家中供奉，表示对先祖的怀念，祈求先人保佑全家平安。

虔诚祭祖的人们

纳西族的中元节有着浓郁的民族特色，分为"接祖"和"送祖"两部分，每个家族都有接祖和送祖的固定日期。有的家族是七月初一接祖，直到七月十五才送祖；有的家族则在七月初九或者七月初十接祖，七月十四送祖。

到接祖那天，家里的主妇要先煮好一碗面条，然后主人拿着香火纸钱到自家的大门外点燃香烛，一边烧纸钱，一边嘴里念着请自家的历代祖宗回家过节，这样就算把祖宗请回来了。家里的堂屋还要立一个祖先的牌位，上书"……氏门中历代内外宗亲之位"，并在牌位前供一碗面条、糕点、海棠果、茶水和酒等，供桌上还要点燃长明油灯。在接祖当日的晚饭中，家里的主妇一定会准备一道叫炒芋花的菜，象征着给老祖宗用的拐杖。送祖宗之前，人们要在每天晚饭前先烧香祭祀，并把饭菜在牌位前敬献一会儿，即把每道菜挑上一点，放进一个装有冷水的碗里，再倒到门外，表示请老祖宗吃饭，然后全家人才能坐下来吃饭。在节日期间，大人会告诫孩子们不能在家里哭闹、喧哗、追逐，以免惊扰老祖宗休息。已经出嫁在外的女儿则要在节日期间带上香火纸钱和糕点等供品回娘家祭祖，否则就说明她已忘祖忘本。

送祖这一天，家人要把出嫁的女儿请回家来吃饭。每家每户早早地吃过丰盛的晚饭后，就开始送祖先出门，让他们回到自己安息的地方去。送祖时，人们要把以前供奉的纸牌位烧掉，并给老祖先烧很多纸钱，然后用一个盆把牌位前所有的供品装进去倒到河里，让河水冲走，再在河边烧上几柱香，祝愿祖先一路走好。到了夜晚，孩子们高高兴兴地来到河边，把一盏盏精致的河灯小心地放入河里，让它们带着自己的祝愿和希望，顺着河水漂向远方。现在，在中元节放河灯已经成为一项必不可少的娱乐活动。

五、纳西族骡马大会

纳西族骡马大会是一种物资交流会，在纳西族居住区具有影响的骡马大会有丽江县骡马会和永胜县骡马会。

丽江县骡马会一年两度，即"三月会"与"七月会"。三月会早期为黑龙潭会，一般在农历三月中旬举行，为期5—7天，会场在丽江黑龙潭边的广场，是清代以来纳西族人祭祀龙王、祈求丰收及进行物资交流的活动。七月会在丽江县城狮子山后的旷野举行，为期7—15天。据当地民间传说，这里的骡马会已有几百年的历史。丽江自古就有"花马国"之称，《明史》中记载：丽江民以马易金。其他一些资料也写到了狮子山的七月骡马会，其中还详细描述了丽江马：体型匀称、四肢有力、头小而灵秀、善跑且耐力好，不但农民喜欢，部队也常常大量购买它。

辛亥革命后，七月骡马会开始声名远播。到了会期，云南各地的农牧民都会前来，陕西、河南、四川、安徽等省区的人也会不远千里地来选购骡马，并带很多货物在这里进行交易，甚至还有尼泊尔的客商，每天上市的骡马可达数万头。另外，这里还出售各种农具、土特产品和民族特需商品。各地各族群众来赶骡马会，除进行买卖交易外，还能吃到很多风味小吃。在举行骡马会期间，当地民间组织会举行许多文艺演出、体育竞赛，如对歌、跳东巴舞、唱滇戏、赛马、杂耍等。20世纪70年代初，七月会的会址改在大研镇东北郊的红星会场，90年代末迁至拉市乡恩宗。

除了丽江县骡马之外，永胜县骡马会在当地也很有名。其发起于1915年，首次举行骡马会是在1919年，当时由商会筹办，时间定于农历初五到十五。在永胜举行的骡马会上，还要举行跑马比赛，在比赛中设一等马一匹、二等马四匹、三等马八匹。

第十五章

佤族文化

佤族是我国少数民族之一，主要分布在云南省西南部的沧源、西盟、澜沧、孟连、双江、耿马、永德、镇康等地区。历史上，佤族自称"佤"、"巴饶克"、"布饶克"、"阿佤"、"阿卧"、"阿佤莱"、"勒佤"等。1962 年，根据本民族的意愿，定名为"佤族"。佤族有自己的语言和文字，属南亚语系孟高棉语族，分"巴饶克"、"阿佤"和"佤"三种方言。佤族经济以农业为主。佤族人喜欢吃红米、饮浓茶、食辣椒、嚼槟榔、喝水酒；住房以两层竹楼为主；传统服饰以黑色为基调。

一、佤族《司岗里》

《司岗里》是佤族民间的创世纪神话传说，意思就是人类祖先诞生的地方。"司岗"在佤语中指山洞，"里"是出来的意思，"司岗里"的意思就是人类的祖先是从山洞里出来的。《司岗里》的内容十分复杂，而且篇幅很长，讲述的内容大概是：很早以前，利吉神和路安神造了地和天，后来又创造出太阳和月亮，以及水牛、黄牛等很多动物，并在地上种出了树。最后，利吉神和路安神才造出了人，把人放在岩洞里。洞里十分黑，人和动物生活在一起，十分拥挤。后来，大家一起凿岩洞，最终小米雀把这个洞凿穿了，大家纷纷向外逃。

蜘蛛和佤族先从岩洞里出来，汉族人跟在后面，拉祜族续之，其他民族陆续出来。出来之后，人们搬到各处去住，但是因为找不到食物，人们只能吃土。后来佤族人发现水牛和许多动物的肉可以吃，首先解决了吃的问题。

后来，天逐渐升起，地逐渐下降，天、地开始远离。结果，月亮和太阳在天上，人开始在地上种地种田。慕依古神把谷种分发给每一个人，又分给其他动物。人拿到谷种后就开始耕地、割草、撒种、薅草，可是谷子却不生长，于是人们向雨神祈求。雨神下了一场雨，谷子才开始生长。后来人们又去薅草，等谷子成熟后又接着收割谷子。打谷子、晒谷子、筛谷子之后，人们就把谷子放进铁锅里煮着吃，当时是由汉族人负责煮饭。就这样，人学会了种地。由于土地很好，谷子长得很大，水牛、猴子、野猪等动物都来偷吃，人类开始猎杀动物。

再后来，天神请各雷诺和各利托领导人类。各雷诺领导汉族写字，各利托领导佤族。各利托是专门创造道理的，所以佤族人从此懂得了道理，并明白了什么是兄弟男女。之后，各雷诺欺骗了佤族人，佤族人就打他，可汉族人仍请他去领导。而且汉族人不丢开同伴，仍要跟随着佤族人。后来发了洪水，人们从此分开，佤族人开始单独居住。

在《司岗里》传说中，佤族人把人类起源传说为从石洞里走出来，而且自己最先出来，其他民族后来才出来。其实，这个山洞在佤族人的生活中不是完全虚构的，它就在公明山附近的山上。佤族人每隔5年，就要在这个地方举行一次大型的祭祀活动。在佤族人的潜意识中，神话传说主导着他们的信仰，并约定俗成许多生活的行为规范。

《司岗里》传说在佤族民间地区广泛流传，古代佤族没有自己的文字，关于本民族的起源就是靠代代相传的神话故事、民间传说传承的。在这个传说中，佤族人认为自己拥有太阳、月亮、山林、动物及一切，这一切都是神灵，都按照他们的意愿存在，关系着他们的生老病死。所以在整个故事中，佤族人以自己的方式与天上人间的一切进行对话。由于这个神话经过多代传承，所以它不仅包括创世纪，还包括很多佤族文化。比如：《司岗里》的神话传说中已经涵盖了佤族的木鼓文化、剽牛文化、饮食文化、建筑文化、服饰文化、歌舞文化、酒文化等等。

二、佤族"大剽牛"拜图腾

水牛和葫芦是阿佤人的图腾，阿佤山也有葫芦王国之称。在这里生活的阿佤人，身上经常文着葫芦和水牛的形象，还喜欢用葫芦和水牛的形象来装饰自己的房门和屋顶，据说这样可以抵御敌人和灾祸。如果不能，佤族人就认为通过剽牛可把自己和牛图腾融为一体，获得图腾赐予自己的无穷无尽的力量，从而战胜敌人和灾难。

剽牛归来

剽牛时，先高高地竖起剽牛桩，"咚、咚"地敲响木鼓，再由几个强壮的汉子把黑水牛牵进剽牛场。这时，佤族的汉子和女人在剽牛场上手拉手地围成圆圈。女人随着芦笙的节奏踏踏起舞，男人们则吼出粗犷的声音。几个壮汉把水牛的鼻子牢牢地拴在剽牛桩上，并把它的前脚死死地捆在一起，站在一边拉紧捆绑牛脚的缰绳。等一切就绪，标枪手就出场了。他们慢慢地走近水牛，场上的鼓声则越来越密集、紧凑，歌舞也达到疯狂的状态。

标枪手双手高举梭镖，猛地上前，快速地把它扎进水牛的前胸，然后用力下刺，直插进牛的心脏。一时间，鲜血喷溅，水牛狂跳挣扎，几个汉子往左猛拉捆住水牛的绳子，直到水牛挣扎着倒地而死。此时，站在一边的其他几个汉子一拥而上，砍下牛头，用红绸子缠住它。然后，他们把血淋淋的牛头挂在剽牛桩上，祭祀天神和佤族人的先祖。

水牛被剽，若朝右倒下，表示大吉大利。场上的人们就会狂热地敲起木鼓、大锣、象脚鼓，高呼"勐！勐！"此时，场上的鼓声越来越大，打歌的呼声越来越高，女人开始向空中抛洒白米花和白玉米花。一个人上前砍下牛尾巴，在胸前涂上牛血，大呼大叫，并高举牛尾向在场的人们示意，随后把牛尾巴抛向人群。接下来，几个屠夫上前将水牛剖腹、剥皮、解骨、割肉。最后，全村寨的人将进行图腾圣餐。他们相信通过一起剽牛的肉，图腾就会附身，人们便有了图腾的勇力和智慧，天神和先祖将会与他们同在。

三、佤族烟锅传情

佤族小伙子长到十六七岁时，就可以串姑娘了。串姑娘时，小伙子弹着自己的三弦琴去，姑娘则用烟锅向所爱的人传情。烟锅是佤族女人最喜爱的物品之一，走进阿佤山，随处可以看到十七八岁的姑娘们嘴里叼着一根大烟锅，因为它是用来表达爱情的信物。

串姑娘时，若两人互相有爱慕之心，小伙子便会故意去抢姑娘的烟锅，试探姑娘对自己的感情。如果这个姑娘只是象征性地躲避一下，就把自己的烟锅让给小伙子抽，说明姑娘已经对小伙子产生了感情。两个人的感情经过一段时间的发展，若想向更深层次进展，姑娘还会主动拿自己的烟锅给小伙子装烟。到了这种程度，两个人就可以成为情侣了。

佤族的烟锅约有1尺长，用细竹和竹节做成。佤族人抽的烟叶是当地一种叫做"阑烟"的植物叶，抽起来气味十分呛人。据当地老人讲：佤族人之所以抽这种烟，是因为在很早以前，阿佤山到处都是茫茫的原始森林，生态环境很好，就连草也能长到一人多高。一年当中，这里有长达十个月的炎热气候，为各种蚊虫和爬行动物的繁衍提供了温床。

阿佤人为了抵抗蚊虫的叮咬和一些蛇虫的袭击，经过长期的摸索，发现毒蛇和蚊虫很惧怕"阑烟"燃烧后发出的那股呛人的气味。于是，为了防止毒蛇和蚊虫的袭击，男人在上山打猎、女人下田做活时，就在嘴上叼一个烟锅，还在出门前掏一些烟锅里的残渣涂抹在手臂和脚上。人们即使不出远门，在家做事或串门聊天时，也把烟锅随身携带着。后来他们还发现：留在烟锅里的残渣具有药用价值，如果手脚受了伤，只要掏出一点烟锅屎抹到伤口处，很快就能痊愈。所以，烟锅成了阿佤人生活中不可缺少的东西。在日常相互交往中遇到亲近的人或者客人，佤族人都会把自己的烟锅拿出来，邀请对方抽上几口，以示亲密关系。在生活中，烟锅自然成为姑娘、小伙们传达爱情的信物。

四、佤族新年"接新水"

佤族人把新年称为"新水节"，它是佤族人一年中最隆重的节日。在新年的前一个月，村子里的大人就开始制作过节的食品，酿制水酒，为孩子准备过节的新衣服，修缮房屋，准备好过节用的柴禾。临近节日时，妇女们还要割很多草，为自己的牲畜准备充足的草料。

在佤族的新年中，最有意思的就是当地的"接新水"习俗。在春节前几天，全村人开始准备迎接新水。先是村寨召开会议，用杀鸡来占卜，确定一家为接待户，其他人家则要拿出一碗米、一只鸡、一斤酒、一棵竹子等物品。第二天早上，村里的巫师会带上祭品前往水源祭祀水神。他回到村子后，所有的男人都要出来修水沟，每家至少要派出一个人来参加劳动，不参加劳动的就要出双份物品。

挖水沟时，人们先从高处开始，到了低凹的地方就用竹子搭建一个水槽。而且，一定要把水引到村寨的外面，绝不能引进村寨里。男人在挖水渠时，其他人就打扫卫生、铲除杂草、清理垃圾。第三天早上，当刚刚出现第一缕阳光时，全村寨的男女老少都身穿节日盛装，在寨外排起长队，迎接新水入寨。早已等在涧槽边的巫师，一手拿芭蕉叶，一手拿竹筒，等着新水流到面前。新水到了之后，他开始念颂词："天天盼，夜夜想，全村的老少盼来你，终于把你盼到寨子里。希望你在此长流永不息，给全寨人带来福气……"同时，巫师用芭蕉叶在水上来回划很多下，以示对水的尊重。其他人则在水槽两边插上鲜花，并栽上很多棵树杈。

最后，巫师用竹筒接一些新水，回去送给负责接待的人家。这家人要把新水倒入已盛水的铁锅里，再把各家拿来的肉、米倒入锅里，煮一大锅肉烂饭招待全寨子的人。巫师离开后，全村人涌向新水，先喝一口新水，然后用它洗手、洗脸、洗发、洗澡，并接一些新水带回家。除接新水外，佤族人还把大年初一定为"戒忌日"，在这一天不能干活、出寨，晚上也不能到别人家去串门。从大年初二开始，亲友们才开始互相拜年，村子里则进行打歌活动。

五、佤族竹竿舞

佤族是能歌善舞的民族，竹竿舞是他们最喜爱的舞蹈之一。过去，村子里的老人死后，大家为了纪念他才跳这种舞蹈，现在它已成为一种大众娱乐性的舞蹈。

佤族人跳竹竿舞时，多选择在晒谷场或山坡上的一块平地进行。在平地上平行放两根竹竿，相距 6 米左右，竿上横放着很多根竹竿。打竹竿的 4 人一排，分别站在两端，相对跪坐，每人双手各持一根竹的顶端。然后，持竿者手中的竹竿开始分合击拍，与地面的两根竹竿相互叩打，竹竿一开一合、一上一下，有节奏地发出碰击声。

跳舞者随着竹竿有规律、有节奏地一开一合，用单脚或双脚在竹竿之间灵巧地跳动。当一对竹竿分开时，他们在竹竿的空隙中左挎右跳、转身腾挪，时而双腿跳，时而单腿跳，时而侧身跳，时而腾跃跳。有的跳舞者还模仿蚂蚁、斑鸠、豹子、画眉等动物的形态，做出很多活泼欢快的动作。有的跳舞者不熟练，常常会被竹竿夹住脚，这时持竿者就会用竹竿抬起被夹到的人往外倒，故意捉弄并取笑他。

六、佤族拉木鼓节

佤历"格瑞月"（公历 12 月）是佤族举行集体性拉木鼓的时节。在节日的前一天，村寨的头人和魔巴（祭司）会带着村里的一些人在晚上赶到事先选好的红毛树下。这些人要集体举行一个小的祭祀仪式，然后魔巴挥斧在树上砍几下，其他人再连夜把树砍倒，捡几块石头放在树桩上，意思是给树鬼的买树钱。人们再把树按照所需木鼓的尺寸截断，并凿出鼓耳，系上藤条。

在佤族习俗中，木鼓是至高无上的通天神器，也是村寨里所有人赖以生存的保护神，佤族人非常敬畏它。佤族曾经盛行猎动物头祭木鼓的习俗，他们猎取到虎、豹、野牛等大型动物后，要首先祭木鼓，祈求木鼓保佑山寨平安、避灾祛

欢度木鼓节的场景

难、禽畜兴旺、谷物丰收。在拉木鼓节这天清晨，全村寨的男女老少很早就穿上民族盛装，不约而同地上山去拉木鼓。拉木鼓时，魔巴右手举树枝，领唱古老的"拉木鼓"歌，指挥众人协调动作，把木鼓拉回村寨。拉木鼓的人一边拉，一边歌舞，其他人则在木鼓经过的地面撒拨水酒，并为他们呐喊助威或送酒送饭。拉木鼓的这一天，男女要共同参加，同拉互挤在一起，据说这还是一个谈恋爱的好时机。人们一边拉，一边用歌舞逗趣，一直闹到寨门外。

木鼓的毛坯被拉到寨门后，要先在外面停放两三天，然后魔巴杀鸡祭祀，

再把它拉到木鼓房边的场地上，让木匠师傅精细制作。木鼓做好后，魔巴要先试敲，若感觉满意了，人们才把它抬到木鼓房。大家合着激昂的鼓点，跳起粗犷的木鼓舞，集体狂欢。

第十六章

普米族文化

普米族是中国少数民族之一，主要居住在云南西北高原的兰坪老君山和宁蒗的牦牛山麓，与汉、白、纳西、藏等民族交错杂居。过去，普米族有"西番"、"巴苴"、"普英米"、"培米"等称呼，后统称为普米族。普米族有自己的语言，属汉藏语系藏缅语族羌语支。现在，普米族地区大都通用汉文。普米族崇拜祖先和自然，信仰多神，节日有大过年、大十五、尝新节等。

一、山岳生态文化

普米族是古代羌人的后裔，其祖先最早居住在长江源头的青海玉树地区，曾创造出辉煌的游牧文化。随着人口的增加，普米族的祖先迁徙到四川甘孜、阿坝和凉山一带，后来又迁徙到金沙江的宁蒗、永胜和丽江。宋末元初时，甘孜中部、凉山南部以及滇西北的部分普米族人陆续向南迁徙，并最终定居于兰坪境内。

这时，兰坪境内的白银冶炼和矿石开采业十分发达，兰坪已是滇西北的经济枢纽。大规模的矿业开发，就需要大量的运输马匹。普米族主要从事农耕和畜牧业生产，他们在畜牧交易过程中，不但获得了丰厚的经济回报，还认识到如何珍惜和利用草原及其他生物资源，而这一切就是普米族"山岳生态文化"

（人与自然间长期和谐共处）形成的基本原因。普米族生活的地区具有良好的生态环境和多样的生物群落，不但为他们提供高效农业和畜牧业的生产条件，还为他们带来创造经济收入的资源。比如这里有价格昂贵的茯苓、虫草、贝母、天麻等药用植物，还有珍贵的羊肚菌、松茸、木耳、香菇等菌类，这些都强化了他们"山岳生态文化"的意识。

普米族"山岳生态文化"的形成不单有经济方面的原因，还受到社会基础的影响。他们利用传统的宗教理念规范宗族成员的行为，并在自己居住的势力范围内划分出宗族共有的神树林地、水源林地、风景林地、风水林地和肥源林地，剩余的都分配给各户，让他们管理林地。各户要负责林地的除草、防火等工作，林地里的东西轻易不得采伐。若盖房屋需采伐木材，必须经过长老的批准，才能上山砍伐。这种社会管理结构，也是普米族形成"山岳生态文化"的原因。

普米族的"山岳生态文化"使他们在与自然的长期共处中，找到了适合自己生存和发展的生活模式，实现了人与自然的和谐发展。普米族人在祭神山的经文中有这样一段话："我们用钢刀来驱赶侵扰您的魔鬼，用生命来保护您，杀死人间万恶之徒，以免除对您的伤害，保佑您青山常在、绿水长流……"这段朴实的话表达了他们与自然、天地之间的亲和关系，也是他们"山岳生态文化"的精髓所在。

二、普米人的三脚祭

怒江兰坪县通甸锣锅箐一带的普米族人有一个独特的习俗，那就是举行三脚祭。居住在这一带深山里的普米族人家的堂屋都有一个火塘，其由于一年四季不熄火，被称为万年火塘。普米族人居住在高寒险峻山区，四季寒冷，长期使用火塘主要是用来驱寒。

在这个万年火塘上，有一个用来做饭和煨茶用的铁三脚。普米人认为这个铁三脚是养活他们世世代代的神物，它和汉族人的灶神一样，被这里的人供奉着。普米族人做好吃的东西时，首先要祭奠铁三脚。他们把好吃的东西夹一些放在铁三脚上，家里的主人还会围着火塘进行膜拜，嘴里念一些祝词，其大意是：希望铁三脚天天恩赐给自己好吃的东西，使自己月月吃上好饭，年年风调雨顺、五谷丰登。

逢年过节时，祭三脚的仪式更加隆重。在没有祭三脚前，老人、大人和小孩都不能吃在三脚上做出来的食品。祭祀时，要把做好的每一样食物都挑出一些放在三脚架上，经过祭祀以后全家人才能吃饭。

三、普米族敬牛习俗

普米族民歌唱道："家中火塘最亲，打山猎狗最亲，放牧头羊最亲，发家靠牛积银聚金……"因此人们把牛看作是勤劳的象征、幸福的寄托。当地还有一个民间传说：很早以前，人间没有五谷，是牛冒着被杀死的罪名从天上为人类盗来了种子。普米族人还认为牛生性忠厚、舍得吃苦、为人造福不计报酬，所以他们十分崇敬和爱护牛，并衍生出酬牛、献新、嫁妆牛等很多敬牛的习俗。

普米族人把酬牛也叫春牧，每年的农历三月三，村里的人家就赶出自己家饲养的牛，用河水把它们洗得干干净净的。然后，把野花编成的花环挂在牛角上，并在牛身上披一件用花草编成的披风，在尾巴上系一个野花串系的缨坠。接着，人们把牛赶到一处水草茂盛的地方，让它们自由地吃草或休息。傍晚，人们会以村为单位，把牛集合在一起，烧起篝火，用精饲料喂养，一整晚歌唱牛的功劳。

秋粮打收结束后，普米族人还要举办献新。人们用新收的包谷、荞子、燕麦混合在一起，蒸"三鲜"饭来喂牛。意思是说：人们收到的粮食是牛辛勤劳动的结果，在秋收后要让它第一个尝尝新粮的味道。举办献新仪式这天，各家还要备办酒席宴请自己的亲朋好友。而来家做客的人都会带上舂好的粮食小饼，送给主人家的牛吃。尝新仪式结束后，家人和客人才一起吃宴席，各家才可以吃新粮。

此外，每个有女孩的普米族家庭都要饲养嫁妆牛。当自家的姑娘举办"穿裙子"成年礼时，母亲就给她一头小奶牛，这也是提前赠送给姑娘的嫁妆，所以当地称它为嫁妆牛。姑娘接受这头牛之后，把它牵到河里精心地冲洗干净，然后把牛尾毛编成十几个小辫，并缠以红绸，以此来象征自己的年龄，还要在牛角上挂上鲜花和红绸编成的花环。在以后的日子里，姑娘外出劳动时都会把这头牛带在身边。等牛产子有奶水后，便把牛奶和做出的酥油单独存放并出售，所得的钱就是自己的私房钱。姑娘订婚后，未婚夫到姑娘家里做客，除了要给姑娘和岳母带礼物外，还得给这头牛带一筐亲手割的嫩草。姑娘在结婚前一月，要拿出自己积攒的私房钱买两头小奶牛，然后把其中的一头作为报恩留给自己的父母，把另一头作为孝敬公婆的礼物于结婚时带到新郎家。姑娘出嫁时，嫁妆牛也随其他嫁妆一起被带到新郎家。

四、有趣的普米族婚俗

普米族的婚俗十分有趣，有逮新娘和锁媒人的风俗活动。普米族姑娘在出嫁时，必须由男方来"逮捕"新娘。在迎亲的这一天，男方家会派出媒人、两位伴娘和几个精明的小伙子去迎亲，并在女方家人的有意配合下，装模装样地

迎亲的队伍

将姑娘抢走。

在出嫁的这一天，新娘的父母会有意安排她上山或下地劳动。迎亲的人来了之后，家人就告诉他们新娘在哪里，然后一位小伙子去找姑娘。他找到新娘之后对她大声说：你已是某某家的人了，某某家请你去吃酒，快跟我走吧！小伙子说完，就迅速上前逮假装要逃的姑娘。这时，埋伏在新娘周围的几个漂亮姑娘会一拥而上，把逮新娘的小伙子围起来打一顿。厉害的姑娘甚至会撕坏或扒下小伙子的衣服，逼他投降后交出新娘。随后，大家一起带着新娘回到女家举行宴会，唱歌为她送行。

等新娘的兄弟把新娘背出来后，接亲队伍就可以上路了，而男方来的媒人却不能随队伍一起走。因为他（她）被女家扣留了，被锁进一间屋里，这里同时关着女方家请来的一位歌手。他们两个人要在"监牢"里比赛唱歌，决定胜负。监牢外有两个姑娘拿着钥匙守门，只有媒人在对歌中唱赢了，守门的姑娘才会开锁放人，媒人才能去追接亲的队伍。如果媒人唱不赢，还想很快从这里离开，他（她）就要给女方的家长送钱或敬酒，这样才能从"监牢"里出来。媒人走到村寨口，女方村寨中的乡亲们都会前来敬酒，媒人的酒量再大，面对很多人的敬酒，也会喝得烂醉。如果他（她）不想喝很多酒，就必须和敬酒者进行对歌，只有自己赢了，才可以不喝这些人手中的酒，也才可以赶上接亲的队伍。

新娘被接到新郎家后，按照当地的习俗，她要和新郎同吃一碗"接嫁饭"，也就是很奇特的吃羊睾丸的仪式。因为这碗饭里有羊睾丸，吃接嫁饭时，新郎要喂一口给新娘吃，新娘再喂一口给新郎吃，直到把这碗饭全部吃完。据说，吃羊睾丸的意思是说夫妻两人今后能生儿育女。吃完接嫁饭，长辈在这对新人的脖子上拴上五彩线，然后举行祭祖活动，并在新娘的前额上抹一些酥油。新娘被抹上酥油之后，就意味着她从此成为男方家里的成员了。

五、普米族成人礼

普米族人的男女在没有满13岁之前一般不穿裤子或裙子，只穿麻布长衫，腰间系一条布带子。在他们满13岁那天，就要分别举行"穿裤子礼"和"穿裙子礼",即举行成人仪式,表明他们已长大成人。

此后,男女就要改变自己的装束和穿戴了。男孩上身穿对襟短衫,下身穿长裤;女孩上身为斜襟短衫,腰系彩带,下穿百褶裙,头上缠着牦牛尾编成的假发。等他们换好衣裳后,全家人会围在正屋右侧的火塘旁边,在火塘前设一个神柱,在香案上摆一些青稞、酥油、糌粑、奶渣、猪油、酥里玛,在火塘的正前左边放一个装满粮食的麻袋,右方放一块大猪膘。

参加成人礼的人按顺序排队站立,男子站在火塘左方,女子站在右方。男子手里握着刀子、银元;女子手里拿耳环、手镯、纱、麻布。他们依次用右脚踩一下猪膘,然后踩一下粮袋,象征着今后的生活幸福美满。接下来再向神柱连磕三个头,表示敬请天神、地神、灶神,保佑自己健康吉祥、生活富足。再逐个向父辈和兄长、姐姐每人磕三个头,接受礼拜的人则对他们说几句祝福的话,并给一点钱。成年男女的父母还要杀猪宰羊庆贺,给到场的每个人一碗骨头汤、一块肉、一些猪心或羊肝,表示大家都是骨肉至亲、心肝相连。最后,父母带着他(她)到附近的亲戚家向长者磕头,以求祝愿。

普米族的男女经过"成人礼"后,就可以参加集体的生产劳动和村寨里的社交活动,并有了谈情说爱的资格。

六、普米族酥里玛

普米族人在热情迎接客人时,会唱这样一首民歌:"贵客来到普米家,请喝一碗酥里玛,吉祥如意福满门,生活富裕喜万家。银碗斟满舒心酒,请喝一碗酥里玛。"歌曲中的酥里玛是普米族人自己酿造的一种饮料,具有香醇、甘甜的特点,男女老少都喜欢喝。在婚嫁喜庆或宾客登门时,普米族人一定会用它来招待客人。

酥里玛主要以大麦、玉米作原料。酿造时,首先把粮食淘洗干净,放在锅里煮,等籽粒煮到八九成熟时把它们捞出来晾凉。然后,按一定比例用酒曲拌均匀,装入大布口袋里发酵。两天之后能够闻到酒味了,再把它装进大坛子里并进行密封。多日之后,取开坛塞加入适量清水,再盖上盖等两三小时,便可倒出饮用。酥里玛的甘醇程度决定于拌酒曲的比例、装坛时的温度,酿造时还讲究其他一些技术。取酒汁时，他们在密封的坛里插上一支吸管，以虹吸原理把酒引流出来，装进其他容器里。

七、普米族大年节

大年节是普米族人民最隆重的节日，一般在每年农历的腊月举行，日期为3—10天。大年临近时，普米族人会去赶腊月二十八的"饶街"（集市），以筹办年货，家家户户都要酿酒、杀鸡宰猪、舂美味可口的粑粑。腊月三十那天，各家各户在院内、大门外和屋顶上栽、插青松，表示四季常青、兴旺发达。晚上，人们把所有的劳动工具和刀、匕首、斧头、绳子等收起来，全家聚坐在火塘边一起吃团圆饭。当晚还要派人在堂屋里住一夜，称为"守夜"。

当雄鸡啼鸣时，有人登上高坡，对天放三枪，称为"报岁"。随后，各村寨鸣枪吹螺，各家开始祭房头，祈祷平安吉祥、五谷丰登。接着，姑娘、媳妇争先恐后跑到水塘、小溪边挑水，以最先取得的净水为吉祥。

初一这天，当地人还有招客的传统习俗。早饭后，每家每户一面忙着做丰盛的饭菜，一面让家人提着一大桶香甜的"啤依"（黄酒）到村旁的路边去等候。只要见到行人，就要敬上一碗"啤依"，并把他请进家里当贵客招待。这一天，谁把路上的第一位行人请到家，村里的人就认为他很荣耀。而且谁家招来的客人多，就意味着谁家的福气和欢乐多。请到的那个人则要手持礼品，在邀请者的陪同下一起上门，在进门之前还要祝福："祝你家福气多多、财运多多、生活和睦！"这时主人要恭敬地回答："托你的吉言。"然后把客人请进屋去盛情款待。客人临走时，主人还要送上糯米粑粑、猪头肉、"啤依"等礼物。

按照普米族的传统习俗，在大年节期间，除了亲友之间互相拜年和祝福外，各村寨还要举行唱歌、跳舞、打靶、荡秋千、赛马、赛跑和捕捉飞鸟等文娱体育活动。在大年节的最后一天，男女青年还要带着炒米花和包谷花到村子附近的山上举行传统的"灭虫"仪式，即大家把带来的炒货倒在一个大簸箕内，姑娘把自己的手镯埋进去。然后，大家围着簸箕吃炒米花和包谷花，吃一个就象征灭掉一条虫子。吃完东西后，姑娘们就戴上自己的手镯，和男青年一起返回村寨。

第十七章

布依族文化

布依族是我国的少数民族之一，主要分布在贵州南部和西南部，贵州其他地区和滇东罗平及川西南宁南、会理等地也有分布。布依语属汉藏语系壮侗语族壮傣语支，没有本民族文字。20世纪50年代，创制了布依文，但未能普遍推广，现在用汉文的较多。布依族以农业为主，种植水稻的历史较为悠久。其风俗习惯非常有特色，并形成了独特的布依族文化。

一、布依族"闹水"传说

布依族人在每年的农历三月三都要唱有关本民族的灾难史、新生史的民歌，还要举行泼水、闹水、祭水活动。他们把本民族英雄马郎过的关隘，设计成夫妻二人划竹筏、踩浮漂、爬竹竿、过水帘洞、背着爱人进出迷宫等形象，这些活动总称为"布依闹水"。关于它的来历，在当地流行着一个传说。

相传在蜀汉时期，诸葛亮统兵平定南方叛乱，大军到三江口渡泸水（南盘江）。当时气候十分炎热，被暴晒多时的泸水上升起瘴气，马岱将军麾下2万人马在渡河时全部中毒。当地布依族人马郎知道了这件事，连夜赶往诸葛亮的大营，用自己研制的草药救活了军士的性命，并向诸葛亮传授了深夜渡江的秘诀。马岱将军见其有义气，和他结为兄弟。后来，廖化将军所率的三千人马在群山之中误饮哑泉里的水，将士们全变成了哑巴，诸葛亮十分着急。这时，布依族姑娘罗斯驾着小舟来到诸葛亮的大营，要求见丞相。诸葛丞相急忙派人把罗斯姑娘请入帐内，并向她请教如何解哑泉之毒。罗斯姑娘把将士们带到多依河，让他们饮这里的水，结果全好了。最后，诸葛亮率领大军七擒七纵孟获，平定了南方的叛乱，凯旋回朝。

蜀军班师回朝后，诸葛亮派人请马郎和罗斯到成都，想好好地酬谢他们。当他得知二人已订下终身后，就当场为他们主婚。他们回乡时，诸葛亮还委任他们统领九龙河、黄泥河、南盘江、多依河一带的数万布依族百姓。从此，布依族群众全部归属蜀汉，并在马郎、罗斯的统领下安居乐业。几年之后，孟获再次叛蜀。他为了洗雪以前的耻辱，派自己的弟弟孟优统领滇东各路人马，率兵清剿布依族人，并要求活捉马郎罗斯夫妇。为了逃避烧杀抢掠，马郎和罗斯带领布依族人离别自己的家园逃向贵州。在逃跑的过程中，马郎在前面开路，罗斯断后阻击追兵。不幸的是罗斯被活捉，被绑送到孟获的大营。

孟获抓到罗斯姑娘后，见她长得十分漂亮，百般威胁利诱，想让她做自己的压寨夫人。可是，罗斯姑娘就是不同意，孟获无奈之下把她关进守卫森严的大石城。马郎带着族人逃到贵州后，联络这里的布依族头领，向他们借了几万精兵。经过半年时间的操练，兵分九路潜回三江去解救自己的妻子。马郎知道大石城地形复杂，易守难攻，要救出自己的妻子只能出奇制胜。当天夜里，马郎带了几百士兵，身上捆着草绳，手拿弯刀和长矛，乘上竹筏，悄悄渡过南盘江，顺利到达黄泥河。黄泥河岸边是直耸云天的高山，马郎过了黄泥河，想从悬崖到达山顶。他带人来到九龙河神龙瀑，神龙瀑后有一条很窄的路，仅能容得一人侧身通过。于是，他命令众人双手抱住前边一人的腰，形成一条人构长龙，顺利地通过了水帘洞。

历经千难万险到达大石城后，马郎让其他人在大石城四周接应自己。他一个人潜入迷宫，钻进大石城，救出了罗斯。马郎和罗斯回到家乡多依河畔，布依族百姓也随着大军陆续回到这里。马郎继续操练兵马，准备出兵罗雄，报仇雪恨。一月以后，马郎得知孟获大军的大部已经回到老巢南宁州，趁机率几万布依精兵，横扫大石城，活捉了孟获。从此，布依族群众又过上了安居乐业的生活。后来，布依族人为了纪念马郎和罗斯的爱情和民族的新生，逐渐创造出布依"闹水"活动。

二、布依族婚俗

布依族男女青年的恋爱很自由，未婚男女常在年节、赶集和集体聚会时，通过聊天和对歌来表达彼此的爱慕之情。如果男子看中一个姑娘，便会按照传统习俗，找来第三者陪同自己约姑娘对歌。如果女方也有这方面的意思，就会单独相约到幽静处，和男子对唱山歌，直到双方互赠信物定下终身。

男女定下终身后，男方的父母会请媒人去女方家，送一些酒、肉、粑粑等礼品。如果女方同意，媒人第二次上门时，双方会定好结婚的日期。在接亲的前一天，女方家一大早就把姑娘的嫁妆摆在堂屋两边，供来贺喜的亲友观看。接亲那一天，男方家要请家境富裕、父母健在的童男童女和结亲队伍一起去新娘家，还要带去糖、酒、粑粑、一方肉等礼品。接亲的人来到女方家后，女方家族的4位老人就和迎亲队伍中的老人一起坐在堂屋里验点礼品和礼钱。

然后，女方家设宴款待迎亲者。女方妇女按辈分大小依次向他们敬酒，客人接过酒杯后一饮而尽，随即把预先准备好的红包送给敬酒者。宴席结束后，由女方家中的年长妇女在大门内放一面镜子、一束禾麻，再点一盏油灯。两位长辈手持米筛站在大门两边，在油灯上把帐被、枕套、枕巾、布鞋等东西筛几次，接着让接亲的人拿出大门，装入柜子或者箱子里。这时，族中很多小孩爬坐在柜子和箱子上向迎亲的人讨钱，要是他们不给钱，孩子们就赖在上面不下来。

当晚，接亲的童男、童女在新娘家留宿，第二天再和新娘、送亲的人一起步行去男方家。在途中遇到了桥，陪送的姑娘要将新娘背过去。快到男方家时，新娘换上一双新鞋。这时伴娘就不走了，而要等新郎家送来红包。新娘入夫家大门时，新郎一家人回避，而且新郎家的门坎下要仰放一个耙，地上点燃一盏菜油灯。新娘必须从耙上跨过去，据说这样能把不好的东西阻挡在门外。新娘进新房时，会有两位老人用凳子拦在门口，凳上放着肉、豆腐、酒、一盏燃着的油灯。这时，陪伴新娘的童女把吃的敬给老人，用手帕把灯扇熄，新娘才能进入新房。

随后，新娘的兄嫂把嫁妆摆在堂屋，打开柜子、箱子，将衣服被盖等东西拿出来让亲友观看。新婚第三天，新娘同伴娘一起返回娘家，新郎则邀请伙伴挑着糍粑为她们送行。到了春节，男方才请人去接新娘回来吃年饭，在平时农忙或男方家庭有事时，也可以接新娘。新娘一般在男方家住上三五天就回自己家。一直等到新娘怀孕后，她才开始在男方家常住下来。

三、布依族服饰

　　布依族男女的服饰有着非常明显的区别。过去，男子穿的大多是自己用棉花纺织的土布，然后把它们染成青、蓝、灰色。上衣分为大襟短衣和长衫两种，短衣在胸前开扣，长衫在右侧开扣。裤子是无腰的直筒大裤脚，裤脚一般宽1尺左右，腰宽3尺左右。布依族的青壮年男子大多喜欢包头巾。

正在劳动的布依族妇女

　　妇女一般穿大襟短衣，下着长裤或者百褶裙。衣襟和袖口等处一般镶着彩色花边，裤脚或者百褶裙底处也镶着花边，青年女子的胸前还挂着绣有花纹的围腰。

布依族妇女很喜欢佩戴银质的首饰，如手镯、耳环、项圈等物品；脚上穿尖鼻绣花的鞋子；头缠青色或花格头巾，或将白色印花头帕搭在头上。一般情况下，少女把长辫盘在头上，在结婚后则包头巾。

在布依族服饰中，最有特色的就是童帽。童帽选用多种颜色的布料缝制而成，大多模仿动物头面缝制。最常见的童帽有虎头帽、狮头帽、兔头帽、猫头帽等。这些帽子的前额点缀着银罗汉、玉罗汉，以及各种银花玉扣，帽子的后面则吊着彩色洒须，有的还吊着几个制作很精细的银制小铃铛。布依族的孩子除了要戴这种很好看的帽子外，还要穿做工精细的绣花胸兜。目前，这些做工精细、造型逼真、色彩艳丽的服装已经作为工艺品走向市场。

四、布依族跳花会

每年农历正月初一至二十一日，云南的布依族都要举行"跳花会"。在此期间，村寨里的女青年穿着带有漂亮盘花纽扣的民族服装，男青年则穿着有布依族特色的对襟衫，吹着木叶向跳花会的场地赶去。

跳花会的地点设在一块大草坪上，男女青年东一群、西一堆地分散在场地上。当牛皮大鼓闷雷般响起来之后，布依族的男女青年们就开始翩翩起舞，唱起古老的情歌。有的坐在河岸边弹月琴，有的吹木叶，这里很快成为音乐的海洋。这时，布依族青年深情地在人群中寻觅自己中意的人，并用歌声表达自己的爱意。整个草坪充满欢快、愉悦的气氛，不知不觉间到了傍晚，人们才依依不舍地骑上马，陆续离开会场。布依族的跳花会除了唱歌跳舞外，还搭台唱戏。很多民间艺术团体在这些天都要上演精彩的布依戏，为节日增添喜庆的气氛。

跳花会最后一天是农历正月二十一，布依族称它为"结合"日，即一年一度的跳花会就要结束了。当地人把农历二十二日称为"牵羊"日，届时已经在跳花会上私订婚约的男青年就可以把"羊"（姑娘）带回家去，让她了解自己的家境，以便确定终身大事。可是，布依族姑娘一般是不跨进对方家门槛的，只是在寨子后山上看一看房屋的走向，然后就等着男方请媒人来提亲。

五、繁多的节日

在一年十二个月中，布依族人几乎每个月都有节日。他们除了过汉族的春节、清明节、端午节、中元节、中秋节之外，还过具民族特色的三月三、四月八、六月六、查白歌节等。

三月三是布依族传统的民族节日，云南罗平八达河一带的布依族人在这一天要举行男女青年对歌活动。届时，附近村寨的男女老少聚集到河边听青年们唱山歌，观看孩子划竹排、打水枪。很多人家还为孩子送来花糯米，有的则用小布口袋装一些鸡蛋和其他食品，供前来参加比赛的青少年食用。罗平牛街一带的布依族男女青年在这天要举行盛大的对歌、游山和交友活动。节日这天，方圆几十里的男女青年都赶到马把山腰，参加或观赏传统的赛歌活动。每年都会有一些歌手在这里大显身手，凭着自己的才华和对手连唱几天几夜，许多男女青年通过这个活动还建立了恋爱关系。

在布依族人的传说中，四月八这一天是牛王的生日，所以它也被称为"牛王节"。这个节日到来后，布依族人就要做糯米饭敬牛王；有的地方要吃四色糯米饭；有的不但要做糯米饭，还要杀鸡备酒祭祖，并给牛洗澡，还要用鲜草裹着糯米饭喂牛，让它在这一天不干任何农活，以表示自己对牛的爱护和酬劳；有的地区还要在这一天举行斗牛和赛马等娱乐活动。

六月六是布依族进行纪念和祭祀的传统节日，其隆重程度仅次于春节，被人们称为"过小年"。这天，各村寨的人都要杀鸡宰猪，并用白纸做成一个三角形的小旗，把一些鸡血或猪血抹在上面，插在自家的庄稼地里。据当地人说：只有这样做了，蝗虫才不会来吃庄稼。

这天上午，本村寨几位德高望重的老人率领一些男子举行传统的祭盘古王、扫寨赶"鬼"活动。不参加这项祭祀的人，不管男女老少都要按习惯穿上民族服装，带着糯米饭、鸡鸭鱼肉和水酒，到寨外山坡上进行"躲山"。祭祀完盘古王之后，老人又带领这些人到各家去驱鬼，而"躲山"的人则在山坡上举行各种娱乐活动，如篮球、拔河、爬山、赛跑、唱歌、跳舞、吹唢呐、吹木叶等。在众多娱乐活动中，以丢花包最为有趣。花包用彩布做成外壳，内装米糠、小豆或棉花籽，花包的边缘还有很多花边。丢花包时，男女青年各站一边，互相投掷。如果小伙子向心爱的人掷花包，没有过肩却落在地上，姑娘就要给他送一件礼物，如项圈、戒指、手镯等，这个东西就是爱情信物。傍晚，"躲山"的人以家为单位席地而坐，取出带来的美酒和饭菜，互相邀请品尝。等村寨里响起"分肉了"的喊声后，人们就收拾好东西回家，随后各家再派人去领取祭神的牛肉。

查白歌节在每年农历六月二十一日举行。这个节日来源于一个传说：布依族的小伙子查郎和白妹相爱了，可土司却抢走了白妹，并杀死了查郎。白妹知道这个消息后，悲愤欲绝，在农历六月二十一日这天放火烧毁了土司的家，并跳到烈火中自杀了。后来人们为了纪念他们，就在这天举行盛大的歌会，并用他们名字里的一个字为歌会命名。在节日这天，往往都有几万人前来参加，气氛十分热烈。在查白歌节上，人们除进行赛歌外，还要进行寻亲访友、吃汤锅、赶表和祭山等活动。

第十八章

独龙族文化

独龙族主要分布在云南省西北部怒江傈僳族自治州，少数居住在贡山北部的怒江流域，此外缅甸境内也有不少独龙人居住。在历史上，独龙族自称"独龙"、"迪麻"，史称"撬"、"俅"、"俅人"、"俅子"、"洛"、"曲洛"等。1952年，依据本民族意愿，正式定名为"独龙族"。独龙族有自己的语言，无文字，过去多靠刻木结绳记事、传递信息。独龙族自古生活在崇山峻岭之中，条件恶劣，交通闭塞，所以社会发展较为迟缓，生产力水平低下，住房多为木房或竹房。他们唯一的节日是过年，过去无固定时间，多在农历腊月举行，节期长短也不一样。独龙族相信万物有灵，崇拜自然神，相信鬼。他们认为风、雨、电、雷、高山、大水、巨石、怪树都有鬼，而鬼会给人类带来灾难，因此他们为了祈福免灾，总是花费大量牲畜和粮食去祭鬼。

一、独龙族婚俗

独龙族的婚俗很复杂，几乎包含了社会不同发展时期的多种婚姻形态，有原始社会的"群婚"以及后来的"对偶婚"、一夫多妻、妻姊妹婚、非等辈婚等形态。独龙族还盛行家族外婚制，即男子只能和舅方家族联亲，并因此形成固定的婚姻集团，构成循环的婚姻关系。此外，独龙族中还有姐妹共

干栏式住房

嫁一夫的妻姊妹婚，以及哥哥死后弟弟娶嫂子的转房制。

按独龙族人的传统习惯，某家生的几个姊妹必须先后共嫁给一个男子。他们认为几个姐妹嫁给同一个人，可以和睦相处，还能亲上加亲。转房制的出现，也是产生独龙族人一夫多妻现象的一个原因。在众多兄弟中，大哥死了，他的所有妻子转给二弟；二弟死了，所有的妻子又一并转给三弟。后来出现的非等辈婚配是说，在嫁娶时，不管年龄的大小以及辈分的长幼。这样就出现了父亲死后，儿子可以娶父的小妾；儿子死后没有弟兄进行转嫁，公公还可以纳寡媳的现象。此外。还出现亲姐妹分嫁给一家父子，姑母和侄女同嫁一夫等现象，这些都是原始群婚的表现。

这些婚姻状况都大出现在解放前，因为那时独龙族还处于原始社会末期。解放后，独龙族的社会面貌发生了巨大变化，旧的妻姊妹婚、夫兄弟婚、非等辈婚，以及固定的家族外婚制婚俗都被废除，一夫一妻制开始确立。这时，独龙族男女青年的婚姻就比较自由了。男女青年通过接触相爱后，便会相互赠物定情。姑娘把自己精心织成的独龙毯或绑腿送给小伙子，小伙子则送给姑娘一把锄头或自己编的背篓。

提亲时，小伙子会请一个能说会道的人为自己去说婚。说婚人从小伙子家提上一把茶壶、一个口缸、一袋茶叶，带着几包香烟，就到女方家去了。说婚人到女方家后，不管女方家人的态度如何，先以最快的速度把茶壶灌满水，放在女方家的火塘上烧开。然后，他取出茶叶和茶缸，到姑娘家的碗柜中拿出碗来开始泡茶。此时，姑娘家的人不管同意与否，都要围在火塘边。说婚人把泡好的茶倒入碗里，按长幼顺序送到女方家人面前，先敬姑娘的父母，然后是姑娘的兄弟姐妹，最后是姑娘。说婚人送上茶水后，便开始进行说婚任务。他会夸小伙子多能干、多诚实，家里人如何好，然后把姑娘再夸一番。他说一阵后还要唱一段，唱一阵后又接着说。这期间，姑娘的家人什么都不说，只是仔细地听。如果女方父母把摆在面前的茶水喝了，就表示他们已经同意；姑娘要是把茶水喝了，这门亲事就算定了下来。如果说到夜里，说婚人还要把凉茶水烧热。要是说到深夜还没有人喝茶水，他就只好第二天晚上再来。如果接着三天晚上都没人喝茶，就说明姑娘家不同意这门婚事。如果还要说，就只能等到第二年再来，或者让男方另打主意。

订婚时，男方父母要请自家的亲戚带上水酒等礼物去女方家，女方家则请全村人来喝酒，而且双方还要定好娶亲的彩礼。结婚那天，男方父母、亲戚、新郎、伴郎带上酒肉聘礼去迎亲，女方准备酒宴接待。然后新娘和新郎举行一个简单的婚礼仪式：男女双方的父母向所有到场的人介绍自己儿子和女儿的情况，并勉励他们要相互爱护，将来任何一方即使残疾了，彼此也不能分离。然后，新人一起喝同心酒，表示白头到老、永不分离，大家再一起跳一段独龙舞。这天晚上，女方家里彻夜跳舞、唱调子，祝贺新婚。

新婚的第二天，男方把新娘领到自己家。新娘到夫家后，婆婆就拉着新娘在自家的房里走一圈，向她介绍家中的情况。当天，男方家设宴请客、彻夜唱歌跳舞。几个月后，新郎需备上两筒酒、一条猪腿，同妻子一起回娘家看望岳父母，以示感谢。婚后，妻子每生一个孩子，女婿都要送岳父一头牛或一件其他礼品，如一口锅、一个三角架、一把镰刀等。

独龙族的婚姻比较稳固，很少有离婚的现象。如果发生妻子弃夫而去的情况，女方家还有姐妹，就需让她的妹妹来抵，否则女方家就要退回全部彩礼。如果男方先提出离婚，女家则不退彩礼；如果女方先提出离婚，女方家要退还全部彩礼。

二、独龙妇女的四季理念

独龙族人以前生活在原始社会末期，科学文化相对落后，因此独龙族女人以自己敏锐的感觉来观察自然界，形成了对四季的直观体验，并以此来指导自己的生活和劳动。

一位独龙族老年妇女曾经这样解释她对四季的看法。她说：在很久远的时候，独龙的先民是从一棵大树里钻出来的，因此独龙族人认为身边的花草树木都有灵性。独龙河水的清浊、雪山的积雪、雨天的多少、房前青苔的厚薄，都会影响人的生活。人们记不清年月，也说不清楚自己是哪年哪月出生的，但是女人看到花开花落和风霜雨雪，就知道该怎么安排生活和生产。

当山顶上出现白色积雪时，妇女们把后面的一段日子叫"德则卡龙"。这时大家没有农活可做，女人们就开始搓麻线，并用树皮和草叶进行染色。这一段时间雨水很少，染好的麻线很容易晾干。此时，每个家庭的男人都会出门打猎。女人们会互相串门，更多的时候是晒着太阳席地而坐，一边聊天一边搓麻线。然后，大家就开始织毯子，织出的毯子要在年节时悬在树梢上，或给做牺牲的牛披挂。

等草出芽，山上的雪水开始融化，被雪覆盖的土地也露出来时，女人就知道该种地了。于是，人们在有土的地方开始准备种粮食，这段时间被称为"阿蒙龙"。等地上的小草长到四指高的时候，就是"阿暴龙"时节了，人们开始筛选小麦、小米、青稞种子，陆续进行栽种。男人先砍烧好火山地，女人随后背挎放着种子的竹篾箩，去火山地里播种。

近处远处的桃花都开了，核桃树上出现淡绿色的叶子，小罗依鸟开始出现在苍翠的红杉树林里时，就是"奢久龙"时节到了。女人开始在房前屋后的地上点种一些早熟包谷和南瓜。布谷鸟和黄鹂鸟出现后，就是"昌木蒋龙"时节，身手敏捷的女人在江边的平地和火山地上，种下晚熟包谷和鸡脚稗子等。女人撒完鸡脚稗子种后，就知道山上野竹林里的嫩笋已经长出来，于是大家领着小孩，挎着竹篮去拔竹笋，回家腌制酸竹笋。然后，人们去包谷地里薅草，一些能干的女人还到高山里挖贝母。

当地里的麦子成熟时，因这一时期雨水很多，就是"布安龙"时节了，女人们就要在火塘上方摆放一个大簸箕烘烤收割来的麦子。这时候天气很热，人们都喜欢吃酸竹笋汤，而且在铁三脚上烧水，且水很快就能烧开。等山上的松叶开始黄了，就是"阿送龙"时节。在这段时间里，女人每天早晨都会到附近的包谷地里掰下青包谷给全家烧烤来吃，然后去地里收割小米、摘南瓜。

山上开始下霜，树叶一天比一天黄时，就到了"阿长母龙"时节。女人们忙着收包谷和牧草；男人则砍来树杆，搭盖贮藏用的包谷楼。这时地里的庄稼都收完了，老鼠会到处找东西吃，人们就在包谷楼的柱子底部捆绑很多荆棘或芭蕉叶，使老鼠难以接近粮食。最后成熟的鸡脚稗收割完之后，山上就开始有雪了，女人们会从早到晚去附近的山上砍柴，准备度过寒冬的柴火。

三、独龙族文面女

独龙族的男子不文面，女孩子长到十二三岁却要文面，女人文面已成为独龙族一个奇异的习俗。据说：他们的这一风俗由来已久，《新唐书》中的"文面濮"、《南诏野史》中的"绣面部落"，都是称呼独龙族的。至于为什么要文面，说法有很多：有的说是为了防止被外来民族抢去；有的说妇女文面是美的象征，不文面的姑娘以后会嫁不出去；有的说是为了死后能与灵魂相认；有的说文面可以避邪；有的人猜测说这是作为区别各个氏族或家族部落的标志；还有一种说法与原始图腾崇拜有关，因为在独龙族的信仰中，人死后的亡魂会化成蝴蝶飞走。至于产生这个习俗的真正原因，至今仍是个不解之谜。

独龙族的女孩子长到十二三岁，家里就开始给她文面。先用竹签蘸上锅底的烟灰，在女孩的嘴、鼻梁、脸颊和眉心的四周描画出一些纹形，然后请一个人手持竹钏和拍针棒沿纹路打刺。刺下一针，血水马上就会流出来，赶紧把血水擦去，快速地敷上锅烟灰。等三到五天创口好了之后，皮肉上就会出现青蓝色的斑痕，成了擦洗不掉的面纹。

居住在独龙江上、下游的独龙族妇女，她们的面纹存在着较大差异，不但图案不相同，而且面纹的部位也有区别。居住在下游的独龙族妇女，她们大多只在嘴唇下部和下巴部分纹条纹，条纹呈上下线形，也有部分人在鼻子下人中部位左右也纹上线形纹理，远看有点像男人的胡须。而来自独龙江上游的妇女则是从额头起，面纹布满整个脸部。这里的一些老年妇女，不但满脸都是面纹，而且头发剃光后，头上也全是纹上去的黑色纹理。

不过，现在的独龙族女孩不再文面了，当地能见到的文面妇女已经很少，这一习俗早已不再沿用，据说目前仅有几十位文面女健在。

四、努瓦独路娃

独龙族在祭天神时要进行剽牛活动，而且全寨人都必须参加。大家聚在一起喝着米酒，跳起被称为"努瓦独路娃"的杀牛舞。

人们确定好祭天神的日期后，就在前一天准备好滚圆膘壮的黑色公牛。到了这天，男女们斜披着一块独龙毯，男子袒露左肩，佩带弩弓、箭包和挎刀；女子袒露右肩，从四面八方赶到寨子中心的场地。黑牛被拴在场地中央的柱子上，身上还披着一条崭新的独龙毯。到场的妇女们在牛角上挂起很多串珠。黑牛被打扮好后，由寨中的老人牵着它绕场6圈，在场所有的人纷纷向牛抛撒粮食。牛后面还走着两个人，他们抬着一个大锣，不断地敲出低沉而有力的声音。

场边的人们开始唱起剽牛祭神的歌，歌词中先是说为什么要祭天神，然后称颂牛的献身精神："祭天神的牛，你很光荣；你为大家献身给天神，保佑我们平安！"牛围着场子转完6圈后，再次被拴在柱子上。人们开始喝酒跳舞，并不断地敲锣。跳舞的人随着锣声，跳起简单的舞步，队形则不断变化。还有人捧着竹筒走进舞圈，向人们敬上浓烈的烧酒。

剽牛的人一般都是村寨里最有威望的老人，他们手持长长的竹矛，矛头是削尖的竹子，到时候只要把它刺往牛的心脏就可以了。老人们除了披着独龙毯、袒露出右肩外，还要披挂一件很威风的斗蓬。一边的人把酒递给老人，他们各自拿起竹筒，互相搂着肩膀，贴紧腮帮子，一口喝干酒。随后，场上锣声的节奏加快，老人用竹矛分别在两侧对准了牛的胸膛，迅速上前将竹矛扎进牛的心脏，鲜血随即冒出来。黑牛只能挣扎一会，就慢慢倒下了。

独龙族人等牛死去后，会先割下它的耳朵，嵌在树枝上，为牛招魂，并念祷词，希望牛谅解大家。接下来，屠夫就剥开牛皮，男人们把牛肉按人数均分，地上很快摆满了分成小堆的牛肉，杀牛人分得最大块的肉。男人分好肉之后，妇女开始分配牛内脏。一切分配停当后，杀牛者中的一个老人背起沉重的牛头跳起舞来。人们也和前面一样，继续跳杀牛舞。这时跳舞的人们改变了杀牛前缓慢庄重的节奏，舞步变得热烈而欢快。天渐渐暗下来，跳杀牛舞的人才慢慢散去，并带着分得的一份牛肉和祭天的喜悦回家。

五、古朴的"卡雀哇"

"卡雀哇"是独龙族唯一的传统节日，意思是年节，时间在农历十一月至十二月之间。过节的具体日期由各村寨协商确定；节期的长短，则根据食物准备情况而定，一般是二到五天。节日期间，家族之间要互相祝贺和宴请。独龙族没有文字，以前在请客时就制作一个木板请柬，板上刻了几条缺口，就表示收到请柬后的几天将要举行节日庆祝活动。届时，亲朋好友会带各种食物作礼品前来，大家见面后相互祝贺新年。

过节的第一天，妇女们把自己编织的彩色麻布挂在竹竿上，插在住房上方，表示节日来临了。这天晚上，主人和被邀请来的亲朋好友围坐在自家火塘旁饮宴。席间，男人们把木碗抛向火塘上的吊板，以碗口朝天为吉，边游戏边唱歌，一直欢庆到深夜。

第二天，全村要举行射猎大典，并进行祭山神活动。"山神"是用熟荞面捏成的一个尖顶的圆柱物，同时用熟荞面捏成各种动物造型，放在山神的周围，然后再装在簸箕里。太阳出来后，人们就把这些东西抬到坡地上，点燃松明和青松毛，并向火里撒少量粮食，主祭人则磕头祈祷山神。祭祀结束后，祭师把各种造型的动物抛向人群，村子里年轻的射手们则开始挽弓搭箭任意射猎了。独龙人认为谁射中什么动物造型，今年就会猎到什么动物。然后，大家敲响大锣和牛皮鼓，围成一圈唱歌跳舞。到了晚上，人们还要挨家挨户地喝酒，一起庆祝节日。

六、独龙族藤篾桥

在独龙族居住区的独龙江上，有一种古老而奇特的吊桥，它是用竹子和藤条编织而成的，被当地人称为藤篾桥。在当地独龙族中还流传着关于藤篾桥的传说：很早以前，独龙江上还没有一座桥。有一次，一位名叫奔寨的独龙族老人上山去打猎。他看见一只麂子后，马上放箭，可是麂子却化成一朵白云飘走了，箭飞过了很宽的鹰愁涧，扎在了一棵大树上。老人从中受到了启发，想到用弩弓来架桥。他的这个想法得到所有独龙族人的支持。于是大家砍回很多藤篾和龙竹，编成一座巴掌宽的藤篾桥，把它的一头固定在一边的大树上，一头接上一根长麻绳，然后把麻绳接在箭头上，用硬弩射到江的对面去，岸边的人再把箭上的麻绳固定好，就这样架起了这里的第一座桥。

现实中的藤篾桥用两根粗大的藤篾条拴在两岸的大树或者岩石上作为桥梁，然后用四五根粗竹子并排捆在一起，并把捆好的龙竹用藤篾编接起来作为桥面。再在桥两侧拴几根细藤篾，作为桥的扶手和拦杆。建桥完工的当天，附近村寨的独龙族人还要穿上传统的节日服装，在桥边围着篝火击鼓敲锣，唱歌跳舞，进行庆贺。由于藤篾桥又狭又长，人走上桥，桥就左右摇摆、上下晃动，所以当地有句话称：无风晃三晃，有风晃飞天。

七、独龙族珍贵的"约多"

"约多"即独龙族的披毯，也称独龙毯，是独龙族人最珍贵的物品。"约多"具有浓厚的民族特色，反映出独龙族人的生活变化。因为在解放以前，独龙族人还过着原始的生活，人们住在山洞和树上，并以树皮和树叶当衣服。随着独龙族社会的不断发展，人们学会了编织，后来发展到现代的染色纺织，此时"约多"就产生了。

"约多"的原材料主要是山上野生的和人工种植的麻。收获后把麻搓成线，再用多种植物的液体把线染成各种各样的颜色。一张讲究的"约多"从剥麻皮、纺线，到按照图案纹线拴综、引纬、打纬等，要经过十几道工序，而且要使用多种不同的器具才能完成。制造出的"约多"，质地结实耐用，既可垫床，又可盖身；既能遮风挡雨，又能装粮食，而且它还是谈情说爱的"信物"。可以说，"约多"是独龙族人生活中不可缺少的东西。

第十九章

景颇族文化

　　景颇族主要分布于我国的云南德宏州，使用本民族的语言——景颇语，大多以大米为主食，少数地区以玉米为主食。农闲时进行渔猎，捕猎野猪、麂子、山羊、野牛、野鸡、鸟雀，捕捞鱼、蟹、田螺等。景颇族男子喜欢裹白色或黑色的包头，穿黑色衣裤或白衣黑裤，外出都佩有长刀，背着一个挎包。妇女喜欢穿黑色短上衣，枣红色自织羊毛花围裙，戴黑红色藤制腰箍和腿箍，佩戴各种银饰物，并习惯裹护腿。景颇族人崇信万物有灵，认为自然界中万物的鬼灵都能影响到人。所以他们供奉鬼，并将鬼分为三类：天鬼、地鬼、家鬼。其中，天上以太阳鬼为为最大；地上以地鬼为最大；家鬼以"木代鬼"为最大。人们在插种、收割、婚丧、械斗时，均请巫师来祭鬼。巫师除了祭鬼外，还给人看病，并熟悉本民族的创世纪、史诗、历史传说和民间故事。

一、景颇族的礼仪与禁忌

　　景颇族十分好客，在日常生活中，你只来走进任何一家，都可坐下来吃饭而不必付任何报酬，主人还会用比较好的饭菜来招待你。当然，如果真的去了景颇族地区，首先要尊重他们的风俗习惯。骑马去景颇族山寨，在寨门外便要下马步行，这样是向景颇人表示友好。见面时，一定不能去摸他们的头，也不能从后面拍肩膀，因为这样会被认为是欺负人。

进了景颇族人家后，要在主人指定的地方落座，不要久站不坐，也不能东张西望，更不能在房子里四处乱闯，而且主人家的卧室是绝对不能进入的。客人就坐后，不能跷着二郎腿，不能托着下巴，因为景颇族人认为托着下巴坐是表示哀悼，在屋子里也不能吹口哨。嚼烟丝和饮酒是景颇族尊重客人的方式，如果客人不抽烟、喝酒，要很有礼貌地谢绝。主人递来的烟酒，客人必须用双手去接，相互敬酒时不能接过酒直接就喝，而要先给对方的酒筒里倒一点再喝，这样是表达互相尊重的意思。

景颇族喜欢从山上采些树叶当碗碟，吃饭时千万不能倒着拿叶子，否则将惹恼主人。在景颇族人家吃饭，不能随便敲响碗筷，喝水不能发出响声。客人来了之后，主人一般都要杀鸡招待，但客人不能去夹鸡头和鸡脚吃。因为在景颇族的习俗中，鸡头是敬给老人或年长者吃的，鸡脚是给小孩的。但是，主人为了表示尊敬客人，常把鸡头夹给客人，这时客人要有礼貌地把鸡头转夹给在座的老人或年长者。

景颇族忌吃狗肉，因为他们认为谷子是狗从天上带来的，所以每年在吃新米时先要给狗尝尝，并一直忌吃、忌买狗肉。在景颇族山寨，放枪放炮不能放三响，因为放三响是用来报丧的。景颇族男人的长刀、火药枪、挎包和衣物，忌讳妇女触摸或从上面跨过。参加"目瑙纵歌"时，不能跑到领舞人的前面去跳，而要跟在大队伍后面。在村寨里，不要触摸景颇族的鬼门、鬼桩。

景颇族走亲串戚时都要提一只篮子，里面装好水酒、熟鸡蛋、糯米饭团，当地人称之为"送礼篮"。主人接过礼篮后，要向客人敬酒，然后清点礼物，再把篮子还给客人，表示礼物已经如数收到。他们的婚礼极富民族特色，如果想参加景颇族的婚礼，就要像当地景颇族人一样带一些礼物送给主人，以示祝贺。

二、颇具特色的景颇族婚俗

景颇族青年婚前社交自由，当两人深深相爱后，男方要把这件事告诉自己的父母。父母认可这门亲事后，便请"勒脚"（男媒人）去女方家议婚。当

"勒脚"带着礼物格司（花纹布）去女方家后，如果女方家不退回这块布，就说明他们同意了这门婚事。如果送了礼物，女方家却没有回赠男方宽约一巴掌、做礼节用的长刀，男方家并不能很快娶走姑娘。他们只能再添加彩礼，直到得到长刀才可以和姑娘举行婚礼。

到了结婚的日期，女方会请媒人、舅父和亲朋好友准备为新娘送亲，新郎则一早就来迎接新娘。新郎和新娘快到村寨时，新郎对着天上鸣几枪，通知自己的家人和亲戚。听到枪声后，家里人会马上派出两位能说会道的老妇人，带着酒到寨边迎亲。新娘饮过酒后，先被领到媒人家休息，其他人则向新娘的亲友敬四次酒。当第四次敬酒时，新娘会拿出两个篮子，其中一个装着一套衣服、两个矛头、两把刀；另一只里面放着两竹筒水酒和米酒。新娘把一竹筒酒请人送到新郎家，分给客人饮用；另一竹筒酒则分给在场的人喝。

新娘换上新衣裳后，挎着准备送给新郎的长刀，由媒人执矛开路。媒人还背着一个花篮，里面放着长刀、矛各两把，以及姜和五谷。在这里，长刀表示耕种；矛代表打猎；姜用作避邪；五谷寓义丰收。另外还有两位妇女陪在新娘左右，这些人一直来到新郎家门前。新郎家门前的空地上围着一个长方形的竹圈，扎着两道竹篾拱门，第一道门朝向大路，第二道门朝向新郎家，地上铺着双数竹篾笆，上面摆着两盘草烟。

新娘进院子时要举行过草桥仪式，表示驱除新娘身上的邪气。吉时到了，主持人要抓一只鸡，快速把鸡脖子砍下来，再立即把鸡放下，这时鸡还未死，看它往何方飞。如果鸡飞向新郎家，就意味着新娘会给婆家带来兴旺。然后，主持人把鸡血滴在草桥上，新郎牵着新娘从草桥上走过，向家里走去。新娘走过草桥后，就算是新郎家的人了。新娘在家门口拜见自己的婆婆，婆婆取下自己脖子上的项链给新娘戴上，表示儿媳以后要开始管理这个家了。接着，牵着新娘进屋，村寨子里的长辈们在屋子里要举行庄严、隆重的迎新娘仪式，对新娘致以祝福。这些过程完成后，新娘进入洞房，村子里的姑娘和小伙子聚集到新郎新娘身边，向他们表示祝贺，并讨要喜糖吃。

新郎、新娘休息一会儿后，就来到祭祖宗的屋子，这里摆着各种祭品，还聚集着参加婚礼的宾客。此时歌手出来祝福新郎和新娘，男女歌手先唱《贺新娘》："新娘呵！请接受我们美好的祝福！小苗终要长成大树，嫩果一定会成熟，你的姑娘时代已结束，你的爱人！你要把他刻在心灵深处，爱他吧！他是你最忠诚的卫护，爱他吧！……祝你永远幸福！"祝贺完新娘之后，歌手接着唱《致新郎》歌："新郎呵！请接受我们美好的祝福！老虎有了栖身的林，太阳有自己的归宿，你的小伙子时代已经结束。你要把妻子的歌声，永远装在你的心窝。爱她吧！她是你的智慧和幸福，爱她吧！……祝你永远幸福！"歌手一个个轮流着演唱，赞扬新郎和新娘。这天晚上，亲朋好友和全寨的乡亲都要来喝酒、吃宴席。宴席结束后，大家又开始唱歌跳舞，一直欢娱到深夜。

除上述婚姻形式外，还有一种婚姻情况，就是景颇族男女感情很深，但是双方或一方的父母不同意这门婚事，这对情侣只好在婚前发生性关系，致使女方怀孕或生下孩子，从而达到正式结婚的目的。在这种情况下，男方只要给岳父岳母送有限的彩礼，然后再宴请亲戚朋友就可以了，其余的婚礼程序和仪式都可免去。

三、喝酒的礼节

景颇族男女老少都喜欢喝酒，关于他们喝酒还有一个民间故事。相传：景颇族有位妇女叫木吉锐纯，她和自己的儿子阿崩娃分别居住在恩梅开江的两岸。由于江水阻隔，阿崩娃每天要绕很远的路赶来见母亲，并吃母亲的奶。一天，他请母亲为他想一个戒奶的办法，于是木吉锐纯给了他一桶水酒，让他以后用水酒当奶喝。这种水酒甜中有辣、回味绵长，阿崩娃喝了之后就戒掉了奶。后来，这种水酒世代相传，景颇族人慢慢养成了爱喝酒的习惯。

景颇族人外出时，筒帕里都放着一个用竹子刻制而成的酒筒。在路上熟人相见，不相互递烟，而是相互递盛着酒的酒筒。到景颇族人家做客时，主人先拿出来给客人喝的不是茶水，而是酒。接过酒还不能直接就喝，要先倒回一些到酒筒里，然后再喝，这样表示对主人的尊敬，主人会特别高兴。

如果景颇族人家里来的客人多，主人就不亲自挨个敬酒，而是把酒筒交给年纪大点的客人，意思是要这个人代表他的心意，给大家一一敬酒。这人接过酒筒后，需根据客人的多少和酒筒里酒的多少，给包括主人在内的每个人倒酒，但必须在酒筒里留一点酒做"酒种"，这样表示竹筒里的酒永远喝不完。

大家都倒好酒后，主人自己先喝一口，其他人才可以喝。而且在喝酒时应该使用筒盖，不能直接用酒筒喝。很多人共喝一筒酒时，要先让给老人喝。每个人喝一口后，要用手揩一下自己喝过的地方，再传给别人。

四、景颇族服饰

景颇族男子一般穿黑色的圆领对襟衣，这种衣服袖子短衣面窄，下襟也较短，不及腰部。他们下身穿短而肥大、裤脚边有绣花的筒裤。壮年和老年人一般使用黑布包头，青年男子大多喜欢用白布包头，白布的一端绣着花纹，包头布下还坠着一些红须。

景颇族男子还有穿耳的习俗，一些未婚男子喜欢把情人送的耳环、项圈、手镯戴在身上，部分青年则喜欢在小腿弯处套一个黑色的藤圈。景颇族成年男子外出时习惯随身携带刀枪，而且弓不离手、"通帕"不离肩（连着背带的长方形背包）。景颇族男子由于经常身佩长刀，所以大多都有系着长刀的背带，老年男子的背带上常饰有虎豹的牙齿。

景颇族妇女一般上身穿黑色圆领对襟短衣，袖子细长，上衣的前后和肩上都钉着很多银泡

美丽的景颇族少女

泡和银片。手上戴一对或几对粗大的刻花银手镯，脖子上挂着六七个项圈，或一串银链子和银响铃，耳朵上戴着比手指还长的银耳筒。许多妇女还喜欢用藤篾编成藤圈，涂上红漆和黑漆，围在腰部。景颇族妇女大多都穿羊毛线织成的筒裙，筒裙多为黑底，少数是红底，裙子上用红、绿、黄、蓝、紫线织出绚丽的图案。景颇族筒裙图案取材广泛，素材来源于大自然和现实生活，图案可分为瓜果种子、草木花卉、飞禽走兽三大类，最常见的图案有老虎脚爪、竹桥花、猫脚印、南瓜藤、蝗虫牙齿、毛虫脚、生姜花等。

筒裙由三块布拼成，围在腰上的一面是黑线织的，一般不能倒过来围，其他两面都有花纹。筒裙一般呈长方形，长宽各 5 尺多，披在身上可以御寒，还可以当被子盖。景颇族姑娘通常喜欢在短衣下摆和筒裙衔接处系一条颜色艳丽的红腰带，年纪大一点的妇女则喜欢戴"护腿"。"护腿"是套在腿上作为御寒或装饰用的布套子，妇女们为了美观好看，还在布套子上绣满各种花纹。

五、景颇族勒绒

勒绒是景颇族的乐器之一，在筚笋的基础上发展而来，也是一种管身较长的气鸣乐器。它用竹管做成，由主管、送气管和吹嘴三部分组成。主管又称发音管，由两截竹管套接而成，管长 1 米左右，其正面开有 4 个孔，背面开有 1 个孔。正面的孔开在下截管上，孔距不等，背面的孔开在上截管上。送气管管长 50 厘米左右，绑在主管的顶端，且两端留有竹节，管上端近竹节处开有 1 个小孔，气流通过这个孔发音。送气管上端的竹节处插有一根 3—6 厘米长的细金竹管，那就是吹嘴。

演奏勒绒的姿式很优美，一般都是把它的顶端扛在肩上，如果习惯使用左手，那么左手拇指按背后的泛音孔，食指、无名指按第一、第二孔，右手食指、无名指按第三、第四孔。如果习惯使用右手，演奏的手法则正好相反。演奏勒绒时，气息较难控制。它主要有弱吹、平吹、超吹三种方法，弱吹音色浑厚，平吹音色柔美，超吹音色明亮。勒绒的音域很宽，低音部分深沉柔和，高音部分明快，所以吹奏起来不仅声音很好听，而且富有表现力。欢乐时，吹出的声音十分优雅动听；吹奏悲伤的曲调时，则显得气氛很凄凉。演奏勒绒的要求比较严格，一般多在室内或平静的室外吹奏，如果风吹进了发音孔，就会影响它的音调。

因为勒绒适于独奏，所以景颇族的男青年常在恋爱时吹奏它。所奏乐曲大多为景颇族民歌曲调，常见的曲目有《情歌调》、《叙事歌调》、《山歌调》、《勒绒调》、《玩耍调》等。

六、风情万种的"目脑纵歌"

　　"目脑纵歌"是景颇族的传统节日，其汉语意思是"大伙一起跳舞"，一般在农历的正月十五日举行，为期4—5天。关于这个节日的起源，流传着三种传说。一种传说是：鸟儿从太阳神那里学会了目脑舞，人类又从鸟儿那里学会了跳目脑舞。另一种传说是：景颇人的创世人宁贯瓦的父母对他说："我俩死后，你要举行目脑丧礼，只有这样我们才能变成大地，你也才能变成人。"于是，宁贯瓦按照父母的意愿，去太阳国学跳目脑。在太阳国里，人们推选孔雀为目脑舞的领舞人。孔雀不负众望，悉心教会每个来学跳舞的人。宁贯瓦学会跳舞后，就在人间组织了目脑舞会，并划定喜玛拉雅山脚为舞场。而且他还把目脑舞的动作刻在目脑柱上，规定领舞的人要戴上孔雀羽帽。此后，目脑就诞生了，并世代相传。最后一个传说是：在远古时期，景颇族族居住在一个很好的地方，人们过着幸福的生活。一天，一个吃人的魔王来到这里，他专吃小

风情万种的"目脑纵歌"

孩，并常常施法术呼风唤雨，淹没农田和村庄。这时，一个叫雷盼的景颇族男子，带领人们进行反抗，终于杀死了魔王。为此，人们欣喜若狂、纵情歌舞。后来，人们为了纪念这次除魔的胜利，每年都要举行歌舞活动，并把歌舞活动叫做"目脑"。

目脑纵歌要在大广场或草坪上举行，人们先在场子中央竖起 4 根色彩斑斓、高约 20 米、用栗木做成的目脑柱，柱子上绘着精美的图案（图案由 4 个三角形，以及蕨菜花纹等组成）。中间两根柱子之间交叉放着两把银光闪闪的长刀，象征着景颇族骁勇强悍、坚强刚毅的性格。目脑柱两侧有两块高 8 米的木板，上面绘着象征子孙昌盛吉祥的图案。目脑柱前还搭建有两个高台，据说从此可以望到喜玛拉雅山。高台周围立着一些木桩，桩上挂着八面大锣、大鼓和其他乐器。广场的四周用竹篱笆围起，目的是防止野鬼的侵入和牲畜的干扰。

到了目脑节，村村寨寨的景颇人都会身着节日盛装，从四面八方涌到目脑广场。典礼开始后，先放礼炮，然后笙管、锣、鼓等乐器齐鸣，景颇族和到场的其他民族同胞互赠鸡蛋、米酒等礼物，并向来宾敬献紫糯米粑粑。舞蹈开始时，先由两位德高望重且又熟悉目脑舞路线的老人，身穿大龙袍，头戴饰有孔雀、野鸡羽毛和野猪牙齿的"啄木鸟帽"，手持长刀领头。后面跟着背铜炮和持长刀的队伍，拿着扇子或彩帕的妇女们跟在最后。人们踏着音乐鼓点，变换着舞姿和队形翩翩起舞。大家喜气洋洋地扭着腰肢，不时地发出"哦啦"、"哦啦"的欢呼声。从清晨到傍晚，人们尽情歌舞，跳累时自动退场休息片刻，然后又上场接着跳舞。

表演时，队伍行进路线必须严格按照目脑柱上所画的路线进行。跳完两圈之后，大队必须变换队形，分为两路：一路由原来的领舞人带领，仍按照花纹的线路跳；另一路人则由舞蹈水平较高的人领头，变换舞姿，跳自由舞式。在这两路人跳舞的同时，广场周围还有两队武士也在跳舞，其中两人持矛，两人拿盾，表示驱赶野鬼。跳了几天后，待舞蹈收场时，舞队中的人就手持花束跳，做饭的拿起锅铲跳，管酒的抱起酒筒跳，大家各自尽情地舞动。

七、景颇族打线靶

每年农历正月初一，景颇族村寨所有的男人都要参加传统的体育活动——打线靶。线靶用竹子做成。通常情况下，人们将一根 10 厘米粗、20 多米长的竹子削去竹梢和枝丫，保留好竹尖，再用一个细竹篾或一根线把准备好的物品系在竹尖上，然后把竹竿栽在空地上。此时，竹尖上的东西会迎风摆动，这样线靶就做好了。打线靶时，只准打系物品的细竹篾或细绳，谁把绳子打断使物品落下，这些东西就归谁所有。

初一之前，老猎手便和寨子里的青年男女们协商筹备。为了搞好这个活动，每户都要尽自己的一份力量，要么捐款，要么帮忙制作。竹尖常挂的物品一部分是用捐献的钱买的手帕、项琏，有时也系少量的钱或崭新漂亮的筒帕；一部分是由村寨人家制作的线靶，靶上挂肉和钱的数量由制作人自行决定。在场地边，青年男女们还备有米酒，供大家享用。如果男子打中线靶，姑娘们就负担米酒和水酒的钱；如果男子打不中线靶，他们就要自掏腰包了。

进行比赛时，常常是姑娘们做裁判，有的姑娘把定情信物做成线靶，有的还包一些杂物。这时姑娘的心都七上八下的，生怕意中人打不中包着信物的靶，又担心他打中了包着取笑杂物的靶而难为情。有的人按捺不住，就预先把信息告诉给心上人，以免自己的信物落入别的小伙子手中。待全部活动结束后，由裁判评选，谁打中的靶最多，就会被大家称为神枪手，将会受到很多姑娘的喜爱。

第二十章

德昂族文化

德昂族是我国西南边疆最古老的民族之一，源于古代的濮人，唐宋时期被称为"朴子"、"茫人"，元明时期被称为"金齿"、"蒲人"，主要散居在云南省德宏傣族景颇族自治州。德昂族有自己的语言和文字。语言属南亚语系孟高棉语族佤德昂语支；文字流传不广，主要用于记载本民族的历史、道德、法规和书写佛经等。不少人通晓傣语、汉语或景颇语。其极具民族特色的民俗风情，让人留连忘返。

一、五彩花瓣迎新娘

德昂族男子成人后，如果在社交场所看中了哪位姑娘，就会找机会上前接触，然后在谈话中巧妙地掌握姑娘的名字、家庭住址等。到了晚上，小伙子就到姑娘家的竹楼后吹奏葫芦箫。姑娘听到声音后会偷偷向外看，如果她不喜欢这个小伙子，就会一直躲着不出来开门。小伙子在外面吹了一阵，看到姑娘没有动静，只得离开了。如果姑娘有点喜欢这个人，她会很快下楼开门，并把小伙子请到家里的火塘边坐下。小伙子坐在火塘右方，姑娘保持一定距离坐在他的后边，两个人相互谈笑，对歌到天明。

小伙子通过和姑娘的几次接触，若确定很喜欢这个人了，就会继续到姑娘家串门。经过多次串门后，小伙子认为时机成熟了，便会买手镯、项圈等东西送给姑娘。如果姑娘收下东西，就表示她确定了彼此的恋爱关系。几天后，小伙子再来串门时，姑娘会把亲手织的"伙森"（用红色和黑色棉线织成长5尺、宽3尺，两头装饰有线球的棉毯）披在小伙子身上，意思是要他快点来提亲。小伙子披着"伙森"回家后，他的父母会仔细询问一些情况，并很快请媒人去说亲。说亲时，男方请的媒人会送给女方父母一棵芭蕉、一包茶叶、两条干咸鱼作为见面礼。女方家很快也会请一个媒人，如果女方的父母同意了，男方家第二天就要把同样的礼物送给姑娘，第三天再把相同的礼物送给女方村寨的族长、长者，作为取得他们同意的礼物。经过三天重复的送礼求婚仪式之后，到了第四天双方就可以正式定下婚期。

婚礼在所定日期的晚上进行。这天吃过早饭后，男方家会派两个媒人和一个年轻姑娘去女方家接新娘，新郎和她们一同前去，村寨里的未婚男女也组成歌队和他们一起上路。迎亲队伍到女方家后，双方还要举行对歌比赛，歌队中的姑娘同女方村寨的小伙子对歌，女方送亲的姑娘和男方这边的小伙子对唱。男方只有唱赢了，才能顺利地接走新娘。新娘进了新郎家的门，刚踏上楼梯时，婆婆会朝她撒鲜花瓣。前三次使用三种颜色的花瓣，每次撒一种，第四次撒的是五颜六色的花瓣。新娘在飞舞的花瓣中上楼，婆婆则领着新娘进洞房。

新娘在洞房休息片刻后，新郎会端来放有鲜花的高脚竹编茶盘，带着新娘给寨子里的长辈和老人磕头，这些人则祝他们夫妻恩爱、白头到老、子孙满堂。然后，大家一起享用喜宴，尽情地对歌，而且要连持续唱三个晚上。这三个晚上，新娘和娘家送亲来的姑娘要一起睡在新房的地上。三天之后，送亲的姑娘全都回去了，新郎和新娘才能同房。新婚后的第三天，新郎要和新娘一起回娘家，新娘则带着婚前男家编好的小竹篾箩，装上一些礼物送给自己家的亲属。

二、德昂族茶婚

德昂族种茶、采茶已有百年的历史。他们喜欢茶，不但山上，就是家家户户的房前屋后都栽满了茶树，处处洋溢着他们与茶的特殊感情。

客人来了之后，会受到以茶为礼的热情接待，当地还有"说一句话，喝一盅茶"的习俗。德昂族青年男女的恋爱婚姻，也和茶有着密不可分的联系，并被称为茶婚。

每当春天到来后，德昂族的青年就相邀上山采茶。在茶林里，青年们一起唱采茶调，为自己物色心上人。如果男青年看上了哪个姑娘，就主动过去帮她采茶，和她聊天。小伙子了解到姑娘的一些情况后，很快会托一个人给她送一包茶叶。如果姑娘比较满意小伙子，就会收下茶叶；如果不喜欢对方，就会退回送来的茶叶包。

德昂族家长认同儿女的自由恋爱，当女儿领着男子回家时，父母会借故离开，让他们两人坐在火塘边无拘无束地聊天。青年男女则一边烤火、喝茶，一边说话谈心。通过一段时间的接触，两人建立了深厚的感情，并愿意结为夫妻，便会互赠一包茶叶，茶叶就成为他们的定情信物。男女缔结婚约后要告诉给父母，但是不用语言表述，而是用茶相告——小伙子趁父母熟睡后，把事先准备好的茶放在母亲常用筒帕里。母亲发现筒帕里的茶叶，就知道该为儿子提亲了。

母亲与父亲一起商量后，会委托同族和异族的亲戚各一人，让他们作提亲人。提亲人去女方家时，不需带很多礼物，只需在筒帕里装上两包茶。到女方家后，他们先不说什么，只要把茶放到供盘上，双手递到女方家长面前，女方家长就知道他们是来提亲的。女方父母经过媒人的说合，认为这门亲事还可以，就会收下茶叶表示同意婚事，如果不收就表示拒绝。男方父母知道对方答应了婚事后，男方的父亲和媒人再次到姑娘家，大家坐在一起喝茶、攀谈，以增进彼此的感情。然后，男方的媒人携带一些茶叶、若干酒肉，到女方家宴请女方父母和老人、舅舅等。在宴席上，先由媒人向女方父母各赠一包茶叶，接着双方以茶议定订婚礼物。待双方家庭和亲属认可亲事后，几个月后他们就可以结婚了。结婚之前，男方要给女方家送去彩礼，一般是糖、酒、猪肉等东西，但是绝对少不了茶叶，而且都是选择自家采摘、精制的上好茶叶。

三、德昂族丧葬习俗

德昂族人死后，家人首先在门外鸣枪三响，向亲朋好友和邻里报丧。其实，在老人或病人快要断气时，家属就已经把他从卧室抬到房屋内的走道一侧了。人死之后，他们把竹墙拆除一半，把死尸横置在上面。然后，用蒿枝蘸着温水为死者擦洗身体，还为他剃去头发，缠上新的包头，换上新衣，把尸体赤足仰卧，双脚平伸，双手作合掌状放在胸前，再用白线拴紧双指和双趾，并在死者嘴里放一枚银币，这是给死者的灵魂摆渡阴间河用的钱。

尸体放置好后，家属就忙着准备棺材。村寨里的乡亲和邻里闻讯后，会带着米、菜、肉陆续来到死者的家里进行悼念，并帮助料理丧事。死者的棺材是用一株大树，截出2米多长的一段，再剖成两半，按死尸的大小在中间凿出空槽。把尸体放进去后，合好棺木用树胶封闭缝隙，再用麻绳把棺材捆紧。然后停放三天，停放期间每天早晚对天鸣放三枪，全寨忌下地生产劳动、砍柴、舂米等，以表示对死者的哀悼。

出殡的日子一般由寺院的和尚通过占卜决定。出殡时，棺材的小头朝前，大头朝后，代表亡魂向前走的意思。棺木由8个男人先行抬起，死者的侄儿、侄女要在棺木下来回钻两次，队伍才可以出发。

他们一般实行土葬，村寨里有公共墓地，死者不分男女、姓氏，只要是本村寨的人都可以入葬。送葬队伍从寨子出发直接去墓地。死者的墓穴采取占卜的方式确定。送葬队伍在去墓地的路上，要不时朝天鸣枪，这是告诉土地神死者的灵魂来了，让神仙接纳他。到了墓地后，一个男人用一火把在墓坑内绕三周，这是为了不让死者的灵魂害人。然后，棺材被放入挖好的墓坑里，棺材的大头朝东方，另一头朝西方，把死者生前使用过的生产、生活用具也放进墓里。家属各抓一把土撒在棺木上，接着其他人开始填土，把坟垒成一个土堆，四周还要围上竹栅，表示死者到了阴间也能住进竹楼。埋葬完毕后，在墓地的人都站起来，由一个老者念咒语，大意是：死了的人快去找自己的归宿，活着的人很快就要离开这里了。老者念完后，每个人都拿树叶扫去身上的邪尘，家人和亲戚也不再哭泣。然后大家转身回村寨，返回时不能回头观望。

在人死后的第七天，家属要为死者追悼亡灵，请佛爷来念经，超度死者早转世投生，或者让他安心前往天堂，不要来危害人畜。从此以后，家属就不去上坟和献坟了，因为德昂族人认为献坟不如献佛。

德昂族认为：凡是被杀害死亡、摔死、野兽咬死、孕妇难产而死、暴病而死等，都属非正常死亡，系恶魔缠身所致，所以要把尸体抬到墓地中，放在干柴堆上焚烧，把火化后留下的骨头用清水洗净装入土罐内，在公墓以外的地方挖一个洞穴深埋，不垒坟头，也不进行超度。

四、德昂族人的饮食

德昂族以前称"崩龙族"，当地人好饮茶，主食以大米为主，玉米、小麦、豆类次之，副食为肉类、瓜类等。由于德昂族大多信仰佛教，佛教教义中严禁杀生，因此德昂族人较少吃肉。

他们的食品制作方法有炒、煎、煮、炖等，但主要以蒸焖为主。其擅长制作各种粮食制品，比较有名的有豌豆粉、豆腐、米粉、年糕、粑粑、汤圆等。食用的蔬菜种类很多，一年四季都吃竹笋，除鲜吃外，还加工成酸笋或干笋食用。他们还受到当地汉族的影响，制作汉族风味的腌菜和腐乳。

德昂族人喜欢吃带有酸味的食品，因此家家都腌制各种酸性食物，如酸腌菜、酸笋、酸干菜、酸木瓜汁等。制作酸腌菜时，先把青菜洗净晒干，切成小段，撒上盐泡入罐里，浸泡几天就可食用了。腌干酸菜则要撒一些花椒粉、辣椒粉、盐、酒等佐料，在土罐中不加水，密封贮藏数月即可食用。做酸笋时，先把竹笋切成细丝，泡于盐水罐里，几天后就能吃了。酸木瓜汁是把酸木瓜切成细丝，泡于盐水中，称为酸水。制作酸豆豉时，要先把黄豆洗净煮熟，然后装在竹箩里密封发酵几天，取出来再放些盐、辣椒面为佐料，然后用木碓春成豆饼，晒干后再用油煎一下就可以吃了。

德昂族人还很喜欢饮茶，尤其是成年男子和中老年妇女，几乎每天都离不开茶，而且好饮浓茶。喝茶时，他们常把很多茶叶放进小茶罐里，然后加一些水煎煮，直到把茶水熬到深咖啡色后再倒进小茶盅里饮用。这种茶水味道浓厚,有些苦,一般人喝了肯定会兴奋得彻夜难眠,德昂人却天天饮用,而且喝上了瘾,一日不喝这种茶水就感觉浑身不舒服,手脚酸软无力。一般来说他们喜欢在干了一天农活全身疲倦时,煮一罐浓茶,喝上几口以提神解乏。

五、德昂族服饰

德昂族的服饰十分富有本民族特色,过去他们的衣服多为自纺自织的棉布,原料也是自家种植的棉花,至今很多妇女的裙子仍用古老的纺车和织布机纺织而成。

德昂族妇女喜欢头裹黑色包头或戴花色头巾,脖子上戴银质项圈,家庭状况越好,银项圈越大,而且下面都系有多对银须。此外,她们还喜欢戴大耳环、银手镯。一般身着蓝色或黑色的对襟短衣,襟边镶有两道宽5厘米的红布条,衣服下摆的边沿系有红、绿、黄三色的小绒线球,衣服的扭扣则是银质的方块牌。她们所穿的裙子,上遮乳房,下及小腿,以黑色为主,中间有红线横纹,色彩比较和谐。

德昂族姑娘成年后,会在裙子的腰部佩戴上几圈甚至几十圈藤篾制的“腰箍”。这些腰箍宽窄不同,一般漆成红、黑、黄、绿等颜色,上面还用铁针烧烙成各种花纹图案,有的还包有银或铝皮,在阳光的照射下闪闪发光。德昂族认为姑娘身上佩戴的“腰箍”越多,做得越精致,就说明这个姑娘越勤劳、聪明。德昂族妇女喜欢在小腿上套黑布套筒。近年来,中青年妇女多带彩色的头巾,小女孩则戴小花帽,衣扣也改用布条扭扣。

德昂男子多头裹黑色或白色包头,包头两端饰以各色绒球,身穿蓝、黑色大襟上衣,裤子较短而宽大。德昂族男子有文身的习俗,他们一般在手臂、大小腿和胸部刺出虎、鹿、鸟、花、草等图案。他们还喜欢戴银项圈、大耳环、银耳筒、耳坠等。过去,成年男子外出时,随身携带一把长刀和弓弩,多数人喜欢赤足而行。如今,除少数老人外,中青年服饰和汉族相同,而且大多穿着鞋子。

六、德昂族水鼓舞

　　水鼓舞是德昂族独有的民族舞蹈，德昂语称其为"嘎格楞当"，一般多在喜庆时表演。舞蹈中使用的水鼓，德昂语称之为"格楞当"。它是一种独特而古老的乐器，以前在众多民族中都有流行，现在仅德昂族还保存着它。水鼓一般用直径30厘米左右、长约70厘米的圆木挖空，两边蒙以牛皮制成，因使用时要注入一些清水而得名水鼓。

　　敲击时，先把鼓绳挂在脖子上，把水鼓抱在胸前，然后用右手持锤击打大鼓面，左手以掌拍小鼓面，两手相互配合，击出节奏。表演水鼓舞时，领舞者需打着水鼓或大钹、大芒率众起舞。水鼓是整个舞蹈中的主要道具，在敲打之前，从鼓身中间一小孔注入一斤左右的清水或水酒，鼓皮潮湿后能发出更有特色的音响。

　　跳水鼓舞时，领舞的人、执鼓和使用乐器的人都是男性。他们头戴直径约3尺的大草帽，穿着短大裤脚，露出虎、草等各种文身花纹。妇女尾随在男人后面，或者在外圈进行表演。她们可以手执毛巾边舞边自然甩动，一个善于唱歌的人在圈子内唱古歌，每唱完一段就高喊"唷啦唷啦！"其他人则大声呼应"哦！哦！"水鼓舞的动作套路很多，常见的有"鸡跳舞"、"四方舞"、"脚步舞"、"公鸡打架"、"各显神通"、"蹲跳"和"对蹬"等。跳舞时，他们都按"十"字逆时针方向行进，主要是为了表现德昂族先民从东方向西迁徙的艰辛历程。舞蹈中一些套路还展现了人们从播种、耕耘到收割的农事过程。在进行这些舞蹈时，都是按一定的程序跳完所有的套路，再把每个套路反复表演。

七、德昂族泼水节

　　德昂人和傣族人一样也过泼水节，时间在清明节后的第七天。虽然他们

　　两个民族都过这个节日，但却有不同之处。德昂人关于泼水节的传说也与傣族不同：在古代，一个德昂族寡妇省吃俭用，辛辛苦苦把儿子抚育成人，最后眼睛都瞎了。儿子见妈妈不能像以前那样干活，很不满，经常打骂她。一年清明节后的第七天，儿子上山砍柴，看见羽毛刚丰的小乌鸦找回虫子喂一只老乌鸦，被感化了，觉得自己以前连禽兽都不如，于是下决心以后要好好服侍母亲。这时，病中的母亲上山给儿子送饭，走到半路昏倒了。她醒后，想到儿子一定很饿了，就挣扎着向山上爬。儿子看到母亲，大喊着向山下跑去接她。妈妈听见儿子的声音，知道自己来迟了，担心会遭到打骂，就绝望地撞死在一棵树上。儿子本来想向母亲认错，没想到妈妈却被自己吓死了，真是伤心欲绝。后来，儿子埋葬了母亲，用一棵树雕刻成妈妈的像供奉在家里。每年清明节后第七天，他都用清泉水洗像，这一天逐渐成为德昂人的泼水节。

泼水节期间的歌舞表演

　　每年临近节日时，德昂族人就忙着制新衣、打粑粑、做好水龙和水桶等泼水工具。老年人都信佛教，聚集在佛寺里搭建为释迦像洗尘的小屋，并架一条新的水龙。水龙用一根粗竹子制成，长约 5 米，上面有精美的彩绘，一边开有槽口。泼水节时，姑娘提桶把水倒入槽中，流向小屋里的佛像，为佛像洗去尘土。然后，由村寨中德高望重的老人手持鲜花蘸水洒向周围的人群，向大家祝福。这时，人们开始互相祝贺新年。年轻人把水桶举过头顶，把水倒在老年人的手上，祝愿他们健康长寿；老人们则双手捧着水，口里念着祝词祝福年轻人。

这种仪式之后，人们便以象脚鼓为前导，排成长队，拥向河边，尽情地唱歌跳舞，互相追逐泼水。泼水节还是德昂族男女青年谈情说爱、寻找对象的好时机。节日前好多天，小伙子会砍来竹子编制竹篮，并乘夜深人静串姑娘时把精心编好、装有二至四个竹筒的竹篮送给自己喜欢的姑娘。这时每个姑娘都能收到几个竹篮，而她到底喜欢的是谁，到了节日那天才可见分晓。节日这天，姑娘背着谁送的竹篮，就表明她接受了谁的爱情。这时小伙子们都很着急，睁大双眼盯着姑娘们的竹篮仔细辨认，看她们背的是不是自己送的竹篮。然后，一对对情人相遇后，就互相尽情地泼水、嬉戏，表达自己激动和喜悦之情。

整个泼水节历时三天，最后一天人们还要再次向老人手上泼水，祝他们长命百岁。年轻人还要背新水到家，为自己家的老人洗手洗脚，请他们吃泼水粑，祝福他们身体健康。

八、洗浴心身的节日

德宏傣族景颇族自治州三台山乡"鼠冬瓜"村德昂族人，在清明节后要举行一个隆重的浴佛节。在节日的前一天，村里的姑娘上山采野花，为节日使用做好准备。节日这天早上，喜庆的气氛充溢着整个山寨，小伙子身着黑色蓝滚边的短衣，缀着红色的大绒扣，大披肩领上挂着一串串毛绒绒的红球；姑娘们则带着银项链，穿着缀有彩色绒球的紧身短衣，欢欢喜喜地出现在村寨里。姑娘们背着竹筒到山里背回清泉水，然后提着盛满泉水的竹筒，在水面上撒一些昨天采摘的野花花瓣，相约着一起去寨门口。如果碰到客人，她们就用花枝蘸一些山泉水，往客人的前后轻洒一些，以示美好的祝福。

德昂族村寨

德昂族人都信仰佛教，村寨中最好的建筑物就是供佛的奘房（佛寺通称，源于缅语）。在奘房前，每个妇女带来一个背篓，用一根根小竹棍撑裱着自己做的剪纸画，把它们插在背篓上，并在背篓的盖子里放一些泼水粑粑和其他食品。然后，她们守在奘房前，一边嚼槟榔，一边等吉时到来，以把自己的心意"赕"给神佛。

村里的成年男子则怀抱金佛像或玉佛像、木雕佛像，组成队伍，敲锣打鼓，带着佛像在寨子里游行，然后把佛像请到用松柏和鲜花装饰的亭子里。亭子里有鲜花和盛着清水的容器，旁边有一个木雕彩绘巨龙水槽。在龙身靠近亭子的地方接一个分槽伸进亭子，人们把清水倒进这里，清水就慢慢流下去，浇洒在佛像身上，这就是"浴佛"仪式。接下来是所有的佛教信徒用供品开始赕佛，默默地祈祷和祝福。浴佛时，家家都把自家供奉的佛像请出来，送到仪式场地去"浴佛"。在"浴佛"过程中，信徒们都要守候在这里，一直到仪式结束。

在村寨平地上，年轻人敲着象脚鼓、铓锣，围成一个大圆圈，伴随着鼓点的节奏跳起"嘎光"舞。整个舞队秩序井然，舞蹈中女人和男人神情庄重，舞蹈的动作重复了一遍又一遍，但是所有人都很专注，因为他们是在舞蹈中追忆先祖的迁徙路线。

　　节日这天的晚餐很丰盛，大家都要吃团结饭。届时，全寨的人聚在一起，客人也被邀同座。几个人围成一桌，每桌都是平等的几碗几碟菜，菜都是当地特产的腊肉、野芫荽、野薄荷、野芹菜、野山椒等，喝的是德昂族自家酿造的酒。在宴席上，大家相互敬酒，但都依自己的酒量饮用。德昂族人从不酗酒，如果谁在酒席喝醉，大家就会取笑他，而且会在他清醒后罚他为全寨人扫街道。晚上吃完饭后，年轻人继续跳"嘎光"，这时的舞蹈已经和白天的庄重气氛有所不同，娱乐的成分更多了。大家围着彻夜不熄的篝火，民歌手开始亮起嗓子唱世代流传的老歌，其他人也会情不自禁地跟着哼唱。

　　浴佛节这天，德昂族还有一个固定的仪式：晚辈为长辈洗手、洗脚。这一天，晚辈要把温水端到长辈面前，向长辈合掌叩头，陈述自己在过去一年中对长辈不尊敬的地方，或者一些没想周到的地方，然后恳请老人原谅自己。同时，长辈也要反省自己在一年中的过错和不足之处，希望晚辈谅解自己。然后，晚辈就为长辈洗手、洗脚，并给他们献上泼水粑粑和茶叶，祝福老人身体健康、长命百岁。

第二十一章

摩梭人文化

摩梭人主要居住在金沙江东部的云南省宁蒗县以及四川盐源、木里等地，至今仍保留着母系家庭对偶婚的残余。子女从母居，血统世系按母系计算，男不娶，女不嫁，只缔结"阿夏"（情侣）关系。摩梭人习惯依山傍水而居，传统风味食品有猪膘肉、腌酸鱼、苏理玛酒等。传统节日有春节、端午节、朝山节、祭祖节、祭牧神节、祭土地节等，其中以春节和朝山节最为隆重。摩梭人的原始宗教为"达巴教"。摩梭人能歌善舞，舞蹈多姿多彩，内容丰富，具有浓郁的民族特色。较为流行的是"甲蹉舞"（俗称打跳），"甲"为美好之意，"蹉"是跳舞的意思，即为美好的时辰而舞蹈。摩梭人的乐器有笛子、葫芦笙、锁呐、鼓、钹、拨郎鼓、手摇铜铃、口弦等。

一、女儿国消失之谜

在《西游记》中，吴承恩所写的女儿国并不是完全虚构的，我国历史上确实存在女儿国。据史书记载：在现在的云南和四川交界处有一个东女国，其最大特点是重女轻男，国王和官吏都由女人担任，男人不能做官，只能做保卫工作。女王的旨意由女官传达给国民。当时的东女国设有女王和副女王，她们都是族群里推出的有才能的女人。倘若女王去世，则由副女王继位管理国家。在一般家庭里，也是以女性为一家之主，掌管家中一切事务和财产分配。

在《旧唐书》中，有关东女国的文字记载十分详细。唐代以后史书中，已无有关东女国的任何记载，东女国就这样神奇地消失了。据一些学者和专家研究：唐玄宗时期，唐王朝和土藩关系较好，到了唐中期，双方的关系却十分紧张，并进行了长期战争。后来，唐朝招降一部分土藩人，并让东女国的女王管辖他们。当时唐王朝还册封东女国女王为"银青光禄大夫"，品级很高。到了唐晚期，土藩势力开始强大，多次入侵唐朝，双方又展开了战争。这时东女国因受战火影响开始衰败，只遗留下一些部落。后来，唐朝渐渐灭亡，土藩政权也崩溃了。东女国的遗留部落由于靠近交通要道，受到外来文化的影响，传统习俗逐渐消逝。还有一些部落逃亡到偏远的地方生活，虽然还保留了以前的习俗，但是已经淡出了人们的视野。

经过民俗学家和其他一些学者的考察，目前基本已经确定，历史上的东女国处在今天云南、四川、西藏交汇处，大渡河的支流——大、小金川一带。他们还惊奇地发现：在这一带，至今仍保留着很多东女国母系社会的特点。比如：在摩梭人居住的地方，女性是整个家庭的中心，她们掌管家庭财产和其他家庭事务，并分配家庭成员的劳动。她们的地位和东女国的女王相似。在一个家庭中，地位最高的男性是家中的舅舅，地位最高的老母亲则是一家之主。在婚姻生活中，如果女方生了小孩，男的一般不用养活孩子，也不用负任何责任，女方独自将这个小孩抚养成人。因此，我们可以说真正的女儿国——东女国已经消失了，但是像摩梭人这样的"女儿国"却依然存在于现实中。

二、女儿国里的走婚奇俗

世代居住在泸沽湖畔的摩梭人被誉为"东方女儿国"，至今仍保留着男不娶、女不嫁的走婚生活。

摩梭人在进行田间劳作、上山放牧、赶集过节时，都是男女结交阿注的好机会。比如：秋天打场时，男女各自站成一排，挥动连枷打稻谷，而且合着连枷的节拍唱歌。这时，男子也为自己物色意中人，如果他看中了哪个女子，就会放下连枷，突然跑上前去抢走女子的毛巾、头帕或者腰带。如果女的不要回

美丽的泸沽湖

自己的东西，就说明他们两个可以结交阿注了。

男女结交阿注时，通常要经过双方私下或托人交换礼物来确定关系。有时双方交换随身的首饰；有时女子给男子赠送自己亲手做的鞋垫或腰带，男子则回赠她一条围巾或首饰。还有一部分男女互换礼物的方式会很庄重，男子通常请一位自己信赖的人，带上新衣服、裙子、茶叶等礼物到女方家互换礼物。送礼的人到了女方家后，向女方的母亲说明自己的来意。母亲征求女儿的意见后，才能做出收不收礼的决定。男女一旦交换了礼物，就成了阿注情侣。晚上，男子就可以到女方家走婚了。

起初，男子在走婚时还得避人耳目，要按照事先约定的暗号，去女家敲门或往房上扔东西。这时家里的大人和其他姐妹都不会干涉这件事，有的还主动回避。约会的女子则会下楼开门，接待自己的阿注。第二天天亮之前，男子就要匆匆离去，返回自己家。两个人经过一段时间的接触后，感情已比较深厚。此时若女方家人表示欢迎男子，他们就可以公开彼此的阿注关系。这时，按照当地风俗，男子要给女阿注赠送上衣、头帕、鞋等东西，还要给女子的母亲和舅舅送一些盐巴、茶叶作为见面礼。送过礼之后，男子可以公开到女方家，有的甚至带着生活用品住到女阿注的房间。但是，依照当地的习惯，男子还必须在早上离开，回到自己母亲家里劳动和生活。

在摩梭人中，也有不少男子在开始的时候就公开走婚。这些男子在首次去女阿注家时，必须带上自己信赖的一个朋友，随身携带着给女阿注的衣裙和一些茶、糖等礼品。男子到女方家后，女方家人要盛情款待，把男阿注带来茶和糖的一部分拿出来祭祀自己的祖先，一部分送给村里人，并且向亲族宣布自己家的女儿有了男阿注。当天晚上，男子在女方母亲或姐妹的带领下，来到女阿注的卧室。女阿注在自己的房里用酒招待男阿注。男阿注在走访之初，需要回避女方家的兄长、舅舅等男性，随着时间的推移，他们结交阿注的事情完全公开后，双方家庭就成了亲家，男子也就不再回避女方家的男子了。每逢节日的时候，两家人还要相互送礼拜访，遇到其他什么事则互相帮忙，如果对方家里死了人，亲家还必须去奔丧。如果男阿注要出远门，女方家里还要在篾制礼品盒内装一些鸡蛋、香肠、猪膘肉等，送到男阿注家里去。

男女经过走婚生了小孩的第二天，女方家人就要为孩子取名，然后带上向神灵和祖先供奉的食物和甜酒等，到男阿注家道喜。这时候，男方家的女家长就派一个女子带着丰盛的食物去看女阿注。孩子满月的时候，男方家要杀猪宰羊，准备好酒席，到女方家举行隆重的满月酒仪式，招待女方村里的父老乡亲。阿注走婚所生的孩子，全部都随母亲住在一起，并且随母姓，由家庭中的母亲、舅舅或姨母共同抚养。因为男阿注不是女阿注家的成员，所以他没有抚养孩子的义务，但在生产劳动和经济方面要给予一些照顾，还要经常看望和帮助孩子。

男女之间维持阿注关系的时间长短不一，短则几个月，长则几年甚至十几年，他们一般是合则聚，相互不合就解散关系。由于男女阿注都住在自己家，男女阿注之间，在经济上互不依赖，在关系上谁也不属于谁，这使阿注之间的关系变得很不稳定。而且在地域上，男女阿注的距离越远，关系就越不稳定，所以大多阿注走婚都在邻近的村子间进行。

在男女阿注中，有从一而终者，但是大多都结交过几个或者多个阿注。男女在青壮年时期，都拥有一个稳定的阿注，同时又拥有几个临时阿注。一些美貌的女子，有十几个乃至上百个男阿注，她们还以此作为炫耀自己的资本。女子的母亲和兄弟姐妹也以此为荣，因为他们可以从走婚的阿注那里得到新衣服、盐巴、茶叶和钱财等礼品，而且在农忙的时节，还能多一些帮忙的劳力。

男女阿注到了中年时，通常会找一个公开而长期固定的阿注，过比较稳定的生活。

阿注双方结交过程中，如果发现对方品性不好，或者两人之间的感情破裂，他们就可以解除阿注关系。因为不需办理手续、不涉及财产分割和子女的归属等问题，所以解除阿注关系时很自由，双方也不会引起争执和纠纷。男方不想维持阿注关系了，就请人捎个口信通知对方，两人开始终止阿注关系；有的只说一声自己不来就可以了；有的则不再到女家走婚，或把行李带走，他们的关系也就自然解除。女方不愿维持彼此的阿注关系，就直接告诉男方不要再来了，或者在男阿注来了之后，拒绝与他同房，也可故意躲到别人家里，男方就不会再走访了。

三、摩梭木楞房的建筑文化

在丽江东部的宁蒗县泸沽湖畔的建筑中，摩梭人的房子最具特色。这些房

摩梭人的建筑

子四围的墙壁，是把树干砍成两丈多长的方形木料后，横排叠加垒成的，所以人们称其为"木楞房"。这种木楞房有冬暖夏凉的优点，还具有很强的抗震能力。

摩梭人木楞房的通常建造结构是：四合院或三坊一照壁，然后配合着柴房、围墙形成一个院落。院子里的建筑有经堂、正房、楼房和牲口厩。摩梭人的正房大多坐西朝东或坐北朝南，与家里的楼房相对。正房的上方是经堂，下方是牲口厩，中间是院子。正房在摩梭语中称"依拘"，家人居住、议事、炊事、用餐、聚会的地方，其左边为卧室，右边为磨房、厨房和杂物储藏室。一些经济条件好的家庭，会在正房的墙壁上涂抹深色油漆以作装饰。楼房一般有两层：上层多被分隔成很多小单间，通常作为成年女子的卧室，也称为"花房"，下层多堆放杂物。

木楞房的房顶是用杉木板覆盖成的"人"字形坡面，房内还竖有直径为一尺左右的两根圆柱。右柱为"龙杜梅"，代表女人；左柱为"瓦杜梅"，代表男人。屋内还设有上火塘和下火塘，就坐时按照辈分和性别入座。

修建木楞房时，还要举行摩梭人独有的习俗——上梁仪式和点火仪式。上梁仪式也称"抢粑粑"，即在立好女柱和男柱后，在它们上面横架一根涂有红色泥巴的、写有藏文"吉祥如意"的横梁。横梁的中下方钉着一块装着供神五谷、银元和本年日历书的红布。前三者的意思是希望神灵保佑全家人不愁吃、不愁穿、不缺钱花，生活越过越好；日历则用来证明房子修建的年代。所有的东西都准备好后，房主就在外面放三声或者九声土炮，然后请站在梁上的修房木匠把粑粑、硬币、铜钱、青稞等东西往地上抛，村子里前来庆祝的人们就蜂拥而上，争抢抛撒下来的东西。

大梁架好后，主人不管房子是否修建完毕，都要选择一个属水的日子举行"进火"仪式。主人先要在本家族里选出一名属命为水的男子和属命为火的女子，让他们来完成这个仪式。按照当地的风俗，升火时间必须选择在太阳刚刚升到山岗时。这时，房主首先放九声土炮，然后属命为水的男子点燃火把，从正房的后门进入，属命为火的女子则背着水迅速从前门进入。二人在屋里相遇后，就一起走到火塘，男的很快点燃上下两个火塘的火，女的则立即在两个火塘上烧水。点火仪式包含双层含义：一是全家人的生活过得红红火火，财源像江水一样源源不断；另一个含义是以水克火，让木楞房永远不发生火灾。接着，主人就请来寺院里的喇嘛念经，请佛祖保佑全家平安、和睦团结、五谷丰收、牛羊肥壮。然后，主人摆下宴席，感谢前来庆贺的乡亲和朋友，同时举行盛大的"甲搓体"舞，祝贺主人家。

四、摩梭人的插旗习俗

在摩梭人居住的地方，他们会在自家的屋顶上，村庄四周，附近的山脚下、山谷口、山腰或山顶上，都插上很多大小不一、五颜六色的经幡旗。

摩梭人插的经幡旗，按照不同的性质大体可以分为三种类型：一类是插在自己家屋顶上，或者插在房屋周围以及较近树木上的旗子。通常是一到二面、长约一尺、宽约七八寸的"松塔尔巴"旗，上面印着很多藏语经文，主要用来祈求神灵保佑自己的家庭消灾免祸、家人吉祥如意。另一类是插在族群公共火葬的地方，离房屋较远的围墙上的成排经幡旗。它们数量很多，一般长约三尺、宽约一尺余，都钉在一丈长的细木杆上，摩梭人称这种经幡旗为"打众"，意思是丧旗。这些丧旗少则十几面，多则成百面甚至几百面，其规模主要由死者的家族成员的多少来决定。旗子上一般都印着为死者超度亡灵、祈求神灵让他升到天堂的经文。

最后一类旗子插在山脚下、山丫口、山腰或山顶上，长宽各一尺左右，用一根麻线串连在一起，挂在摩梭人在山腰或山顶上敬山神烧香的"松塔窝"树枝上，摩梭人把这种经幡旗称为"日则巴"。"日则"的意思是山神鸟，"巴"为图版或者旗子的意思，"日则巴"即是献给山神的旗。这些旗子上印有很多山神的图案，还印刷有祈求山神保佑摩梭人居住的地方风调雨顺、五谷丰登，以及消除瘟灾的经文。

五、男女共浴

每当秋收过后，摩梭人喜欢去洗温泉，认为温泉能洗去全身的病痛，所以他们像朝圣一样赶往有温泉的地方。在去温泉之前，很多人都准备好一顶帐篷，舂好米，带上酒、鸡和鸡蛋，做一些饵块、粑粑。到出发的日子，人们便成群结队骑着马，带着帐篷、铜锅、铝盆、碗筷等炊具，提着吃喝的东西，一路唱着民歌朝温泉进发。

到了有温泉的地方，人们在沐浴之前先要找一块地方烧起篝火，架好锅灶烧水，杀鸡割肉，把鸡块和猪膘肉一起下锅烹煮。等食物煮熟后，人们先享用美味的食物和自制的苏里玛酒。酒足饭饱后，预备好做晚饭的东西，所有人就去温泉里沐浴了。洗温泉时，摩梭人保持着男女共浴的古老习俗。男人们大都不动声色地脱去衣裤，走进水塘，女人也脱光衣服进入水里。男人们在水里悠闲地抽着烟，擦洗着自己的身体；妇女们坐在温泉里，梳理自己瀑布般的长发，擦洗光洁的肌肤。有时人们还赤裸着全身在温泉里嬉笑、打闹、互相挑逗，彼此之间没有任何遮掩，也丝毫不觉得窘迫和尴尬。但是，不是所有的男女都可以共浴，同血缘的家庭洗温泉时，男子不能和女子同池，却不用避讳外人。

到了傍晚，洗澡的人们回到篝火旁开始吃晚饭。稍事休息后，他们又兴高采烈地去温泉继续泡澡。几个小时之后，人们又回到篝火旁喝一些酒暖和一下身体，并在平坦的地方搭起帐篷休息。第二天早上吃完早饭后，大伙才依依不舍地离开温泉。

摩梭人共浴温泉不仅是一个洗澡和保健方式，还是男女双方寻找心上人的途径之一。在共浴戏耍中，男女青年心里会燃烧起爱情的火焰，很多男女青年都在这里由不相识到相识，再由相识到变为心上人。共浴之后，在温泉中结识的情侣纷纷上岸，寻找一块私密之地互赠礼物、互诉衷肠，表达彼此的情意，并确定男女阿注关系。

六、摩梭人成丁礼

摩梭族的少年们在告别童年的时候，都要举行成丁礼，也被称为男孩穿裤子、女孩穿裙子仪式。通过这个仪式，他们进入成年，开始参加生产劳动和社交活动了。在举行这个礼仪之前，男孩和女孩都穿麻布长衫。成丁礼一般在孩子十三岁时举行，主持仪式的人是事先由达巴巫师占卜确定的。达巴巫师把人的十二属相中的虎、马、狗分为一组；牛、蛇、鸡分为一组；猪、羊、兔分为一组；猴、龙、鼠分为一组。举行成丁礼时，只有同一属相组的人才能主持这一仪式，而且还要同性别的人为少年穿裤子或者裙子。

摩梭族的成丁礼一般都放在正月初一早晨。待太阳升起来之后，达巴巫师和喇嘛开始诵经，祭祀这家人的祖先。紧接着在海螺等法器声和土炮声中，成丁礼的仪式开始了。女孩站在火塘右侧，男孩站在火塘左侧，他们分别踩在装着猪膘和粮食的口袋上。然后主持人脱去少年身上的长衫，为他（她）改穿服装，一般男的先从左脚穿裤，女的从右脚穿裙。少年穿好新衣服后，便跪在喇嘛面前，由喇嘛诵一些祷告平安和祝福的经文，念完后家庭主妇向祖先和火塘神献食。

主妇在向祖先献食的时候，达巴巫师就在一边，呼唤这个家庭里所有死者的名字。主妇把所献的食物全部举过头顶，然后出门把它们撒到房顶上，让乌鸦来吃。接着，主持人引导着少男或者少女依次向家里的经堂、上下火塘神、达巴巫师、喇嘛和年长者磕头施礼，这些人要赏赐给他们钱财之类的礼物，长辈则要向磕头者念一遍长命百岁、福禄双至等祝词。

巴达巫师则用最美好的语言，祝贺这些少年男女："今天是好日子，太阳好，月亮好，星星好，一切都很好，你穿上裤子（裙子），愿你长寿百岁，丰衣足食……"

接下来，全家一起共进早餐。早餐之后，家人就开始办酒席，宴请本村所有的人。在宴席上，少男和少女向所有来客磕头施礼，客人则给他们钱或其他东西作礼物，并说一些大吉大利的话祝贺他们。宴席结束后，母亲或年长者把受过成丁礼的少男或者少女领到走婚的生父家，以及其他亲族家中行礼。去的时候，少男或者少女要带上一些食品，到了父亲家中要向经堂、灶神和家里的各位长者磕头。父亲家里的主妇则把带来的食物每样取出一些用来祭祀祖先和灶神，祭祀后再开始招待客人。少男或者少女回家时，父亲家的人要赠送一套新衣服和一些钱，或者送一只羊、一件金属器具作为纪念。

七、摩梭人葬俗

摩梭人大多信奉藏传佛教的格鲁派，所以他们都实行火葬。但是只有正常死亡者，人们才为他举行葬礼，非正常死亡者不能进坟山，更不准在家中停放。家中有人快要死时，家人要在外面鸣枪或放鞭炮，以此通告全村人。人死后，家中一个亲人和一个喇嘛立即到河里取水准备洗尸体。洗尸水中一般都加入一些香料，然后把尸体从头到脚洗一遍。

家人洗完尸体后，要把死者的遗体扶坐起来，并把死者的手和手、脚和脚搭在一起。男的左手在上，女的右手在上；男的左腿压右腿，女的右腿压左腿，交叉成蹲式。然后在死者嘴里放一些银子、酥油以及杂粮，并用酥油将死者的眼睛、鼻子、耳朵和嘴都封住。尸体一般不穿衣服，用绳子从上到下缠绕，男的缠九层，女的缠七层，把尸体绕捆成一团后装进一个大布口袋里。家人组织治丧小组，派人分头向村族的长者和亲朋报丧。

亲朋到来后，在死者家的堂屋正中挖一个坑，把口袋竖着放进坑里，并用木棍支撑着尸体不要倒下，然后用一只大锅把坑口扣住。在坑口四周的地上洒一些清水，防止尸体腐烂变臭。锅上还要扣一个竹箩筐，把死者的衣物都放在箩筐里，坑前放一张桌子，上面放一些祭品。尸体一般在家停放几夜，然后进行火化，这段时间人们称为"寄葬"。在这一期间，死者的家人要请村里的两位老人来守灵，请喇嘛念经为死者超渡灵魂，并请木匠打造棺材，然后选择吉日把尸体放进棺材。尸体进入棺材时，家人要鸣枪或放炮，并请达巴巫师在棺材前给死者念经，为他的灵魂引路，让他回到祖先的身边。在寄葬期间，人们要到山上砍树木。在准备火化的地方，用木头打4个高木桩，之间的空隙刚好能放进一个棺材。同时还要砍来一些比较好的松木，在桩子上架起木栏，男的架十九层，女的架十七层，为后面的火葬做好准备。

在火葬前两天，家人还要为死者举行集体吊唁，并在吊唁的前一天由死者的儿子请来主持火葬的喇嘛。在一片哀乐声中，主持火葬的喇嘛和巫师在灵堂前念经，为死者超渡亡魂。在死者的灵堂周围，用麻绳挂着许多画着符咒和图画的纸旗，和一块四方形的猪肉祭品。在喇嘛和巫师念经时，亲朋好友开始吊唁活动，死者的家属设宴款待来人。第二天吊唁时，主人要准备一匹马，请巫师念经保佑亡灵骑马归去。巫师念完经后，要把马的身子洗干净，然后让主人牵着马在村子里走一圈。

次日就可以进行火葬了。这天清晨，家属要牵着驮着死者衣物和随葬品的马，围绕棺材逆时针绕三圈。之后死者的家属、亲友开始披麻戴孝，男的戴用麻布做成的白帽子，女的在发辫中编一些麻丝，然后所有人开始痛哭。接着，主人请四个人抬棺材，并鸣枪或放炮三声，开始出殡。

在去坟地的路上，巫师和喇嘛走在棺材前念经，送葬的亲友哭着走在棺材后面，死者的直系亲属背着为死者准备的供品和陪葬品。到了坟地后，喇嘛开始念点火的经文，然后由主持火葬的喇嘛打开棺材，把尸体放在木头堆中央点火焚烧。点火后，亲属把孝帽和孝麻，以及死者的衣服投入火中烧掉。在焚烧尸体的过程中，亲属还要向火里不断洒酥油，喇嘛和巫师则不停地念经。

火化结束后，家属用一个口袋去装骨灰。拣骨灰时，要先从脚部开始，按照从身体下部向上部的顺序拣，最后拣头骨。骨灰拣好后，由两个人背着送到死者姓氏的坟山里，且这两人在路上不能说话。到了坟地，他们找一个山洞或者树洞，把骨灰放进去，并解开布口袋，据说这样死者能早日升天。然后他们中的一个对着骨灰说自己去找水，另一个说自己去找柴，再朝不同的方向走，离开坟山。至此，火化仪式结束。在死者去世后的第一百天，家属还要请喇嘛来念经，超渡死者的灵魂。

八、摩梭人朝山节

每年农历七月二十五日，居住在泸沽湖一带的摩梭人都要朝拜格姆山，摩梭语称这个节日为"格姆刮"，意为"转女神山"。据说朝山节始于摩梭祖先泥月乌定居在此的时期，距今已有 1000 多年的历史。藏传佛教的传入和摩梭人长期的母系氏族生活，在这里演绎出很多动人的神话传说，其中摩梭人就把格姆山神看作是最重要的女神，关于她的传说世代流传。

传说在很早以前，泸沽湖附近有一个美丽的姑娘叫格姆。她不仅有出众的容貌，而且多才多艺，能吹悦耳的竹笛、唱动听的歌，还会制作漂亮的裙子。她的美名传播到很远的地方，远近村寨的很多小伙子都赶来向她求婚，天上的一位男神也喜欢她，并用旋风把她卷走了。结果，附近很多人都在后面齐声呼叫追赶，男神在慌乱中把格姆丢开了。格姆摔死在地上，身子化成山峰，灵魂变成一个女神，保佑着这里的摩梭人，使他们五谷丰收、人畜兴旺、风调雨顺。后来，这个女山神还被认为是主管爱情和婚姻的主神。所以人们特别崇拜格姆女神，而格姆山也成为摩梭人顶礼膜拜的神山。在每年农历七月二十五日，摩梭人都要举行一次盛大的朝山活动，在山南麓的神庙里祭祀格姆女神。

　　每年这天清早，各村寨的青年男女衣着盛装，携带着供品和饮食，老人们拿着转山时使用的经幡和供品，附近的东巴巫师和喇嘛拿着法器，成群结队地入山朝拜。到了山脚下，人们把准备好的三角旗拴在树上；东巴巫师诵念祈祷山神的诗歌；喇嘛们坐下来吹响长号和锁呐，开始念经；众人则面对大山叩拜。然后，在东巴巫师和喇嘛共同主持下，德高望重的年长女性向格姆女神敬献美酒、佳肴、水、牛奶等供品。在喇嘛的念经声中，朝拜队伍绕祭坛及女神庙转三周，并到女神庙里焚香，献上自己带来的供品，叩头祈祷。这些礼仪结束后，喇嘛们打着法器，口里念着转山经，众人则跟在后面绕格姆山转一周。

　　转完一周后，人们在草地上围成很多圆圈，燃起篝火，煮酥油茶，进行野餐。野炊期间，人们会欢跳凤凰舞。鼓声响起后，两个装扮成凤凰鸟的人开始欢快地起舞，很多身穿百褶裙的摩梭少女，手持花环在他们之间来回穿梭。除此之外，人们还唱调子，举行赛马、狮子舞、摔跤、打跳等娱乐活动。晚上，人们来到泸沽湖边就地露宿，点燃篝火跳锅庄舞，欢庆他们一年一度的节日。

第三篇

云南风俗

作为人类文明的重要发祥地之一，云南有着许多特殊的民俗和风情，不但增加了其文化韵味，更增加了它的神秘性。居住在这里的各族人民，以自己的聪明才智谱写了灿烂的文化篇章。当地少数民族奇异的民俗、可口的饮食、淳朴的礼仪，以及古老动人的神话故事……无不昭示着云南这块神奇土地的文化底蕴，闪烁着云南人民无与伦比的智慧。

第 一 章

古 老 传 说

所谓传说，就是与一定的历史人物、事件、古迹、风物、社会习俗有关的故事。虽然传说的主人公大都有名有姓，不少还是历史上的有名人物，可这些故事并不等同于真实的历史，这些人物也不等同于历史上的真实人物，但这些故事和人物却折射出人们的企盼和对真、善、美的追求。云南就是一个诞生古老传说的地方，那里的传说源远流长、内容丰富、意境深远，值得回味。

一、虎跳峡的传说

虎跳峡也称虎跳涧，位于云南省丽江纳西族自治县石鼓东北、玉龙雪山和哈巴雪山之间。金沙江到此急转北流，两岸高山对峙、峭壁耸立，山岭高出江面达 3000 米以上，江面仅宽 60—80 米。因江心屹立巨石，俗称"虎跳石"，峡谷由此得名。峡谷段自桥头镇至火坝镇间，长约 16 公里，落差 200 余米，是世界最深的峡谷之一。分上虎跳、中虎跳、下虎跳三段。

上虎跳距虎跳峡镇 9 公里，是整个峡谷中最窄的一段，峡谷的江心有一个 10 多米高的大石——虎跳石。江流与巨石相互搏击，发出的轰鸣声响彻山谷。从上虎跳沿江北上 5 公里，便到了中虎跳的主要景点"满天星"滩。江水从上虎跳流到这里，跌落了近百米，因为江里礁石密布好似满天星斗，所以被称为

"满天星"滩。在这里，江水往复跳跃，并出现江水回奔倒流的奇特景观。两侧雪山高插入云，身处峡谷就能看到一线天的景观。过了中虎跳，水流直下 3 公里就到达了下虎跳的"飞行滩"。站在滩头的望峡台，可以看见两岸峭壁形成的天然石门，江水在这里夺路奔腾而出，卷起十分壮观的层层波浪。整条虎跳峡礁石林立，险滩很多，在短短的一段距离就有险滩 21 处，以及高达数十米的跌坎七处。

关于虎跳峡的形成，当地民间还流传着一个动人的传说。相传很久以前，金沙江、怒江、澜沧江、玉龙雪山和哈巴雪山是五兄妹。金沙江、怒江、澜沧江这三姐妹长大

虎跳峡

后，相约外出为自己找中意的女婿，这样一来可把她们的父母气坏了。父母就派儿子玉龙、哈巴去追赶妹妹们，要把她们捉回来。小哥俩接受了父母的命令后，哥哥玉龙带着 13 把剑，弟弟哈巴挎上 12 张弓，抄小路提前来到丽江。

哥俩为了完成父母交给的任务，面对面坐着轮流守候，并约定谁要是放过三个妹妹，就要被砍头。轮到弟弟看守时，哥哥玉龙睡着了。后来，金沙姑娘来到这里，发现去路被两个哥哥挡住了，闯是闯过不去的。聪明的她想起哥哥哈巴爱打瞌睡，于是边走边唱，一下唱了 18 支歌。那婉转动人的歌声很快使哈巴听得入了迷，他渐渐睡着了。

金沙姑娘瞅准这个机会，从两个哥哥的脚边猛地冲了过去，然后笑着飞奔而去。哥哥玉龙醒了，看到这个情景，十分生气。很快，他又感到非常悲痛，由于哈巴贪睡，放走了金沙妹妹，虽然哈巴是自己的亲弟弟，但是他不能违反约定，于是拔出长剑砍下了哈巴的头。然后，自己在一边大声痛哭，两股泪水化成白水和黑水，而哈巴的头落在江中变成了虎跳石，他的 12 张弓则变成了虎跳峡西岸的 24 道弯。

二、金马碧鸡的传说

只要是老昆明人，一定不会对金马碧鸡的传说感到陌生。相传很久以前，在滇池中有匹能发金光的神马，经常活动在昆明东面的松林中，如果它和凡间的马交配，就能生出日行 500 里"滇池驹"。在昆明的西山上有一只碧玉般的凤凰，它悦耳的歌声在数十里之外都能听到，展翅后能发出缤纷眩目的五彩光，当时的人们不知道它是凤凰，因而把它叫做碧鸡。

再后来，人们把出现金马的东山称为"金马山"，把出现凤凰的西山称作"碧鸡山"，并在两座山的山脚下分别建了"金马寺"和"碧鸡祠"。再后来昆明城中还建了金马、碧鸡两座牌坊，其所在街道也取名金碧路，城外的东西两面还建过金马、碧鸡二关，作为进入昆明的门户。据说昆明城内最负盛名的金马、碧鸡二坊最早建于明代，后来两次毁于战火，光绪年间又进行了最后一次重建。重建后的坊为木结构，高大挺拔，雕檐彩绘，金碧辉煌，并与忠爱坊形成"品"字型的三坊结构，南边还与建于南诏的东西寺塔相映。

金马碧鸡坊的独特之处在于：在特定时候会出现"金碧交辉"的奇特景观。这个奇景是指在某一天太阳将落未落的时候，夕阳所发出的金色的余辉照射到碧鸡坊，它的倒影投到东面街上；此时月亮也刚从东方升起，银色的光芒照在金马坊，它的倒影投到西街上。就这样，两个牌坊的影子渐移渐近，最后形成互相交接的"金碧交辉"。据说这是由于地球、月亮、太阳运转的角度不同才出现的奇景，而且 60 年才能出现一次。清道光年间，有一年的中秋节正好是秋分，天气很晴朗，傍晚时有许多人在三市街口看到了两坊影子落在街面上，并逐渐靠拢相交，此后日落月升，交辉的奇景也就消失了。

三、筇竹寺的五百罗汉

昆明西北有座玉案山，那里是昆明的佛教圣地，山上有著名的筇竹寺，寺院里有闻名天下的彩塑五百罗汉像。这五百罗汉是四川民间雕塑家黎广修和6个弟子历时7年完成的，它们分别陈列在大殿两壁、天台莱阁、梵音阁里，分上、中、下三层。

筇竹寺一角

关于这寺院里的五百罗汉，还有一段美丽的故事。当年，筇竹寺的大和尚圆泰和住持梦佛老和尚闲聊时，无意间扯出一个话题：筇竹寺是昆明的名刹，这里风景佳绝，香火也很旺盛，但是缺少一点具有代表性的东西。说到这里，住持梦佛就说："据传在南诏时，鄯阐侯高智、高光兄弟在玉案山中狩猎，看到一匹九色鹿，可它很快就消失了。不久，云中现出五百罗汉，等到他们靠近仔细观看时，五百罗汉已经化作筇竹，因此有了筇竹寺。要说缺少代表性的东西，也就缺少这五百罗汉群像，我也想请人来塑造，可是我年老力衰，寺院的资金不足，再者也没有合适的塑像工匠啊！"大和尚圆泰听到这里，就给住持推荐了一个四川人——黎广修。

很快，圆泰从四川把黎广修请到了筇竹寺。黎广修对塑造五百罗汉的造像很有信心，来的时候还带了一大群徒弟。这下老住持既高兴又发愁，高兴的是请来了塑像的人，愁的是请来这么多人，寺院没有钱，塑像的工程怎么开始呢？大和尚圆泰对住持说："住持不要为难，广修自有办法！您要不相信可以去问黎广修。"住持见了黎广修，还没有开口，他就说："梦佛大师不要着急，等几天资金就到位了，我们马上开工，这个您放心，都包在我身上了。"

半月之后，云贵总督居然派家人给寺院里送来很多银子。接下来的几天，昆明的一些富豪和大户人家也纷纷送来很多银两。就这样，塑罗汉的钱很快就筹够了，梦佛大师感到很奇怪，这个黎施主是用什么办法弄到这些银子的？百思不得其解，他只得去问圆泰大和尚。圆泰就把事情的经过告诉了住持。"黎施主在寺院里呆了几天后，就直接到城里拜访总督大人，并说自己是来为寺院化缘修造佛像的。总督大人听到这里，一口就回绝了：'本官十分清廉，家里没有银两，爱莫能助啊！'

黎施主听到这里，很礼貌地说：'那草民就不多打扰大人休息了，只是我有件小礼物相送，希望大人一定收下。'说着，他从袖子里拿出一小尊泥塑像。总督大人一看，吃惊不小，原来是自己的形像被惟妙惟肖地展现在泥塑上了。他忙问道：'你过去从未见过我，怎么就能为我塑像呢？'黎施主笑着说：'大人不要惊慌，草民是在适才同大人说话间，在袖里随意捏就的。'总督大人听了之后还不相信，可是他一细看，泥果然还是湿的，忙高兴地说：'你有如此精湛的技艺，塑出的罗汉肯定很传神。'于是，他忙吩咐手下几天后给筇竹寺送点银两，支持塑五百罗汉。黎施主说：'大人的善举真是功德无量，真是罗汉的作为，草民一定把大人的形象塑在五百罗汉群中，让后世瞻仰。'总督大人听了之后乐不可支，又叮嘱管家给筇竹寺多送些银两。总督做善事塑像的事就这样一传十，十传百地传开了。于是，许多乡绅纷纷解囊，一时间给筇竹寺送来很多银两，塑像的资金很快就全部到位了。"梦佛住持听了这事情后，十分赞赏黎广修，念道："阿弥陀佛，黎广修真是奇人，奇人也！"

资金到位后，很快两个月过去了，梦佛大师却迟迟不见黎广修开工塑像，又急了，想去问，却不好开口。又两个月过去了，仍不见黎广修动手，梦佛大师急得团团转。一天他从黎广修的艺室经过时，发现了其中的秘密。原来，黎广修在艺室里早已捏了形形色色的人物，其中几位还是常来进香的香客呢。这些人物都十分像，大师不由赞叹："黎师傅真乃神手！"

这时，黎广修的弟子进来。大师就问："广修师傅去了哪里？"弟子回答："师傅下山去黑林铺了。"大师接着问道："他去那里干什么？"弟子说："老住持有所不知，我师傅隔三岔五就到山下去喝茶，茶铺正好在上山必经之处，师傅喝茶时就可以看到路上形形色色的人物神态。师傅说佛法就在人间，若这样罗汉自然就在世间了，而且罗汉心静但习气尚在，他们就是人世间的众生百相啊！"梦佛大师这才恍然大悟，原来黎师傅要以人间百态，塑造全新的五百罗汉群像。

黎广修足足准备了一年之久，已熟练地掌握了五百罗汉的情态。于是，他带着自己的弟子开始正式塑像，最终他们用五年多的时间完成塑像工程。就这样，一尊尊活灵活现的罗汉就出现在筇竹寺。黎广修不但能塑像，还能诗善画，于是又抽空为寺中作了几幅壁画，并作了副对联，对联的内容是："大道无私，玄机妙悟传灯录；仙缘有份，胜地同登选佛场。"

四、明建文皇帝在云南

明朝初期，燕王朱棣发动战争夺了自己侄子建文帝的皇位。大军进城后，皇宫已经起了大火，建文帝也没了踪迹。云南民间传说他逃到了云南，并在这里生活下来，其中还流传着一个故事。一天，燕王朱棣对建文帝说："我的好侄儿，你现在年纪幼小，把公务布置给我吧，我替你处理，你只要在宫里养身

风光秀丽的狮山

体就行了。"建文帝听后就知道，这明里是叫自己保养身体，实际就是想夺自己的皇权。建文帝想到这里，感到害怕，疑心叔叔要谋杀自己篡位。后来，燕王朱棣果然谋反，举兵杀到京城，建文帝忙更换衣服逃出京城。为了逃避追杀，他专走山路狭道，拼命地往前逃。

建文帝不知道跑了多少天，来到了秀丽的嵩明坝子。他不敢住进城里，就到山上的寺庙投宿。一天，他来到地藏寺，长老热情地赐给建文帝斋饭，并留他住宿。晚上，建文帝睡在屋子的拐角处，蚊子很多，外面的蛙声很大，又痒又吵，他怎么也睡不着，就大叫道："蚊虫滚出屋外，蛙声远退五里。"说完后，蚊虫果真没有了，蛙声也灭绝了。第二天，建文帝洗漱吃斋后又启程赶路。刚到屯锁水桥，天开始下大雨，建文帝没有避雨的地方，就到桥下躲雨。这时修河的人来到，见桥下面有人躲雨，就请他出来，说自己要修一下里面，怕雨水淤在这里。建文帝说你们只修两头就行了，我还要在这里躲雨，但是我保证以后这里不会淤水。修河的人只好只修两头，没想到水到了这里果真不受阻了，而是先钻下去又冒出来，转流而去。

天晴之后，建文帝继续前行，来到一个村子，感觉肚饿难忍。他看见一个老人在场上晒荞麦，便上前施礼求老人家给自己点饭吃。老人家说家中啥也没有，只有这点才打下来的荞麦，可一下子晒不干，还做不了饭。建文帝指着旁边的一块石板说，你把它们搬到这石块上，很快就会晒干的。老人家就照着做，果然荞麦很快就干了。于是，老人在石磨上磨了些荞麦，和着水蒸熟给建文帝吃。他吃了后大加赞扬，说这东西很好吃，后来这个村便更名为得食村。建文帝吃完饭后又上路了，几天后来到武定狮山，就在这里的寺庙当了和尚。

建文帝当了和尚后，在狮山住了几年，每天都要到山脚下挑水，然后到山头的寺院里浇灌罗汉树和各种花卉。一天，他放下担子休息时指着山脚说："这里要是出水就好了。"第二天，那地方果真有些潮湿，他用锄头挖了几下就出水了。过了一段时间，他走到半山腰说："要是这地方出水就好了。"第二天那地方也真的有些潮湿，他又用锄头挖出了水井。数月过去后，建文帝叹气说："大门前要有水就好了。"第二天门前果真又出了水。用水方便了，寺院里的各种花草树木更容易培植，也更茂盛了。

一次，武定知府的大少爷到狮山寺院游玩，见这里的花很漂亮，便伸手折了一些。建文帝见后，很生气地说："我见你是州府的大少爷，要不然一定给你两个嘴巴。"说完他就走了，虽然他没真打，可大少爷的脸上却有五个指掌印。大少爷回到家里，武定知府见儿子脸上有掌印，忙问下人："谁打了大少爷？"下人回话说："谁也没打，只是大少爷折了狮山的花卉，一个浇水的和尚说：'我见你是州府的大少爷，要不一定给你两个嘴巴。'他只说没打，可大少爷脸上就有了五个指印。"武定知府说："既然没打着也就算了。"可是他太太却说："你还是一州的长官，儿子被和尚欺负了，你也没办法管啊？"武定知府被激怒，当下吩咐人上山把那个和尚给抓下山来，打入大牢。就这样，建文帝被兵丁不由分说抓下山来，推入牢里。可他走到门口时，这些人却怎么也推不进去。建文帝见他们着急了，便说："你们想要把我推进去，必须先把门染红，在门上挂一把画有虎头的瓢。"这些人按他说的做了，这样才把建文帝推入牢房。

管监的心肠比较好，见建文帝很可怜，就悄悄对他说："你在这里没有大官帮助，我还是放你跑吧，要不你会死在这里的。"建文帝见监官心好，就撕下一块衬衣，咬破手指写好血书交给了他，然后吩咐他到昆明的国公府去见沐国公，如果他家人不让你进去，你就是滚也要滚进去。见到沐国公，你只要喊沐小子（沐国公曾是建文帝家里的杂工，沐小子是他的乳名），快来接圣旨，其他的事情就不用费心了。

管监到了昆明沐国公府的大门，守卫推阻并呵斥他，可他还是拼命地往里钻，而且口里一直大喊着："沐小子，快来接圣旨！"守卫一片狐疑，于是扯走他的白绫巾，拿着去里面报告。沐国公看到血书后，忙接见监官。监官掏出书信呈上，国公看完后大惊道："不好，皇上有难了，得赶快去救！"于是他火速调来府卫军3000人，亲自挂帅向武定进发，把它围了个水泄不通，武定府官只好带家眷从水路逃走。沐国公进城后，前往监狱看望，然后叫兵士把屋顶揭开，用绸子拴住建文帝的腰杆，把他从屋顶拉了出去，然后起驾到昆明，住进国公府奉养。后来，建文帝赐给沐国公一笔财富，并给监官升了几级，那些在路上照顾过他的人也都得到了回报。

五、蝴蝶泉的传说

在云南大理城北40公里的苍山云弄峰麓的祁摩山下，有一眼清澈见底的泉，这就是大理白族的名胜景点——蝴蝶泉。在泉上横斜着一株古老的合欢树，泉的四周围着大理石栏杆，附近还建有蝴蝶楼、八角亭、六角亭、大月牙池、咏蝶碑等，并栽培大量花草树木。在每年农历四月中旬，成群结队的蝴蝶都会翩翩而至，有的直点水面，有的勾须连足挂在枝头，争奇斗艳、斑斓多姿，令人眼花瞭乱、目不暇接。

关于蝴蝶泉的由来，大理民间流传着一个神奇有趣的故事。很早以前，蝴蝶泉叫无底潭，其附近住着樵夫张老伯和他的女儿雯姑。一次，父女俩上山砍柴，突然一只受伤的小鹿从草里跑出来，伏倒在雯姑身边向她求救。正在这时，一个名叫霞郎的猎手手持弓箭也赶了过来。雯姑抱着可怜的小鹿向他求情，请求他别杀死小鹿。霞郎接受了雯姑的请求，并把小鹿赠送给她，还从自己的药囊中取出药粉为小鹿治伤。雯姑因此很感激霞郎，后来他俩常在无底潭边相会，雯姑还把自己绣有百只蝴蝶的手帕作为爱情信物送给霞郎。

大理城有一位虞王在一个偶然的机会看到雯姑，对她的美貌垂涎三尺，想把她占为己有。他派人上门求婚，被雯姑拒绝，最后他借口让雯姑去府上绣百蝶，派很多人把她抢走。张老爹上前救护自己的女儿时，竟被虞王府的兵丁打死了。通人性的小鹿目睹了这一幕惨剧，飞奔上山找霞郎，咬着他的衣裳往山下拽。

霞郎来到无底潭边，看到了雯姑留给自己的书信，然后安葬了老人，背上弓箭骑马赶到虞王府，并趁着夜深人静救出雯姑。虞王知道后，火速派总管率兵前去追赶。霞郎为了阻止他们的追赶，张弓搭箭射向追兵，结果一箭就射倒一个追兵。可是追兵人多势众，霞郎的箭有限，他只得护着雯姑边战边退。最后，他们两人退到无底潭边，这时霞郎的箭也射完了，刀也丢了。在无路可逃的情况下，霞郎和雯姑相拥着跳进了无底潭，那只小鹿也跟着跳了进去。在他俩跳潭前，本来是万里晴空，跳后突然电闪雷鸣，下起暴雨，虞王的总管和兵丁吓得赶紧溜了回去。雨过天晴后，潭中飞起一对大彩蝶，随后又飞出一只只彩蝶，据说这些蝴蝶就是霞郎和雯姑变的。

后来，人们为了纪念霞郎和雯姑，就把无底潭改名为蝴蝶泉，并在他俩殉情的农历四月十五这天到泉边凭吊他们。这一天，白族的情侣恋人会到泉边聚会，唱调子、跳舞，倾诉彼此的爱慕之情。

六、阿诗玛的传说

提起云南的阿诗玛，人人都不会陌生，而且云南的小石林还有一个阿诗玛石，它在那里翘首以待，似乎正在等待着阿黑哥的到来。

幻化成石头的阿诗玛

相传很早以前，在一个叫阿着底的地方，贫苦的格路日明家生下了一个美丽的姑娘。阿爸和阿妈希望自己的女儿能像金子般发光，就给她起名为阿诗玛。阿诗玛渐渐长大，长得非常漂亮，头上始终戴着绣花包头，腰上围着亮闪闪的绣花围裙，迷倒了很多小伙子。而且，她能歌善舞，那清脆响亮的歌声常常吸引小伙子接近她。

阿黑是一个勇敢智慧的撒尼族小伙子，12 岁时父母被土司虐待而死，自己也被财主热布巴拉抓去服劳役。一次，他上山为主人采摘鲜果时迷了路，在密林里挨饿受冻，但是怕主人责骂自己，不敢回去。正在这时，他遇到放羊的阿诗玛。阿诗玛把阿黑领到自己家，她阿爸和阿妈从此将阿黑收为义子。阿黑和阿诗玛就这样生活在一起，两小无猜、相亲相爱。后来，阿黑渐渐长成小伙子，性格豪爽刚直，成了周围撒尼族小伙子的榜样，人们都夸赞他。

阿黑十分勤劳，很会种庄稼，他在石子地上开荒种玉米，长出的玉米比别人家的都好。他上山砍柴，也比别的小伙子砍得多。而且，他从小爱骑马射箭，能够百发百中，因此他的义父格路日明很喜欢他，把神箭传给了他。阿黑的歌声特别嘹亮，能吹笛子和弹三弦，笛声悠扬、弦子动听，吸引了很多姑娘。在一年的火把节上，阿诗玛与阿黑互相倾吐了爱慕之情，阿诗玛还立誓非他不嫁，后来这对义兄妹就订了亲。

一天，阿诗玛去赶集，阿着底财主热布巴拉的儿子阿支看中了她，想娶她为妻，就回家求父亲热布巴拉请媒人为自己提亲。热布巴拉也早听说过阿诗玛长得漂亮，于是答应了儿子的请求，请了有权势的海热为媒人，去阿诗玛家说亲。海热到了阿诗玛家，夸热布巴拉家如何如何富有，为人怎样怎样好，阿诗玛只要嫁过去就能享福。阿诗玛听后并不高兴，说热布巴拉家根本就不是什么好人家。阿诗玛的回答惹恼了海热，他威胁说热布巴拉家是阿着底最有钱有势的人家，他只要跺两下脚，整个阿着底的山都要晃三晃，阿诗玛要是不肯嫁过去，当心会丢了全家的性命。可不管海热如何威胁利诱，阿诗玛就是不答应嫁到热布巴拉家。很快秋天来了，阿着底的草枯了，羊儿都吃不饱肚子，阿黑要赶着羊群到远方的滇南去放牧。

阿黑在临走时向阿诗玛告别，他们互相勉励，不舍得分别。阿黑走后，热布巴拉起了歹心，派家丁抢走了阿诗玛，但阿诗玛仍然拒绝与阿支成亲。热布巴拉拿出大箱的金银财宝，指着谷仓和牛羊，对阿诗玛说："你只要依了阿支，这些东西全是你的。"阿诗玛看都不看这些东西，轻蔑地说："我不稀罕这些东西，我就是不嫁给你儿子。"阿支气得要命，恶狠狠地威胁道："你不答应嫁给我，我就把你家赶出阿着底。"阿诗玛仍不答应。热布巴拉见她软硬不吃，恼羞成怒，让家丁用皮鞭狠狠抽她，把她打得遍体鳞伤后关进了黑牢。阿诗玛在黑牢里坚信阿黑哥一定会来救她。

一天，阿黑正在牧羊，阿着底来的人找到他，说阿诗玛被抢走了。阿黑听到这个消息，立刻骑上马，日夜兼程地从远方赶回家搭救阿诗玛。他来到热布巴拉家，阿支紧闭着自家大门，不准阿黑进去，还提出要和他对歌，只有唱赢了才准进门。于是，阿支坐在自己家的门楼上，阿黑坐在果树下，两人对了三天三夜的歌。最终阿支越唱越没词，声音也变得像赖蛤蟆叫一样；阿黑却越唱越有劲，而且歌声还很响亮。就这样，阿黑终于唱赢了，进了阿支家的大门。但阿支又提出要赛砍树、接树、撒种，结果阿黑又赢。热布巴拉看到儿子难不住阿黑，就想出一条毒计，对阿黑说："今天天已经不早了，你先睡一觉，明天送你和阿诗玛一起走吧！"阿黑答应了，并被安排睡在一间没有门的房屋里。半夜，热布巴拉让家丁放三只老虎到房子里，想暗算阿黑。阿黑早有防备，老虎刚一进屋子，他就拿出弓箭连射三箭，三只老虎顷刻间毙命了。第二天，热布巴拉见老虎死了，无计可施，只好答应放回阿诗玛。当阿黑走出大门外等候时，热布巴拉却抵赖，关上大门不放阿诗玛。阿黑非常生气，连着射出三箭：第一箭射开了大门；第二箭射在堂屋的立柱上，房屋都震动了；第三支箭射在供桌上，供桌被震得摇摇晃晃。热布巴拉吓坏了，只好叫人打开黑牢门，放出阿诗玛。就这样，阿诗玛和阿黑一起离开了热布巴拉家。

热布巴拉眼巴巴地看着阿黑和阿诗玛走了，不敢阻拦，但也不肯善罢甘休，又想出一条丧尽天良的毒计。热布巴拉知道阿黑和阿诗玛回家要经过十二崖子脚，便勾结崖神，要把崖子脚下的小河变成大河，想淹死阿黑和阿诗玛。于是，热布巴拉父子带着家丁赶在阿黑和阿诗玛过河之前，趁山洪暴发把小河上游的岩石扒开放水。再说阿诗玛和阿黑离开后，不知走了多少路，跨过几条沟，翻了几座山，当天黑下来时起了大风，可他们为了能早日到家，还继续往前赶路。一阵大风过后，天上乌云滚滚，一场暴风雨即将来临，他们只好双双下马步行，结果却迷了路。这时风又大，雨又急，什么也看不见，他俩走散了，天亮时才碰到一起。正当阿黑和阿诗玛过河时，山洪下来，洪水滚滚而来，阿诗玛被卷进了漩涡。阿黑只听到她喊了声"阿黑哥快来救我"，就再也没有影了。

阿诗玛被洪水卷走了，阿黑挣扎着游上了岸，开始顺着河寻找。他找啊找，找到大河又找到小河，还是没有找到阿诗玛。阿黑大声呼喊："阿诗玛，阿诗玛，阿诗玛，你在哪里？"一只小蜜蜂告诉阿黑，阿诗玛变成了小石林的石人，并告诉他若想救下她，就要去找白猪和白公鸡来祭献崖神。阿黑哥听了之后，又伤心又着急。他擦干眼泪，翻过四十九座山，趟过八十一条河，才找到白公鸡。可是，他走遍九村十八寨，却没有找到白猪。无奈之下，他就找来一头黑猪，用山上的白泥巴涂在黑猪身上冒充白猪。阿黑高高兴兴地准备返回祭崖神时，却因太疲倦而睡着了。这时又下起一场大雨，雨水把他从梦中浇醒，黑猪身上的白泥已被雨水冲得干干净净，结果崖神祭祀不了，阿诗玛也救不回来了。

这时的阿诗玛在哪里呢？原来，阿诗玛被洪水卷走时，十二崖崖神的女儿应山歌姑娘看见了，便跳入漩涡，排开洪水救出了阿诗玛，并让她在十二崖上住了下来。崖神答应只要用白猪和白公鸡给自己献祭，他就放走阿诗玛，结果献祭没有成功，崖神也不松手，阿诗玛就逐渐变成石峰和这里的回声神。你怎样喊她，她就怎样回答。阿黑失去了阿诗玛，天天都在想念她，每天吃饭时，他就端着盛包谷饭的碗走出门，对石崖子喊："阿诗玛，阿诗玛。"结果只听到那十二崖子发出同样的声音——阿诗玛，阿诗玛。这声音就是石崖子上阿诗玛的应声。阿爸和阿妈做活的时候，也对着石崖子喊："阿爸和阿妈想你呀！阿诗玛！"站在石崖子上的阿诗玛就应声："阿爸和阿妈想你呀！阿诗玛！"后来，附近村寨的人们在阿诗玛站的石崖子下弹三弦、吹笛子、唱山歌，石崖子上的阿诗玛也会应和着悠扬的笛声唱起山歌。

七、"孔仙桥"的传说

云南的西部地区有一段全长 80 多公里的古驿道，它起始于大理州祥云县的清华洞，终止于楚雄州大姚县石羊镇。在这条古驿道上，有一个叫"孔仙桥"的地方，可是沿着这条驿道走完全程也看不到一座桥，也找不到任何曾经建过桥的痕迹。这到底是为什么呢？原来"孔仙桥"的得名，和发生在这里的一个故事有关。

在渔泡江中游和上游的祥云、姚安两县，山广地袤，古驿道越渔泡江而过，但每年一到雨季，江水暴涨，交通被洪流隔断，人们无法过江，那些运盐的商帮只能绕道姚州。有一年，一支去西南的商帮中午从石羊起程，想趁着天还没有下雨、江水比较小的时候抢先过江。可是他们只走了 30 里，还没到江边，天上已经乌云密布，很快就电闪雷鸣地下起了倾盆大雨。

　　商帮见雨大了，只好进村寨避雨。第二天黎明时分，雨虽然停了，但暴涨江水的咆哮声却震耳欲聋，他们已经无法通过了。无奈，他们只得往东绕行，忽然看见一个银须飘飘的老仙人，手里拿着书卷，身披紫色霞衣，从石羊方向飘逸走来。大家仔细一看，发现这个老神仙正是石羊孔庙里的孔圣人。只见孔圣人来到江边，滔滔巨浪中顿时出现一座又宽又平的长桥。孔圣人过了桥，又步履轻盈地上山，到高高的山顶沐浴着阳光读起了诗书。盐商们见桥还在，赶紧架鞍起驮，吆喝着马借桥过江，等他们过江后再回头一看，桥已经消失了。

　　从此之后，每逢雨水季节，运盐商帮就经常赶在黎明时刻借孔圣人的桥过江。这些人对孔圣人的大恩感激不尽，于是将这里叫做"孔仙桥"，一直叫到今天。

第 二 章

奇 异 民 俗

云南历史悠久、民族众多，是一块多种文化融汇交流的风水宝地。各种文化在这里相互影响、碰撞，衍生出各种奇异的民俗，使得整个滇味文化产生了别具一格的韵味，强烈吸引着各地的人们到这里来体验一番。下面我们就选取一些具有典型意义的奇异滇味民俗，以飨读者。

一、斗笠反着戴

在云南可以见到一种奇异的现象，即这里的一些人竟然常年把斗笠反着戴，他们就是云南的花腰傣族人。"花腰傣"是对居住在元江和新平一带傣族人的俗称，因为这里的傣族妇女都喜欢在外面穿一件很惹人的绣花彩色束腰带，所以人们称其为"花腰傣"。

元江和新平两县的"花腰傣"女人十分讲究装束，喜欢穿里外两件镶边黑筒裙，戴很多圈彩色腰箍，还用彩带束腰，黑短上衣斜襟长袖，袖口包红边，领口上有很多滚银泡，以红巾扎头，并在头上反戴着斗笠。她们反戴斗笠，其实并不是真的戴反了，而是她们自古就有的一种正常戴法，只是这种斗笠的造型比较特别而已。

花腰傣女人的斗笠在当地叫鸡棕斗笠，是花腰傣区别于其他傣族的显著标

斗　笠

志之一。"鸡棕"是一种野生菌子，因为斗笠中央似塔尖高耸，帽沿略往上翘的造型和菌帽的形状相似而得名。这种斗笠所谓的"反着戴"，一方面是因为与民族服装搭配起来很美观，但主要还是为了实用。因为云南花腰傣居住的地区年均气温在20多度，最高可达40度，戴这种帽沿略往上翘的鸡棕斗笠，人会感觉比较凉爽，而且还可以防晒。下田干活时，帽檐往上翻不会影响到视线，且能四面透风。如果下雨了，斗笠有一圈边能积住雨水，雨水就不会淌到自己身上。此外它还有一个作用，就是为少女遮羞，因为这种帽沿能遮住陌生人的目光，既可掩饰少女的羞涩，又可窥视对方。

　　花腰傣因花腰带而出名，而她们戴着这种斗笠，给人的印象就更加深刻了。每年正月初在新平、元江一带赶"花街"时，人们随处可见花腰少女反戴斗笠的倩影。

二、鲜花当蔬菜

　　在大多数地方，很少有人吃鲜花的，但是云南人却把鲜花当蔬菜吃，由此

成为当地的一大怪事。云南人吃花的习俗由来以久，据有关部门统计，云南各族人常吃的花卉多达160种。

在云南昆明，人们都喜欢吃把新鲜的黄花、面粉和鸡蛋调在一起，再用油煎成的黄花粑粑。在昆明街道上，行走的孩子看到美人蕉和凤尾花，就会拔下花蕊，吸食里面的甜液。在昆明的菜市上，卖鲜花的人更多。他们一车车地拉着鲜花来卖，买花人的则大包小兜地往家里买。在出售的鲜花中，以白色的杜鹃花为多。其他鲜花蔬菜还有芋头花、韭菜花、金针花、南瓜花、金雀花、扭丝树花、玉兰花、紫藤花、槐花、荷花和车前子花等。昆明人吃鲜花前，总要将其用水泡一泡或者在沸水中焯一下，把花中不好的成分除掉，然后和别的蔬菜一样用油、盐炒成一盘端到桌子上，或者与豆豉等东西一同炒。

以前昆明还很流行吃海菜花，一些住在水边的人把海菜花做成海菜酢，然后拿到城里大街小巷出售。城里的人很喜欢吃海菜酢，买回去在锅里蒸一蒸，然后用油炒一炒，就成了一道脆嫩鲜香的下饭菜。很多昆明人还喜欢吃樱桃肉烧玉兰。他们先把新鲜玉兰花的花瓣洗干净，放到开水里煮一下，然后用凉水漂去花的苦涩，再把它和蒸好了的五花肉一起烹制，最后用小粉勾芡就成了一道美味。昆明人在吃金雀花时，先去掉金雀花的花蒂，然后漂洗，挤干水，倒入鸡蛋清调匀，再放进烧好的汤锅里煮熟之后撒上火腿末就可以吃了。

大理地区的白族群众喜欢吃一种花冠大而洁白的杜鹃花。他们采来白杜鹃后，除去它带有毒素的花蕊，在水中煮沸几分钟后放在冷水中泡三到五天，漂去毒素和苦味后再用它炒蚕豆、咸肉、火腿吃。除此之外，他们还喜欢吃野外的芋花、桑花、苦刺花等。大理白族人吃芋花时，一种是蒸吃，另一种是把它腌成酸辣味的菜。桑花漂洗干净后，可炒鸡蛋、蚕豆米、香肠、腊肉等吃。苦刺花用清水浸泡后，或进行凉拌，或进行爆炒。

大理地区的各族群众都有养花和种花的传统，这些花卉不但可以用来观赏，还能为家庭提供蔬菜。每当5月石榴花盛开时，人们就把它采集起来，用沸水去掉涩味后和腊肉、葱进行爆炒；秋天，把菊花切碎后拌入鱼肉剁成泥，制成菊花鱼丸，还用菊花瓣炒蛋或烧豆腐羹；此外，还把玫瑰花制成玫瑰糖，用作包子、汤圆和糕点的馅，以及酿桂花酒。

云南蒙自还有一种味道鲜美的菊花米线，其口味绝对不亚于过桥米线。做法是：在碗中先放上几朵鲜菊花，然后把滚开的料汤倒进去，烫上几分钟后把花捞出，加入肉片、佐料和米线，吃起来比过桥米线更多了一股清香味。当地人还喜欢把木棉花和瘦猪肉炖在一起，不但口味很好，还能祛痰化瘀。在蒙自，可吃的花非常多，有野百合、芭蕉花、野猫花、炮仗花、染饭花、玫瑰茄、鸡蛋花等。

三、鸡蛋拴着买

在云南的元阳、绿春、金平等山区地带，鸡蛋不是散装着按斤卖，也不是按个卖，而是用草拴起来按串卖。

为什么这里的鸡蛋要用草拴起来卖呢？这是因为云南地区多山，而且坡陡谷深，山路崎岖难行。人们在外出行路时，不是爬高下低，就是跨沟过坎。有些崎岖的山路由乱石组成，几乎每走一步都要踏在石头尖上，一不小心脚就会卡进石缝里。由于不断地爬坡下山、跳沟过坎，背着的鸡蛋肯定会碎很多。人们在不断的生活实践中，发现用草拴的鸡蛋在走山路时不容易发生破损，因此想出了鸡蛋拴着卖的办法。这个办法的好处是：携带方便、安全可靠，而且交易时计算起来也很方便。

当地人在拴鸡蛋时，先把数根干稻草的一端拴在一起，使这束草呈现放射的爪子状，然后在这个"鸡爪"中放一个鸡蛋，再用稻草横着捆一道把鸡蛋包裹紧，并按照这个方法逐个把鸡蛋捆扎成串。拴成串后，鸡蛋串呈条形状，形似冰糖葫芦。然而包裹时不是把鸡蛋全部包严，而是露出它的1/3，便于让购买的人进行查看。有些购买者习惯在买鸡蛋时，拿起它对着太阳看一看，这样可以分辨出鸡蛋是否新鲜，据说还能看出鸡蛋能否孵出小鸡呢。

四、四季把花戴

云南一年四季的气候都比较温和，所以每个季节都有鲜花盛开，因此出现了"一年四季花不败"的景象。据统计，世界上所有的花云南地区几乎都有，其中最为著名的八大名花是：山茶、杜鹃、报春、木兰、百合、兰花、龙胆、绿绒蒿。这里还是杜鹃花的王国，其种类占到世界杜鹃的一半多。云南有一棵树围5米、树龄600多年的"世界杜鹃花王"，令人啧啧称奇。

云南的花很多，人们也比较崇拜花，在每年农历的二月初八，楚雄彝族还有一个插花节。届时，漫山遍野的马缨花一齐开放，人们把花采回家，家里的男女老少都戴花。人们还在门上、窗户上以及房子里外能插花的地方，都插上很多马缨花，就连牛马的身上也戴花。而且，人们还用花来相互祝福。

昆明女人非常喜欢缅桂花，在其开放时期，大街小巷会出现很多卖花人。缅桂花的价格很便宜，花柄上都拴着一根白线，人们买花之后就可以把它挂在胸前，让浓郁的花香伴随着自己。

云南的基诺族女人喜欢用鲜花作耳饰，基诺山上四季有鲜花，当地女人便经常去采鲜花。有的妇女特别爱美，为了保持花的鲜艳，每天都要更换数次鲜花。基诺族男女青年谈恋爱时，也喜欢赠送鲜花来表达爱慕之意。因为生活在花的王国里，云南姑娘与花的关系很密切，她们除了把花插在头上、戴在身上、包在指甲上之外，还把各种各样的花绣在衣服、裙子、裤子和鞋子上。到了今天，云南的鲜花已成为云南经济的一个重要组成部分。这里的姑娘不仅可以四季戴花，而且开始靠花发家致富。

五、三个蚂蚱一碟菜

云南人非常喜欢吃一种昆虫——蚂蚱。他们把捕捉来的蚂蚱集中到一起，倒入烧开的水中，然后扣紧锅盖，用大火烧煮一阵子。等蚂蚱的颜色由绿黄变成棕色后，把它们捞出来晾晒干，摘去蚂蚱的刺脚和翅膀。食用时，取出一些干蚂蚱用植物油煎炸，就成为一道佐酒待客的佳肴。

云南墨江哈尼族人吃蚂蚱的方法更是独特。他们捕捉到蚂蚱后，用开水将其烫死、晒干，再除去翅膀、刺脚、尾部和肠肚，只留下头、身子和大腿。然后把这些东西洗干净，放进铁锅里用文火炒熟炒香，再晒凉。接下来就按数量比例在蚂蚱中配以盐、姜、蒜、辣椒、花椒、八角、红糖等佐料，搅拌均匀，装进一个瓦罐里，密封好罐口，食用时取出来就可以直接享受了。这道菜就是很著名的蚂蚱咸菜，味道十分可口。

在云南，人们还经常用活蚂蚱泡酒，以作药用。据说活蚂蚱被放到酒里之后，从它们嘴里吐出的分泌物是非常滋养人的。而且，用活蚂蚱泡的酒还具有止咳、镇惊、治破伤风、治疗哮喘、祛风除湿、活络通筋、活血散瘀的功效，十分神奇。

六、草帽当锅盖

草帽本来是遮风避雨的东西，可是在云南的一些地方，它却被当作锅盖使。尤其在云南南部，家家户户的厨房里都有一两个草帽锅盖。

其实，所谓的草帽当锅盖，只不过是说云南人编的锅盖形状酷似草帽，上尖下宽，呈圆锥体。很多外地人只见过草帽，没见过草编的锅盖，所以就把这种锅盖当成了草帽。云南地处边陲，交通不便，可云南人很聪明，很多生活用品都就地取材，利用自然界中的草编制成草帽、草鞋、草锅盖、草帘子、草房、草席、草工艺品等，而且这些制品都具有隔热、防潮、凉爽、透气的特点。

人们用香草、江边草、锅盖草、铃当草、大叶草、蝴蝶草、山茅草等做芯，再用芦苇皮缠裹其上，然后用木制扭草机把它们扭成一根根草绳，接着把草绳盘成草帽形状，用锦竹将其串缀固定，从上到下，从小到大，依次就可编织出一个草锅盖。一个草锅盖一般至少可以使用半年，有的还能使用一年多。草锅盖柔软性好、透气性强，用它盖出的饭有清香的气味，但是它比较怕水。由于草锅盖优点多，人们还编了几句诗夸赞它："形同草帽是锅盖，透气保温真不赖。蒸出饭来更清香，夏日炎炎菜不坏。"

七、鞋子后面多一块

以前，云南昆明地区的农村妇女都喜欢穿一种大花布鞋，它形状像条龙头翘起的小船，所以人们称它为"龙船鞋"。但是这种鞋与一般鞋不同，因为它

的后跟之上多出一块方形的布。

关于鞋子后面这块布，在民间还有一个传说：很早以前，昆明周围的五个湖泊里分别住着五条龙。它们经常兴风作浪，发水淹没昆明。仙道张三丰为了降龙治水，专程从武当山赶到昆明。他穿戴得像个叫花子，脚上总拖着一双布鞋，鞋后跟上有一根拴脚的带子长长地拖在地上。张三丰来到昆明后，先集中精力收拾滇池中最凶恶的一条龙。一天，这条龙又掀起大风浪，打翻了正在湖里打渔的渔船，很多渔民因此落水。这时，张三丰两脚朝前一踢，两只烂鞋就飞落到湖里，并很快变成两条大船，落水的人都抢着爬上了船。

很快，两条大船都装满了落水的人，可是水里还有不少人在拼命挣扎着。这时，那两只烂鞋后跟上的带子变成很多根拖在船尾上的救命绳，水中的人们就抓住这些绳子，和船上的人一起回到岸上。大家安全上岸后，两条大船就消失了。只见张三丰拖着破鞋唱着歌已经走远了，那双叫花子鞋后面还拖着布带子。后来，人们为了纪念张三丰的救命之恩，就在制作的鞋后多留出一块布。

其实，鞋子后面多出的这块布主要出于实用、美观的考虑，也是为了穿鞋方便，类似现在随鞋附带的鞋拔子。穿鞋时，用手揪住那块布顺势一提，鞋子很容易就穿好了。只是这种设计超前一些，所以成了怪现象。

八、竹筒当烟袋

云南很多地方的人都用竹筒做烟袋，而且都是竹制的水烟筒。它们虽然样式、大小不同，但是构造大都一样，都是由筒身、烟嘴构成的。筒身的长度一般在80—90厘米，直径为10厘米左右，在筒身下部的1/3处切有一个斜口，插入一个直径2厘米的竹管做烟嘴。烟嘴孔的四周包有一圈铜片，上端嵌两只羊角状小角，中间放置火引。一个水烟筒最讲究的地方就是烟嘴，有的使用琥珀，有的使用翡翠或玛瑙，其下端还挂有作为装饰的丝穗。

一般来说，烟筒都是选用粗壮的竹子为原材，把它劈为很多竹坯，保留好翠绿的竹皮，然后使各块竹坯有一定弧度，便于互相衔接成圆筒。准备好材料后，将其风干一段时间，然后逐段进行修整搭配，凑成一个长度适合的圆筒，同时在底部嵌入竹节或木头做底盘，封底时要做到严丝合缝，并在接缝处涂上一层牛皮胶。在筒身底部、烟嘴插处及筒顶吸口处打箍三匝。箍的材料有竹皮扭线和马口铁皮，最常见的还是镀铜铁皮。三匝铜箍箍好后，在接缝涂抹一层牛皮胶，以保证一丝气不漏、一滴水不渗。做好之后，可以装水进行试吸，检测是不是漏气、漏水。

滇南金平、河口一带的人还有一些特殊的制作方法。他们把竹坯劈成宽一二厘米的细条，然后把三五十条竹坯箍成一个圆筒。一些更为巧妙的工匠会把粗大的竹坯劈成细条，其中两三根竹坯上的竹皮相连，而坯条不相连，然后制成烟筒。元阳、绿春的哈尼族人则直接取整根粗竹筒制成烟筒，只要把竹节打

竹筒烟袋

通，留底节做成独筒烟锅。西畴特产一种清香木水烟筒，烟筒上有多姿多彩的花纹，有的似花草，有的像翠竹，烟筒上还加有铜箍或银箍，刻有龙凤鸟兽的花纹。

烟筒不光要好看，还必须好抽，这就取决于烟嘴插入筒身的位置。如果插入的位置过高，则入水较浅而翻不起水；插入过低，则入水过深而翻不动水。所以有经验的制作师傅会视筒身长短而准确地选择开口，而且深浅适当，抽起来不费力气，烟丝燃烧均匀，烟气浓郁量多。随着卷烟的不断发展，吸水烟的人已经逐渐减少，水烟筒也不断减少。

九、水火当着神来拜

云南少数民族地区从古至今都保留着水火崇拜的习俗，很多地方还有众多祭祀水神的龙王庙，并有由水崇拜所衍生的雷神、闪神信仰。云南傣族的泼水

节就和水崇拜有直接关系，当地人把水视为圣洁的水、神圣的水，在泼水节上泼出的水就代表祝福和吉祥。这一天，人们会因被水泼湿了衣服而觉得幸运和高兴，还会走乡串寨，互相泼水致意和祝福。

因为火能使人们在寒冷中获得温暖，在黑暗中看到光明，并可以使人吃到熟食，所以云南少数民族中出现了以火塘为家庭和生活中心的情形。这些使用火塘的民族认为火塘预示和象征着家庭生活，因此通过各种方式表达对火和火塘的崇敬。云南彝族人通过取火仪式纪念祖先的钻木取火，并祈祷生活富足。在彝族的神话史诗中，彝族人还用火使人类学会了说话。在摩梭人、普米族人以及藏族人对诸神的祭拜中，以对火神的祭祀最为隆重。摩梭人供奉的火神形似火焰；普米族人把火神叫詹巴拉，它的象征物是一个泥塑的锥形牌，一般被安放在火塘上方供人们祭拜；阿昌族人认为火神是铁匠神，所以他们家里火塘上的三脚架是很神圣的；有的民族还认为火神是支锅石，并对它顶礼膜拜，不允许别人用手去触摸，或者从上面越过去，否则就是对火神的不敬。

每年的农历六月二十四日前后，彝族、白族、哈尼族、布朗族、傈僳族、纳西族、普米族、拉祜族和基诺族都要过火把节。彝族人把火把节看作是一年中最重要的节日，他们一旦和白族、纳西族的人们在火把节这天相遇，就会彼此朝对方的火把上撒一些松香粉。在"嘭"的一声中，火把会爆出一团绚丽的火焰，散发出清香。他们用这种方式表示对对方的良好祝愿。火把节的很多其他习俗，也直接反映了这些民族的火崇拜意识。

十、房子空中盖

一般情况下，在盖房子时，房子与大地贴得越紧，房子就越踏实、稳定。而在云南，很多地方却是悬空建房。在云南许多地方的出土文物中，人们曾多次发现一种被称为干栏式的建筑，它就是从几千年前人们居住的、建在树上的、用竹木搭的房子发展而来的。

云南的干栏式建筑就是一种底下架空，房屋的地板离真正的地面还有很大一段距离的建筑，是云南人民长期与大自然打交道，在实践与反复磨合中创造出来的一种住宅设计样式。它和壮族的吊脚楼、傣族的竹楼、傈僳族与怒族的千脚落地房、景颇族的矮脚竹楼等，均有异曲同工之妙。

干栏式建筑多出现在云南湿热多雨的地方，这些地方湿度很大，洗好的衣服晾不干，身上的汗很难蒸发掉，使人感觉十分难受。住在用木头和竹子建造的干栏房里，因为楼下面是悬空的，四面都可以进风，而且风是从楼脚下吹过，这样就能最大限度地使住房干爽、透气，人在屋内也会感觉凉爽。干栏式建筑可以分为高、低楼两种，高楼建筑的架空底层可以关养牲畜、堆放杂物；低楼建筑除了林立的柱子外，底下没有其他东西。

十一、四季同穿戴

云南"四季同穿戴"这一奇异的民俗，包含着两层含义：一是在一天的时间里，人们分别穿着四季的衣服；二是在一年当中，可以穿着同样的衣服过四季。从全省范围来看，一天当中，云南各地的服装呈春、夏、秋、冬四季形态。这个现象的出现，是云南特殊的地理和气候所致。

云南地处云贵高原，有人曾用一句话概括这里的气候特征：河谷盛夏山区春，高原艳秋雪山冬。当云南西北部还是白雪皑皑的冬天时，滇南的河口已经到了春天，复杂多样的气候成为云南人在服装上四季同穿戴的根本原因。而且在全省范围内，一天之中各地的服装也呈春、夏、秋、冬四季形态。

在滇西北地区丽江的中甸一带，海拔高，气候冷，当地人的服装就具有寒带的特征。当地藏族、傈僳族、彝族、纳西族和普米族的服装都比较厚实、宽大，具有御寒的功能。摩梭人和藏族小伙子还喜欢头戴毡帽，足蹬长靴。往南往西走就进入温带气候带，这一地区的人在服装上也呈现出温带服装的特色，其中以白族的服装最具有代表性。白族聚居区四季如春，白族妇女一般上穿白上衣、红坎肩，腰间系绣花飘带或黑色绣花短围腰，下穿蓝色宽裤，脚穿绣花鞋。这里虽然气温比较暖和，但是早晚比较凉，穿着背心就能抵挡早晚的凉意。

云南南部和西南部的西双版纳和德宏都是傣族聚居区，他们的服装具有热带特征，窄小紧身，色彩淡雅明快，面料轻薄透气。傣族妇女一年四季都穿紧身小背心，外套紧身短上衣，下穿长统裙。拉祜族、佤族、景颇族、布朗族、德昂族和基诺族也居住在热带地区，当地的妇女大多穿筒裙，而且比傣族筒裙还要短，多数仅过膝。

十二、粑粑叫饵块

云南的饵块其实就是其他地方所说的粑粑，也是用米饭舂制而成的食物。制作时，先把稻米蒸熟，然后进行舂捣加工，保持稻米原有的筋道。云南人很喜欢吃饵块，把筒状、卷状饵块都列入年货的行列。过年时，云南人是绝对少不了饵块的，在春节做饵块、吃饵块、送饵块已经成为一个古老的民俗。

云南饵块中最有名的就是昆明官渡包饵块了，它选用纯洁的宝象河水、晶亮清香的官渡大米精制而成，洁白细腻，吃起来不但筋道，而且又软又糯。云南人吃饵块喜欢蘸酱，昆明人最爱吃的酱是香甜可口的芝麻花生酱，其他地方则有芝麻花生酱、甜酱、辣酱，甚至还有用云南豆腐乳做成的饵块酱。云南小吃中有一个很著名的"鸡丝炒饵丝"，现在已发展成看起来油亮红润、闻起来浓香扑鼻、吃起来油而不腻的卤饵块。

大理巍山还有著名的"粑肉饵丝"，其被称为"都饵块"的精品，吃起来肥肉肥而不腻、瘦肉香不留渣。此外还有咸煮饵块、甜白酒饵块、用麻花白糖煮的麻花饵、牛奶煮饵块等等。现在，一些人还从西方的快餐中获得灵感，在烧饵块中间夹一片卤牛肉，创作出滇味汉堡包饵块。

十三、火车没有汽车快

云南还有一大怪——火车没有汽车快，当然这不是说所有的火车都没有汽车快，而是说以前滇越铁路等线路上的火车速度很慢。滇越铁路是法国人投资修筑的，是当时铁路工程技术最高水平的铁路。它于1901年开工，耗资约1.6亿法郎，动用十几万人力，历时9年修建而成。其起于云南昆明，止于越南海防，全线总长854公里，云南境内长465公里，越南境内长389公里。

滇越铁路在云南境内的铁路80％穿行在险恶的崇山绝岭里，山的坡度大、落差大，多在海拔 900 米以上，有隧道 150 个，还有桥梁 170 多座。滇越铁路的双轨间距为 1 尺，俗称米字轨，所用机车与车厢均为法国和德国制造，称为小火车。当时选择米字轨就是为了适应云南的地形特征，因为其可让弯道半径减小，路基变狭窄。轨距变小，车体就会减小，这样转弯会比较灵活安全，上坡下坡也便于控制速度。但这样一来火车的速度就慢了很多，一些地方的时速仅为 20—30 公里。而且火车绕行很多，车体蜿蜒蛇行，这样速度就更慢了，于是出现了火车没有汽车快的现象。

小火车是这样，标准轨的大火车在云南境内的速度也是比较慢的。建国后修建的贵昆线和成昆线，火车一出昆明就驶进了高山峡谷，而且成昆线上有很多桥和遂道，使得火车过了大桥钻山洞，出了山洞过大桥，桥隧占全线总长近一半。当火车进入四川盆地后，速度就明显提高了，时速从以前的 50 公里增至 80 公里。不仅如此，在有的地段，为了使火车从山脚爬到山顶，铁路被修成螺旋形状，一圈圈地盘绕着往上爬。在这些路段，必须在列车尾部加一辆车头，前面的机车使劲拉，后面的机车拼命推。转弯时，速度必须放慢，否则离心力就会猛增，容易导致列车脱轨。如果用这种速度的火车与其他交通工具进行对比，在相同的距离内，汽车走高速路 3 小时可到达，走普通的道路要 5 小时，而火车则要 8 个小时才能到，可以想见它的速度之慢。

十四、溜索比船快

云南西部山岭众多、河流密布，溜索就是悬挂在峡谷之间的一种交通工具，人可悬空吊在绳索上从一边溜到另一边。使用溜索时，由于重力的作用，滑行的速度会越来越快，当速度达到最大值时，人会处于溜索的最低点，此时只要人借着惯性往上冲，就能到达另一边。

最早的溜索用竹青皮或藤条扭成绳，绑缚在江或者山崖两边的溜桩或大树上。溜索还被分为平索和陡索两种。平索两端高度相近，人溜到中段后就必须双脚站在溜板上，用双手握住溜索攀越到彼岸。陡索的两边高度不等，溜时人从高而下，瞬间就可以到达另一边。溜板是过溜必需的工具，在使用溜索的地方几乎人手一副溜板。老式溜板是一段一尺长的木头，先把它剖成两半，取其

溜　索

中的一半挖成凹形，在上面留一脊凸出，然后掏一个孔，穿入系绳。过溜索时，先把溜板的凹槽放在溜索上，用绳子系住人，双手抱住溜板，然后一松手，人很快就飞过去了。

现在怒江地区的溜索已经全部改为钢绳，溜板也改成了钢滑轮。这样过溜索时，不但安全系数大大提高，而且速度很快，一根长约 300 米的钢索，从开溜到停溜只需要 18 秒。人在溜索上的平均速度为 60 公里，而一般航船的最快时速也不过 30 公里，所以使用溜索过江是很快的。在怒江江面上，还有不少双向单行的溜索，两岸往来的人在上面不断穿行，真是来如风、去如电。过溜对于怒江人来说是很平常的事情，但是对于外地人来说可算是一次冒险了。随着社会科技水平的不断发展，怒江地区已经开始通船架桥，溜索作为交通工具将慢慢成为历史。

十五、有话不说歌来代

云南的少数民族都喜欢用歌声来传情达意，很多年轻人还用歌声为自己找到了心上人，这已成为他们生活中的一大特色。可以说，在他们的生活中，歌声承担了交流、抒情、叙事等功能。人们之所以用歌来代替说话，是因为云南山高谷深、河流纵横，相互之间交往很不方便。唱歌比讲话的传播效果更好，高昂的歌声能跨山越河，迅速传递一些信息。因此在一些地方就出现了"隔山相望歌对歌，相会下山又爬坡"的情形。

云南少数民族的歌唱习惯，是他们民族传统文化和历史宗教等因素的积淀。在原始宗教崇拜和礼仪中，歌舞是宗教活动的形式，也成为宗教活动的主要内容。人们通过歌声表达自己对神的敬畏，并希望神能听到自己的祷告，从而保佑自己。后来，这种原始宗教的遗风遗留在人们生活中，并渗透到生产劳动、婚丧嫁娶、喜怒哀乐等很多领域。此时歌唱还具有娱乐的功能，已成为人们生活中不可缺少的内容。所以在云南的很多少数民族中，生死祭拜要歌唱、爱与恨要歌唱、生活劳动要歌唱，歌声总是出现在他们的生活中。一些民族甚至十分痴迷于唱歌，比如哈尼族人，男女老少都随身带着乐器，甚至流传着"不唱歌来嗓发霉"的说法。

十六、豆腐烧着卖

烧着卖的豆腐是指滇南豆腐，它的制作工艺十分独特，不用卤水点豆腐，而是用井水点，因此成为云南的一大怪。滇南的石屏县北门豆腐和建水县的西门豆腐，都是正宗的烧豆腐。其中北门豆腐最有名，因为这里水好。在制作豆腐时使用两种水，用甜井水泡黄豆、煮豆浆；用涩井水点豆腐。建水西门豆腐要用卤水点，但是它的特色在包豆腐上。制作豆腐时，面前放一桶呈半干状的豆浆，制作豆腐的人动作麻利，舀一勺浆放在手中纱布上，三五下就捏成一个小豆腐块，然后置于篾板上，摆满后再拿出去晾。

云南的烧豆腐其实就是烧烤豆腐：先把豆腐放在屋角不通风的地方搁3—5天，并在上面覆一些稻草或纱布，等豆腐略有酸臭味后再拿出来烧。之所以要使豆腐有点发臭，是因为新鲜豆腐在火上烤不出一层焦黄的外壳，且烤出来味道发酸；而太臭的豆腐，很容易烤得走形，且入口发腻，因此这个豆腐必须臭得恰到好处。

烧豆腐时要使用长方形炭火盆，里面放一些栗炭火，上置钢筋焊成的烤盘。烧豆腐时，不要火力过猛，这样容易烧焦；但是也不能火力偏小，这样不上火色，口味不好。把豆腐块放在烤盘上，逐块进行翻烤，中间的要多翻几次，边上的要少翻一些。一般三五分钟后，中间的干豆腐块颜色会慢慢变黄，并渐渐膨胀起来，原本四方形的豆腐块会变成圆球形，拿筷子一压还显得略有弹性，这样就可以吃了。把做好的豆腐块掰作两半，外焦里嫩，十分诱人。

吃豆腐时还要有佐料，它一般分为干料、湿料、蒜油料三种。干料就是在碗里放一些辣椒面、胡椒面、味精、盐巴等，这样蘸着吃起来外焦里烫，入口脆香，辣咸味俱有；湿料就是在干佐料中加入一些酱油和少许芫荽，这样蘸着吃起来外凉内烫、外浓内淡、入口香糯；蒜油料就是不放酱油，而放蒜油及卤腐油，这样蘸着吃起来也别有一番滋味。

十七、石头长在云天外

云南石林石峰戟指，山势森然罗列，如长在云天之外。之所以会出现这种景观，原因就在于这一地带处于滇东高原的喀斯特地貌中心，并属于发育典型的岩溶地貌。在石林所在的石林县，境内土地面积大多被石灰岩覆盖，是一个典型的岩溶地区，在地表水和地下水的作用下，可溶的石灰岩才被雕刻成石峰林立的样子。因此这里的石头从水下冒出后，不是逐渐长高入云，变成石林的，而是因水长期溶解、侵蚀而形成的。在石林中，有很多造型各异的岩柱体，人们把这些岩柱的造型形象化、明晰化，并为它们取了很多名字，比较出名的有阿诗玛、千年寿龟、二龙戏珠、出水观音、石屏巍峨、青牛戏水、千钧一发、犀牛望月、凤凰梳翅、象踞石台、蝙蝠狂舞等。

与石林比较相似的地质景观还有土林和沙林，土林主要分布在云南元谋县境内。土林中的土峰、土柱顶端呈锥型，或者扁平型。在傍晚的时候，土峰的颜色会逐渐变成金黄色，给人一种古老荒蛮和苍凉遗世的美感。沙林主要位于云南陆良县，为沙土混合的崖壁和丘峰，大多是山峰相连，只有少部分是独立成林的。沙林的沙峰沙柱，远看是土黄色的，但是走近观察就会发现它是五彩

鬼斧神工的石林

缤纷的沙砾，在阳光的照射下闪耀出赤、橙、黄、绿、青、蓝、紫七彩光。石林、土林和沙林这些奇异的景观，使云南获得了石头长在云天外的美名。

十八、山有多高、水有多高

云南地貌十分复杂、山岭众多，但却有"山有梯田坝有海，谷有红河岭有泉"的景象，这也表现出云南山有多高、水有多高的独特地理现象。

最能体现山有多高、水有多高的独特地理现象的就是哈尼梯田。这里的哀牢山泉涌汩汩、流水潺潺，蕴藏着很丰富的水资源。在早春之前、秋收之后去观赏哈尼梯田，会看见在逆光的作用下，一层一层梯田就像很多面明镜。它们中大的如曲池，小的好似一面镜子，顺坡度块块递进，依山势层层弯曲。走近这些梯田细看，会发现田埂宽有一尺，上面绿草茂盛，其发达的根系牢牢地抓住田埂，使它变得很坚固。每块田埂边上都有好几个往下淌水的出口，它们由上而下层层分布，水也从上而下流出来。在最高处的田块里，水全是从泥墙中渗出来的。这些水是从什么地方来的呢？其源头在山里，山里的水则来自草、来自于树下，这就是山有多高、水有多高的缘由和根据。

在云南民间，人们有一种朴素的认识，那就是树能扯水、树能保水。所以不管山有多高、坡有多陡，只要有树和森林，它们庞大错综的根系就能涵养水源，把水从低处扯上去，让水流到高处。地表有时看不到水，但是地下水却早已经被提高了，当水积蓄到一定程度时，自然会像泉水一样涌溢出来。

第 三 章

特 色 小 吃

　　云南的美食就像云南的景观一样，自然、和谐而又个性十足，再加上云南是全国少数民族最多的省份，各民族的饮食习惯与烹调方法互相融合，形成了味道独特、风格迥异的滇味美食。那么，滇味美食究竟有什么特点呢？借用梁玉虹先生的一句话："以擅长烹制山珍、淡水鱼鲜和蔬菜见长，具有鲜嫩回甜，酸辣微麻，重油味厚的特点，适合边疆多民族人民的口味。"滇味并不是滇菜，而属于滇菜系列，李麟先生曾对滇味下过定义："滇味就是把滇中汉族饮食文化和云南众多的少数民族饮食文化融会贯通……"滇味美食可谓数不胜数，如蒸汽锅鸡、过桥米线、八大碗、鸭油臭豆腐、饵块等等。

一、过桥米线

　　提起"过桥米线"，人们就会想到云南。确实，"过桥米线"是云南的风味小吃之一。米线的原材料是优质的大米，经过发酵、磨浆、澄滤、蒸粉、挤压和煮制等众多工序加工而成。米线细长、洁白，非常柔韧，味道鲜美，吃法独特，因此享有盛名。

　　关于"过桥米线"名字的由来，有两个说法。第一个就是说在吃米线的时候，米线能在两碗之间搭成一座不断线的"桥"，所以叫做"过桥米线"；另一个说法是一则非常有趣的传说。

古时候，有位秀才经常到湖中一座小岛上的湖心亭刻苦攻读。他的妻子很贤惠，准时为他准备好饭菜送过去。可秀才读书刻苦，往往忘记吃饭，以至于送去的饭菜都变凉了，结果体质越来越差。妻子非常焦虑，决定将自家的母鸡杀了给丈夫补补身体。妻子把母鸡用沙锅炖熟后，急忙给丈夫送去，并嘱咐他别忘了吃饭，然后就回家操持家务去了。秀才依然吃了几口就又去学习，妻子再次来收碗筷时，发现丈夫正在全身心地看书，而送去的食物还在砂锅中。妻子只好将饭菜拿回家重新热，哪知当她端起砂锅时，感觉还挺烫手，打开盖子一看，汤的表面覆盖着厚厚的一层鸡油。妻子当即明白了：油将热量封在了汤汁中，而砂锅散热较慢，所以汤菜依然很热。从此时开始，妻子就用这种方法保温，还将米、肉片、蔬菜等放在热鸡汤中烫熟，让丈夫趁热食用。后来，许多人都开始效仿，经过不断创新，最终调制出各种美味可口的米线。由于秀才所呆的湖心亭与家之间有一座小桥，后人便将这种吃法叫做"过桥米线"。

"过桥米线"主要含有汤汁、肉片、米线三部分，此外便是众多调味料。汤汁用肥鸡、猪筒子骨等熬制而成，以汤汁清澈透亮者为最佳；肉片的选择范围比较广，如猪里脊、鸡脯、腰花、肝、鱼等，将其切成薄片，摆放到小碟中；米线必须细白、有韧性，这样才有咬头；同时还要准备好韭菜、豌豆尖、嫩菠菜等。吃时，用大海碗盛汤，加入熟鸡油、味精和胡椒等调味，由于汤滚油厚，碗中的汤汁不会冒出一丝热气。当汤汁上桌后，便将鸽蛋搕入碗中，随后将肉片放入汤中，只需轻轻一搅，肉片就会变得雪白、细嫩；然后依次放入鲜菜、米线，再配上辣椒油和芝麻油等就可以食用，看着碗中红白黄绿交相辉映，香气沁人心脾，肯定胃口大开。"过桥米线"制汤考究，吃法奇特，味道清香、鲜甜，咸淡相宜，因此成为云南特有的风味小吃。

云南的"米线"可分为两大类。第一类是将大米进行发酵，然后磨制成粉加工而成，俗称"酸浆米线"。这种米线的制作工艺复杂，生产周期较长，入口滑爽回甜，咀嚼时非常筋道，还有大米的清香味，属于传统的制作方法。另一类是将大米磨成粉后，直接放到机器中挤压而成，主要是靠摩擦的热度使大米糊化而呈线状，这种米线叫做"干浆米线"。"干浆米线"在晒干后就成为"干米线"，既方便携带又方便贮藏。食用时，需要经过蒸、煮等方法令其涨发。"干浆米线"筋骨较硬，米线长，只是缺乏大米的清香味。

二、汽　锅　鸡

　　汽锅鸡属于云南独有的高级风味菜，以烹制特殊、鸡肉细嫩、汤汁鲜美、芳香扑鼻、营养丰富而著称。

　　据说早在清乾隆年间，汽锅鸡就已经在滇南地区的民间流传开了。当时的建水地区是生产陶器的名地，所生产的陶器式样古朴而又特殊。当地人杨沥在建水陶的基础上，独出心裁地研制出一种非常别致的土陶蒸锅，当地人叫"汽锅"，是专门用来蒸食物用的。

　　"气锅鸡"的烹饪方法特殊，做工也很讲究。首先要认真选料，并掌握好药材的炮制。鸡必须选用著名的武定壮母鸡或阉鸡，将其宰杀后，去毛洗净，切块，然后加入姜片、葱段、精盐等，稍腌制一下便放到汽锅中。在汽锅下放一只盛满水的汤锅（能盛5公斤清水的砂锅），汤锅中最好能放一些猪筒子骨，汽锅与砂锅的接合处还需要用白棉纸和面浆封好，以免漏气。将砂锅放到旺火上炖约4小时，待骨肉分离时拣去葱段和姜片即可。这道菜的汤汁由蒸汽凝成，鸡肉的鲜味在蒸的过程中损失很少，所以汤汁基本保持了鸡的原味，非常清鲜，鸡肉也极为香嫩，"汽锅鸡"的名声因此渐渐传开。

　　1947年，昆明的一家专营汽锅鸡的饮食店为招徕顾客，改进了烹制方法，在汽锅鸡中加入了云南特产药材：三七、虫草、天麻等，这不但使鸡汤的味道更加鲜美，还增加了营养和医疗作用，从而充分发挥汽锅鸡营养丰富、滋补强身的优点。于是，三七汽锅鸡、虫草汽锅鸡、天麻汽锅鸡等也就成为云南的滋补名菜。

三、酥烤云腿

　　酥烤云腿是一种特殊的火腿，选用著名的宣威火腿精心加工而成，皮质酥脆、肥而不腻、味道鲜美、入口润化、香气浓郁。

酥烤云腿需选用陈年的云腿尖,将皮剔除后用温碱水洗去污物和哈喇味,再用清水洗干净;在锅中加入适量清水,用旺火烧开,将肉放入沸水中煮1小时左右取出;用鸡蛋清和蚕豆水粉、面粉混合成蛋清糊;随后将火腿穿在铁叉上,放到栗炭火盆上烧热,同时用鸡毛蘸着蛋清糊薄薄地刷在火腿上;待其烤黄时,再刷一次,并需连刷连烤三次,然后用刀将火腿切成厚片,再按照刚才的方法烘烤;最后将烤得焦黄的火腿切成4厘米长、3厘米宽的方形片,整齐地码在瓷盘中即可。吃的时候,需要配上煮好的云腿片一起食用,这样能够起到调剂口味的作用。

四、八 大 碗

八大碗是云南白族传统饮食文化的集中表现,一般出现在红白喜事宴桌上。当地使用的桌子是八仙桌,一般可坐8个人,桌上的菜肴有8个,因此又被称为"八大碗"。

关于"八大碗"的由来,还流传着一个神话传说。据说:八仙过海时惹怒了老龙王,双方因此展开大战,但棋逢对手,双方久战均无法取胜。由于极度疲惫,八仙便退居海滩休息,闲下来之后感觉腹中空空、饥饿难耐,于是分头寻找食物充饥。但是,一眼望去全是海滩薄地,荒无人烟,哪来的食物呢?其中的七仙只好空手而回,而曹国舅不辞劳苦,腾云驾雾往远处去。来到内地的上空时,他突然闻到一股奇香,当即垂涎三尺,于是沿着香气来到一户人家。只见农户院中的四方桌前围坐8个人,正猜拳行令、开怀畅饮,香气就是从桌上的菜肴中散发出来的。曹国舅心想:"我原本是朝廷国舅,山珍海味都曾吃过,但这些农家菜肴却未曾见过,这次我可以大饱口福了。"可是,他又想起饥饿中的众仙友,于是偷偷地带了八样菜肴,由于何仙姑不食荤,他还带了道素菜——青菜豆腐。曹国舅端着八碗菜走之前,留言道:"国舅为众仙借菜八碗,日后定当图报。"回到海滩,八仙便大吃开来,只觉得香鲜无比,很快就一扫而光。酒足饭饱之后,八仙精神倍增,再次与龙王展开大战,最终大获全胜。"八大碗"从此在民间流传开来。

八大碗讲究营养丰富,荤素搭配合理,并要做到肥而不腻,素而不淡,而且炖、煮、蒸、氽、炸必须齐全。只有这样的菜品才能做到色泽鲜艳，突出白族人喜食酸辣的特色。

八大碗的烹制非常讲究，每道菜都有独自的烹饪方法，主菜"红肉大炖"是用肥瘦相间的猪肉做成的。做法是：将猪肉切成块，用白酒浸泡过的红曲米将肉块涂匀，然后放到锅中炖熟，肉块红白相间，颇有喜气。"酥肉"也是用半肥半瘦的猪肉做成的。做法是：将猪肉切块，用调料腌制片刻，然后用蛋糊包裹；把食用油烧热，放入裹着蛋糊的猪肉，炸至金黄色时出锅晾凉，等到冷却之后再放到锅中煮，煮熟之后装碗并撒上芝麻，色泽黄白，香气诱人。"千张肉"就是酸菜扣肉，色泽金红，味道酸中带甜，肉皮呈波纹状，令人赏心悦目。"粉蒸肉"是将稍肥的五花肉煮熟、切片，然后拌上调料和炒香的米细粒，装入碗中，上笼屉蒸熟即可，肥而不腻、香气缭绕。"干香"也叫拼盘，是八大碗中唯一的凉拌菜，其实就是将卤熟的猪肉、猪肝、猪肚切成薄片，放到用酸菜或泡萝卜垫底的碗中，上面再淋上酸辣的配汁即可。另外三道菜就是"煮白扁豆"、"煮竹笋"、"杂碎汤"，属于富含碳水化合物和植物纤维素的素菜与汤菜。

八大碗的用料较为简单，但形式和礼仪却非常隆重，所用器皿均为本地产的土碗和红竹筷子，所以也称土八碗。餐桌也很考究，一般选用剑川土漆雕花的八仙桌，在菜肴色泽的搭配下，显得既美观又古色古香。在酒席宴上，先由客人中德高望重的老人入席，俗称"开席"。此时，鼓乐唢呐齐鸣，气氛非常热闹，从而表现出尊重老人的传统美德。在酒席宴间，八大碗中的主菜（荤菜）都有定数，每人能吃到两块肉，但碗中垫底的素菜却可以添加。而且，客人还可以把菜带回家中给老人和小孩吃，以使喜气和福气降临到老人和孩子身上。

五、豆　末　糖

豆末糖是云南通海县的传统产品，具有香、甜、酥、脆、入口无渣等特点。它以优质黄豆为主要原料，制作时先将黄豆磨成细面，并用小火将豆粉炒香，然后将白糖和饴糖同时放入锅中熬制。等到糖坯拉白并有一定的温度时，一边叠层，一边包入豆粉，并进行拉条、切块，使其达到层薄如纸、色白如乳的程度。食用豆末糖时，能够尝到香甜之气，而且松酥、香脆、不腻。

　　据考证：早在清光绪年间，通海县的孔宪瑜便在当地开始了豆末糖的生产。他以黄豆末、饴糖和红白糖为原料加工而成的豆末糖被当地百姓称为"孔氏豆末糖"。解放前，主要靠手工操作，产量较小。解放后，人们开始用甲级白糖和米饴糖进行熬制，其中还要加入 25％的水，熬制之后加入炒热的豆末再拉条、切块。由于其选料精细、工艺精湛、层次均匀、营养丰富、价格适宜，因此受到百姓的喜爱。

六、鸭油臭豆腐

　　臭豆腐在我国各地都有，但云南的鸭油臭豆腐却别具风味，成为云南百姓酷爱的小吃之一。云南产的臭豆腐色泽淡黄，表面长有一层酵菌体茸毛，闻之极臭，但鲜香适口；鸭油味腥，但鲜香浓郁。两者结合，能够起到去异存香的目的。

口感独特的鸭油臭豆腐

臭豆腐又叫做毛豆腐，据说是朱元璋发明的。他年幼时为地主放牛，后来被辞退了。失去生活来源的朱元璋只得住进破庙，从此当上乞丐，每天的食物就是长工们从财主家弄来的饭菜和鲜豆腐。有一次，朱元璋和乞丐们到外地赶庙会，一去就是三天。而长工们不知道这件事，每天依旧将饭菜藏在稻草里。朱元璋第四天回来后，急忙到稻草里拿吃的。但是，饭菜都已经坏了，只有豆腐还能成块，但也长满长毛。由于饥饿难耐，他只能将就着用破罐子煎着吃，但吃到嘴中却感觉味道不错。后来，朱元璋当了皇帝，吃遍山珍海味后又想起了当年的毛豆腐，于是命令御膳房按照自己的叙述制作毛豆腐，并以此宴请群臣，大臣们吃后都称好吃。此后，毛豆腐便逐渐传到民间，并成为价廉物美的名吃。

昆明近郊的呈贡县有一个七步场，那里做的鸭油臭豆腐非常好吃。据说，此处的臭豆腐曾经作为贡品给康熙皇帝食用。

七步场非常重视豆腐的制作，材料必须是上好的黄豆。把黄豆加工成豆腐后，将其一块块地贮存起来，以便让它发酵长毛。等到豆腐长满寸把长的白绒毛，毛间还有些晶莹的水珠，外皮呈橙黄色时，臭豆腐便做好了。要吃鸭油臭豆腐，需要先在烤鸭炉的鸭子下面放一碗臭豆腐。在烤鸭的过程中，让鸭身上慢慢渗出的油滴到臭豆腐上。待鸭油达到一定量时，取出臭豆腐放到笼屉上蒸熟，再加入精盐和葱花、芫荽等拌和调味剂即可食用。

臭豆腐淋上香鸭油，吃到口中，原有的臭中带香的味道更加浓厚，所以越吃越香。它不但能满足食客的口福，还具有一定的助消化作用呢。

七、包谷粑粑

玉蜀黍又叫玉米，云南的俗称是包谷。包谷中含有大量脂肪和亚油酸，此外还有卵磷脂、维生素 A、维生素 E 等多种营养物质。

云南各族人民都喜欢用新鲜的嫩包谷制作特殊的风味小吃，当地人叫包谷粑粑。每年玉米成熟的季节，人们便将鲜嫩的青包谷掰下来，摘下包米粒，用石磨磨成细糊状，并兑入少许白糖搅匀；将平底铁锅放在火炉上，加入少量食用油，让油均匀地布满锅底；待锅加热后，用勺子将包米糊盛到铁锅中，再用慢火烧熟即可食用。

包谷粑粑做法简便，鲜香甜嫩，清新爽口，食而不厌，如果在加工包谷糊时加入适量鸡蛋，那样烧熟的粑粑会更加鲜美。

八、墨江麻粹

每当春节来临之际，云南墨江等地的市场上就会有一种传统的年货上市，那就是当地人非常喜爱的风味小吃：墨江麻粹。

墨江麻粹以糯米为主要原料，以甘蔗、地瓜、红芋、红糖和当地出产的山豆根为辅料加工而成。制作麻粹时，先将糯米放到闷罐中蒸熟，然后将所有辅料捣烂取汁，再将这几种汁液拌入蒸熟的糯米饭中舂成糍粑。在糍粑还未彻底干硬之前，可按照人们的爱好将其做成金鱼、小狗、小猫、小鸡、绣球等各种形状，然后用线穿成串，挂起来晾干。

在食用之前，将锅用旺火烧热，倒入食用油；等到油热之后，放入晾干的麻粹，等到麻粹炸得呈金黄色时即可捞出。吃的时候，可以蘸盐或白糖，也可以不蘸任何佐料，入口香、酥、脆。每年的腊月三十晚上，人们都要炸上一盘麻粹，可以说麻粹是年饭中必不可少的食物。

九、什锦南糖

什锦南糖又名灶君糖、杂糖，是云南传统的名特产品，距今已有100多年的历史了。

据《道咸以来朝野杂记》记载："腊月二十三日，为祭灶君日，所谓东厨司命也。皆于上灯后祀神，以糖瓜、糖块及什锦南糖为供品……"这就是说，在过去，每年的农历腊月二十三是民间的"祭灶"日。届时，家家户户都要用什锦南糖供奉灶君爷，祈求他保佑全家人平安、健康，所以什锦南糖又被称作灶君糖。现在，虽然"祭灶"已经成为历史陈迹，但什锦南糖却被人们传了下来，并成为老少皆宜的食品。

什锦南糖是由寸金糖、软皮糖、酥糖、牛皮糖、鸡骨糖、麻片、核桃丝片、花生丝片等多个品种组成的，五颜六色，具有香、酥、甜、脆等多种风格，因此被人们称为"什锦"或"杂糖"。

在什锦南糖中，最受人们欢迎的是麻片、酥糖和鸡骨糖。麻片薄得透明，上面还粘满芝麻，吃到口中脆、香、甜；酥糖就是豆末糖，具有脆、酥、香、甜和无渣等特点；鸡骨糖是在糖稀中包入熟豆面和桔子粉等，然后趁糖稀软时将其拉成鸡骨般粗细，然后切成一寸长的段，颜色雪白，糖香宜人。

什锦南糖的主料是芝麻、花生、核桃、糖和豆面等，几乎都是将糖熬好后再加入适当物品加工而成的。什锦南糖以其色泽艳丽、酥甜香脆等特点得到人们的认可，成为春节期间的畅销食品。

十、饵　　块

饵块属于云南的风味食品，以大理地区的饵块最为出名。制作的原料为大米，但需要选用品质好、有香味和黏性的大米。以前，每当春节临近，人们便将大米放到盆里用水浸泡；泡好后，将其放到木甑里蒸至六七成熟时取出，接着放进碓窝里春。当熟米春打成面状后，将其取出，摆放在案板上不断搓揉，最后做成砖状，这就是饵块。当然，也有用木模压制成饼状的，木模上刻

滇味炒饵块

有喜、寿、福等字，还有鱼、喜鹊等图案，压制出的饵块也因此好看了很多。

走在大理的街上，每天清早都可以看到支着火盆的小摊。火盆上放置着铁丝网，铁丝网下面是红红的栗炭火，上面是摊主翻烤的白色圆饼。由于饼非常薄，用不多久就烤熟了，拿起来能闻到丝丝的香气，这就是人人喜爱的饵块饼。随后，摊主会将饵块饼放到盘子里端给客人，由食客自己放上佐料食用。如果将饵块饼掰成小片，放到热豆粉汤里泡着吃，那就是大理街头上最为常见的早点——烧饵块。

有些人喜欢将饵块制作成丝状，叫做饵块丝。有两种煮饵丝较为有名：一种叫扒肉饵丝，另一种叫脆香饵丝。扒肉饵丝就是将鸡胸肉或猪腿肉煮至肉泥状，剔骨后待用；用鸡汤作为辅料倒入扒肉中，加上葱、酸菜、辣椒、芫荽等佐料，然后将煮熟的饵丝捞到碗中即可。这种饵丝绵软香爽，既有营养又不油腻。脆香饵丝的制作工序较为复杂，需要先用腊猪头熬汤作辅料，用煎鸡蛋丝、油炸猪皮脆丁、油炸洋芋丁、氽过的苦菜丝、煮过的豆芽等作佐料，加上适量葱花、辣椒油和芫荽等，然后将这些配料都放到汤碗中，再将饵丝放到锅中蒸熟，倒入汤碗中即可食用。

十一、烤乳扇

乳扇是大理白族的著名美食，说白了就是一片形似纸扇的奶制品，亮晶晶地呈乳白色，属于乳酪的一种。

大理气候湿润，充沛的雨量使牧草极为茂盛，因此非常适合发展养殖业，当地居民几乎家家都养奶牛，走在大道上就能闻到家家飘出的奶香味。得天独厚的地理条件保证了制作乳制品所必需的充足奶源，而乳扇就是用本地奶牛的奶加工而成的。

乳扇的制作工艺非常巧妙，先将酸牛奶倒入锅中加热，待奶温达到80度左右时，倒入适量鲜牛奶，并用筷子朝一个方向徐徐搅动，以便奶中的蛋白质和脂肪在表层逐渐凝结，然后将这层"奶皮"捞出略加揉捏，再尽快用筷子将其擀成长约20厘米、宽约8厘米的薄片，而且两端还要拉出角，以便使其呈斜长扇形，最后进行晾制。"奶皮"干后便成了油润光亮、清香甘美、营养价值极高的美味食品了。

烤乳片是很有讲究的，先点燃小泥炉子，将乳片放到上面用文火烤，同时要边烤边用筷子将皱皱的奶皮逐渐展开，并卷在筷子上。在烤乳片的过程中，还可以涂上一层玫瑰酱，既能使其更加美观，又能增强口感。

早些时候，一片烤得焦黄酥韧的乳扇只需要3毛钱，如今已经卖到2元钱了，虽然价格增长了很多，但买者依然很多，主要就是因为奶片口感好、营养价值高。

十二、雕梅、炖梅

"小小青梅上指尖，巧手翻作玉菊兰；蜜糖浸渍味鲜美，疑是仙葩落人间。"这就是文人墨客对雕梅的形象描述和称赞。

雕梅是云南白族的传统名特食品，也是精心雕琢的手工艺品。据史书记载，早在唐代的南诏时期，探亲访友者就开始相互馈赠雕梅。所谓雕梅，就是在青梅果上雕刻花纹，通常以盐梅作原料。制作时，先把盐梅放到石灰水浸泡，泡好之后取出晾干，然后用刻刀在梅肉上雕刻出各种花纹，并把梅核从雕刻的空隙处挤出。梅果中空如缕，轻轻压启即成菊花状，然后将锯齿形的梅饼放到清水盆中，撒上少许食盐，以去除梅子的酸味，接着捞出放到砂罐中。砂罐中还要放入上等红糖和蜂蜜，封口后浸泡数月，等到梅饼变成金黄色时就可取出食用了。雕梅味清香、脆甜，甜酸味沁人肺腑，因此能生津解渴，开胃提神，因所含的维生素C和葡萄糖、氨基酸等营养成分十分丰富，对人体极为有益。

云南省大理白族自治州的洱源县素有"梅子之乡"的美誉，当地的姑娘几乎从小就开始学习制作雕梅，因此这项手艺在当地是衡量一位姑娘是否心灵手巧的标志。按照当地风俗，姑娘们出嫁时献给婆家的见面礼中必须有一盘姑娘精心雕制的雕梅。在新婚之夜，新娘还要"摆果酒"招待亲朋宾客，而她制作的雕梅就成为人们谈论的重点。人们不光议论雕梅的制作技艺，还对其味道进行品评。

炖梅又叫"黑梅"、"煮梅"，是大理地区的传统美食。以苦梅作为主要原料，将其浸在陶罐中，把陶罐放在火塘的"子母火"（谷壳烧微火）中不间断加温约 2 个月，等到苦梅的颜色变得黝黑时即可停火取出食用。

炖梅非常酸，甚至比醋精还要酸，所以当地人常将其当作拌凉菜和煮酸辣鱼的调味品。当地白族有句谚语："吃杏遭病，吃梅接命"，所以炖梅还属于传统中药，内服能治疗慢性腹泻、痢疾，捣烂外敷能杀菌解毒，对创伤、疮口很有疗效。在夏天属于解暑饮料，加糖冲释后味道香醇、酸甜，有解渴、去热、镇咳的作用。

十三、路南乳饼

提起乳饼，人们便会想起路南彝族自治县的乳饼。那里的乳饼长约 25 厘米、宽 10 厘米，呈斜长扇形，口感非常好。如果将两扇叠套在一起，便称为"一对"。关于乳饼的由来，还有一个美丽的故事。很久以前，彝族人长期赶着羊群到水草丰盛的地方放牧。由于远离村镇，他们便将每天吃剩的羊奶倒掉。其中一位年轻的牧人很爱惜食物，也非

云腿夹乳饼

常聪明，看着琼浆玉液似的羊奶被倒掉，非常心疼，就开始寻找不丢掉羊奶的办法。后来，他从豆腐加工中得到启示，经过反复实践后创制出用酸浆点羊奶制作乳饼的方法。

乳饼是用山羊奶加工而成的。制作时，先将山羊奶挤出来倒入锅中煮熟，然后加酸浆水点制，待其凝固后压制成薄薄的块状。做好的乳饼外形与白色的豆腐非常相似，但表面有油质，质地细密，乳香浓郁，还没有酸味。如果将乳饼放到罐内密封，可存放半年而不变质。

乳饼是高蛋白、高脂肪的滋补营养食品。经营养学家分析，乳饼含 20%

以上的优质蛋白质，还有约 30％的脂肪。而且乳饼中的蛋白质是全价蛋白质，其中有人体所需的 8 种氨基酸，消化率可达 98％；乳饼中脂肪的品质也非常好，极易被人体消化吸收。

乳饼有很多吃法，可以选用多种烹调方法，比如蒸、炸、煎、烩等，不同的烹制方法可以烹制出口味、形色不同但色泽鲜美的各种佳品。如果和宣威火腿片合在一起烹制，就成为云南的名菜"火夹饼"；如果把乳饼切成薄片，中间夹上火腿肉，然后放在加有适量清水的碗中，再配上调料，并用甑子蒸熟，那就是著名的小吃——蒸乳饼……由于乳饼营养价值非常高，味道极为鲜美且食用方便，可烹制多种美味菜肴，所以深受人们的喜爱。

十四、沾益辣子鸡

提起辣子鸡，人们便会想到云南的名吃——沾益辣子鸡。在云南，上至省城，下至山间村庄，都能看到沾益辣子鸡的招牌，也能吃到正宗的沾益辣子鸡，许多外地游客都以吃过正宗的沾益辣子鸡为荣。

关于辣子鸡的来历，在曲靖流传着两种说法：第一种说法是，沾益县西平镇的农民龚国富和丁丽琼夫妇，于 1987 年利用自家的两间平房（位于 320 国道旁）开起了小吃店，最初也就经营一些家常小菜。后来，爱琢磨的龚国富在贵州辣子鸡的基础上创出口味独特的沾益辣子鸡配方，从此小店开始专营辣子鸡。很快，沾益辣子鸡的名声就誉满云南。第二种说法是，龚国富的妹妹叫龚红云，于 10 年前的一个春节下厨炒菜。她炒鸡肉时，不小心将灶边的一碗辣椒面碰翻在锅里，但不忍心将鸡肉扔掉，只好将就着炒出来。不料，一道辣香独特的好菜由此诞生。1987 年，龚红云利用街边的住房开起了小吃馆，此后她做的辣子鸡逐渐受到人们的喜爱，成为店中的招牌菜。

其实，这两种说法的真实性都无关紧要，因为曲靖人目睹了龚氏兄妹每人开了一家辣子鸡店，并眼看着小店一步一步发展壮大。最初，店中全天都有食客，有时店内坐不下了，客人便在外面的空地上搭伙，甚至还需要排队等候。如今，昔日的小店已经变成宽广豪华、设施齐备的大酒店。

　　沾益辣子鸡之所以能成为名菜，是因为选料、制作都非常讲究。辣子鸡的原料必须是刚打鸣的公鸡，而且要现杀现做。顾客挑完鸡并称好斤两后，饭店的伙计便快速地将鸡拾掇干净，剁成小块。制作的配方是保密的，主厨的师傅只知用上好的菜油、猪油、大蒜和辣椒面炒制，而且辣椒面的用量非常大。从挑选活鸡到一盘红中泛白、辣味十足的鸡肉上桌，大约只用 20 分钟，速度之快与鸡肉之辣同样惊人。

　　辣子鸡的辣不是寻常的辣，而是辣中带香，辣而不过，再配上口味清淡的小菜，如炸臭豆腐、炸洋芋条、苦菜汤、豆花、小馒头等，令食客吃得满头大汗却欲罢不能，吃了第一口还想吃第二口。

十五、鸡豆凉粉

　　鸡豆凉粉是云南特色的街头小吃，也是纳西族喜爱的传统食品之一，在别的地方是吃不到的。之所以这么说，是因为鸡豆凉粉是用云南丽江特产的豆子加工而成的。这种豆产量不高，种的地方也不多，只有在当地才能吃到。此外，由于这种豆子长得像鸡的眼睛，大小也差不多，所以人们称其鸡豆或鸡碗豆，用这种豆子做成的凉粉就被称为鸡豆凉粉。

　　凉粉本是消暑食品，由于鸡豆富含黑色素，所以鸡豆凉粉的外表呈黑色，人们因此又将其称为"黑凉粉"，乾隆年间的《丽江府志》就曾将这种风味小吃称做"食黑豆腐"。

　　鸡豆凉粉不但可以凉食，还可以热吃。凉吃多在暑季，只需要在半透明、灰色的凉粉中拌入醋、红辣椒、韭菜、花椒、酱油和葱花即可，一碗入腹，开胃爽口；热吃多在寒凉季节，可以用香油将粉块炸黄，按不同口味加上麻、辣、酸等不同的调料，再放上一点韭菜和香菜，色香味俱佳，吃到嘴中细腻爽滑，一碗下肚，全身温暖。

　　鸡豆凉粉以其价廉物美而深受人们的青睐，成为人们日常生活中的美味佳肴，而其精华凉粉皮更是宾馆饭店用来待客的佳品。

十六、威宁荞酥

自古以来，云南的彝家人就将荞麦当作主要的粮食作物。如今，营养丰富的荞麦制品更是成为当地人必不可少的食物，无论婚丧嫁娶或是年节，人们都离不开荞麦食品。经过彝族人民的精心加工，如今已经有了用荞麦制成的"荞凉粉"、"荞年糕"、"千层荞饼"、"蛇荞饼"、"虫荞饼"等多种食品，而以清香、甜酥著称的威宁荞酥则是荞麦食品中的精品。

关于威宁荞酥的由来，在当地还流传着一个传说。相传，明太祖朱元璋曾将奢香夫人（据史料记载，奢香夫人是贵州著名的彝族女土司，洪武初年代夫承袭贵州宣慰使之职）认为义女。有一年，明太祖做寿，奢香夫人为了表示孝心，便进贡当地的土特产，同时吩咐厨师用当地的荞麦面拌糖做成精美又别致的糕点。可是经过很多次试验，厨师始终没有做出令人满意的糕点。眼看寿期临近，奢香夫人非常着急，就到处颁布告示，许诺如有人做出此种糕点，将给予重赏。当时，有个叫丁成久的重庆人看到告示后，决定试一试。经过反复琢磨，他在吸取传统糕点长处的基础上，终于制成一种极为精致的糕点，取名为"荞酥"。每块"荞酥"重8斤，中间刻有一个"寿"字，四周是九龙围绕，象征着九龙捧寿。"荞酥"送到皇宫，朱元璋品尝之后大加赞扬，并称其为"南方贵物"，荞酥从此声名在外。如今，"荞酥"经历代人的研究改进，已经不是8斤1块，而是1斤8块了。

"荞酥"制作方法非常特殊，主料是用细筛筛出的荞面、红糖、鸡蛋、菜油、白矾、白碱、苏打等；馅料主要是小豆、芝麻、玫瑰糖和瓜条等。制作时，先将红糖加少量清水煮沸，然后加入菜油，等到再一次煮沸时加入白矾、白碱、苏打等混合均匀，最后放入荞麦面和鸡蛋，拌匀后放到案板上晾一天，直到面团完全凉透；在准备馅料时，先将小豆煮熟，打成粉末，加入适量红糖后继续煮，等水分将要煮干时加入菜油拌匀；最后一道工序就是取一块面团，包上馅，放到模具中压型，然后烘烤而成。

"荞酥"有扁圆和扁方两种形状，入口清香甜脆，由于正面刻有清晰的花纹，颜色金黄，所以人们又将其称为"金酥"。

十七、腌 酸 鱼

腌酸鱼是居住在泸沽湖畔的摩梭人的传统佳肴。每年春节期间，摩梭人会做各种美食犒劳自己，其中就有腌酸鱼。在摩梭人心目中，腌酸鱼不仅代表年年有余，还记录着摩梭人非常久远的历史。

根据摩梭人的传说和部分古籍记载，在距今约 1500 年前，摩梭人祖先中的一支从甘肃的内陆迁移到泸沽湖畔居住，并很快学会了织网打鱼。他们根据自己的饮食习惯，将捕到的鱼腌制，从而出现了腌酸鱼。这种腌制方法经一代代口传身授，如今已经成为摩梭人待客和赠送亲朋的传统佳肴。

在当地，腌酸鱼虽然十里不同风，各家有各家的风味，但都采用高原冷水鱼进行腌制。最早的时候，人们都用泸沽湖里特产的半斤左右的活裂腹鱼。裂腹鱼是原始的鲃亚科鱼类，随着青藏高原的隆起、生活环境的变化，其排泄生殖孔和臀鳍两侧鳞片像裂开的口子，人们便将其叫作裂腹鱼。这种鱼肉多刺少，味道非常鲜美。后来，由于裂腹鱼被国家列为二级保护动物，摩梭人就不再用这种鱼作腌酸鱼了，而是改用湖中的其他鱼。

人们在湖中捕鱼时，凡捞到半斤重的鱼，便小心地放在装有水的木盆里养着。回家后，主妇会马上进行制作，先剖开鱼腹，取出鱼肚、鱼杂，去鳞，用清水洗尽血迹后，再将尾巴还在扭动的鱼放进土坛中。每摆放一层鱼，就撒上一层由烧酒、糌粑、花椒、食盐等调合成的佐料。当坛中摆满后，便封好坛口，将其放在阴凉处发酵。大约 10 天左右，就可打开坛子，取出食用。

制作好的腌酸鱼酸咸可口，既能生吃又能熟吃，一年四季均可食用。

十八、琵 琶 肉

琵琶肉又叫猪膘肉，是云南地区少数民族的传统腌腊制品。云南部分地区气候寒冷，人们将猪（造型似琵琶，称琵琶猪）宰杀后，便趁着隆冬时节气温较低时进行腌制，腌制好的成品红白相映，香气扑鼻。全猪腌制后能够保存2年不变味、不变质，在云南的腌制品中，其工艺是最为精细的。

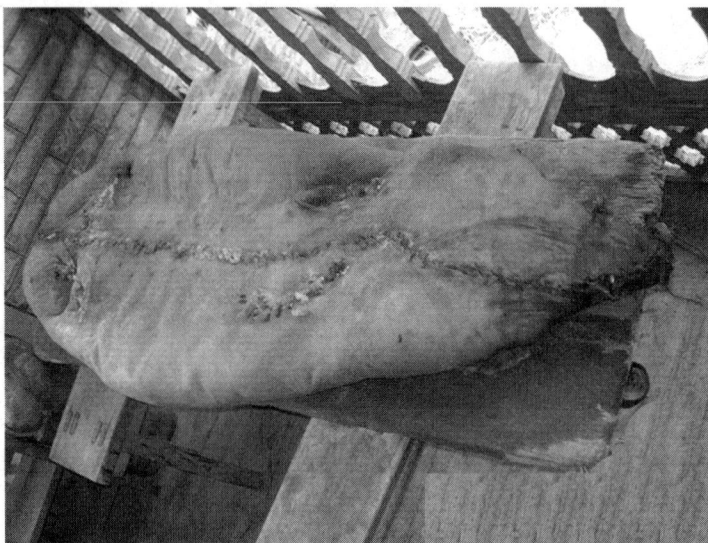

美味的琵琶肉

当地怒族人过大年时，三十晚上的餐桌上必须有一道肉色油亮鲜红、香气浓郁的腌肉。如果当天有贵客光临，端到桌子上的琵琶肉可能就不是一块，而是一头腌全猪。主人从上面割下的第一块肉会放在客人面前，请客人品尝。

在怒族，人们将琵琶肉的腌制方法看成是神仙教的，只是不同的地区故事情节不太一样。有人说：很久以前，有位美丽善良的仙女来到人间，她非常喜欢怒族人的忠厚善良，便教他们耕地养畜。当人们都学会了之后，她又把腌制肉食的绝活传给了大家。另一些地方的人们则说：从前，有位经验丰富的老猎手射得一手好箭，只要上山，从没有空手而回的时候。他认为自己的好运都是神仙给的，因此经常祭献山神、猎神。但老猎人也常常遇到难题，就是一次打到的猎物太多，还没等吃完就坏了。一天晚上，他在睡梦中得到神仙的指点，从而懂得腌制之法，于是做出了能够存放很长时间的琵琶肉。

在现实生活中，琵琶肉的腌制还是非常复杂的。人们先将猪宰杀，然后刮毛、洗净，留头尾，开膛取出内脏，剔除骨头、板油，去除头部的软骨、下颌骨和脑髓，从膝关节处切去后腿，从肘关节处切去前腿。让全猪晾2小时，再撒上用花椒、胡椒、盐、草果等调制的调味料，并抹上烧酒，再用调味料和烧酒反复搓揉猪身，还要用竹针在猪身上戳洞，以便汁液渗入猪肉内；用线将腹部、四肢、嘴和肛门等处缝严实，针线缝合处还要涂上核桃油；两只猪耳朵里各塞一个核桃，猪鼻孔里也要各插一根能够塞严鼻孔的小木棍，以防虫蛀。

把处理好的猪（腹面向上）放在木板上，腹部上盖上木板，板上压石头，存放几天之后将猪鼻孔里的木棍取出，灌入少量盐水，再用木棍塞严，需要如此反复进行数次。用石头压满20天时，抽去木板等，使猪架空，以便将汁液盐分等吸干，1个月后就可以将其放在火塘的篾笆上进行熏制或者晾在房头上，等到肉完全干了之后就成为一具非常完整的琵琶肉了。

食用时，需要从头部一圈一圈地往下割，并将肉放到火上烤，等到肉皮烧黄时放到温水中刮洗干净，然后放到清水中浸泡片刻，以漂去部分盐味，捞出后切成4厘米见方的肉块；锅置旺火上，加入菜籽油，等到烧至八成热时放入少量白糖速炒，下肉块略炒后加入草果面、八角面、胡椒面等炒拌均匀，随即倒入杂骨汤，烧沸后改用小火炖2小时，等到肉烂汁浓时出锅即可食用。

一般情况下，腌制好的琵琶肉若不切开，可保存数年而不变味，而且味道鲜美，色彩透明，令人垂涎欲滴，《滇南新语》中就有琵琶肉"薄腻若明珀，形类琵琶"的赞语。

第 四 章

种类繁多的茶

　　云南是少数民族聚居地，当地的少数民族，如彝族、佤族、拉祜族、哈尼族、布朗族等，至今还流传着许多与神农传说相同或相似的神话传说，并将发现茶的"神农"看作本民族的祖先。《蛮书》中写道："银生"茶是"蒙舍蛮以椒、姜、桂和烹而饮之"，而"蒙舍蛮"就是古代对于云南少数民族的泛称。

　　在古银生城东的哀牢山上（如今的景东花山芒岔），有三株600年以上树龄的栽培型古茶树。芒岔地名很有来头，其中的"岔"是指茶；而芒（蛮、曼）则是指种茶的少数民族地方和寨子里有人工栽培的茶树的意思；"曼"在傣语中则是指村寨的意思。这三株古老的大茶树都栽在寨中村民的园地里，并一直被人们采摘食用。可以说，"芒岔"（地名）是"茶出银生城界诸山"的最好注释。上述这些都说明了景东的少数民族在很早以前就已经利用、驯化和栽培茶树，并将茶树栽培在自己村寨内的园地里。

　　佤族的《新谷颂词》中写道："阿达（爷爷）是茶叶，阿奶是棉花"，说明佤族人已经将茶看作是与先辈同等重要的灵物。布朗族在本族的《祖先歌》中，也详细地描述了祖先发现、利用茶的历程，并对祖先进行了歌颂。拉祜族将茶的发现归功于猎头勒地芭，始终居住在千家寨附近的拉祜族人的传说中讲道：本族的祖先在狩猎的过程中，老猎头勒地芭到树上观察逃窜的猎物，无意中爬上一棵野生大茶树，并吃到树上"令人精神倍增"的非常神奇的绿叶，于是他们便将这种茶称为"者闷撒"，就是涩甜叶的意思。

　　提起饮茶，人们最先想到的方式就是"泡"或"煮"。然而，这些嗜茶

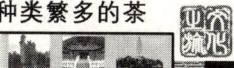

成命或爱茶若友的少数民族，由于各自不同的吃茶习俗而形成了多彩多姿的茶俗、茶艺，比如佤族的擂茶、傣族的竹筒茶、拉祜族的烤茶、怒族的盐巴茶、傈尼人的土锅茶、白族姑娘的三道茶等。当你走进茶乡的少数民族村寨时，就会够感受到不同的、意想不到的"吃"茶方式。

一、傣族的竹筒茶

"竹筒茶"是居住在云南省的少数民族——傣族人最喜欢喝的一种茶，产于云南腾冲县的部分地区，傣语称"腊踪"，是圆柱形的紧压绿茶，距今已有200多年的历史。

在每年的傣历六七月间，傣族姑娘便会趁着大雾刚刚开散、红日正在升起时，背着箩筐到茶园里轻巧而快速地采摘茶树上的嫩芽。当太阳高高升起、雾气散尽、露水蒸发之后，人们便背着采摘的茶芽往回走。回到家后，茶农就谢绝客人来访，并把吵闹的孩子送到亲友家。此时的妇女格外温柔，说话都非常小心，生怕说出不当的话而冲撞了茶神。

制作"竹筒茶"之前，全家人走路都要轻手轻脚的，并用葱、姜和樟树的叶水烧水洗澡，再换上干净整洁的服装到竹林中的土地庙敬香、放爆竹。此时，才可以把刚采摘的新茶芽放入锅中杀青。在火势稍小的时候，主人需要尽快到竹园里将事先选好的新竹子伐倒，顺节锯成筒状，并凿开一道口子，然后将刚出锅的茶叶灌进去，再放在火塘边的三脚架上烘烤，约6分钟左右，竹筒内的茶叶就会软化。此时需要用木棒将竹筒内的茶叶冲压结实，然后再填满已杀青的茶叶继续烘烤，就这样边烤、边冲、边填，等到竹筒填满冲紧后，便封好口，由心灵手巧的茶女们用刻刀在竹筒上雕上"百鸟朝凤"、"嫦娥奔月"等图案，再将灌满茶叶的竹筒一层层码好，用隔年的干松脂点火，升起火塘慢慢温烤，火势不断。几天后，当空气中飘起浓浓的夹有嫩竹特有清甜的茶香气时便熄火，用刀小心将竹筒剖开，接着取出的圆柱形茶就是竹筒茶。

品竹筒茶时，在透明的茶杯中放入一缕茶丝，用烧开的山泉水浸泡，杯子顿时化成淡淡的绿色。打开盖子，浓浓的茶香散发出来，喝入口中既有茶的醇厚，又有竹的浓郁清香，令人遐想蓝天白云、青山碧水，这种茶还具有提神醒脑的功效。

"竹筒茶"由于工艺讲究、繁琐，装茶的竹筒碧青如新，茶叶聚集了茶树和竹子的精华，堪称绝妙的茶中珍品。如果选一清静的去处，摆上一盏清茶，有二三知己，品茶谈心，那份惬意绝对令人神往。

二、僾尼人的土锅茶

僾尼人属于哈尼族的支系，居住在西双版纳的勐海县，非常喜欢喝茶，尤其喜欢喝土锅茶。

土锅茶是一种非常古老但又简便的饮茶方法，哈尼语叫"绘兰老泼"。这种茶水喝到嘴中清香可口、回味无穷。关于"土锅茶"的由来，在当地还有一个美丽的传说：

很久很久以前，一位勇敢而又憨厚的僾尼青年以打猎为生。一天，他在深山里猎到一只花斑豹，这只豹子曾经多次危害僾尼山寨的人和牲畜。青年将豹子扛回山寨后便点火烧水，将豹子去皮后放到大锅中炖肉。等豹子肉煮好后，青年就邀请全寨子的男女老少前来分享。众人在青年人家里边吃边笑边跳舞，一个通宵都没有停止，个个感到口干舌燥……青年见乡亲们都口渴了，便用大锅烧水，为大家解渴。正在烧水时，刮起一阵大风，许多树叶被大风吹起，纷纷落到锅里。当众人喝锅里的开水时，感到水中不但带有苦味，还有丝丝的甜味和清香气息，非常爽口。从此，僾尼人就把这种树叶称为"老泼"（汉语为茶叶），并开始人工种植。

传说是无从考证的，但僾尼人喜欢喝大锅烧开的茶却是事实。在现在的僾尼人村寨，人们依然使用最为简单的煮茶方式——煮土锅茶。每当有客人到来之时，女主人就会赶快用土锅（或瓦壶）烧水。待水烧开后，便将特制的茶叶洒在沸水中，当锅中的茶水再次煮沸后，便将茶水盛入竹制的茶盅内，以此款待客人。即便是在平时，僾尼人也喜欢在劳动之余喝"土锅茶"叙家常。

三、拉祜族烧茶、烤茶和糟茶

拉祜族人习惯饮茶，而且有许多饮茶方法，如烧茶、烤茶和糟茶。

烧茶是指将一枝带五六片叶子的新梢采下后，直接放在明火上烘烤，待其焦黄时再放入茶罐中煮茶饮用。

烤茶在拉祜语中叫"腊扎夺"，是拉祜族极为古老和传统的饮茶方法，至今仍普遍流行于拉祜族的各个村寨。

通常情况下，拉祜人饮烤茶可分为 4 个步骤：装茶抖烤、沏茶去沫、倾茶敬客和喝茶啜味。

装茶抖烤就是将小陶罐放在火塘上用文火慢慢烘烤，待陶罐烤热时放上适量茶叶，然后不断抖动烘烤，使茶叶受热均匀，当茶叶的颜色逐渐转黄并发出焦糖香的味道时为止。

沏茶去沫是指当把沸水倒入盛有茶叶的陶罐里时，马上把上部的浮沫撇去，然后再注满沸水，放到火上煮沸，3 分钟后即可饮用。

倾茶敬客就是将陶罐内的茶水倒入茶碗中，端给客人饮用。

喝茶啜味是说拉祜族人认为上等好茶必须香气足、味道浓、能提神，因此拉祜人喝烤茶时都是热茶啜饮。

糟茶也是拉祜族人习惯的一种饮茶方式。先将鲜嫩的茶叶采下后放到锅中加水煮至半熟，然后将茶叶取出置于竹筒内存放。每次饮用时，从竹筒内取出少许茶叶放在开水中，稍煮片刻即可饮用。糟茶略带苦涩酸味，具有解渴和开胃的功能。

四、傈僳族的油盐茶

傈僳族是一个质朴而又好客的民族。傈僳人喜欢喝油盐茶，这种饮茶方法是傈僳族祖先流传下来的，因此一直被人们所喜爱。

油盐茶在傈僳语中称"华欧腊渣渣",是一种简单而又独特的饮茶方法。在加工茶叶时,先将陶罐放在火塘（坑）上烘热,然后将新采摘的茶叶放在罐内继续用塘火烘烤,同时要不断翻动茶叶,以便茶叶受热均匀。待茶叶变黄,并能闻到焦糖香时,加入少量食油和盐继续烘烤片刻。随后,加入适量开水,煮沸3分钟左右就可将罐中的茶水倒入碗中饮用。

由于油盐茶在制作茶汤的过程中加入了食油和盐,所以喝起来"香喷喷,油滋滋,咸兮兮,既有茶的浓醇,又有糖的回味"。它既能解渴,又能充饥,口味独特。傈僳族人经常用它来招待客人,家人团聚的时候也喜欢喝"油盐茶"。

五、怒族的盐巴茶

怒族人擅长喝茶,茶叶是他们不可缺少的生活必需品,他们每天都要喝三次茶,当地饮茶谚语说:"早茶一盅,一天威风;午茶一盅,劳动轻松;晚茶一盅,提神去痛。一日三盅,雷打不动。"

怒族喜欢喝盐巴茶,这在怒族是较为普遍的饮茶方法。喝盐巴茶前,先将特制的、容量为200—400毫升的小陶罐清洗干净,然后放到火炭上烤热,再取一把青毛茶（约5克）或掰一块饼茶放入陶罐。等到烤出香味后,将事先烧得滚开的开水加入罐中,并继续用火将其煮沸。待茶叶在开水中腾翻3—5分钟后,撇去浮沫,将盐巴块放在瓦罐中涮几下,然后端起陶罐轻轻摇动,待茶水转动3—5圈时,将茶汁倒入茶盅,并在茶盅加入适量开水稀释。

盐巴茶为橙黄色,具有开胃的功效。人们在饮用时需要边煨边饮,直到陶罐中的茶味消失为止,剩下的茶叶渣用来喂马、牛,这样能增进牲口的食欲。由于怒族人生活在高寒山区,蔬菜相对缺少,因此人们就经常以喝茶代替蔬菜。在现在的怒族,每人都有一个土陶罐。"苞谷粑粑盐巴茶,老婆孩子一火塘"便是对怒族人围坐在火塘边边吃谷粑边饮茶的生活情景的形象描述。

六、佤族的烧茶、擂茶

佤族至今依然保留着一些非常古老的生活习惯，喝烧茶就是其中之一。

烧茶在佤族语中叫"枉腊"，是一种与烤茶相似但又独具一格的饮茶方法。首先将茶壶中的泉水煮沸，同时将一块清洁的薄铁板放在火塘上，并盛上茶叶进行烧烤。当茶叶的颜色焦黄并散发出香味时，将茶叶倒入烧开的水中，煮约3分钟，便可倒入茶碗中饮用。这种茶苦中带甜，焦中带香，有"苦茶久食益思意"的感觉。

擂茶也是佤族古老的饮茶方法之一。唐樊绰在《蛮书》中写道："茶出银生城界诸山，散收无采造法，蒙舍蛮以椒姜桂烹而饮之。"南宋的李石在《续博物志》的卷七中也写道："茶出银生城，即南诏所设'开南银生节度'区域，在今景东、景谷以南之地，产的银生城界诸山，采无时，杂椒盐烹而饮之。"

擂茶以茶叶、芝麻、花生米、橘皮等为原料，酷暑时节还要加入金银花，寒冬时节则加入陈皮等。饮茶前先将原料放入陶制的有齿纹的擂钵中，用山楂木（油茶木）制成的木棒（俗称"擂槌"）将原料碾研成粉碎状，然后倒入开水即可饮用。擂茶具有生津止渴、健脾养胃、醒神清心、滋补益寿的作用，因此便有了"喝上两杯擂茶，胜吃两帖补药"的美誉。人们在喝擂茶时，往往还要准备佐茶的食品，一般为花生、瓜子、番瓜干、咸菜、炒黄豆等，因此具有极为浓厚的乡土气息。人们喝擂茶，看其色、闻其香、品其味，再听那悠悠的擂茶歌或古老而神奇的传说，便能够深深地体会到"莫道醉人唯美酒，擂茶一碗更生情"的绝佳意韵。

七、蒙古族的咸奶茶

居住在云南地区的蒙古族人也擅长喝奶茶，而喝咸奶茶则是蒙古人的传统饮茶习俗。他们饮茶习惯于"一日三餐茶"，每天清晨，主妇们起来的第一件事就是煮一锅咸奶茶，以便全家享用，而且这次煮的茶一定要够全家人全天饮用。

美味的奶茶

蒙古族人所喝的咸奶茶，多是青砖茶或黑砖茶，煮茶的器皿为铁锅。制煮茶的时候，先将洗净的铁锅置于火上，倒入2公斤水，待水烧至刚沸腾时把砖茶打碎，将打碎的25克左右的砖茶放入锅中。当水再次沸腾5分钟时，掺入奶（一般为牛奶），一般为水的1/5（400克）左右。把水和奶搅匀后，加入适量盐巴。等到整锅的咸奶茶再次沸腾时便算煮好了，将其盛入碗中就能美美地饮用了。

煮咸奶茶有一定的技术要求，茶汤的滋味如何，营养成分多少，均与茶叶、水、奶和盐的数量和加料次序的先后有很大关系。如果茶叶放晚了，或者颠倒了茶和奶的放入次序，茶味就出不来，而煮茶时间过长的话就会失掉茶香味。

蒙古族人认为，只有器皿、茶叶、奶、盐和温度五者协调，才能制出美味可口、咸香适宜的咸奶茶。因此，蒙古族姑娘从懂事起，就会在母亲的悉心教导下学习煮茶技艺。出嫁时，姑娘也需要当着亲朋好友的面露一下煮茶的本领，否则就会被看作缺少家教，这就是蒙古族妇女都有一手煮咸奶茶好手艺的原因。

八、苗族的八宝油茶

居住在云南地区的苗族人有喝油茶汤的习惯，并称"一日不喝油茶汤，满桌酒菜都不香"。如果有宾客造访，他们便会用香脆可口、滋味无穷的八宝油茶汤款待客人。

八宝油茶汤的制作比较复杂，先将煮后晾干的玉米、黄豆、花生米、一种米面薄饼、豆腐干丁、粉条等分别放入茶油中炸好，装入碗中待用。随后就需要炸茶了，这是制作八宝油茶的关键，需要特别注意火候。炸茶时，先将适量茶油放入锅中，用文火加热。当锅中的茶油冒青烟时，便放入适量茶叶和花椒，并不断翻炒。待茶叶炒至色黄并发出焦香时，倒入适量水，然后放入姜丝。当锅中的水沸腾时，再徐徐掺入少许冷水。等锅中的茶水再次煮沸时，加入适量食盐和少许大蒜、胡椒等，用勺稍加拌动，然后便可将锅中茶汤及佐料一同倒入盛有油炸食品的碗中，喝茶汤，吃食品，美味不可言喻。

苗族人都用油茶汤待客。敬油茶汤时，主妇需要用双手托盘，盘中放着几碗八宝油茶汤，每碗都放着一只调匙，然后彬彬有礼地敬奉给客人。

苗族的油茶汤用料讲究，制作精细，散发出扑鼻的清香，喝在口中鲜美无比，满嘴留香，并具有解渴、饱肚的双重功效，堪称我国饮茶技艺中的一朵奇葩。

九、白族的三道茶

白族是一个非常好客的民族，每逢年节、生辰寿诞、男婚女嫁等喜庆事情，白族人都会用"一苦、二甜、三回味"的三道茶款待来访的亲朋宾客。

第一道茶称为"清苦之茶"，具有"要立业，就要先吃苦"的寓意。在制作时，先将水烧开，然后由司茶者将一只干净的小砂罐放到文火上进行烘烤。

当砂罐烤热之后，便取少量茶叶放入罐中，并不停转动砂罐，以使茶叶受热均匀。等到砂罐中的茶叶发出"啪、啪"的声响，而且叶色也逐渐转黄并发出焦糖香时，马上注入烧沸的开水。片刻后，将沸腾的茶水倾入茶盅，双手将茶盅献给客人。由于这种茶经过了烘烤和煮沸的过程，看上去"色如琥珀"，闻起来"焦香扑鼻"，喝下去"滋味苦涩"，因此被称为"苦茶"。这种茶通常只饮半杯，而且要一饮而尽。

第二道茶叫"甜茶"。当客人喝完"苦茶"之后，主人便重新用砂罐烤茶、煮茶，同时在茶盅内放入少许红糖。等到茶汤煮好后，将其倾入茶盅内，以茶盅八分满为止。这种茶香甜可口，表示"人生在世，不论做什么事，只有先吃苦，才能有甜来"。

第三道茶叫做"回味茶"，寓意是"凡事多回味，切记先苦后甜的哲理"。煮茶方法与"甜茶"相同，只是茶盅内的原料换成了适量蜂蜜、少许炒米花和若干粒花椒、一撮核桃仁，茶汤的容量为六、七分满。在饮第三道茶时，需要边晃动茶盅边饮用，以便茶汤和佐料混合均匀，而且要趁热喝下。这杯茶甜中带酸、苦中带辣，各种味道混合在一起，令人回味无穷。

十、侗族的打油茶

居住在云南地区的侗族和其他兄弟民族一样，十分好客，虽然在习俗上与其他少数民族有些区别，但都喜欢喝油茶。每当喜庆佳节或亲朋好友来访时，他们都要用做法讲究、佐料精细的油茶热情款待。

油茶的制作在当地被称为"打油茶"，工序较为复杂，一般情况下需要经过四道程序：

首先是进行选茶。通常情况下有两种茶可供选用：一种是经过专

诱人的打油茶

门烘炒的末茶；另一种是刚刚从茶树上采摘下来的幼嫩的枝叶。这两种茶叶的口味不同，至于选用什么茶叶待客，则需要根据客人的口味来定。

第二道程序是选料。这里所说的选料是指选择油茶的主料，通常是花生米、玉米花、芝麻、黄豆、糯粑、笋干等，这些都需要预先加工好待用。

第三道程序是煮茶。将锅放在火上，等到锅底发热时放入适量食油；当油面冒青烟时，马上放入适量茶叶并不断翻炒；待茶叶炒出清香味时，放入少许芝麻和食盐，稍炒片刻，倒入适量的水并加盖烧开；待煮沸4分钟左右时，将油茶连汤带料一起倒入碗中。此时，又香、又鲜、又爽的油茶就算打好了。

第四道程序是配茶，主要用于庆典或宴席。配茶就是将事先准备好的食料炒熟，取出后放入茶碗中，再将煮好的茶汤中的茶渣捞出，趁热倒入放有食料的茶碗中，然后端给客人享用。给客人端茶叫做奉茶。当油茶快要打好时，主人就会招待客人坐在桌前。由于油茶碗内有许多食料，饮用时需要使用筷子，因此喝油茶实际上就是吃油茶。吃油茶时，为了表示对主人热情好客的回敬，客人需要赞美油茶的口感鲜美，称赞主人制茶的手艺高超，而且要边喝、边啜、边嚼，口中同时发出"啧、啧"的赞叹声。

十一、基诺族的凉拌茶和煮茶

基诺族很早就开始种茶，据本族的《女始祖尧白》记载：很久很久以前，尧白在造天地之后便召集各民族分天地，但基诺族没有参加。尧白先后派了汉族和傣族去请他们参加大会，但基诺族没有去。于是，尧白便亲自去请，但基诺族还是无动于衷，拒不参加。尧白非常生气，当即拂袖而去。当走到一座大山上时，他想到基诺族会由于没有参加分天地的大会，日后生活更加困难，十分担忧，于是就站在山顶上将一把茶籽洒到龙帕寨的土地上。从那时起，基诺族居住的土地上就有了茶树，人们也开始种茶，基诺山也成为云南的六大茶山之一。

由于很早便开始种茶，基诺族也很早就开始饮茶了，并形成了非常独特的饮茶方法，最为常见的饮茶方法有两种：凉拌茶和煮茶。

凉拌茶在当地称为"拉拨批皮"，是一种非常原始的食茶方法，其历史可追溯到几千年前。这种饮茶方法以现采的新鲜嫩茶叶为主料，以黄果叶、辣椒和食盐等佐料配制而成，口味多种多样，主要根据个人的爱好来定。

凉拌茶的制作并不复杂，先从茶树上采摘鲜嫩的新梢，然后用干净的双手捧起，并稍用力搓揉片刻，待嫩梢揉碎后将其放到清洁的茶碗内，然后再将黄果叶揉碎，把辣椒、大蒜等切碎，连同适量食盐一起放入碗中，加入少许泉水，用筷子搅匀后，浸泡15分钟即可食用。

煮茶在基诺族中比较常见，也很普通，就是先用茶壶将水煮沸，然后放入适量的、经过加工的茶叶，用沸水煮约3分钟左右，当茶叶的汁水溶解到水中时，便可将茶壶中的茶汤倒入竹筒内，以便供人饮用。

十二、布朗族的酸茶
和青竹茶

布朗族为"古濮人"的后裔，是云南最早种茶的民族之一，因此被人称为"古老茶农"。

千百年来，布朗族始终保留着种茶饮茶的传统习俗，他们每迁徙到一个地方，就会在当地种下茶树，并随时制作茶品供自己饮用。布朗族人最喜欢吃酸茶，据说是因为酸茶具有提神、健身、解渴和消除疲劳等功效。每年的五六月份，人们便将一芽三四叶及较嫩的对夹叶、单片叶采摘下来，煮熟后放到阴暗、通风处，大约10多天之后，茶叶便自然发酵了。此时，人们再将发酵的茶叶装入竹筒中，埋入地下，一个月后便可取出食用。

布朗族吃酸茶的习俗非常古朴，每天早、晚都要吃一次。届时，家中燃起火塘，焖上一锅饭，再烧上一些辣椒，全家人围坐在一起，从竹筒中取出做好的酸茶，将其放入口中慢慢咀嚼，然后才开始吃饭。

青竹茶则是布朗族在野外劳动时的饮茶方式。在劳动间歇，布朗族人会在田间地头燃起火堆，将新砍下的香竹砍成长短不一的竹筒，用来做煮茶和饮茶的器皿。竹筒长约30厘米，将里面装入清凉的山泉水后放到火堆边烘烤。等水沸腾之后，便可拿出随身携带的晒青毛茶，往竹筒中放入少许，稍煮片刻即可饮用。煮好的青竹茶可以倒入多个短竹筒内，以便众人饮用。这种青竹茶汇集了山泉水的甘甜、青竹的清香和茶叶的茶香，味道浓醇而爽口。

第四篇

云南韵味

　　云南作为一个多民族、多文化共生共荣的地区，既经受了现代文明的洗礼，又保持着古老的、原生态的文明，并在不断的演化和融合中塑造了专属于自己的韵味。其滇味艺术古朴自然、粗犷豪放，带着原始热带雨林的风情风貌；其特色手工艺品别具一格，反映出各少数民族不同的生活理念和生产经验，更体现着特属于云南人民的智慧；其民居造型奇特、构思奇巧，记录着云南独特的民居建筑发展史；其老字号卓然林立、各怀绝艺，述说着令人无法忘怀的商业历程……

第 一 章

滇 味 艺 术

　　作为一个集古老文明和原生态文明为一体的代表地区之一，云南在艺术发展道路上，艰难前进，不断积累，创造了无与伦比的滇味艺术。这些艺术既是云南沧桑历史的记载，也是其美好前程的预示，同时也是今天云南神采风貌的体现。

一、大型舞剧：云南映象

　　《云南映象》是由著名舞蹈艺术家杨丽萍担任艺术总监、导演并参加演出的一场大型原生态歌舞剧。它将原生、古朴的民族歌舞与新锐的艺术构思相融合，从整体上挖掘云南原创乡土歌舞与原生态歌舞，表演既有传统之美，又具现代舞剧的力量感，再现了云南特异的民族风情。

　　《云南映象》全长120分钟，由"云"、"日"、"月"、"林"、"火"、"山"、"羽"七场歌舞组成。在舞剧表演中使用亦真亦幻的舞台、灯光，营造出立体感、层次感和各种各样的场景。为了突出原汁原味的云南各民族生活原型，道具中使用了60多面鼓、120多个具有云南民族特色的面具，并使用了真实的牛头、玛尼石、转经筒等道具。为了达到真正的原生态效果，大多数演员都是来自于云南少数民族地区的业余演员。他们中70%来自云

激情的滇味舞蹈

南各地村寨，而且大多数是农民，演出服装全部是少数民族生活着装的原型。

整场原生态的演出在"天地混沌的时候，没有太阳和月亮，四周漆黑一片，敲一下，东边亮了，再敲一下，西边亮了……"充满神秘色彩的"神鼓"歌谣中拉开帷幕。接着第一场名为太阳的舞蹈演出开始，在这场演出中主要使用一种乐器——鼓，其中包括云南的皮鼓、石鼓、铜鼓、木鼓、太阳鼓、芒鼓、热巴鼓、大背鼓等。首先表演的是西双版纳基诺族的太阳鼓舞，并在舞蹈中反映出他们先民的生殖崇拜。接下来是哈尼族表演的祭祀性喜庆舞蹈——芒鼓舞，以及哈尼族僾尼支系的铜镲舞。再接下来是傣族在喜庆佳节或是迎接远方来的客人时表达美好祝福的象脚鼓舞，以及概括祭祀、生殖繁衍、祈求丰收、婚丧嫁娶等内容的彝族神鼓表演。

第二场表演名为"土地和月光"，先是杨丽萍在"你是一条婀娜的蛇，蜿蜒在银色的月河。闪亮的身驱舞动着舌，夜晚的星空唱着歌……"的歌声中进行独舞表演，用抽象和变形的肢体语言表现月光的圣洁。然后是花腰彝唱着极其优美、复杂、动听的"海菜腔"，唱三拍跳二拍手击一拍，把原生态的歌声和经典舞蹈结合起来进行表演。然后是彝族尼苏支系，俗称三道红彝族表演的烟盒舞，他们在"噻，噻，噻哩洛噻哩洛噻洛哩噻……晒着晒着石屏干腌菜呀，晒着晒着石屏芥兰菜，采着鲜花是唱呀唱歌来……"的歌声中，手拿传统的烟丝盒为道具，左右手各持一面，用手指弹响它作为舞蹈的节拍。舞蹈有双人舞、三人舞、集体舞，舞蹈随着弹烟盒节拍、四弦和笛子声翩翩而起。他们要表演"扭麻花"、"蜻蜓点水"、"鸽子渡食"、"蚂蚁走路"、"银瓶倒水"、"鹭鸶拿鱼"、"虾蚂虫扭腰"、"抢姑娘"、"踩谷种"、"踩茨菇"等动作。随后，由花腰傣唱起古歌："太阳歇歇么歇得呢，月亮歇歇么歇得呢，女人歇歇么歇不得。女人歇下来么——火塘会熄掉呢……苦荞不苦么吃得呢，槟榔不苦么嚼得呢，女人不苦么咋个得？女人不去吃苦么——日子过不甜呢……"

第三场的名字为"家园"。云南先民信奉"万物有灵"，这一场主要表演祭祀自然、山神、水神、寨神、树神的活动。第四场为"火祭"，是由表现内心强烈感情的佤族甩发舞，优美动听的葫芦笙舞，用来吓唬魔鬼、驱逐病疫、祈求人畜平安的面具舞，在东巴祭祀仪式中超渡亡灵升入天堂的东巴舞，是由体现云南古代民族牛崇拜的牛头舞组合而成的。

第五场名为"涅槃"，舞蹈中人们朝拜神山，用身体丈量着道路，一次次地亲吻着大地，最终走向理想国，在这段舞蹈中使用了真实的玛尼石和转经筒等道具。然后是身穿以黑、红、黄三色为基调的藏族袍服者表演的一段藏族舞。接下来在"群峰之中有一座金色的山，金色的山里有一个金色的湖，金色的湖上有一棵金色的树，金色的树上有一只金色的鸟，金色的鸟唱着一支吉祥的歌……"的童谣声中，整个舞剧转入尾声。

尾声名为"雀之灵"，杨丽萍为这段创作了一系列表现孔雀形态的舞蹈语言，其中"雀之灵"就寄托了她对宁静世界的向往。在尾声中，杨丽萍还把她的独舞和群舞有机地编排在一起，使整段舞蹈充满灵性及和谐的生命感。

整个《云南映象》只有100多分钟，从整体上强调了民族舞蹈原生态的内涵，从歌声到舞蹈、从道具到服装都紧密地围绕着这个主题。但它不是对原生态的简单再现，而是对原生态歌舞的整合。因为它一方面的确具有最"原生"的歌舞和民族文化，另一方面也融合了很多最"现代"的舞蹈动作以及剧场效果，是一台精雕细琢的民族舞台艺术作品，更是我国民族舞蹈发展史上的一次创新和有益的尝试。

二、滇 剧

明末至清乾隆年间，秦腔、襄阳汉调、徽调等声腔先后传入云南，并相互融合发展，形成了新的剧种——滇剧。它作为地方剧种，主要流行于云南的大部分地区和四川、贵州的部分地区。

滇剧音乐虽然出于秦腔、徽调与汉调，但长期与当地的语言、风俗和地方戏曲融合，已经与这三个剧种的风格存在很大差异了。其中秦腔丝弦的唱法被划分为"甜品"和"苦品"，可用于喜剧，也可用于悲剧。它是以枣木梆击打节拍，具有秦腔高亢、激昂的特点，也融合了云南民歌的委婉、细腻和欢快，因此也被称为云南梆子。滇剧胡琴源于徽调石牌腔，它与二黄腔同源，所以和京剧二黄近似，但与京剧二黄又有不同。它没有"原板"，其中有一种由"二流板"发展并加以变化而成的"梅花板"。表演时，歌唱中夹带诉说，可以唱到数十句不觉得繁复，演唱风格如泣如诉，因此常被用于《黛玉焚稿》等情节悲啼的戏里。滇剧中的襄阳腔是吸收了汉剧襄河派的西皮调演化而来的，旋律流畅，适于表现愉快、喜悦与激奋的感情，常用于《豆汁记》、《菱角配》等喜剧中。

滇剧的三种主要声腔，都有导板、机头、一字、二流、三板和滚板等板式。此外，三个声腔还有各自独有的板式唱腔，如丝弦秦腔就有飞梆子、安庆调、坝儿腔、二十四梆梆等；胡琴腔有平板、架桥、梅花板、人参调等。在滇剧的伴奏乐器中，丝弦秦腔以锯琴（秦腔二股弦）为主，襄阳腔和胡琴腔以胡琴为主，此外还使用月琴、梆子、南胡、三弦、大唢呐、笛子、小唢呐、小鼓、大鼓、提手、大锣、小锣、钹、碰铃、镲等。

滇剧的剧目有 1000 多个，被分为秦腔路、川路、京路和滇路 4 种剧目。秦腔路剧目与丝弦秦腔一起传入，代表剧目有《花田错》、《春秋配》、《高平关》等。川路剧目来自川剧，主要剧目有"五袍"——《绿袍记》（萧何月下追韩信）、《白袍记》（尉迟恭访薛仁贵）、《黄袍记》（赵匡胤雪夜访普）、《青袍记》（梁灏八十中状元）、《红袍记》（刘知远打天下）；"四柱"——《碰天柱》

（共工触不周山）、《炮烙柱》（纣王诛梅伯）、《水晶柱》（观音收鼋妖）、《五行柱》（孙悟空闹天宫）等。京路剧目来自徽剧、汉剧、京剧，如《打渔杀家》、《坐宫》等。滇路剧目分两种：一种是云南人自己编写的历史故事戏，如《陈圆圆出家》、《薛尔望投潭》、《逼死坡》、《宁北妃》、《一碗虾仁》、《新探亲》等。另一种是剧作家改编外地剧种的剧目，如《三国》、《水浒》、《红楼》等戏中的部分片段，以及吸收白、傣、侗、哈尼等少数民族故事创作的剧目，如《阿诗玛的新族人》、《蝴蝶泉》、《望夫云》、《版纳风光》、《独手英雄》、《佤山前哨》、《瘦马御史》等。

滇剧的表演善于刻画人物形象，使戏剧富于生活气息，如《牛皋扯旨》中的牛皋与陆文亮、《烤火下山》中的倪骏与尹碧莲。两出戏都是通过丰富的动作表现出戏剧矛盾，突出人物形象，以及他们的性格。滇剧的表演特点是注意体验和体现角色的感情，同时语言通俗生动，十分流畅，具有云南民间歌谣的风格。如《秦香莲》中的唱词与其他剧种都不同，它没有使用文白参半的句子，而是使用明白如话的词句，使戏剧充满生活气息。

滇剧历史上的著名演员有李文明、李瑞兰、栗成之、王海延、陈少塘、竹八音、乔秀峰、郑文斋、蒋耀延、邱云林、碧金玉、万象贞、戚少斌、彭国珍等人，都深受喜爱滇剧的观众欢迎，并在戏剧界有一定的知名度。滇剧中的优秀剧目《牛皋扯旨》、《闯宫》、《送京娘》和《借亲配》等，在全国演出时都产生了一定影响。

三、云南花灯戏

云南花灯戏源于明代，或明以前民间社火中的花灯。由于云南各地语音不同，艺人演唱有别，不同地区流行的花灯戏受了不同的曲剧种、民歌、小调的影响，所以云南花灯又分为九个支派，即昆明、呈贡花灯；姚安、大姚、楚雄、绿丰花灯；弥渡花灯；建水、蒙自花灯；嵩明、曲靖、罗平花灯；文山、邱北花灯；边疆地区花灯；玉溪花灯；元谋花灯。目前，这些花灯戏主要流行于云南全省各地和四川、贵州少部分地区。

花灯戏的曲调由三部分组成，一部分是吸收其他曲种、剧种的曲调，如元谋花灯剧主要借用了滇剧的唱腔。另一部分使用明清小曲，如"寄生草"、"打枣竿"等。最后一种是吸取民歌小调。这些小调一些是本地曲调，如《十大姐》等；一些是其他地方流行的曲调，如"泗洲调"、"十杯酒"等。花灯舞蹈也是云南花灯的重要组成部分，传统的花灯舞蹈没有演唱的剧目，有《狮舞》、《猴子弹棉花》等，进行集体性的歌舞有《连厢》、《拉花》等。

云南花灯戏的许多剧目的艺术特色是：朴素、单纯、健康、明朗，充满劳动人民的生活气息。花灯戏的传统剧目比较少，除去从滇剧中借鉴过来的剧目，大约有200多个传统剧目，其中比较著名的是：花灯歌舞剧《大头宝宝戏柳翠》、《十大姐》、《踩连厢》等；花灯小戏剧有《红回门》、《三星贺寿》等。最初的花灯戏行当，只有男女二人。经过长时间的发展，增加了丑角这个戏曲行当。如今又发展出生、旦等其他行当，以适应花灯戏中中型、大型剧目演出的需要。新中国成立之后，一些剧团在大力整理传统剧目的同时，还新编和创作了大型花灯戏《依莱汗》等100多个剧目。近年来，还新创作了《卓梅与阿罗》、《风雪马缨花》、《情与爱》等不少剧目。

四、白族"吹吹腔"

白族吹吹腔又名吹腔，有着悠久的历史，是居住于澜沧江流域白族人自编自演的一种古老的戏剧剧种，因其唱腔用唢呐吹奏过门而得名，白族人也称其为"板凳戏"。经过研究发现，吹吹腔源于明代洪武年间传入白族地区的中原"弋阳腔"声腔系统，后来在发展中吸收了白族文学、音乐、舞蹈等要素，并经过白族艺人的创造，形成具有白族艺术风格的剧种。清朝乾隆时期吹吹腔发展到极盛，流传于大理、邓川、洱源、剑川、鹤庆、云龙等地。

吹吹腔在后来的发展中被分为南、北两派，大理以南流行的为南派腔，大理以北流行的为北派腔。其中南派吹腔影响较大，保留了较多的古老风貌。这两派唱腔风格不同、各具特色，其唱腔有30多种，大概可以分为两类。一类按行业分：生角唱的生腔、旦角唱的旦腔、净角唱的净腔、丑角唱的丑腔。另一类是按情感来分：幽默含蓄的丑角腔，叙述性的平腔，抒情性强的一字腔，哀怨、伤感的二簧腔，威猛高亢的高腔，悲愤、哀伤的大哭腔等。吹吹腔的音乐板式主要有流水板、垛垛板、阴阳板、风绞雪、七句半、课银子等九大板式。其乐器伴奏主要是唢呐，其次还有小鼓、大鼓、大钵、小钵、芒锣、大锣、梆子等。

吹吹腔风格古朴，具有生活化的气息，唱词和道白大多使用白族语，唱腔高亢激昂，有很强的感染力。吹吹腔伴奏很少，一般只用唢呐吹奏过门，有的还直接用唢呐吹奏调曲牌，如山坡羊、哑子哭娘、大过山等。唱词都是用白族的"七七七五"句式，白语和汉语相互掺杂，而且很讲究韵律。四句唱词为一节，在唱了一、四句词后用唢呐吹奏过门，在唱二、三句唱词时使用打击乐。吹吹腔的过门曲较长，变化很复杂，其作用就是延长唱腔的内容，强化感情。打击乐一般和唢呐一起使用，演奏出的音乐按照节奏感可分为"文场"、"武场"两种。

在吹吹腔中，演员行当分工很细，总体分为生、旦、净、丑四大行当。在四大行当中又进行了细分：生角被分为正生、须生、英雄生、小生；旦角分为老旦、正旦、花旦、苦旦、武旦、摇旦；净有黑净、红脸、大花脸；丑分为大丑、中丑、小丑。

吹吹腔有300多个剧目，其中历史悠久、流传比较广泛的有《崔文瑞砍柴》、《重三斤告状》、《人勤花旦》、《鸡鸣茶香》、《血汗衫》、《火烧松明楼》、《蔡雄过年》、《八郎探母》等80多个传统剧目。解放前，云南地区还没有专业性的吹吹腔剧团，大多是一些季节性和业余的戏班。解放后，在党和政府的帮助下，云南地区成立了大理白族自治州吹吹腔剧团。它成为首个专业性的剧团，此后演出过《杜朝选》、《火烧磨房》、《三月三》等多个传统的吹吹腔剧目。后来，大理剧团还以大本曲唱腔为主，同时吸收吹吹腔和白族民间音乐，把吹吹腔发展成了白剧。

五、彝 族 跳 菜

"跳菜"是一种原生态舞蹈，是一种古老而别致的传统习俗，它是居住在云南无量山、哀牢山一带的彝族人，在婚丧嫁娶办宴席上菜时的一种自娱自乐的舞蹈。据说它起源于原始社会母系氏族时期，盛行于唐朝民间，距今已经有几千年的历史了。

在彝族村寨，人们逢喜事就以"跳菜"助兴，遇到丧事就以"跳菜"减轻悲痛。彝族人在筹办红白喜事的宴席时，所有的餐桌都要面对着厨房向两面摆开，在中间留一条路。客人坐定、数声锣响之后，"跳菜"就开始了，此时大号和唢呐齐鸣，跳菜大师从厨房里相继走出来。他们头顶着装满一碗碗菜肴的菜盘，在音乐声中忽前忽后、一摇一晃地踏着音乐节拍入场。这些大师一边跳着舞步，一边还做出很多怪相，逗得在场的人开怀大笑。

进行跳菜的人大多是男性，他们一般两人为一组，一组跟着一组跳。跳菜的姿态也不同，他们有的用头顶着盘子，有的则用手托，有的用臂抬着，有的还是一个人骑在另一个人的肩上。上面的人头顶大菜盘吹奏唢呐，下面的人则两手托着菜盘。在激越的唢呐声中，这些人还要表演"苍蝇搓脚"、"鹭鸶伸腿"、"金鹿望月"、"野鸡吃水"等动作。这些动作时而刚劲有力，时而轻柔似水。表演动作时，他们还要不断翻新花样玩弄装满菜肴的托盘，难度颇大。

在所有的跳菜表演中，最为精彩的就是"口功送菜"和"空手叠塔跳"。表演"口功送菜"时，"跳菜"的人头顶托盘，盘中装满了菜碗，嘴里衔着两个大铜勺，然后在勺上各放一碗菜。此时他们面带笑容，口功、臂功、腕功、顶功齐用，徐缓有序地上菜，直至菜香四溢的菜碗准确落桌。表演"空手叠塔跳"时，"跳菜"高手们头顶托盘，盘里还装着盛满菜的八大碗。他们双手十指伸开，每只手分别托起重叠在一起的四大碗菜，踏着鼓乐的节拍，甩开矫健而优美的舞姿，边跳边舞，并在搭档们之间忽前、忽后、忽左、忽右地穿梭。很多人都担心会掉下一碗菜来，然而"跳菜"者却从容自若，尽情地扭着舞步。重叠在一起的菜碗在他们的手臂上，随着舞姿忽上忽下、忽前忽后、忽左忽右地变换位置，始终稳稳当当的，连一滴菜汁也没溅落出来。然后，在宾客的鼓掌和赞叹声中，他们会把菜陆续摆在桌上。

"跳菜"表演很精彩，每个表演者都要有真功夫，而且摆菜也有一套讲究，常见的摆法有"回宫八阵"、"四方形"、"梅花形"、"一条街"等。"跳菜"是彝族人特有的古老饮食文化和原生态舞蹈，它将古朴、生动的民间艺术和饮食融汇在一起，表现出彝族人的豪迈爽直、坚毅刚强、昂扬向上的性格。

第 二 章

特色手工艺品

　　云南在日积月累的文化沉淀和多种文明的碰撞中，兼收并蓄，创造出许多
具有特色的滇味手工艺品，如蜡染、扎染、木雕、牙雕、剪纸、陶器等，风格
各异，形态万千，但不无凝聚着古老云南的文明精华，体现着云南人民美好的
内心世界和对美好生活的无限向往。

一、蜡染、扎染

　　蜡染在古代称蜡缬，是对蜡画与染色两种工艺的简称，其起源于秦汉，盛
行于隋唐时期。缬在古代是指染色显花的织物，早在秦汉时就出现了，马王堆
出土的大量印染品就证明了这一点。可以说，从我国的染织技术开创时，蜡染
就是最古老的手工，它也是中华民族古代文明的一部分。

　　蜡染艺术在我国的少数民族地区世代相传，经过很长时间的发展过程，
积累了丰富的创作经验，形成了独特的民族艺术风格。在云南少数民族地
区，流传着一些有关蜡染的传奇和优美的民间故事，一些地方还被人誉为蜡
染之乡。他们的蜡染图案以写实为基础，艺术风格质朴、天真、粗犷有力，
他们对一些图案进行了很多大胆的创造和夸张造形，不受形象细节的约束，
出自天真的想象。这些图案纹样很丰富，有几何形，也有自然形象，其中一

部分也表明了他们原始的图腾文化，例如他们对山、水、太阳、雷电及龙、蛇、树木的崇拜和敬意，在蜡染图案中把它们抽象为齿形、漩涡、圆圈、云雷及龙纹、螺旋等纹饰，利用蜡染形式把它们印制在服装和饰物中。

蜡染作为我国的传统工艺和文化，早已流传到国外，印度尼西亚、斯里兰卡、印度、朝鲜、日本、尼日利亚及科特迪瓦等国家，都广泛流传着蜡染制品。

扎染是我国民间传统印染工艺中的一种，至今已有几千年的历史。它是一种比较简单易学的工

蜡染壁挂

艺，又是一种具有实用和欣赏价值的艺术。扎染最早的时候称扎缬、绞缬、染缬。染缬艺术形成于周代以前，在秦汉时期开始流行，到六朝时代应用已经十分普遍。在考古中发掘出的、六朝的红色白点绞缬绢，绛色白点绞缬绢，花色和颜色都保存完好，这说明我国当时的扎染工艺已经很高了。唐宋时期，我国的染缬艺术已经成熟，染缬的染料使用、染色工艺、纹样、艺术形式和风格等都出现了新的发展。宋元时期，染缬继续发展，当时又出现了檀缬、蜀缬、锦缬等几种。

扎染工艺分为扎结和染色两部分，它是通过纱、线、绳等工具，对织物进行扎、缝、缚、缀、夹等程序，然后进行染色。扎结好的织物部分起到防染作用，这些地方可以保持原色，未被扎结部分则是需要染色的部分。织物被扎得愈紧、愈牢，防染效果愈好。通过这样的染色，就能形成深浅不均、层次丰富的色晕和皱印。这样既可以染成有规则纹样的普通扎染图案，又能染出有详细图案的复杂构图，使整个工艺品的风格都显得稚拙古朴。

现在，扎染工艺已逐渐被工业化的印染所取代，但是在云南大理地区，传统扎染工艺则被保存下来。在当地，扎染制品主要被用于制作服饰

和家庭装饰品。这里的扎染制品与白族人的审美观相吻合，基本都是采用蓝白相间的颜色。扎染所使用的染料均为植物靛蓝，图案多是在生活中常见的动植物和花卉。扎制工艺也多采用绞缝法，这样染制出的成品图案具有形象生动、晕纹自然的特征，其蓝底带白花、青里带翠的颜色具有素雅凝重的感觉。

二、昆 明 牙 雕

　　昆明牙雕其实就是象牙雕刻，也简称牙雕，是一种用象牙做原料，经过工匠精心设计并制作的特种手工艺品。象牙质地坚实细腻，色泽白净而莹润，经过具备丰富艺术想象力和巧夺天工技艺的昆明牙雕师傅的精心雕刻，成为一件充满艺术魅力的精品，为人们所珍爱。

　　昆明牙雕工艺历史悠久，雕刻工艺精湛，按照技艺可分为立体牙雕和平面牙雕两种。立体牙雕又可以细分为人物造像和动物形象雕刻二类。立体牙雕是指完全立体的雕刻，在象牙的前后左右都完整地雕刻出景物形象，使形象具有三度空间，能从四周的任何角度进行欣赏。因为象牙细腻、温润，具有韧性的质地，用这种雕刻方法可使作品的表现力极强。

　　平面牙雕也叫浮雕，它是指在象牙的平面基础上雕刻一些艺术形象。它比较近似绘画，因此是介于绘画和雕刻之间的一种艺术形式。在浮雕制作过程中，雕刻前要先把画稿放在刻板上，然后依据画稿进行雕刻。浮雕根据立体程度的差别还可以分为薄意雕、线雕、浅浮雕、高浮雕等。薄意雕和线雕是最浅最薄的浮雕，它所表现的形象仅是一层平缓的起伏，表现出画面或形象就可以了。浅浮雕与绘画相接近，所雕刻的形象起伏平缓。高浮雕和立体雕比较接近，它雕的形象起伏比其他浮雕大，局部使用了立体雕。

　　昆明牙雕艺人创作的牙雕题材丰富、造型优美、形象生动，到现在大概已经有 200 多种花色品种，其中既有栩栩如生的鸟兽花木，又有传神的人物造像。其中，牙雕传统题材有红楼梦、白蛇传、天女散花、嫦娥奔月、天仙配、哪吒闹海等。这些作品的做工技艺纯熟，布局严谨，人物造型刻划入微，富有神韵；花卉树木形象鲜活，雕工细腻，堪称艺术精品。

三、个旧锡制品

云南省的锡矿蕴藏十分丰富，开采历史也很悠久，据记载已有 2000 多年的历史。位于哀牢山地区的个旧市，因为其锡产量约占全国的 43%，被誉为我国的锡都。这里创作的锡制工艺品，已有 300 多年的历史。

锡制工艺品是一种传统的金属工艺品，主要是采用高纯度精锡，经过熔化、压片、裁料、造型、刮光、装接、擦亮、装饰雕刻等复杂工序，精心制作而成。由于锡的化学物理性很稳定，锡制工艺品具有耐酸、耐碱、无毒、无味、不上锈、防腐蚀的特点。不仅外观精美，银亮如镜，而且盛装食物可经久不变质、不变味，我国古代的人们就用锡壶来储藏茶叶。锡尤其适宜制作酒具，夏天它能保证酒清凉爽口，冬天用来温酒时导热较快，所以深受饮酒者的喜爱。

个旧锡制工艺品在数百年的生产实践中，制作技术不断发展，品种也不断丰富。现有的工艺品有 100 多个品种，其中既有精巧适用的酒具、茶罐、烛台、化妆品盒等生活器皿，又有造型美观的莲花灯、香炉、仕女、佛像、白鹤、奖杯等艺术欣赏品；还有艺人以我国传统的浮雕镂空技艺精心加工而成的优美装饰图案，如山水花草、鸟兽鱼虫等。

20 世纪 80 年代，艺人吸取浮雕和中国画的特点，用雕模浇铸和焊接装饰等方法，创制出了锡画。锡画形象生动、活泼，结构精巧、朴素，在彩色绒布的衬托下，银白色的锡制花草鸟兽熠熠发光。个旧的锡制品还被轻工部评为国优产品，其产品远销几十个国家和地区，他们制作的工艺精湛的小水烟筒等锡工艺品，被国家有关部门作为珍品收藏。近年来，个旧还开展来图来样加工，根据国内外客商的需要制作很多式样的锡制工艺品。

四、斑铜工艺品

云南的金属矿藏丰富，开发历史悠久，素有"有色金属王国"之称。据史料记载：西汉时，堂琅（今东川市）就以产铜而闻名全国。在长期的劳动实践中，民间艺人利用这里的自然资源，创制出具有浓郁地方特色的斑铜工艺品，这种技艺世代相传，已有数百年的历史。

斑铜工艺制作复杂而严格，是以高质量的铜合金为原料，经过铸造成型、精工打磨等工艺的处理制作而成的，因而造型优美，浑厚稳重，外观呈褐红色，表面呈现出离奇闪烁、艳丽斑驳、变化微妙的斑花，使整个艺术品红中透斑、金黄交错、富于变化、惹人喜爱。

最早的斑铜工艺品，是使用天然斑铜矿石加工而成的，被称为"生斑"。由于天然斑铜矿石十分少，因此斑铜工艺品数量不多。后来，民间艺人通过长期实践和不断积累经验，发明了用冶炼熔铸加工的方法制造斑铜，即所谓的"熟斑"。"熟斑"的制作工艺很复杂，而且要求很严格，所以做出的产品可以与"生斑"相媲美。后来，民间逐渐形成独特的制作技艺，斑铜工艺品的种类也日益丰富。

解放前，斑铜工艺品的生产技术已濒于失传的境地。新中国成立后，古老的斑铜工艺品生产得到迅速恢复和发展。经过多年的发展，艺人们不断创新和提高，并把艺术性和实用性相结合，制作出很多优美的斑铜工艺品。这些斑铜工艺品在造型上继承和发扬了传统特色，又吸取了云南青铜器和中原青铜器的艺术特色，还从云南各族人民生活和民间工艺美术中吸取营养，并结合现代雕塑手法和先进工艺，在显示斑花特点的前提下，装饰简洁洗炼的图案，创作出形象生动活泼的完美艺术品。目前这些艺术品包括人物、动物、花卉、瓶罐、炉尊、壁饰、器皿七大类，有孔雀、大象、野牛等珍禽异兽，山茶、杜鹃、龙胆等名花奇葩，以及各族服装服饰中绚丽多彩的图案花样。

斑铜工艺品以其浑厚古朴、典雅富丽的艺术效果，成为中、高档陈设工艺品。北京人民大会堂的云南厅里就是以斑铜作为主要陈列品，来展示云南的艺术魅力。云南斑铜工艺品多次在国际上获奖，并被指定为向外国元首馈赠的国家级礼品。斑铜工艺品中的精品——孔雀瓶、大犀牛、仿古牛、五型炉、孔雀明王、如来佛祖等，也被国家有关部门作为珍品收藏。近年来，斑铜工艺品又成为出口商品和旅游纪念品，深受外国朋友的喜爱。

五、苦聪竹木用具

云南镇源县的苦聪人，十分纯朴、热情、勤劳、聪明。他们很善于使用当地的竹木资源，这些东西经过他们精心制作后，就会成为式样各异的竹木用具和餐具。

苦聪人制作和使用的竹木用具，品种十分繁多。他们吃饭、盛汤、盛菜、喝茶、喝酒用的器具，大部分都是用老透的竹子或木质细腻的树木加工而成的。他们在制作木碗时，一般用干透的桑树、山茶树等，或者选用一些木质较好的树节疙瘩，精心做毛坯，再修整成型。使用竹料做碗时，他们都用坚硬的苦竹和甜竹的根部，每个碗留一个竹子的节疤，只要加工一下，很快就能做成一个既轻巧又不易碎的竹碗。竹碗或木碗做好之后，爱美的苦聪人还习惯在碗的边上雕刻一些花、鸟、鱼、虫等各种美观的装饰图案。

苦聪姑娘都喜欢随身携带一个小巧玲珑的竹针筒，它不但是生活用具，还是苦聪小伙子传递自己对姑娘爱慕之意的信物。头脑聪明又有好手艺的小伙子，会花很多心思把自己的才华和真情倾注在制作这个小小的竹针筒上。他们选最上乘的优质竹筒，然后用雕刻工具在竹针筒的外壳刻出很多样式美丽的花纹和图案。然后，小伙子会把这个饱含爱意的竹针筒亲自送给自己喜欢的姑娘。姑娘接受了小伙子的信物后，会经常把这个竹针筒带在身上，有的还挂在自己的胸前作为装饰。

六、禄丰剪刀

禄丰剪刀是云南省的著名五金产品，出产于楚雄彝族自治州禄丰县，已有上百年的历史。清光绪九年（1883年），四川人史炯清来到云南，在禄丰打制黑砂剪刀，手艺十分精良，当地人胡有慕名前来拜师，后来得到了史炯清真传。1913年，胡有与史炯清的另外几个徒弟决心把师艺发扬光大。不久，他们就改进了以前的工艺，并把以前的素把剪刀改为锉光剪刀，产品质量得到了很大提高，禄丰剪刀开始在云南中部地区小有名气。

后来，胡有单独在禄丰县城开设了剪刀铺，并不断进行研究。他精选上好的材料花批铁，经锻打抽条成形后，选用英国进口钢材制作刃口，从而制作出花把剪刀。这种剪刀的刀锋刚而不脆、利而不卷。后来，胡有在自己制造的剪刀上都刻上"胡记"、"云南"字样，还刻了龙凤花纹。在当时的云南剪刀业中，胡记剪刀很快异军突起。他的产品既美观大方，又锋利耐用，而且花色品种齐全，再加上他包调包换，童叟无欺，因此禄丰剪刀在云南成为知名品牌。1923年，云南督军唐继尧在昆明举办物产赛宝会，"胡记"剪刀获得头等奖，从此开始享誉云南全境。

后来，禄丰县剪刀逐渐以马掌铁为原料，并逐步实现了机械化和半机械化生产，同时还把锉刀抛光改进为镀烙，使剪口更加锋利，品质再次得到提高。1965年，在杭州举办的全国剪刀大比武中，禄丰剪刀以"削铜如泥，剪铁不缺"的特色，在刃口评比这一环节名列第一。近年来，禄丰在生产民用剪的同时，还不断增加其他样式剪刀的生产，并新增了羊毛剪和工艺美术剪等很多新产品，这些产品均被云南省轻工厅和省民委评定为民族用品的优秀产品。禄丰剪刀以其优良的品质，不仅畅销云南、新疆、青海、内蒙、贵州、四川等地，还出口到东南亚各地。

七、腾冲宣纸

宣纸是我国传统的书画用纸，与湖笔、徽墨、端砚并称为文房四宝。因为这种纸最早出产于安微泾县，而泾县在古代属宣州府管辖，所以得名为宣纸。云南省腾冲县是我国宣纸的一个主产地。早在清代，腾冲人就利用本地出产的枸树皮和仙人掌，生产出白细柔韧的"观音塘大白纸"，受到书画界的青睐，并远销省内外。

腾冲宣纸柔软皮绵，用墨后能渲染出层次，当年徐悲鸿大师使用之后，曾称这种纸有正宗宣纸的优点。画家用它作画之后，别人没有办法偷揭。如果用它进行书写、绘画、制版，可保管数百年而不变颜色，所以它也被称为千年寿纸。

解放后，腾冲成立了手工业棉白纸生产合作社，后来改建为宣纸厂，生产传统的观音棉白纸。后来，经过不断地改革造纸工艺，产品质量得以提高，已经具备了安徽宣纸的所有特点，此时它才被正式定名为"腾宣"。目前，腾冲宣纸生产和工艺有了很大发展，宣纸的原料改用本地产的柳树皮、高杆白谷稻草及麻竹等，年产量达 600 吨左右，其产量和质量均居全国第二位，仅次于安徽宣纸。如今，腾冲宣纸不仅行销国内各地，还出口到日本等国。

八、丽江铜锁

云南省在历史上以产铜和锡而出名，这里的各族人都擅长用铜来制作器皿，工艺技术十分精湛，其中纳西族人制作的铜锁，可谓铜制品中的精品。

铜锁是纳西族人创制的精美而实用的物品，制作工艺十分复杂，主要凭民间艺人的手工完成。在所有制作工序中，钻花是最重要和关键的一个工序。艺人们在这个过程中必须使用在长期实践中积累的经验和丰富的艺术想象力，在小小的铜锁上雕刻出千变万化、形态各异的钻花图案。这些图案中有栩栩如生的花卉、惟妙惟肖的鸟兽图，还有如同出自于名家之手的书法题款。

这一把小小的铜锁具有独特的民族风格，它造型奇巧、图案优美、工艺精细、质地坚固，因此受到云南各族人民的喜爱。在纳西族人中，自家的姑娘出嫁时，嫁妆中必须有铜锁。1639 年，明代著名的地理学家徐霞客游历云南，来到丽江，纳西族土司、著名诗人、文学家木增就曾经把纳西族的两件特产——铜锁和红羊毛毡，作为礼物送给徐霞客，可见铜锁在 400 年前就是纳西族人珍爱的物品。现在，丽江的铜器因制作精致、耐久适用，还享有不小的市场份额。

九、傣　　锦

傣锦是傣族民间织锦和民间手工艺品，具有浓郁的地方特色和民族特色，并以织工精巧、图案别致、色彩绚丽、美观大方而著称。

傣锦的图案通常都是一些熟练掌握纺织技巧的人创造出来的，多为单色面，用细纱为经、红线为纬，并用纬线起花。傣锦的纺织对花纹的组织很严谨，在织造时首先要把花纹组织起来，并用很多细绳系在纹板上，然后用手提脚蹬的动作使经线形成上下交叉的两层，接着开始投纬，如此反复循环操作，就能织成漂亮的傣锦。织一幅傣锦，少则需几百根，多则需上千根的细绳系在纹板上，如果结错了一根细线，整幅傣锦图案就全乱了。

傣锦的图案丰富多彩，常见的有动物、房屋、蝴蝶、茉莉花、贝叶、木瓜、大树、人物等。这些图案都是人们对生活的反映，一些图案还带有一些象征涵义，如傣锦上的狮子、大象、马等图案，在过去只有土司和头人才能使用；宝塔的图案只能在寺院里使用。图案的色彩和纹样都有具体含义，红色和绿色象征纪念祖先；白象图案象征五谷丰登；孔雀图案象征吉祥等。一些小昆虫也被人们作为图案织进了傣锦，只不过它们已经不是原来的样子了，而是经过简化或夸张变形，已抽象为一些几何形的纹样。

在传统的傣锦织花中，最常见的有八角花和方格。建国后，人们创作出表达热爱党和国家的朝阳花图案，还制作出反映全国各族人民亲密团结的"团结花"等图案。同时人们也丰富了傣锦的色彩，在以黑色或是红色为底的菱形格子内，用其他各种色线交叉织花，并在每个图案的精彩部位加衬一些金线和银线，使傣锦的色彩更为鲜艳。

现在，傣锦工艺在继承传统的基础上，得到了不断的发展。人们除了用它制作裙、挎包、床单、被面、窗帘外，还设计制作出了傣锦屏风、沙发垫等。傣锦以其鲜明的色调、瑰丽的图案、浓郁的民族风格，深受国内群众和缅甸、泰国等东南亚各国人民的喜爱。

十、傣族剪纸

傣族剪纸主要流行于云南省德宏傣族景颇族自治州潞西市，当地傣族妇女勤劳、聪明，富有艺术才能，她们不仅会织锦和刺绣，还擅长剪纸艺术。这里的剪纸最早源于傣族祭祀仪式用的纸幡，后来在佛教和中原文化的影响下，逐步形成完善的剪纸技艺，并被广泛应用于祭祀、赕佛、丧葬、喜庆及居家装饰等方面。

在潞西市，每当民族节日来临之时，傣族人的竹楼都会装饰出各式各样精美的剪纸，从而使家庭洋溢着欢度节日的喜庆气氛。在佛寺内外，吊幢、佛灯、佛幡、礼物和器具，也都用剪纸进行装饰，增加了庄严的感觉。

傣族妇女喜爱剪纸，这和她们爱美的心理有直接联系。她们生活在景色秀丽的亚热带，秀丽的山川陶冶了她们爱美和创造美的能力，使她们创造出具有艺术表现力的剪纸艺术。潞西傣族剪纸使用的工具有特制的剪刀、刻刀、凿子和锤子，其中剪刀和刻刀具有尖、利、仄、薄的特点，一次可以剪八层纸。凿子和锤子的特点是稳、钻、灵、活，它们一次可凿穿五十余层纸。傣族剪纸分"剪"、"凿"两种，剪的时候不需稿样，随手就可以剪；凿则需要稿样，要按样制作。傣族剪纸的主要制品为佛幡、挂灯、吊幢等，多是用来装饰佛殿的门窗、佛伞、佛幡、节日彩棚、泼水龙亭等。

傣族剪纸内容多与傣族所信仰的南部上座部佛教有关，涉及佛经故事、民间传说和边疆风物特产等，常见图形既有龙、凤、孔雀、大象、狮子、麒麟、马鹿、骏马、游鱼及各种奇兽异鸟，也有糯粘花、荷花、玫瑰花、菊花、茶花、杜鹃等花木，还有亭台楼阁、佛塔寺庙等建筑。有一些剪纸还带有浓厚的生活气息和乡土风味，例如形象生动、生气勃勃、活脱逼真的"孔雀开屏"、"白象呈祥"、"虎啸山林"、"小鹿奔野"、"金鸡破晓"、"白鹤亮翅"等；妩媚多姿、逗人喜爱的山茶花、菊花等花卉图案。这些剪纸形象生动、图案整齐、朴实无华，极具有民族特色，给人完整而又明快的感觉。

与汉族的剪纸细腻而秀美、表现手法含蓄、擅长刻画心灵内在美的风格相比较，傣族的剪纸艺术粗犷有力、洒脱利落，力求使所表现的形象具有真实感，让人一目了然，而获得美的享受。正是由于这些不同点，傣族剪纸很少表现人物的活动场面。傣族妇女在剪纸的表现方法上有很多经验。剪纸时，她们有时会采取底纹对衬的方法，明显地突出主要的图案；有时又采用花卉小草进行陪衬，突出显要的部位，从而构成一幅完整的画面。通过这样精细、巧妙的处理，整幅画面就不会单调乏味，也不会杂乱臃肿，还能增添活泼的美感。

在当地社会生活中，傣族剪纸至今还占据着一定的地位。从这种剪纸的内涵到外在表现形式，都折射着傣族人的审美追求、历史文化传统和独特的民族风格。

十一、傣族筒帕

"筒帕"一词为傣族语，它的汉语意思为挂包，一般人称它为民族包。云南的很多少数民族都制作和使用筒帕，其中以傣族的筒帕制作历史最为悠久，距今有1000多年的历史。以织工精细、图案丰富，成为云南少数民族挂包中的代表。

筒帕是傣族人的日常生活必需品，傣族人不论是进城赶集，上山打柴，还是下河捕鱼，都会随身携带，用它来装一些生活用品。对于傣族青年男女来说，它还是相互表达爱意的信物。傣族女孩长到八九岁时，母亲、姐姐或者嫂子就开始教她编筒帕的技艺，因此傣族女孩长大后人人都是出色的编织能手。

傣族姑娘们总是倾注很多情意和心思，编织出一个最漂亮的筒帕，然后送给自己喜欢的人。小伙子收到筒帕后，就是获得了爱情的讯息。他会把自己精心准备的礼物回赠给对方，两人就算是定下终身了。

据考证，最初的筒帕是用麻、棉纺织的，现在已经发展成为丝、毛和棉混纺，而且制作得也更精致。其装饰图案形象生动、色彩鲜艳、对比强烈，大多是传统的几何图形和花卉、鸟兽图案。飞舞的彩蝶、鲜艳的山茶、开屏的孔雀、奔跑的小鹿、可爱的大象图案都会出现在筒帕上，为它增添不少生命的活力。后来，一些傣族艺人还创作出许多反映民族团结、边疆建设和现代新生活风貌的新图案。

随着云南旅游业的不断发展，筒帕作为精美的艺术品深受国内外旅游者的喜爱。

十二、傣族竹编

傣族人与竹子有着不解之缘，傣族的村寨也掩映在竹林中，他们住的是竹楼，用的是各种各样的竹器，擅长制作各种竹编工艺。傣族竹编工艺可以说是傣族人的传统工艺，历史悠久、造型古朴、美观实用。

走进傣族的竹楼，就好像进入了一个竹编制品的世界。这里的墙壁用竹子编成，地毯是竹编席，衣柜、饭盒、小凳、凉帽、雨帽和随身携带的小背篓都是竹编的。傣族的竹编工艺很精细，其中以笆箩、饭盒、槟榔盒最具有代表性。笆箩是傣语，它是一种挂在腰间的小竹篓。傣族妇女身着筒裙，腰间时常系一只笆箩，在行走时笆箩随着身体摆动，可充分显出女性的健美。在傣族人的生活中，笆箩既是生产

精美的竹编作品

和生活用具，又是精致的装饰品，还是男女青年的定情信物。傣族男孩从小就学竹编，所以长大之后人人都能编出精美的竹编制品。小伙子通常会精心编织精美的笆箩箩，并把它送给自己心爱的姑娘，换回对方织绣的筒帕。在傣族人居住的地方，如果一个小伙不会竹编，就会受到别人的嘲笑，找起对象也会困难一些。

上好的竹编工艺品都是用优良的竹篾编制而成的，它通体涂漆，内饰红色漆，外施金漆，并压印出孔雀羽纹饰，有的还镶嵌五彩的琉璃图案，显得富丽堂皇。编竹的图案一般是回纹、口字形纹、篮纹、斜纹、回方形纹、扭结纹等，编制时人们还利用竹篾内外两种不同的自然色进行搭配，使器物呈现出天然的质朴美感。有的编竹器物外部还涂了很多桐油灰，然后刷上朱色和金粉，再压印出孔雀羽纹、波浪纹、卷草纹，并用玻璃片、彩色玻璃珠在表面镶出一些图案。这些器具是专供佛寺使用的，最常见的有佛寺里的圆桌、茶盘、提篮、捧盒等。

十三、傣族金银饰

傣族金银饰是傣族人使用金银为原料，采用传统手工工艺，经过精细锻铸和敲打而成的装饰品。傣族人制作金银饰品已经有很长一段历史了，据文献记载，可追溯到 2000 年前的汉朝。傣族制作的金银饰品花色品种繁多，工艺十分精湛，大致可分成两类：一类是生活用具，如碗、腰带、槟榔盒、刀鞘刀柄、纽扣等；一类是装饰品，如金银项链、项圈、戒指、耳环、领花、手镯等。

在傣族人的生活中，银碗是不可缺少的东西，它有圆形和六角、八角、十二角形等多种样式。傣族人在过"泼水节"时，就要用它装水洒向人群，表示对他人的祝福。在傣族人的生活中还有一件事情是天天不能忘记的，那就是嚼槟榔。为此，人们专为盛放槟榔制作出圆形、方形、六角形和用银链条把两个盒子套连在一起的"子母形"槟榔盒。它们制作考究，造型美观，盒子上的花纹特别精致。有的能工巧匠还用小钢钻在盒子上钻出各种各样的花纹，如大象、孔雀等珍禽异兽和牡丹、杜鹃等千姿百态的花草。

还有一些工匠用制作精美槟榔盒的镂空钻花技艺，来制作鼻烟壶和装香料的容器，这样不但造型美观，还可以使盒子里的香料挥发出香味。傣族的银腰带美观大方，结实适用，是傣族青年男女最喜爱的饰物。它一般都是用银丝编织成蛇纹或结成连环扣，然后一个个地连结起来，并在带钩处安装很多花卉图案，以增加美感。

十四、建 水 陶

建水陶是建水工艺美术陶器的简称，出产于云南省红河哈尼族彝族自治州建水县，距今已有 200 多年的历史。它具有"色如铜、声如磬、亮如镜、光鉴照人"的特点，曾在巴拿马国际博览会上获奖，被誉为我国工艺美术陶中的一枝奇葩。

建水陶是优质原料和精湛技艺相结合而生产出的一种优良陶器。在建水县城郊周围数十里内，蕴藏着丰富的优质陶土，其土质细腻，粘度好，十分适宜制作陶器。而且当地拥有世代相传的制陶艺人，他们用这里的五色陶土配制成坯，经过绘画、雕刻、填刮、烧炼、磨光等工序，精心制成建水陶器。建水陶不仅图案雅致古朴、造型优美，而且质坚细润、色泽光洁，具有浓厚的民族风格。

建水陶器常被用于装饰房间，它能给整个空间增添淡雅清新的气氛，所以很受人们的钟爱。其中嵌白烧黑陶器常被人们称道，它是在莹润光洁的黑底上，嵌以白色的写意花卉，色调对比鲜明，图案耐人寻味。

建水陶产品的种类非常丰富，主要有罐、壶、盆、茶具、花瓶、汽锅等近百个品种。此外，建水陶还具有耐温、耐酸、防潮透气、保温时间长的特点，所以用建水陶茶壶泡茶可久不变味、花瓶里的插花可经久不凋、餐具里盛放的食物可延长贮藏。在这些陶器产品中，以建水陶汽锅最为出名。它原理科学、结构新颖、独具一格，利用水蒸汽把食物制熟。因此，这种烹制食物的方法既能使食物格外鲜美可口，又能保持食物的内在营养成分不被破坏。正宗的著名滇味菜"田七"汽锅鸡，就必须用建水陶汽锅烹制。现在云南的"田七"汽锅鸡在国外很受欢迎，而建水陶汽锅也成了云南的出口商品。

十五、路南彝族挑花

路南彝族挑花是路南县彝族人的传统工艺，具有悠久的历史。挑花是刺绣的一种，用挑花装饰挎包、衣物、头巾等是路南彝族人的特色，在这里是否善于刺绣往往是衡量彝族姑娘心灵手巧的标志，因此当地流传着这样一句话：不长树的山不算山，不会绣花的女子不算彝家女。

彝族挑花的手法多样，有单面挑、双面挑、素色挑、新色丝线挑，很多装饰的花纹还采用了挑、绣、补相结合的方法。彝族的姑娘从小就学习刺绣。每个彝家姑娘随身都携带一个绣制精巧的针线包，里面放着花线、花边及各种绣花的图案，她们在田间小憩或在其他闲余时间，都会飞针走线，时间不长她们就能制作出绣着花簇的围腰，绣满鲜花朵的精巧花鞋、头帕、飘带等物品。

彝族女子的服饰做工考究、精细，外衣多以黑、红、紫、绿等颜色的布料做成，外衣的领边、袖口都用彩丝绣上很多相互对称的花纹图案。她们腰上系的围腰，大多使用黑布制作，在上面绣出层层套叠的红花，这样既漂亮又醒目。彝族妇女们不仅在自己的衣服上挑花绣朵，她们还在背包、桌布、窗帘等物品上挑花，这些图案有的很精巧，有的很粗放，整个图案疏落得体，工整均衡。

现在，彝族女子还利用自己的挑花手艺，为自己创造经济收入，她们一方面立足于当地彝族刺绣服饰的需求，另一方面面向国内外对彝族刺绣的需要，广泛联系商家，积极销售彝族刺绣工艺品。而且彝族女子在保持传统的彝族刺绣手法和图案的基础上，不断创新，使彝族刺绣既保持传统，也能够随时代发展而发展，以此来获得更大的市场空间。

十六、剑 川 木 雕

剑川木雕产于大理州剑川县，始于公元 10 世纪，是白族人民在吸收汉族和其他民族技艺的基础上，逐步形成的一种独特精湛的技艺。剑川木雕有着丰富的艺术想象力和浓郁的民族风格，它的雕刻题材广泛，造型优美，形象生动逼真，构图严谨，具有很强的美感，因而深受各族人民喜爱。在剑川一带，还流传着木匠雕刻木龙战真龙，为百姓除去邪恶的传说。

过去，剑川木雕主要被用于建筑艺术，而且大多使用浮雕。因此在剑川居民住屋和庭园中的亭台楼阁，都可以看到雕梁画栋和玲珑剔透的雕花门窗。在这些雕花门窗中，以"四季春秋"雕花格子门窗最负盛名。制作时，木匠师傅使用浮雕和镂空相结合的方法。雕花格子门窗被分为上下两节，上节采用多层镂空技法，底层雕出几何图案，然后在表层用柔美线条浮雕一些山石花鸟或人物故事；下节浮雕有生动活泼的动物造型。这样就使上下节浑然一体，构成一幅完整的艺术品。

现在剑川木雕在继承和发展传统技艺的基础上，又进行了不断的创新，设计制作出丰富的剑川木雕工艺品。工艺品包括雕刻家具、木雕陈设工艺品、木

木雕作品

雕实用工艺品三大类。雕刻家具是一种用木雕艺术进行装饰，具有古朴、典雅风味的木制家具。其雕刻装饰的图案花纹和雕刻技艺都十分丰富，材料有红木等高级硬木，表现手法主要是使用立体雕、浮雕或镂雕。不同图案和表现手法制作出的家具风格也不同，有的木雕家具端庄、豪华；有的则古拙、厚重；有的精美、别致；有的造型简炼、清秀、淡雅。

　　木雕陈设工艺品就是陈列或者摆设于家具上供人欣赏的小型艺术品，主要作用是点缀与美化环境。木雕陈设工艺品大多使用立体雕的表现手法，造型和题材内容广泛，包括花卉、飞禽、走兽、仕女等。木雕实用工艺品指利用木雕工艺制作的、实用性与艺术性相结合的艺术品，分为木制品木雕装饰和其他工艺品的木雕装饰两类。常见的木制品木雕装饰很多，有木刻屏风、木制宫灯、落地灯、壁灯、笔架、木刻钟座等。其他工艺品的木雕装饰，主要是为其他工艺品配制装饰所制作的小型几、案、座、架等，它们装饰的对象有玉器、景泰蓝、花瓶等瓷器，其作用是烘托主题、丰富整体，并增加艺术欣赏价值。

　　现在的剑川木雕品镶嵌大理石家具，已经成为这里最有市场前景的木雕工艺新产品。它选用优质硬木，雕刻出精美的龙、凤、狮、孔雀、喜鹊、牡丹、梅花、茶花等装饰图案，然后制作成各种家具，镶嵌上大理苍山出产的彩花大理石，这样就使整个家具显得古朴、大方、高雅，而且别具特色。制作时，工匠们把木雕造型与有着中国山水画般花纹的彩花大理石有机结合在一起，形成刚柔相济的整体，具备完美的形式。

十七、白族挑花刺绣

勤劳智慧的云南白族妇女，自幼学习刺绣，工艺精湛。她们精心挑花的头巾、手帕、扎染，多为蓝底白花，不仅装饰、包头，挂于前胸，还是定婚礼物。挑花是白族妇女的独特工艺，主要流行于大理白族聚居区，她们以民间喜闻乐见的花鸟、山水、人物为题材，"图"从手出，精工细缝出裹背、头巾、桌布、挎包、帘布、帏帐、虎头鞋、猫头鞋、鱼尾帽等，上面的挑花刺绣栩栩如生，无不表现出白族妇女的精湛技艺。白族的挑花手法多样，主要有单面挑、双面挑、素色挑、彩色丝线挑等。

白族挑花刺绣常用的图案有龙、凤、石榴、菊、蝴蝶、牡丹、金鱼、佛手、桃、梅、竹、狮、虎、锦鸡等动植物图形。在刺绣之前先绘好图样，或用剪纸作底，然后用各色彩线进行刺绣。在绣软物时，要用花绷作圈架，绣硬件绣品时，可把绣品直接放在手上进行。绣花手巾原是白族女子的佩饰物，是平日里自己用的，所以上面一般不刺绣表述爱意的图。绣花鞋垫大多以双花、双果为题，绣成抽象的几何图案，如果姑娘给小伙子赠送了这类绣花手巾或者鞋垫，就表明她有倾慕之意。

白族妇女在衣服、窗帘、桌布、挎包、鞋子等用品上，常喜欢刺绣一些民间喜闻乐见的花鸟、山水、人物图案。白族妇女的围腰下摆两角，一般都很对称地缀绣着蝴蝶和山茶，或者蝴蝶和梅花。白族比较崇拜蝴蝶，认为它是母亲的化身，据说在蝴蝶多的年份，就会出现瓜甜果香、谷米满仓的丰收年景。白族人还把蝴蝶看做是多产子的象征，女性把蝴蝶花纹绣在衣上，也有期望儿孙满堂、家庭和顺等美好心愿。在白族女性服饰的花纹刺绣中，贯穿着很多有关爱情和婚姻的内容，比如她们的衣服和围腰上，通常会绣着对花、双桃、双鱼、燕子、鸳鸯、并蒂莲、连理藤等图形，表示她们对纯真爱情的向往和追求。

十八、大理草帽

　　大理草帽编制是大理白族群众的一项传统手工艺，据传在南诏时期，太和城附近就出现过草帽街。据史料记载：明朝初期在永昌地（大理）设习艺所，教民习山东草编之法。通过这句话，可以看出在明朝初期，大理地区就已经出现了草编技艺。

精美的草帽

　　大理的白族人，尤其是青年男女在串亲访友、下地干活、赶街赴会时，都喜欢随身携带金黄色的草帽。这种草帽轻便实用，既能遮阳挡雨，又是姑娘和小伙子传情的信物。走在大理的集市，随处都能看到出售草帽的摊档，而且草帽的花样款式很多，有藏帽、太阳帽、青年帽、礼帽、茶花帽、旅游帽等。每个草帽儿都编织精致、纹样精美，称得上是完美的工艺品。

　　在白族村寨里，几乎人人都会编织草帽，当地有谚语称：要看姑娘手儿巧不巧，就看草帽编得好不好。编织草帽的程序比较多，妇女们先在打麦场上选择好色泽金黄的麦杆，然后去掉麦皮，理好剪齐就可以编织麦杆辫了。在当地，人们经常会看到一些妇女在庭院屋里、田间地头、村社路边、闲谈纳凉时，肘夹麦杆，手指不停地编织麦辫。不一会，一根根麦杆就在她们手中变成了长长的麦辫。然后，她们把编好的麦辫经漂白处理，使其变得色泽明亮，质地柔软，光滑平整。最后，她们根据不同的规格，将麦辫缝制成各种款式的草帽。

　　过去人们在编缝草帽时，全部依靠手工制作，所以产量有限，花色品种单调。现在，白族人发挥传统工艺的优势，并引进现代工艺制作技术，充分利用闲遐时间编草帽辫，还设计出新的草帽品种，如知音帽、英式礼帽、绣花帽等。由于大理草帽具有传统古朴之美，而且花色品种多，工艺精细，价格便宜，所以销路一直很好。许多来云南旅游的外国人，都喜欢选购大理草帽作为旅游纪念品。

十九、中甸藏族木碗

中甸位于云南省西北部，是迪庆藏族自治州首府，很多人称它为香格里拉。凡到中甸县旅游的人，几乎都要买一套当地特产的木碗带回去作为纪念品。中甸木碗是当地藏族人生活中必不可少的用具之一，同时也是一种具有民族特色的实用性工艺品。

中甸的藏族人长期从事畜牧业，生产劳动的流动性很大，不便使用容易破碎的陶瓷碗，也使用不起又贵又重的金属碗。自从轻巧实用、价廉物美的木碗出现后，受到藏族同胞的普遍喜爱，很快便流行开来。

中甸藏族木碗一般都是选用当地生长的桦树等树种的木疙瘩雕琢制成的。制作时，必须经过选料、晾干、做毛坯、水煮、修整成型、上漆等很多道工序。制做好的木碗，一般是两个大碗、一个小碗组成一套，两个大碗合在一起就可以形成一个扁圆的"木球"，而这个小碗则可以装在里面。

中甸藏族木碗做工十分精巧，质地坚硬，碗面打磨得十分光滑，并可见清晰的木质纹路，经久使用也不会出现变形或破裂，因此受到当地藏族人和其他各族人民的普遍喜爱，旅游者见到它更是爱不释手，争相购买。

第 三 章

独 特 民 居

　　云南文化在各各民族融合共生的过程中，不断进步、创新，创造出了具有浓郁民族风情的人文环境，形成了别具一格的建筑风格。其中，风格各异、特色明显的古建筑不但是云南人民与自然斗争的产物，更是一部"活"着的云南文化发展史。

一、珍贵的民族建筑文化遗产

　　云南是一个少数民族大省，在这片神奇的土地上，生活着 26 个兄弟民族。明代以前，生活在云南境内的主要是少数民族，明代以后，政府进行了大规模的移民和屯田，汉族成为云南的主要民族，并出现了各个民族相互杂居的局面。在不断的历史发展中，各族人民共同开发了云南，并形成了具有浓郁特色的民族风情和多姿多彩的人文环境，民族建筑文化就是其中一枝引人瞩目的奇葩。

　　以前，因为云南地形复杂、交通落后，一些地方与外界的交往比较少，也正是这个原因，很多老式的民族建筑才被保留下来。今天，很多人在看过云南形式多样、异彩纷呈的老建筑后，感叹它们就是一部"活"着的建筑发展史。在这些老建筑中，最常见的为合院式民居，它们是汉族民居，或者是受汉族影

彝族民居

响的彝族、白族、纳西族民居，大多是三合院或四合院。有的纵横组成多重院，有的组成纵向或横向的两重院、三重院，有的合院式民居，四面两层内廊连通，这种形式被称为"走马转角楼"。

在昆明通海地区，汉族和彝族普遍采用"一颗印"式民居类型，这种建筑适宜在山地或平地，单幢或成排地修建。它们的正房上覆有筒板瓦，双坡顶比较高，厢房门廊屋顶短坡向外，长坡向内，形成内聚形象，因为外墙上只开很少的一些小窗，使整个体形方整如同印章一样，所以才被称为"一颗印"。比较有特色的，还有白族和纳西族的"三坊一照壁"、"四合五天井"等建筑形式。居住于湿热地区的傣、佤、景颇、基诺、哈尼、布朗、拉祜、傈僳等族，所建房屋大多都是干栏式民居。这种民居是人住上面，在底下一层圈养牲畜。在这些建筑中，人们均以楼上火塘为中心，席地坐卧。这种民居就地取材，使用竹木建造，具有通风、防潮、散热、防虫、防水患、方便生活的特点。

居住在云南高寒山区的普米族，居住的是两层的"木楞房"，楼上储放杂物，楼下住人。整个建筑不施一点油漆，木材纹理自然，建筑风格古拙、敦厚，具有着浓郁的乡土气息。居住在云南干热地区的彝族，他们喜欢住

"土掌房"，生活在干冷地区的藏族喜欢居住"土库房"，这些房屋大多就地取材，建造的成本很低，而且具有冬暖夏凉的特点，有的屋顶还可以晒粮食。

云南各个民族的建筑，充分展示了各族人民在建筑艺术方面的智慧，一些古老建筑已经成为弥足珍贵的民族建筑文化遗产。

二、 喜洲民居建筑

喜洲位于大理古城以北 16 公里，是滇西、大理一带的著名乡镇。喜洲的历史很悠久，是南诏的大厘城故址，也叫史城，在唐朝前期，邓赕诏曾占据此地，这里一度成为邓赕诏的政治、经济中心。唐玄宗时期，南诏首领皮逻阁统一六诏，在大厘城建造了行宫。现在喜洲虽已找不到当年的那些遗迹，只留下了白王城这个地名，但是喜洲古老的民居却很有特色，吸引不少人前来观看。

喜洲民居建筑通常设立有东西轴线，围绕轴线安排房屋，重院按横向的南北轴线安排布局。民居的大门多放在东北角上，主房坐东朝西或坐西朝东，与厢房、对厅或照壁形成封闭式院落。在布局上，以"三坊一照壁"、"四合五天井"封闭式庭院为典型格局，其次是一坊一廊、独成一院、一进数院的庭院格局。"三坊一照壁"由一间主房和两间厢房，加上照壁所围成的封闭式院落。"四合五天井"由主房、对厅及厢房，围成一个四合院，在大院外四角的瓦房，还形成四个小的院，这样就形成了大小不一五个天井。一坊一廊是由一坊和带廊的瓦房组成的小院。那些一进两院至一进五院的，都是一些大的住宅院落。

喜洲民居特别重视照壁和门楼的建筑。照壁起到分隔建筑空间，具有增强空间层次和挡风的效果，是当地很多民居中的必要建筑。主房的两厢山墙，由一高两低的挑檐飞角青盖顶的墙体组成，上面有庑殿式瓦面，四角出檐上翘，檐口和墙上还装饰有泥塑、彩画、书法等。照壁正中以石灰粉刷，书写四言题字，或嵌大理石屏；四周镶勾出一些简单图案，中间多画有水墨或粉彩绘画。喜洲民居门楼的基本造型有"一滴水"、"三滴水"两种。"一滴水"其实就是普通的坡屋面式；"三滴水"有精致的斗拱，双层上翘，门座上用青石精雕出图案，气势宏伟壮观。

喜洲民居的门窗多用剑川木雕，以及大理石、彩绘和水墨画装饰。主房堂屋的格子门多使用红椿、楸木、云杉等上好的木材，然后用透雕或圆雕装饰，雕有金鸡宝贵、麒麟呈祥等吉祥图案。室内的墙面多用白灰粉抹，局部画有清新典雅的水墨山水画。山墙一般也饰为白色，山尖呈三角形，上面画有云纹、如意纹、莲花、菱花纹等图案。喜洲民居整体建筑艺术吸收了西方和江南民宅的特点，形成了独特的建筑风格。

喜洲民居号称有八十八院之多，其中的严氏和董氏等家大院，已经成为云南省重点文物保护单位。

三、云龙县诺邓村

云龙县诺邓村是唐代南诏时期遗留下来的滇西北地区年代最古老的村邑，被誉为"千年白族村"，村内现保留着很多明清民居建筑，以及古盐井、盐局、盐课提举司衙门旧址和寺庙等历史文化景观。

在云龙县的果郎乡，诺邓河和澜沧江支流沘比江在这里交汇，形成了一个"S"型的大湾子。在这个大湾附近就是著名的诺邓村。早在秦汉时期，云龙境内就有较多盐井，其中最早开采的是诺邓井。明朝时期，政府在云南设立了"云南四提举司"，其中专管盐税的"五井盐课提举司"就设在诺邓。盐业经济的发展，促进了诺邓村的发展。在南诏时期，诺邓的盐业已经具有一定的规模，四方商贾云集于此。

诺邓村被群山环抱，村子除了东面山麓的龙王庙后有一块平坦的小型台地之外，大多建筑都建在山坡上。北山坡上的民居很集中，前家的后门就可以通往后家的大院，这样就形成了楼院重接、台梯相连的密集建筑群落。村中的所有道路用清一色的石板铺成，纵横交错分布在山坡上。这里的民居由于依山而建，构思变化奇巧，风格多样。民居建筑式样，基本是"三坊一照壁"、"四合一天井"、"四合五天井"等。

诺邓的民居建筑都很讲究精美的工艺，门窗、木梁、柱、檐上都雕刻着精细美观的图案；山墙和院墙上也绘有很多精美的图案。每户人家的正房、厢房或照壁的装饰和布置，都各具特色，很少出现雷同的现象。正房堂屋的风格，都着重于体现庄重、古朴、典雅的风格。很多家庭里，还保留着明清时代的家具和古董。据统计：诺邓村一共有90多处明清古建筑院落；28处清以前和清代的寺庙、祠堂、牌坊、门道等古建筑，其中年代最早的是元代建筑的万寿宫，它至今还基本保存完整，部分木梁构造与地面砖石依然保持原样。此外，村里还有60多处民国时期的建筑。

现在诺邓村中有盐井龙王庙、黄氏题名坊、旧"五井提举司"衙门等古建筑。在村后的北山有黄家祠堂，飞檐斗拱的"腾蛟、起凤"木牌坊。从此往上走，是诺邓村的玉皇阁建筑群，这里古木参天，楼榭殿阁参差，三层阁楼式建筑——玉皇阁高耸在山间。玉皇阁大殿高约17米，建在几米高的石阶上，大殿的前院种有翠竹和很多花木。大殿的前方建有弥勒殿，后方建有静室，右有武庙、文庙。在村子的东山上，建造有两井院式建筑——香山寺和古岭寺，北面山里有观音寺等建筑，西南面的古道上有两道古牌坊。

诺邓村的古代建筑没有进行过任何开发和建设，大多都保持着原有的特征，因此成为滇西北地区保存最好的古村。在2002年1月，诺邓村被云南省人民政府命名为"云南省历史文化名村"。

四、丽江古城民居

丽江古城的民居建筑一般都是两层的木结构楼房，但是也有少数是三层楼房，它们都是穿斗式构架，垒土石墙，屋顶上覆瓦，外面设有走廊。根据房屋的构架和外廊的形式，基本上可分为明楼、平房、雨步厦、蛮楼、骑度楼、闷楼、雨面厦七类。其建筑布局形式有三坊一照壁、四合五天井、前后院、一进两院、两坊拐角、四合院、多进套院、多院组合等类型，在这些布局中以三坊一照壁和四合五天井最为常见，也最为经典。

所谓三坊一照壁，是指一间主房、两间厢房和照壁，围成一个三合院。四合五天井则是指由正房、下房、左右厢房组成的四合院，在它的中间有一个大天井，四角还有四个小天井。其他的建筑布局形式，都是这两种的变异、演化发展而来的。丽江民居的构架处理十分灵活，木构架主要受力部位都设有"勒马挂"、"地脚"、"穿枋"、"千斤"等具有拉结作用的构件。而整个构架是按百分之一的斜度，使柱头往内侧进行倾斜，柱根部向外展开，这样一来，就加强了构架的稳定性。在构架的结节受力部位，分别安置有"两磴榫"、"平插榫"、"大头榫"，以增强房屋的抗震能力。

丽江民居非常注重体型和轮廓优美，在外观上，立面多用石砌勒脚，墙面用白灰涂白，墙角镶有青砖，屋顶上铺有青瓦，色调和谐、朴素。丽江民居还很注重房屋中门楼、照壁、外廊、门窗隔扇、天

古朴的丽江古城

井、梁枋的装饰。门楼主要有木过梁平拱式、木构架式和砖拱式：木过梁平拱式门楼是以木过梁承托，在外面包有一层薄砖的牌楼；木构架式门楼多为双坡屋面，在它的檐下装饰有很多层花砖和花罩；砖拱式门楼为中间高、两边低的三滴水牌楼。大门内的照壁有三滴水、一字平式两种，外廊小照壁基本都用大理石进行装饰。房屋的门窗都雕饰有鸟禽、花卉、琴棋书画等木雕图案。此外，对梁枋、栏杆、柱础等处，也都进行了精美的装饰。

丽江古城的民居建筑，还有比较独特的两点：一个是山墙的封火墙与檐板交合处，中间有一个垂下的造型是鱼的木雕小装饰品；另一个就是这些民居不管是什么户型，都拥有宽大的天井和厦子，而且在古城民居的庭院中，人们大多采用鹅卵石、五花石等为原料铺装，根据庭院大小和自己的爱好，用古朴的手法铺设花鸟鱼虫等图案。在丽江众多古城民居中，比较有代表性的是方国瑜故居、杨守其故居和新义街三合酒店。方国瑜故居是多进套院式四合五天井，第一个院子是四合院，其中有一座骑厦楼、两面房、蛮楼。第二套院子的结构是三坊一照壁，西面房是第一院的两面房，南北两侧各有吊厦楼，从西南角可

以通往第三院。第三院是四合院，有一座骑厦楼、蛮楼吊厦、两面房，一个后花园和耳房，故居中的天井都是用四方石、鹅卵石、瓦片拼铺而成。

杨守其故居的结构是三坊一照壁，其大门是三叠水式圆拱门，上面刻有双凤朝阳图。院子内的三坊都为蛮楼式建筑，坐北向南的是正房，两侧配有耳房，坐东向西的是两面房。房后有一个小花园，天井为条石铺成，走道是用六角砖铺就。

新义街三合酒店的建筑形式为三坊一照壁，大门设在院落的东南端，为木结构三叠水门楼，门枋上雕二龙戏珠图案。院子内的三坊都是三间二层，其构架均为蛮楼吊厦，它们组合成了"跑马转角楼"。其中朝南面北的是正房，它的两侧是两间漏角屋，前面有一个用来采光、通风、排雨水的小天井。厢房与正房采用"头梁合抱柱"方式，三坊与照壁合围成一个大天井，它是用砖石铺就的，并且放置有不少盆景花卉。

五、木楞房

云南的摩梭人、傈僳族、普米族和彝族都喜爱全木结构的房屋——木楞房，其中以摩梭人的木楞房最为独特。木楞房用天然圆木建筑，在木材去皮后，砍削成方形或者矩形断面，两端砍上卡口衔楔，呈"井"字形层层摞叠构成房屋的四壁。屋顶则用木板铺盖成"人"字形，压以石块，整幢房屋不用一颗铁钉和一片砖瓦，但是却冬暖夏凉，而且衔楔整架结构还具有防震的作用。木楞房一般比较矮，门槛高、门楣低，按功能不同被分为正房、仓房、草房、畜厩，虽相连在一起，却都独立成间。

摩梭人的木楞房，正房都是坐北向南，其寓意是自己的祖先从北方迁徙到这里。在用木料的时候也很讲究，一般是原来树木的细头朝左，挑选正屋中央天柱时必须认真，选择好之后，在砍伐前还要焚香祭祀山神和树神，祈求平安。在砍伐的时候，还要记住树梢的方向，竖柱时把树梢向上竖立，这样表示家人可以像松树一样长寿。

摩梭人一般建造四幢木楞子房，围成一个大的院井，组成四合院的结构。开设有大门的那幢房，被称为门楼，楼上草房专门放牧草，楼下大门两边的房子是畜厩。大门正对的一幢房子是经房，楼上是佛堂，里面专门藏传佛教黄教派创始人宗喀巴和达赖、班禅的神像，楼下为男子的住房或客房。在它左边的房屋是花楼，是成年女子居住的地方，也是男女"阿注"居住的地方。在佛堂的右侧是正房，这里是摩梭人议事、吃饭、祭祀和居住的地方。正房的开间为三间，内部结构比较复杂，进门后有一条狭长走廊，走廊内的房屋被隔成三间。右侧是一个以木框架立或筑土为台的大灶，它主要被用来煮猪食或酿酒；左侧是主妇的起居室，床一般是用垛柜做成的，里面可以储放粮食，床尾是一个中柱，外侧放置一个木水槽，盛放饮用水；中间的是正屋，正屋最显眼的便是设在一角的火塘，火塘上方是锅庄和祭锅庄的平台，锅庄上有一块泥塑或硬纸板，上面画有装饰着日月星辰、火焰、海螺、金元宝等花纹的冉巴拉灶神像。

在火塘左侧靠房壁，有一方形大木柜，柜内装零碎杂物，柜面则是家里最尊贵老人的床，一般是外婆住。火塘右角还设置神龛，底下置放有一个神柜，神柜中摆放着香炉和敬茶敬酒的盅子、神箩、香箩等。火塘下方立有两根柱子，其中右边的是女柱，左边的是男柱，这两棵柱子是用一棵树做成的，树的上部分被做成了男柱，下部分被做成了女柱。摩梭人在举行成丁礼的时候，就要在柱子旁举行仪式。

六、土 掌 房

在云南的彝族和藏族地区，常见一种平顶的土掌房。土掌房为土木结构，以块石为墙基，用土坯砌墙或以土筑墙，墙体刷白。楼层一般为三层，也有四五层的。每层间都架有大梁，然后搭楼楞，架一些细圆木或木条，铺上茅草或稻草，在草上覆盖一层稀泥，再放上细土夯土掌，再钉地板，顶层用粘土夯实抹平为土掌就成了，因此被称为土掌房。

土掌房的最底层，一般被用作畜厩；第二层楼房作伙房和寝室，是一家人食宿的主要场所，这层的房子以中柱为中心，上面设有佛龛，佛龛下为宽约5尺、长10尺的火塘。火塘的四周用方木相围，木框内镶有长知石，火塘内架有一只铁三脚。火塘右边为男主人或男宾席位，左边为女主人或女宾席位，女席一侧放有做工很精致的橱柜和水橱。饮茶用餐时，一家人就围在火塘边，在

风格独特的土掌房

晚上就围着火塘铺开垫子席地而睡。

　　第三层楼一般被分为很多间，其中较大的一间是经堂，其余的作为客房。经堂是民居内装饰最好的地方，室内有很多油漆彩画，并且放置有雕刻华丽的神龛。三楼平顶一角设有香灶，插有经幡，三楼的平台可晒粮食。有的地方的土掌房，三楼中的一半是平台，另一半三面筑墙，正面为板壁和门窗，这样可以增大室内的采光面，室内分为若干小间。

　　土掌房不但结构简单，而且经济实惠，它比建盖土木结构的瓦房要节省原料和金钱，比草顶房要牢固结实。土掌房还具有冬暖夏凉、防火性能好的优点，只要注意保养屋面，一般可住几十年，就是进行翻修和更新，也很方便。因此，在彝族和藏族居住的地区，人们都喜欢建盖土掌房。

七、土　库　房

　　土库房的建筑结构为全土结构，它的三面都是土墙，南北两侧土墙与围墙相连，围墙内是一个大天井。过去的土库房普遍为三间，很少有四间的，现在建盖的四间土库房增多了，而且天井也变得更大了。土库房的正前方，留有一空间作为走廊通道，它的前檐为双层斗拱式，并且绘有双层吉祥图案，在房屋的大插头上，还雕刻有龙头。在一个二楹柱旁设有楼梯，楼底砌有一个石阶，石阶上架有六尺宽的多级木梯。在楼梯口的右侧就是二门，二门的左侧有一个到楼顶去的木梯，从二门右侧的侧门能进到佛堂，它的正面就是进屋的重门。

从重门走进正房，其右侧是一个雕有龙凤图案的水橱。正屋显得十分宽敞，进行丧葬婚嫁摆宴席时，一般都放在这里。正房柱头由黑白篾皮相间的竹编套了一截，上面插有纸花、麦穗、箭旗、松枝等东西。火塘就设在水橱的对面，与其他建筑中的火塘有所不同，它没有和灶台、神龛相连，并在火塘内支起三脚架，上面用铁丝捆绑着桶式的土锅和吊锅。

火塘上方是贵客席，一般供家里的长辈或者客人就坐；它的左面是主妇的座席，这里还是家庭中固定的打酥油茶的地方。主妇的座席后面一般都设有一个橱柜和佛堂，佛堂的正面和右面的墙壁上打有一些顺墙板，上面画着一些八瑞相和其他象征吉祥的图案。土库房大多都是两层，楼下一层是畜厩，二楼是仓库、佛堂、客厅和卧室，楼顶都是以小圆木铺垫，筑有土掌。这种土库房大多是藏族人和彝族人居住，其中藏族人的土库房主要分布于中甸县高原地带。

在房屋的色彩方面，彝族人的土库房很少进行装饰，而藏族人比较喜欢使用白色和红色，这与他们的宗教信仰有着直接的关系，藏族人生活、居住的土库房，全都使用白色，表示吉祥、温和、善良的意思。只有在护法神殿和灵塔殿的外墙，才能使用红色的涂料进行装饰。

八、吊 脚 楼

云南不少民族居住的是一种极富特色的干栏式住宅建筑——吊脚楼。吊脚楼是外廊式的二至三层楼房，大多为三屋以上的木楼。住宅楼下安置石碓，堆放柴草杂物，饲养牲畜。楼上住人，在的前半部分光线充足，而且都有走廊伸出，并装饰了很多的栏杆，栏杆边备有固定的地方供人休息。传统的吊脚楼结构谨严，全部用卯榫嵌合而成，很少用到铁钉等东西。

　　二层楼是一家休息、手工劳动和居住的地方。楼内设有取暖做饭的火塘和祖宗的神位。在吊脚楼内，大多家庭都习惯使用矮脚桌子，坐比较原始的木凳，在这里很难找到高脚的桌椅。三层楼一般被分成很多间，部分作为家人的卧房，部分作为客房。少数民族都很爱美，他们喜欢把居住的环境装饰得十分漂亮，很多吊脚楼房的柱头被雕成竹子的形式，或者雕刻出很多花纹。木楼上一般都配上走廊和雕花栏干。在一些村寨里，人们还在水井上用雕花的青石板砌一个小屋，在井内放一些红、白、黑相间的花鱼。就连寨里的道路，人们也要以青石或卵石铺砌，并构成各种图案。

　　吊脚楼一般都是一家一栋，有的村寨是聚族而居，同一个家族就把房子连在一起，廊檐相接，人们可以互通。欢庆佳节时，人们就聚集在长廊上设宴接待宾客。还有一些地方的吊脚楼都是两层楼房，楼下是用来住人的，堂屋中设有神龛和天地君亲师的神位。它的两侧是卧室和厨房，猪牛圈都在屋侧房后；楼上则用来存放粮食和杂物。

九、白族民居

　　白族民居的主房一般坐西向东，大多是封闭式的住宅，其建筑布局主要有"一正两耳"、"两房一耳"、"三坊一照壁"、"四合五天井"、"六合同春"和"走马转角楼"等。"三房一照壁"是白族民居的主要布局形式。"三房"是指坐西朝东的正房和两侧的配楼，一照壁是指正房对面的一堵墙，这四部分就组合成一个正方形的院落。白族民居一个独特的建筑风格就是用石头建房子。在白族民居中可以看到各种石头，它们有的被用来砌墙基和墙角，有的被垒砌成整座墙，有的被用于门头窗头的横梁。

　　白族最看重房屋的门楼、照壁和门窗的装饰。门楼可以说是一个建筑的精华部分，从它的建筑水平、精致程度、用料情况就能看出这家人的经济状况。他们一般选用海东青山石作为大门座，然后在上面精凿出小花点，再砌出有棱有角的基座。在基座上面，架起雕刻精细、结构严谨的斗拱和出挑，以及有飞檐翘角的木门楼。整个门楼的屋脊、墙脊、屋檐制作都很精细，用大理石、花砖、青砖、木雕等材料，组成的斗拱重檐十分漂亮。

白族民居中的门窗，都是经过能工巧匠精心雕刻而成的。正房中间的门叫隔扇门，一般由六扇门组成，每扇门上都雕刻着精美的镂空图案，内容主要是历史故事或民间传说。这样制作出来的门既美观，又便于通风和采光。白族木雕巧匠们在制造窗户时，多使用他们所擅长的漏雕，这样雕刻出来的山水人物、花鸟虫鱼，不但栩栩如生，而且层层相连，显示出多层次的玲珑美感。

照壁被白族人称为"风水壁"，是白族民居中很有特色的组成部分。白族人在建造房子的时候，最先在院子朝东的地方建一堵墙壁，以便早上的阳光能照在墙上，给全

白族民居的门楼

家人带来好运和幸福，人们把这堵墙称"照壁"或者"风水壁"。照壁是由对称的高低两台滴水墙组成的，它的上面铺盖有青瓦或琉璃瓦，瓦面四角翘起。照壁正中刷白后，或书以四眼题字，或嵌入大理石；然后在它的四周镶勾一些扇面、长方、圆形等图案，中间绘出山水花鸟画，有的则书写一些增添欢乐喜庆气氛的"福"、"寿"等字。

白族民居不仅讲究建筑的精美和谐，而且讲求住宅环境的优雅和温馨。很多人家都会在天井里砌出一个花坛，种上几株山茶、丹桂、石榴、香橼、竹子等，并且在花坛边沿，或者在屋檐口，还要放一些兰花等盆栽。这样不但使院落花香四溢，也增加了恬静和幽雅的气氛。

十、傣族竹楼

傣族人大多居住热带地区，这里常年无雪，雨量充沛，年平均温度比较高，气候炎热潮湿。傣族的先民们在生活中不断摸索，并且利用当地丰富的竹木资源，创造出具有鲜明特色的竹楼。竹楼的历史比较久远，在云南出土的战国时期青铜中，就发现了这种建筑的模型。

传统的傣族竹楼，全部用竹子和茅草做成。整座竹楼用几十棵木柱构架为支柱建造，一般分上下两层。竹楼下层的四周没有什么遮栏，专门用来饲养牲畜家禽、堆放柴草和杂物。上层由竖柱支撑，离地面高约两米左右，铺设着富有弹性的竹板，楼室四周建造有竹篱墙，很多的竹篱还被编成各种花纹，房顶都是斜面形，用草排覆盖而成，这样的竹楼屋顶可以防潮湿，散热通风。竹楼上设置有走廊、凉台、堂屋和卧室：前廊既明亮又通风，在白天的时候，主人就在这里工作、吃饭、休息和接待客人；凉台是主人盥洗、晒衣、晾晒农作物和存放水的地方；堂屋里设有火塘，这里是烧茶做饭和一家人吃饭的地方；卧室是家人就寝的地方，在傣族人居住的地方，卧室是严禁外人进入的。

傣族竹楼的基本构造和组成都比较接近，但是不同地区的竹楼又各具特色。西双版纳的傣族竹楼的平面为方形，它的屋顶正脊很短，是一个较小的人字形屋顶，当它高度逐渐下降后，屋面就转变为坡度较缓的四面坡顶，有的还构成了重檐。西双版纳的傣族竹楼的墙面，由上到下向内侧倾斜，它的墙面都比较矮，屋子的底层架空。德宏州的傣族竹楼和西双版纳的傣族竹楼就不同，它的平面是长方形，屋顶为中间较长的歇山式屋顶，墙面比较垂直，底层多用竹篱笆封闭。但是这两种傣家竹楼都是独立成院的，并且以整齐的竹栅栏作为院墙。院子里大多都栽有芭蕉和翠竹，绿荫掩映中的竹楼，可以使地下湿气和地表热气流通。

随着时代的变迁，传统竹楼也在不断地演变，现在的傣家竹楼已经从完全的竹质结构建筑，转变成竹木混合结构建筑、砖混结构建筑。不少竹楼已用木板作墙铺地，有的还用砖块砌墙，屋顶已不用茅草，改用油毡、青瓦或铁皮，有的地方甚至还出现了磁砖贴面的现代竹楼。竹楼内的布置和陈设也发生了变化，很多人家已经单独设置了厨房，这样客厅就更加宽敞干净了。客厅中的竹桌竹凳被沙发和现代家具取代了，而且人们还用上了彩电、音响等家用电器。如今的竹楼下部，也不再饲养畜禽，只供堆放杂物。

十一、千脚落地房

很早的时候，怒族多居住在岩洞、草棚、茅草房里。随着生产力发展，以及受周围民族文化的影响，怒族人的住房形式才发生了改变，出现了"千脚落地房"。古代资料就曾写有"怒人居山巅"，"覆竹为屋，编竹为垣"，真实地描述出怒族居住的情况。怒族的房屋为干栏式，大多依山势而修建，房屋主要可分为木板房和竹篾房两种。

独特的千脚落地房

在贡山地区的怒族人，大多住的是木板房。这种房子很宽大，一般是用圆木做墙，屋顶上覆一些薄石板。这些石板大约都是一尺见方大小，先从屋檐边铺起，把第一块平铺好之后，再把第二块压在第一块的上边，然后依次这样摆放，一直覆盖到屋脊就完成了。还有一部分怒族人住的是竹篾房，这种房子比木板房矮小一些，它用竹篾笆做外墙和隔墙，用木板或石板做屋顶。

怒族人的这两种住房，大多都分为两层。楼上的房子又分成二至三间，各间都有门，外间是用来待客的，这里还设有火塘。在火塘上面，还安置着一个铁三脚或石三脚，供人们做饭烧水之用。内间为卧室，主要用来住人，横梁上多置放粮食。楼下一般是存放农具杂物，或者圈养牲畜。楼板大多用木板或竹篾席制成，铺设于架在斜坡上的很多木桩上。这些木桩就是整个房子的基础，它们如同成百上千只脚一样，因此人们就把这种房称为"千脚落地房"。

怒族人的千脚落地房，结构简单，具有易搭建、易拆迁的优点，而且十分适合多雨多雾的山区使用。现在，随着怒族地区社会和经济的不断发展，他们的住房形式也在不断地发展变化，这种房屋的数量正在逐渐减少。

第 四 章

云南老字号

老字号的诞生，源于商贸的日益兴盛。云南不但有着古老而灿烂人文历史，也有着比较繁盛的商贸文明，因而诞生了许多耳熟能详的云南老字号，并形成了独特的商贸景观。

一、建 新 园

建新园原名叫三合春，创建于 1906 年，1952 年实行公私合营时更名为建新园，并一直沿用至今。

建新园建园已有百年，在同行业中享有很高的知名度，属于云南的餐饮名店。店中制作的众多品种具有非常浓郁的地方特色，吸引着众多中外食客，被誉为宝善街"第一金字店"。店中经营的过桥米线在继承传统滇味做法的基础上，精心选料，所用猪肉和筒骨均来自玉溪、宜良地区家庭饲养的新鲜土猪，而汤的主料鸡则选自昭通、文山、武定一带的乡村土鸡，精心熬制成高汤；辅料云腿为宣威精制火腿；尤鱼采用最为传统涨发方法，从不使用添加剂，这就确保了过桥米线的鲜香、醇厚，所以在同行业中是最为正宗的。

在长期的经营历程中，建新园始终以质量取胜，所制作的滇味菜品独具风味，什锦凉米线、过桥米线、脆旺米线更是自成一家。在全店同仁的同心协力下，建新园的经营品种已由原来的 4 个小品种增加到了 5 大系列 70 多个品种，被人们称为"饮食煮品王国"。2002 年，建新园被中国烹饪协会评为"中华餐饮名店"。2003 年，建新园再度被评选为"云南省著名商标"。

如今的建新园已经拥有多个直营连锁分店，1 个加工配送中心和 3 个加盟店，由于始终坚持质量为上、信誉第一的原则，在市民中具有良好的信誉，回头客非常多，使得建新园获得了较好的经济效益和社会效益。

二、云南白药厂

云南白药厂成立于 1971 年，是在周恩来总理的关怀下成立的，其前身是创建于 1958 年的云南省大理州制药厂。

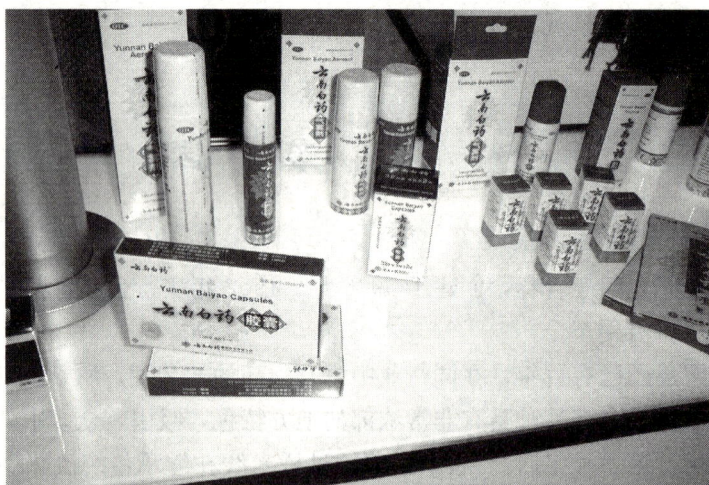

云南白药部分产品

药厂建于风光秀丽的苍山之麓、洱海之滨的昆明市区，占地约 3.9 万平方米，厂房面积为 2 万多平方米，建有白药大楼、提取车间、制剂车间大楼、综合仓库等。并先后从德国、英国引进了胶囊生产线设备、冲剂生产线设备、高压液相色谱仪、高压气相色谱仪等极为先进的设备，生产环境和技术装备在全国同行业中均居领先地位。

云南白药创制于 1902 年，是云南民间医生曲焕章吸取民间传统配方，经多年钻研而成的，最初取名"百宝丹"，后改名为云南白药，由名贵药材制成，具有化淤止痛、活血止血、解毒消肿的功效。自问世以来，以其独特、神奇的功效被誉为"中华瑰宝，伤科圣药"。新中国成立后，在"抗美援朝"和"抗美援越"的战争中，周恩来总理曾指示道：要把中国最好的药品，如云南白药送到抗美斗争的第一线。于是，大量云南白药作为战备物资被运送到前线，在战争中发挥了非常重大的作用，并由此引起了世界的关注。

如今的云南白药厂主要生产"云丰"牌云南白药系列和"云丰"牌田七系列，这 2 个品牌有 8 种剂型 60 多个品种，被广泛应用于内科、外科、妇科、儿科、皮肤科等多种疾病的治疗。产品畅销国内、港澳和东南亚各国，并逐渐走进了日本及欧美市场。

三、杨林肥酒厂

杨林肥酒始创于清光绪六年（公元 1880 年），至今已有 100 多年的历史，始创地杨林是历史上的滇中名镇，由于地理位置特殊，因此成为从内地、中原进入昆明和边疆的交通枢纽。明朝的著名药物学家、诗人兰茂就是杨林人，他所著的中药名著《滇南本草》要比李时珍的《本草纲目》早 140 年，《滇南本草》中写有"水酒十八方"，其中详细介绍了当地特产"拐枣"，并称用"拐枣"泡酒饮用有舒筋、活血、化淤、去湿的功效。

1880 年，杨林乡绅陈鼎根据兰茂的"水酒十八方"，选用高粱、玉米、小麦、糯米等原料，用当地的泉水酿制出优质的白酒，再配上党参、拐枣、丁香和蜂蜜等十多味名贵中药，终于酿制出具有滋补强身功效的饮用酒。由于药香和酒香自然协调，酒色碧绿，清亮透明，酒味醇而圆润，入口甜绵，常饮能开胃健脾，滋补强身，所以深受人们的喜爱，许多达官显贵纷纷派人前来购买，再加上马帮的传播，杨林肥酒的名声传到了滇东北及滇西南、东南亚等地。

1914 年，杨林肥酒在云南首届物产品评会上获得一等奖，后来与茅台一同获得南洋劝业会金奖。在当时酿酒业不很发达的情况下，杨林肥酒声名远扬，并获得了"杨林肥酒，天下独有"的美誉。新中国成立后，杨林肥酒逐步从家庭作坊式的生产向工厂化生产过渡。1956年，在公私合营时组建了嵩明县杨林肥酒厂，1958年正式建立国营的云南杨林肥酒厂。酒厂在继承杨林肥酒的传统工艺和配方的同时，进行适当的技术的工艺革新，无论在产品质量和数量上，都有了较大提高。

改革开放后，经过多次技术改造，产品质量有了稳步提升，产销量成倍增长。在杨林肥酒诞生100周年之际，酒厂加大了宣传力度，从而提高了品牌的知名度。1984年，杨林肥酒先后荣获省优质产品奖、商业部优质产品奖、全国营养食品博览会金奖等称号，名气再次得到提升，产销量随之攀升，在1988年时销量为3500吨。2000年，杨林肥酒再次荣获中国食品工业协会颁发的"国家质量达标食品"证书和奖牌。

四、昆明冠生园

昆明冠生园始建于1939年，位于美丽的滇池之畔，拥有现代化的生产车间和设备，车间的使用面积达8600多平方米，除了生产各式的"中秋月饼"外，还制作糕点、饼干、糖果、饮料等。

昆明冠生园生产的"云腿月饼"口感酥松、油而不腻、咸甜适中，主要采用精面粉、精炼猪油、宣威火腿、白糖、蜂蜜等精制而成，属于云南地区中秋赏月必不可少的传统名饼。1982年至今，此月饼已逐步走向四川、贵州、重庆、香港、澳门等地，深受各地百姓的喜爱。

作为已有60多年历史的老字号企业，冠生园始终秉承"质量第一、顾客至上、诚信经营"的宗旨，以高质量的产品荣获云南省"我心中的品牌"称号，被云南省政府授予云南省放心企业的荣誉称号。2002年，冠生园作为云南省的首批"放心月饼"生产企业参加了第八届和第九届中国月饼节，"云腿月饼"连续获得中国商业联合会和国家焙烤糖制品协会的"优质月饼"称号，同时还荣获"云南十大金牌月饼"称号，并被中国质量检验协会评为"国家抽查合格好产品"。

如今的冠生园年产中秋月饼 750 吨，云腿月饼的产量为 200 多吨，企业被昆明市政府和市工商局授予昆明市"重信用、守合同"企业，并多次受到昆明市政府的表彰。

五、昆明吉庆祥

吉庆祥创建于 1907 年，创始人是陈惠泉和陈惠生两兄弟。由于兄弟二人的小名叫"小庆"和"小祥"，而店铺又得到了妹婿袁吉之的资助，所以在为店铺取名时，便以三人名字中的一个字为招牌，起名"吉庆祥"。在店铺经营初期，陈氏兄弟专门请画家胡应祥为自己设计并画了注册商标，这就是今天我们所看到的"吉庆牌"，而商标中的"戟"和

久负盛名的吉庆祥月饼

"磬"便是取"吉庆"的谐音，具有吉祥的含义。

1956 实行公私合营时，"吉庆祥"合并了"桂香楼"、"瑞兴祥"、"合香楼"等 18 家食品店，从而成为具有一定规模的"吉庆祥糕饼厂"。糕饼厂主要生产各种中西式糕点、滇式糕点和标花蛋糕等，其中十余个产品曾荣获"国内贸易部优质产品"称号。而吉庆祥的云腿月饼更是自 1982 年开始，保持商业部优质产品称号达 20 多年。

"云腿月饼"是独具风味的云南名点，早些年称为"火腿坨"或"火腿四两坨"，大约在民国初年，"吉庆祥"糕点铺的主人陈惠泉在"四两坨"火腿红饼的基础上，烤制出硬壳的火腿月饼，并受到人们的喜爱，生意由此兴隆起来。

云腿月饼是选用昆明的紫麦面粉为皮料，以云南特产的宣威火腿和猪油、

蜂蜜、白糖等为馅心烘烤而成，表面呈金黄色或棕红色，外面是一层硬壳，油润艳丽，这种月饼既有火腿的香味，又有蜜汁的甜味，入口舒适，食而不腻。

2000 年，吉庆祥的"云腿月饼"在中国月饼节上荣获金奖，而吉庆祥在 2002 年荣获了全国"放心月饼金牌企业"称号。2000 年 9 月，吉庆祥糕点厂改制成为吉庆祥食品有限责任公司，公司在继承传统优势的同时，坚持采用新技术、新工艺，不断更新产品，现今的"吉庆祥"已经成为云南省食品行业中的龙头企业。

六、北门书屋

北门书屋位于昆明市翠湖东北、圆通山西麓的北门街，是我国著名爱国民主人士李公朴于 1942 年创建的。

1941 年，李公朴先生从重庆来到昆明，并结识了楚图南、艾志诚、张天放、郑一斋、周新民、杨春洲等人，在众人的支持下，李公朴在北门开办了"北门书屋"，开始销售进步书籍。此后，北门书屋不但销售进步书籍，还成为进步人士聚会的场所，像闻一多、曾昭抡、张光年、潘大逵、潘光旦、张奚若、吴晗等人就经常在此聚会。

1946 年 7 月 11 日的晚上，李公朴先生与夫人张蔓筠女士从大光明电影院看完电影回家，当他们来到北门街口右侧的名叫歪坡的小巷（今翠明园处）时，遭到国民党特务的暗杀，这就是震惊中外的"李闻惨案"。惨案发生后，北门书屋被迫关闭，后改为餐馆，如今已经看不出原有的面目。

1984 年，为了体现昆明历史文化名城的特色，经国务院批准，北门书屋于 1985 年 7 月另选新址重建。重建后的书屋，门口高高悬挂着前全国人大常委会副委员长楚图南为书屋题写的店名（已经刻为牌匾），室内有前全国文联副主席张光年的手书："制敌笔是剑，求真书有功。北门遗风在，常怀美髯公。"云南省委副书记王天玺题有"继承先烈精神，建设新的文明"的条幅。

北门书屋现今主要经营经济管理、法律党政、社科文艺等各类图书。

第五篇

云南风情

　　云南的石窟、寺庙、古镇、古建筑群，以及各种天然景观，是云南文化不可缺少的组成部分，向世人展示了云南深厚的文化底蕴和朴素风情，更蕴藏着云南人民别具一格的建筑智慧，令人向往。

第 一 章

天 然 仙 境

云南的自然环境十分优越，自古以来就是美轮美奂之地，有许多蜚声海外的天然仙境，如泸沽湖、野象谷、洱海、蝴蝶泉、玉龙雪山、翠湖等等。它们不但显示了天工造物的神奇力量，更展现了云南的巨大魅力，一直吸引着游客纷至沓来一饱眼福。

一、泸 沽 湖

泸沽湖位于云南省宁蒗县永宁乡与四川省盐源县左所乡之间，湖西区属于云南省宁蒗县，湖东属于四川省盐源县。湖西距宁蒗县城 70 多公里，居住在湖附近的摩梭人把这个湖称为谢纳米，意思是母亲海，因为湖的形状如曲颈的葫芦，所以也叫泸沽湖。

泸沽湖属于由高原断层陷落而形成的湖泊，水面海拔为 2685 米，因此它也成为云南海拔最高的湖泊。泸沽湖被青山绿林环抱，湖水平均深度为 42 米，最深处为 73 米，仅次于云南第一深湖——抚仙湖。整个湖泊南北长而东西窄，状若马蹄，因为这里地处偏僻，以前交通很不方便，所以自然环境几乎未遭破坏，水质十分洁净，湖水清澈可鉴。

湖的一边有一条山梁婉蜒而下，插进湖心，在泸沽湖上形成一个美丽的吐布半岛。它几乎把湖面一分为二，半岛的顶端与对岸的距离仅为 2 公里，这里是整个湖区中最狭窄的地方。在泸沽湖内，一共有 5 个岛屿，其中 3 个属于云南，另外 2 个属于四川。它们大小不同，一般高出水面 15—30 米，像"绿舟"一样飘浮在湖面。

在扎挎山丫口有一个横跨公路的彩门，在这个彩门以下几百米的地方就可以观赏到泸沽湖的全景。从这里望去，能清楚地看到泸沽湖的轮廓，湖的北岸还有秀美的群山。群山之中的格姆山（狮子山）最为雄壮，它如同雄狮一样蹲伏在湖边，狮头面向湖面，细心观察后还能发现它的口耳鼻眼。泸沽湖像一个马蹄印，传说这与格姆山神有关系。据说：格姆山神和她的"阿注"瓦如卡那男神，在一个晚上相会，因缠绵而沉醉。天快亮时，男神慌忙跨上神马准备离去，但是天很快就亮了起来，他再也回不去了。神马被缰绳一紧，就在地上踏下一个马蹄窝，男神则化身为瓦如卡那山。女神伤心的眼泪注满了马蹄窝，她也化成了格姆山。这个被爱情的眼泪注满的湖泊，就是泸沽湖。

在泸沽湖畔，村落棋布，当地的居民主要是摩梭人（纳西族支系），他们都住在用方木垛成的井干式的木楞房里。一天之中，泸沽湖的景色变幻无穷：早上朝霞初显时，湖水被染成一片金红；太阳出来后，湖边的山峦和太阳都倒映在湖面上；傍晚时，湖面风平浪静、平滑若镜，如同一片墨绿的玉石；在幽静的夜色，湖上波光粼粼、星星闪动，湖边摩梭人的木楞房也变成了很多闪烁的光点。

二、野 象 谷

野象谷位于西双版纳勐养距州府景洪 35 公里，是西双版纳著名的森林公园，也是我国唯一一个观赏野象活动的景区。因为此地的河流分为三岔，所以又名三岔河森林公园。

三岔河森林公园以其特有的热带原始森林景观和 130 多头野生亚洲象而著称。公园所在地的河谷里原来有一个野象经常出没饮水的象塘，有关单位在象塘附近的河畔撒食盐，引诱野象前来，后来果真有大群的野象经常性地出现在河畔，并到象塘里饮水，舔食人工撒的食盐。20 世纪 90 年代，国家级自然保

野象谷一角

护区西双版纳自然保护局经过研究决定，在这里建造一个观象台和观察棚，对野象进行科学性观察。在这片上百万亩的热带雨林里，生长着很多种大象喜食的植物，而且丛林茂密，层绿叠翠，热带竹林连成一片，为野生的亚洲象等提供了适宜生长和繁衍的栖息环境。经过长期的观察，当时仅存的亚洲象只有300头。这些野象经常三五成群出没在河边、密林，甚至跑到公路上去，有的还到踱到公园的观察点前觅食、饮水、嬉戏。

1993年，省、州两级政府开始重点投资建设三岔河森林公园，并把它列为重要旅游景点项目。三岔河公园主要以其特有的热带原始森林景观和野生亚洲象，吸引中外游客，当时规划面积为5500多亩，建筑面积近万平方米，水面近一万平方米。这里还设有动物观赏区、森林探险旅游区、蝴蝶养殖场、兰花园等景点，并在公园里建立我国第一所大象训养表演学校，在此可以观赏经过训练后的大象进行有趣的表演。这里还是国内第一个人工繁殖蝴蝶的实验场，游客可以欣赏到蝴蝶恋花生长的全过程，并且可以买到精美的标本作纪念。

在森林公园内有一口水塘，在水塘不远处隐蔽有一座碉堡式的观察站，旅客在这里，可以清楚地观察野生亚洲象到河边饮水嬉戏的情景。另外，在原始森林里还开辟了森林探险旅游区，这里有沟谷雨林、山地雨林、季风常绿阔叶林，林间铺设有4公里的步行游览道，沿途建有观象台。在探险区域，好奇的游人可以沿着野兽的足迹，考察野象、野牛等野生动物的活动，并能观赏古藤攀树、老茎生花、植物绞杀等独具特色的热带雨林景观。

在公园中心区，沿小河建有高6米、宽1米、长200米的"丁"字形空中长廊。在这些长廊傍树之处，建造有十多间精巧的观象旅馆。河边的古树上建有供个人观象的独木屋，一些想观看野象活动的人，晚上还可以在这里留宿，观察月色下野象的活动情况。野象谷中，还有一个最引人入胜地方，那就是热带森林公园，这里建有动物观赏区，其中有热带百鸟园、蛇园等。

三、洱　海

洱海是一个风景秀丽的高原淡水湖，也曾被称为"叶榆泽"、"昆弥川"、"西洱河"等，海拔近2000米。洱海南到大理市下关镇，北起洱源县的江尾乡，南北长42公里，东西宽3—9公里，面积250平方公里，平均水深10米，最深处为22米，形状好似一弯新月。

洱海是云南水容量最大的一个淡水湖，蓄水量为30多亿立方米。虽然它面积比滇池小，但蓄水量却比滇池大，是滇池的2倍。这主要是因为洱海的水源丰富，它东南有波罗江、玉龙江、凤尾箐注入；西有苍山十八溪水；北有弥苴河和弥茨河流入。洱海属澜沧江水系，其湖水顺西洱河流出，与漾濞江汇合后，一起注入澜沧江，最后汇入印度洋。

洱海环境优美，西面有美丽的点苍山，东面有环绕的玉案山，所以有"山色四时环翠屏"的美誉。从古到今，很多文人雅士都写下了赞美它的诗文。唐代，南诏的清平官杨奇鲲在诗中写有"风里浪花吹又白，雨中岚影洗还清"，以赞美它的景致。

洱海气候温和湿润，风光绮丽，湖面碧波荡漾。每当风和日丽时，苍山倒插海面，形成银苍玉洱交映的奇观。洱海中的岛屿、岩穴、湖沼、沙洲各具风采，古人将其概括为三岛、四洲、五湖、九曲。三岛：金梭岛、玉玑岛、赤文岛；四洲：青莎鼻洲、大鹳溹洲、鸳鸯洲、马濂洲；五湖：太湖、莲花湖、星湖、神湖、渚湖；九曲：莲花曲、大鹳曲、潘矶曲、凤翼曲、罗莳曲、牛角曲、波曲、高莒曲、鹤鸶曲。随着四季的变化呈现出不同的气象，因此形成了著名的洱海八景：山海大观、三岛烟云、海镜开天、岚霭普陀、沧波潺舟、四阁风涛、海水秋色、洱海月映。

在众多景观中充"三岛"最为绮丽。金梭岛是三岛中最大的岛，位于洱海的东部，四面临水。此岛屿南北长约 800 米，东西宽约 100 米，高出水面约 200 多米。岛屿中部低而南北高，形似一支梭子，所以名为金梭岛。据载：南诏王曾在这个岛上建避暑行宫，现在还能见到一些当年的残砖断瓦。金梭岛北约 10 公里处有一座秀丽的小岛，叫玉玑岛。全岛似一块巨大的岩石构成，仅高出海面 4 米左右，因岛上建有观音阁，以又有"小普陀"之称。赤文岛是一座奇妙的半岛，位于洱海东北面，紧靠海岸，岛上树木葱郁、群鸟栖息、风光迷人。岛上有一条窄长的通道伸进海里。半岛由庞大的石灰岩构成，岛屿上洞穴纵横，洞内石钟石乳壁立，具有神秘风情。

洱海八景中的四阁风涛所提到的四阁，是古时候人们为了观赏洱海而建造的 4 个阁楼。它们分别是：位于海东的天镜阁、位于西边洱海公园团山上的珠海阁、位于洱海南面的浩然阁、位于洱海北端的水月阁。明代时，著名的文人李元阳曾咏水月阁，其诗云："百二山河至此终，水晶皎皎漾蟾宫，鼓琴应许蛟龙听，吹笛能教游。"可见这里曾是观看洱海景观的好地方。后来四大名阁因为地震而倒塌，人们又在天镜阁的旧址上重建了阁楼。它三面临水，悬崖壁立，有环山吞海之势。在天镜阁附近，原来还有名刹罗荃寺与罗荃塔，如今寺塔已毁。

洱海景色优美、人文积淀深厚，是白族祖先的发祥地。迄今，在洱海和它周围的山坡台地上，已发现 30 多处新石器时代遗址。其中在海东的金梭岛上就发现了一个著名的新石器遗址。在玉玑岛上不但发现了新石器时代的遗址，还发现了青铜器时代的重要遗址。除了出土大量生产和生活石器、陶器外，还出土了青铜器：山字形剑、铜柄铁刃剑，以及铸造兵器的陶范。因此，很多人把风景优美的洱海称为白族人的摇篮。洱海的水质好，湖面宽阔，水产资源十分丰富，有各种鱼类、水獭、水禽、虾、蚌、菱角、海菜等。其中鱼类资源最为丰富，有鲤鱼、弓鱼、油鱼、鳔鱼、细鳞鱼、小白鱼、鲫鱼、草鱼、鲢鱼、青鱼等 10 余种，年产量数十万斤。其中，以弓鱼最为著名，它身形长瘦，鳞细肉鲜，被誉为鱼魁，是洱海的特产鱼。

四、蝴 蝶 泉

　　蝴蝶泉位于云南大理城北40公里点苍山最北峰云弄峰麓神摩山下，很多人了解蝴蝶泉都是从电影《五朵金花》中知道的，似乎蝴蝶泉是因这部电影而闻名。其实，早在300多年前，蝴蝶泉就已经很出名了，徐霞客在游记中曾写道："蛱蝶泉之异，余闻之已久。"这句话就是一个极好的证明。

　　早期的蝴蝶泉，在泉上横斜着一株古老的合欢树，泉的四周都用大理石围以栏杆，泉水则汇集在一个很大的水潭里。在泉的附近还建造有八角亭、六角亭、蝴蝶楼、大月牙池、咏蝶碑等建筑，并且栽培有大量花草树木。后来这里被建成蝴蝶泉公园，除了进行了一些扩建外，基本还是保持了原貌。久负盛名的的蝴蝶泉之所以有名，就是因为它有"三绝"：泉、蝶、树。

　　蝴蝶泉的水是从岩缝中透出来的，水质清冽，出地面后汇聚成水潭，因为水质好，所以被称为一绝。在蝴蝶泉公园扩建的时候，公园开拓出三个水潭，容纳其中奔泻而出的泉水，供人观赏，其中最大的一水潭占地面积约为十亩。第二绝就是"蝶"，在蝴蝶泉附近，蝴蝶的种类很多。在每年农历四月中旬，成群结队的蝴蝶翩翩而至，蝴蝶大的如巴掌，小的如蜜蜂，它们勾须连足挂在泉边的合欢树的枝头，一直垂到水面上。1961年秋天，著名诗人郭沫若到大理游蝴蝶泉时，看到这一景象就写下"蝴蝶泉头蝴蝶树，蝴蝶飞来万千数，首尾联接数公尺，自树下垂疑花序"的诗句。当时，郭沫若还为蝴蝶泉题名，他所写的"蝴蝶泉"3个大字，被刻在一块高约3米的棱形大理石石碑上，在大字的左侧还刻有他咏蝴蝶泉的诗；这个碑的背面，刻着徐霞客游大理蝴蝶泉的一段日记："还有真蝶万千，连须钩足，自树巅倒悬而下及于泉面，缤纷络绎，五色焕然。"

　　最后一绝就是树。在蝴蝶泉公园内，可以看到很多的凤尾竹、冷杉，在泉后的山上到处是松柏、棕榈林、茶林、杜鹃林、毛竹林，泉边则种着合欢树、酸香树、黄连木等有芳香气息的树种。尤其是蝴蝶泉边的那株老合欢树，它在每年农历四月初就开花了，白天的时候，花瓣张开如同蝴蝶一样，夜晚花瓣合拢后还放出一阵阵清香。这时正是蝴蝶相会时节，花与蝴蝶共舞，难辨哪个是花哪个是蝶。

在当地人心目中，蝴蝶泉是爱情忠贞的象征，传说一对相爱的恋人，为了反抗封建地主对他们爱情的压迫，最后跳进了这个水潭。于是人们就把他俩殉情的农历四月十五这一天定为蝴蝶会。在每年的蝴蝶会，白族的情侣恋人都要到泉边聚会，凭吊这对坚强不屈的情人。而且白族青年男女还要在泉边丢个石头试水深，然后用歌声倾诉他们的爱恋之情，寻找自己的意中人。

五、迪庆香格里拉

美丽神秘的香格里拉分布着壮丽的峡谷、巍峨的雪山、纯净的湖泊、广阔的草甸和具有民族风情的人文景观，有人说这里是人间最美丽的地方。香格里拉位于云南迪庆藏族自治州，它的藏语意思是"吉祥如意的地方"。迪庆是全国十个藏族自治州之一，是云南省唯一的藏族自治州。在历史上，迪庆是"茶马古道"的必经之地，也是南方丝绸之路的重要中转站。这里的藏族人全部信

哈巴雪山

仰藏传佛教，其他民族聚居区的群众则信仰天主教、东巴教、伊斯兰教和道教等。

迪庆地处金沙江、澜沧江、怒江三江并流核心区，包括香格里拉、维西、德钦三个县，其中香格里拉是首府。这里特殊的地理位置和气候条件，形成复杂的地貌和多层次的动植物自然景观。在香格里拉有白茫雪山、哈巴雪山、碧塔海、纳帕海保护区，并且有以深、窄、陡、险、秀而著称的澜沧江峡谷、香格里拉峡谷；还有梅里雪山，雪山的十三峰连绵不断，纵贯于全境，其中海拔6700多米的主峰卡格博峰，位列藏传佛教八大神山之首。这里还有低海拔的现代明永冰川，在雪山环绕之中还分布着很多大大不一的草甸和坝子，其中有号称"仙人遗田"的白水台。在草甸和坝子中有静谧的湖水汇聚成众多海子，其中有景致迷人的碧塔海、纳帕海、黑海、硕都海。在优美的环境中还有很多神圣的寺院，如松赞林寺、东竹林寺、庄严而神圣的茨中天主教堂等。

白茫雪山自然保护区：白茫雪山自然保护区属于寒带原始林区，是云南省海拔最高、面积最大的自然保护区。保护区内海拔最高处是扎拉雀尼峰，海拔为5640米，最低处为3380米，强烈的高度差，形成了这里的立体气候特征和植被类型。垂直分布着的植被带依次为云南松林和高栎林、亚热带高山暗针叶林、针阔混交林、云杉林和冷杉林组成的亚高山暗针叶林带、高山灌木丛草甸植被。在白茫雪山自然保护区内，生存着许多珍禽异兽，其中有国家一类重点保护动物滇金丝猴、云豹、雪豹、黑鹿、拟兀鹫、金鹏等，国家级保护动物猕猴、短尾猴、小熊猫、金钱豹、石貂、岩羊等。这里还有国家重点保护植物澜沧黄杉、大果红杉、油麦吊杉、云南铁杉、红豆杉、黄杜鹃等，其中黄杜鹃的种类和数量最多，春夏之交时构成绿林花海奇观。

白茫雪山自然保护区的自然景观令人神迷。夏季的时候，雪山上冰雪消融，到处出现高山流水的景象，森林里的杜鹃花灿烂绚丽，林中百鸟轻鸣、群猴嬉闹。到了秋季，白茫雪山的自然景观更是别具情致，林海被秋色所染，山上的红、黄、绿层次分明，特别是那如霞的红色秋叶最为漂亮。在冬季的时候，千里冰封，游人可尽情领略雪域风情。

哈巴雪山：哈巴雪山位于香格里拉县城东南部，哈巴是纳西语，它的意思是金子般的花朵。哈巴雪山因海拔高低差异很大，所以形成了明显的垂直性气候，它们从下到上依次为亚热带、温带、寒温带、寒带等气候带，这种气候带相应地形成了垂直分布的生态带：干热河谷灌草丛带山地常绿阔叶林带、高山草甸、高山灌木丛和高山寒冻植被带。在这里可以看到冷杉、云杉等植物；兰花、野牡丹等名花随处可见，而且还出产虫草、贝母、珠子参、天麻、雪莲等名贵药材。在浓密的原始森林中，还能看到珍惜动物滇金丝猴、野驴、雪豹、原麝、马麝等。

哈巴雪山主峰海拔 5396 米，其山顶终年积雪，在它四周环立着很多小峰，远望犹如一顶皇冠。在海拔 4500 米左右的地方，悬岩上还披挂着冰瀑，这里千奇百态的角峰、刃脊、U 形谷和羊背石，都是古代冰川所留下的遗迹。还有很多山冰碛湖，它们是古远时期的冰斗融化积聚而成的，这些湖泊中以黑海最为著名。黑海因为其水色如墨而得名，这里的湖水幽深而神秘，最神奇的是只要在湖畔大喊几声，有时湖畔的四周便下起细雨，有时还会下起倾盆大雨，在黑海里还有很多高原雪鱼，它们在气温合适的时候，就会汇成一个个环状，停留在湖边浅水里。

在哈巴雪山除了观赏雪山、湖泊之外，还能看到很多或清秀或气势汹涌的悬泉飞瀑。清秀的瀑布有尖山瀑布，它高约 40 米，水流从山崖顶上跌落后，化为蒙蒙细雨，在阳光下形成七色彩虹；气势汹涌的当属大吊水瀑布，它高约200 米，因为它的源头在雪线上，所以它是一个季节性瀑布。在每年的 4—9月，当气候转暖冰雪融化时，雪水就沿着陡峭的断崖，奔泻而下，形成飞流破云的哈巴大吊水瀑布。

碧塔海：碧塔海是一个高原断层构造湖，其长约 3 公里，宽约 1 公里，在湖畔的四周，分布着密集的苍松和古栎。碧塔海被群山所环抱，在一天中它的景致会发生不同变化：在清晨的时候，湖水幽深如墨，群山倒映其中；在中午的时候，水色绿如碧玉，云影倒映波间；傍晚的时候，水天一色，水面金光耀眼。在碧塔海中还有一个孤岛，岛上路径曲幽，在岛屿的四周长满了杉树和杜鹃。在春夏之交，杜鹃花竞相开放，如同一个花环镶嵌在岛上。当杜鹃花凋谢落到水中，湖中一些鱼误食后就会醉昏，翻着肚皮漂在水面，这就是醉鱼奇景。碧塔海四周是原始森林，植物以长苞冷杉和云杉为主，这里栖息着许多珍禽异兽，如国家一类保护动物黑颈鹤，以及贝母鸡、红脚鸡、白鹇、野牛、马鹿、弥猴、云豹等。

属都海：距碧塔海 10 多公里处有一个属都海。它海拔 3705 米，水域面积为 15 平方公里。湖的四周被群山环绕，原始森林遮天蔽日。湖东面有一片白桦林，到了秋天，树叶一片金黄，景色特别迷人。在森林里还有高大的云杉和冷杉，林中栖息着麝、熊、藏马鸡、猞猁等多种禽兽。属都海水清澈透亮，特产一种名为"裂腹鱼"的珍稀鱼类，这种鱼全身为金黄色，鱼腹部有一条细细的裂纹，其肉细腻鲜美无比，此外湖上还栖息着很多的野鸭、黄鸭等水禽。湖畔是香格里拉著名的牧场，这里水草丰茂，在每年春夏之际，青草茂盛犹如一块巨型绿毯。

纳帕海：纳帕海是藏语，意思是森林旁的湖泊，它位于香格里拉西北8公里处。纳帕海是一个季节性高原湖泊，也是云南省亚热高山沼泽和沼泽化草甸，它三面环山，这些山峦和大中甸盆地相连。夏末秋初大量雪山积水和青龙潭、纳曲河、旺曲河水的大量注入，纳帕海的湖面水面积很大。在湖的四周有九个落水洞，湖水由这些地方泄出，经尼西汤满河和五境吉仁河汇入金沙江。到了冬春两季，湖水的水面缩小，一部分湖变成沼泽草甸。冬天时，有许多珍奇飞禽栖息于此，其中我国特有的珍禽——黑颈鹤也飞临到这里的沼泽草甸越冬。

纳帕海是香格里拉最大的草原，在春季的时候，这里绿草青青、山花斗艳，成群的牛羊在草海中起伏，形成"风吹草低见牛羊"的西南塞北风光。到了秋天的时候，草原一片金黄，黑颈鹤、黄鸭、班头雁等禽鸟云集于此，在草丛中和水面上嬉戏漫游，给广阔的草原凭添浪漫的诗情画意。纳帕海西北山上，还有古刹衮钦寺的遗址，该寺建于明末，在清初的西藏佛教教派之争中被毁。据史料记载，该寺内原来有一尊高三丈六尺的强巴佛像，在明代的时候，徐霞客曾慕名欲前往参观，却被丽江木氏土司阻拦未能如愿。现在古寺只剩残垣断壁和郁郁葱葱的参天古树。登临古寺遗址，纳帕海和草原的风景就能尽收眼底。

澜沧江峡谷：澜沧江峡谷十分险峻，峡谷内的溜筒江渡，是澜沧江的古渡口，也是茶马古道的必经之地。以前人们靠篾索桥过往两岸，后来由丽江商人出资在此建了一座铁索桥，供人马顺利渡江。澜沧江经洛马河入江口后，江面陡然变窄，江水遇到山岩阻拦。经历漫长岁月，江水把山岩劈成两半奔流而下，两岸的岩石从水面垂直而上，江面最宽处不到50米，抬头只能看到一线天，这里的江水如万马奔腾，掀起层层巨浪，并发出巨大的轰鸣声。

香格里拉峡谷：香格里拉峡谷位于香格里拉县城西北80公里处，它又叫碧让峡谷，因峡谷的一头名为"香格"，另一头名"里拉"，所以人们习惯把它称为香格里拉峡谷。香格里拉峡谷素来以神秘幽深而著称，这里的峡谷平均海拔在 3000 米以上，峡谷内遍布葱郁的冷杉和云杉林。在峡谷里，有一个香格里拉最大的喀斯特溶洞——赤土仙人洞。在这个洞口的石壁上，有一个世间少有的奇特景象，石头上天生一个清晰的人脚印。在洞中还有一个"喊泉"，人到了洞前，只需大喊几声，甘甜的泉水就能从洞里喷涌而出。在峡谷中，还有一座那格拉寺，它是一个藏传佛教寺庙。香格里拉大峡谷的自然风光优美，走进峡谷后就能听到轰鸣的水声，两岸悬崖绝壁矗立，仰视有摇摇欲坠之感。香格里拉大峡谷如同一个蜿蜒的深巷，它的最宽处为 80 米，最窄处仅为 10 米，在峡谷里行走有惊无险，仔细的话还能发现峭壁上远古时代的粗犷岩画。

梅里雪山：香格里拉的梅里雪山位于德钦县东北 10 公里处，是云南和西藏的界山梅里雪山，一共有十三峰，其中卡格博峰是主峰。它是一座金字塔形的雪山，藏语的意思是白色的雪山。它海拔为 6740 米，是云南第一高峰，也被誉为世界最美的山，藏族同胞还视它为"八大佛山"之一的"神山圣地"。卡格博峰坐落在山脊的主脊线上，从峰顶到山脚澜沧江边明永河入口处，高差达 4700 多米。在水平距离 14 公里的范围内，平均向前 1000 米高度就上升近 400 米，可见山势十分陡峭。以它为中心，周围还有 20 多座山顶终年积雪的山峰，其中有 6 座山峰海拔超过 6000 米。冬春季节是观赏梅里雪山的最佳时候，这时候可以看到雪峰的全景。在夏秋季节，山体经常被云遮雾罩，很难看到雪山的全貌，但是在清晨太阳刚升起时，比较容易看到雪山。

明永冰川：在梅里雪山脚下还有一个重要景点——明永冰川，它是我国纬度最南、冰舌下延最低的现代冰川，它源自于卡瓦格博峰，隔澜沧江远望，它如同一匹从天而降的白练。冰川背倚卡瓦格博峰，从此往下呈弧形一直铺展，一直延续到海拔 260 米的森林地带。整个冰川绵延近 12 公里，平均宽度为 500 米，每年的雪水融量为 2.32 亿立方米。在上山近距离地观赏冰川时，步行约一个半小时就可以到达太子寺。寺院里有很多拜山的藏族人，院内悬挂有祈愿经幡。在太子寺的左边，可以到观景台，右边可以去莲花寺。在不远的地方有一个铁架木板搭的栈道，栈道中有一个平台，在这里可以看到冰川上飞架的冰桥。如果登临冰川，还能看到有大小不一的冰凌、冰洞和纤细不一、千姿百态的冰芽、冰笋。骄阳当空时，冰川的温度升高，这时还能看到很多巨大冰体崩塌所产生的地动山摇的场景。

白水台：白水台的景观十分壮观，它是由碳酸钙溶解于泉水后，在泉水慢慢下流过程中，碳酸盐逐渐沉淀形成好似层层梯田的台幔式自然奇观。白水台的面积约 3 平方公里，是我国最大的华泉台地。步临台地，可以看到白水台层层叠叠如同片片斜月散落人间，因此有"仙人遗田"的美称。台地的中央有10 多个相连的泉池，它们组合成一个大水池，泉边绿树成茵，山花烂漫，泉中央还有一个宛如新月的小洲。白水台不仅是一个风景秀丽的地方，它还是纳西族东巴教的发源地，宗教活动和民族活动的中心。据称：纳西族东巴教的第一圣祖丁巴什罗从西藏学经返回时，途经白水台，被这里的美景吸引住了，他后来就在白水台修行，并且在此设坛传教，因而白水台被人们奉为东巴道场。白水台对面的柏峰下有一溶洞，因为东巴教第二圣祖"阿明什罗"曾在这里修行，所以它被称为"阿明能卡"或"阿明灵洞"，相传"阿明什罗"在此创造出了东巴文。从此向东不远，还有一个高达 60 余米、气势壮观的白地瀑布。每年的农历二月初八，是东巴始祖"东巴什罗"的祭日，当地的藏、纳西、彝、白等民族，都要到白水台来进行祭祀活动，并用民族风情浓郁的歌舞来娱神。

迪庆香格里拉不仅自然风景优美，人文景观也很出名，如这里的松赞林寺、东竹林寺和茨中天主教堂都很出名。松赞林寺又称归化寺，它位于香格里拉以北 5 公里的佛屏山下，是五世达赖和清康熙皇帝敕建"十三林"之一，也是云南最大的藏传佛教寺庙群落。它依照布达拉宫修建，并且是四川和云南一带的藏传佛教中心，所以也被誉为"小布达拉宫"。东竹林寺位于德钦县奔子栏北面，距德钦 80 公里，是康区十三林大寺之一。该寺原名为"冲冲措岗寺"，意思是仙鹤湖畔之寺，始建于清康熙年间。东竹林寺中气势最宏大的是中央大经堂，是一个四层土木结构建筑，底层是喇嘛诵经的地方。正面供有格鲁派始祖宗喀巴及其弟子达玛仁清和一世班禅克珠杰的造像，两侧分别是释迦牟尼、观音、文殊、度母、普贤的造像。第二、三层分别为经堂、佛殿、堪布（主持）念经和起居的静室，各层的内外都有雕塑、唐卡和精美的壁画。此外，寺院内还有强巴佛殿、护法殿、如来殿、佛塔殿、白伞盖母殿、藏书院、印经院、万万咒轮堂等。

茨中天主教堂位于德钦县茨中村中央，是一座法国天主教堂，最早修建于1867 年，在清光绪三十一年（1905 年）当地发生的驱洋教焚毁教堂的运动中被烧毁。后来法国得到清政府的赔款，于 1909 年开始重修教堂，历时 12 年完工。现在保存完好的茨中教堂建筑群以教堂为中心分布，包括大门、前院、后

院、地窖、花园、葡萄园、菜园等。整个教堂坐西向东，是一个典型的砖石结构哥特式建筑，其整体呈"十"字形，在门廊上砌有高 20 米的三层钟楼，楼顶是亭式攒尖顶木结构，内外柱间还有石栏杆。教堂的正殿进深 22 米，面阔约 13 米，殿内由方形石柱承托屋脊，内部设有净身、更衣室等，教堂的屋面全部用琉璃瓦覆盖，教堂建筑不但富有异国风味，而且还有汉族建筑的部分特色。现在，每到周六和周日，茨中村附近的汉、藏、傈僳、纳西族信教群众，都会到教堂里诵经和做弥撒。

六、翠　　湖

　　翠湖位于昆明城五华山西麓，原称菜海子。在清初，藩王吴三桂曾经填去菜海子的一半作为新府，后来这里被改称为"承华浦"。因为在湖的东北有眼九泉，泉水汇集成池，它又名九龙池。元朝以前，因为滇池水位高，这里还只是城外的小湖湾，明清时期在湖的四周和湖心修建不少建筑，到民国初年，这里被开辟为公园。

　　翠湖现在的面积为 21 公顷，水域面积为 15 公顷。两道长长柳堤呈十字交汇，把全湖一分为四。其中南北走向的湖堤叫"阮堤"，它是道光年间云南总监阮元仿西湖苏堤修筑的；东西走向的湖堤为唐堤，它是民国时期唐继尧所建。两堤交接的地方就是湖心小岛，以湖心亭为主轴，构成翠湖的中心景区。在湖心岛上有一个亭子，名叫"碧漪亭"，它是清康熙年间，云贵总督范承勋、巡抚王继文所建，此亭飞檐黄瓦，外型十分美观。湖心亭西侧有建于嘉庆年间的莲花禅院和放生池，这里是有名的观鱼处，现在禅院已经不存在了，放生池被改建成一座水上园林，并且建有观鱼堂，楼前有黄奎光所题的对联："有亭翼然，占绿水十分之一；何时闲了，与明月对饮而三。"在湖的西南角有"葫芦岛"；西北角有"来爽楼"；东南角有由三个半岛连成的花园，其名为"水月轩"；在东北角还建造有"知春亭"。

　　湖堤上遍植垂柳，湖内植有荷花，在春夏两季景色十分迷人。如今的翠湖又增添了雪白的红嘴鸥，在从头一年 11 月到次年 3 月，成千上万只北方飞来的红嘴鸥在翠湖越冬，每年如此，从不间断。成群的红嘴鸥在湖上嬉闹戏水，争抢食饵，为翠湖又增添了很多情趣。

七、玉 龙 雪 山

　　玉龙雪山位于丽江城北 15 公里处，是北半球最近赤道的现代海洋性冰川山脉。它处于青藏高原东南边缘，横断山脉分布地带，山势由北向南，南北长35 公里，东西宽 25 公里。高山雪域基本位于海拔 4000 米以上，雪山的面积为 960 平方公里。玉龙山主峰位于山的南麓，当地人称它为"拖斯般满动岩"，意为卜松毛卦峰，它在纳西人心中是一座神山。从从远处看，它像是一座竖立起来的银柱，近处看又像一把白绫折扇，所以它又有扇子陡和雪斗峰的名称。卜松毛卦峰海拔为 5596 米，为玉龙山十三座山峰之最。

巍峨的玉龙雪山

　　整个玉龙雪山集亚热带、温带及寒带各种自然景观于一体，并构成独特的"阳春白雪"景观。在雨雪过后的大晴天，山上的雪格外白，树木格外绿，如果在走动中观看就会发现雪不是白色而是绿色的，这就形成了"绿雪奇峰"的奇观。玉龙雪山气势磅礴，它的冰川类型为悬冰川和冰斗冰川，它们大多随着节令和气候的变化而变化，雪山景观因此交替变幻，形成了著名的玉龙十二景，即："三春烟茏"、"六月云带"、"晓前曙色"、"螟后夕阳"、"晴霞五色"、"夜月双辉"、"绿雪奇峰"、"银灯炫焰"、"玉湖倒影"、"龙甲生云"、"金沙壁流"、"白泉玉液"。这十二个景观也从不同角度、不同节令，描绘出雪山景色的变幻与千姿百态。

在玉龙雪山除了能欣赏到著名的十二景之外，还能看到这里的泉潭水域风景、森林风景、草甸风景，以及玉柱擎天、云杉坪、雪山索道、黑水河、白水河及宝山石头城等景点。玉龙雪山中还有大面积的雪海，它是优良的天然滑雪场，据专家考察论证，这里是世界上最长、最温暖的滑雪场。在这里不但能看到美丽的风景，还能体验滑雪运动带来的刺激和快乐。

八、路南石林

石林风景区位于云南省路南彝族自治县境内，距昆明市 100 公里，是我国喀斯特地貌较集中的地区，全县共有石林面积 400 平方公里。石林风景区是由形态各异的石灰岩岩溶地貌组成的，石林面积约为 3 万公顷，其中精华的游览区约为 100 多公顷，游路有几千米。按区内风景点的分布情况，大致可分大石林、小石林、外石林、大叠水、长湖、月湖、芝云洞、奇风洞八个游览区，其中大石林区为主景区。

在大石林景区的入口处有一个石林湖，湖中有几柱石峰如同出浴后的少女。由石林湖一直向南，就可以直接进入大石林主景区。大石林景区内景观奇特，主要的景点有石屏风、石林胜景、剑峰池、莲花峰、且住为佳、极狭通人、象踞石台、双鸟渡食、凤凰梳翅、望峰亭等。"剑峰池"是一弯碧水藏于石峰之中，在崖峰之间建造有桥梁，在池中有一个突起的山峰，它像一把宝剑，这就是剑峰，而这个水池就是剑峰池。由池边小道而上，过一个天桥就能到达莲花峰的峰顶，在峰顶上横卧着上翘的巨石，好像一朵盛开的莲花，所以名之为莲花峰。"且住为佳"是它附近的一个崖洞，环境十分幽雅，游人可以在这里休息片刻。从莲花峰而下，就要经过"极狭通人"，这里的石径曲折起伏，景象纷繁变幻，在沿途还能看到"鸳鸯戏水"、"象踞石台"等，由"象踞石台"往北，攀援可达"望峰亭"，在这里可以环顾远近石林的美景。

小石林景区与大石林紧密相连，这里的石林相对疏朗一些，这里有最著名的阿诗玛石峰，此外还有咏梅石、石簇擎天等景点。外石林景区在大、小石林之外，有著名的狮子山、狮子亭、五老峰、望夫石、观音石、骆驼骑象、母子偕游等，其中在环石林公路西南，还有一棵"万年灵芝"，它高约12米，形态十分逼真，令观者叹为观止。

在外石林西南有大叠水瀑布，瀑布的水源为南盘江的支流巴江，瀑布落差近百米。在洪水季节，瀑布气势磅礴，声震山野；干旱季节，飞瀑则分两股下泻，如同银链垂在空中。在外石林东还有长湖，它是一个岩溶湖泊，湖中有蓬莱岛，湖底布满参差错落的石笋、石柱。

在大石林西北5公里处有紫云洞，它是一种岩溶地貌的地下奇观，主要由大小芝云洞、大乾洞、猪耳朵洞组成。奇风洞位于大石林东北约4公里处，它由间歇喷风洞、虹吸泉和暗河组成。在每年的8至11月，喷风洞就会呼呼地喷出大风，并伴有流水声，几分钟之后，风声和水声就停止了，数分钟后又会再次喷风。

九、怒江大峡谷

怒江大峡谷也叫"东方大峡谷"，它比世界著名的科罗拉多大峡谷还要长。科罗拉多大峡谷全长不过440公里，而怒江大峡谷的云南段的长度就有600公里。科罗拉多大峡谷最深处不足1900米，而怒江大峡谷深度在2000米以上，有的地段则有3000米，所以它曾号称世界第二大峡谷。

怒江峡谷位于云南西北部，是从雅鲁藏布大峡谷继续向东南，在云南境内的又一处地理奇观。怒江发源于青藏高原唐古拉山南麓，往东流入他念他翁山和伯舒拉岭之间的峡谷，进入贡山后，它由北向南纵贯云南的怒江洲、保山市、临沧县、德宏州后，流入缅甸。云南段的怒江，奔腾于高黎贡山和碧罗雪山之间，两岸的山岭海拔都在3000米以上。这里的河道比较狭窄，

所以水急浪高。经过多年的水流撞击，此处形成了一个山高谷深的怒江大峡谷。

怒江峡谷中最险要的地方是齐那桶峡谷，它位于怒江上游丙中洛至齐那桶的那恰洛一带，全长65公里，而且在这里找不到一块平地。在峡谷的两岸是直立的石壁和一望无际的原始森林，在江东与牙关河之间还有一些壮观的瀑布。由于怒江大峡谷主要受印度洋西南季风气候的影响，所以气候比较温湿。但是由于地理落差大且具有明显的垂直气候特征，这里又形成了一山分四季、十里不同天的气候。在峡谷内，经常是河谷地带茂林葱绿，天气炎热如同夏天；山坡地带则绿花如茵、山花烂漫，景致如同春天一般；再向上草木稀少，好似秋天；而峰顶则是冰雪世界，一派寒冬景象。

怒江峡谷不仅有美丽的自然风光，还有丰富的动植物资源和独特的民族风情。居住在这里的傈僳族、怒族、独龙族、普米族等少数民族，都完好地保留着本民族独特的生活方式和民族习惯，尤其是生活在独龙江峡谷内的独龙族人，他们的与世隔绝更为这里增添了神秘色彩。

十、勐仑植物园

勐仑植物园又称热带植物园，全称是中国科学院西双版纳热带植物园，地处我国西南边陲热带林海中勐腊县勐仑镇的葫芦岛上，当地人称勐仑植物园。

中国科学院西双版纳热带植物园是在20世纪50年代，由我国著名植物学家蔡希陶教授带领很多年轻的植物学工作者创建的。现在园林的占地面积为1.35万亩，内部保留着大片原始森林，并引种栽培4000多种热带植物。目前这里已经形成了13个专题园：热带果树资源园、荫生植物园、棕榈植物园、水生植物园、民族植物园、药用植物区、龙脑香植物区、香料植物区、竹类植物区、珍稀濒危植物迁地保护区、榕树园、树木园、名树名花园。

在各个专题园内，又分为好多个植物专业养殖区，比如在碧潭的水生植物区里，有很多种类的睡莲和王莲；在小巧的兰花种植区，有地生兰、附生兰等

长势茂盛的热带植物

多个优良兰花品种；在百竹园中，200多种不同的秀竹竞相争荣；在占地面积很大的棕榈林中，生长着120多种棕榈科植物；在药用芳香林里，种植着大量檀香、丁香、龙脑香等香料植物；而在龙脑香林内，羯布罗香、西双版纳青梅、娑罗双等珍贵树种争相比奇；在珍稀濒危植物林区，可见到板根大王四数木、烫手灼人的火麻、林中巨人望天树、巨叶植物海芋、老茎生花、树缠树等；在裸子植物林区，生长着苏铁、水杉、鸡毛松、肉托竹柏等稀有植物；热带果木林中，有当地名柚曼赛龙和勐仑早……在奇异树木中，还可以看到神秘果、跳舞草和猪油瓜。此外，在植物园内可以观赏到很多的植物奇观：世界上最轻和最重的木材；号称"见血封喉"的箭毒木；形似罗汉的佛肚竹；被佛教奉为"神树"的菩提树、无忧树和娑罗双；让酸水果变甜的神秘果；按时开花的时钟花。

即使到了冬天，植物园里如炮仗花、蔓陀罗、叶子花、瓷玫瑰、硬枝黄蝉、长蕊合欢等珍奇花卉，也是竞相开放、争奇斗艳。如果碰上好的时节来植物园，还可以品尝到西蕃莲、香蕉、菠萝蜜和芒果等水果。现在的植物园内还建有科研大楼、植物展览馆、植物标本馆、蔡希陶纪念馆、蔡希陶塑像和民族度假村等人文景观和接待游人的各种服务设施。

第 二 章

云 南 石 窟

　　云南石窟是古老云南的代表，记录着云南厚重的佛教文化，体现了云南人民在雕刻、建筑、绘画、造型等方面的智慧和才能。它是云南宝贵的文化积淀，更是中国乃至世界珍贵的物质文化遗产，深刻地影响着一代代的后人。

一、兰坪金鸡寺石窟

　　金鸡寺位于兰坪白族普米族自治县金顶镇箐门乡石登村东面的灰龙山，是兰坪著名的佛教圣地和风景游览区。该寺建于清嘉庆十五年（1810 年），有观音阁、弥勒殿、玉皇阁、三官祠、龙神洞等庙宇，统称为金鸡寺。寺院的阁殿，大部分是依穴而建，精心雕砌。有的是凿穴成阁，雕石为佛；有的钻岩为隧，劈峭成梯。其中观音阁在悬崖上，观音像与供台均用岩石雕就，三清阁、宝藏库、地母祠都是石构建筑。

　　要观看金鸡寺的石窟，就要从金鸡山下的山村出发，依山路而上，首先到达的是龙王庙水井。水井是用四方石砌成的，井台高约 3 米，井内雕有逼真的石龙头、石鱼、石龟，清澈的井水从龙嘴流出。过龙王庙水井往南不远，穿过一个大溶洞就可以看到一个四方石殿，在它的前面雕刻有两尊巨佛。这个石殿就是弥勒殿，它选建在溶洞中，殿堂依山顺石，外面进行了一些人工的雕刻，使原石和方石浑然一体。弥勒殿内供着三尊大佛，正中的是用原石雕成的、高6米、盘坐在莲花台上、坦胸露乳、笑容可掬的弥勒佛；左右分别是泥塑的如来佛和燃灯佛。

出弥勒殿往左有一道石拱门，从这里可以到石望台，上面有镌刻着"万家在抱"和"登斯台忧民之忧乐民之乐，观夫山高者见高低者见低"的石刻，还有一个叫地母洞的小石窟，里面塑有五谷大王的造像。在弥勒殿不远的地方是观音殿，也是顺石建造的石窟寺院，选址险要，建筑结构十分精巧，远远望去，楼阁好像是凭空架立的。大殿内塑有千手观音、金童玉女，还有文殊、普贤等菩萨的石像。紧挨观音殿的是龙神构，那是一个小花园，内有假山游鱼、石桌、石缸、石井等物。出了小花园南行就到了金鸡山巅的三清阁、玉皇阁、宝藏库。最先见到的是三宫殿，里面塑有高约3米，凶神恶煞般的天、地、水三官。

玉皇阁建在一座巨大的山崖上，阁里有长眉黑须的玉帝像。阁后面的岩石顶部，是金鸡山巅的三清阁和宝藏库，三清阁内有道教地位最高的三仙：为首的是玉清"元始天尊"，其次是上清"灵宝天尊"，最后是太清"太上老君"。三清阁下面有一大岩洞，洞口很小，但是洞内的空间很大，人们称它为宝藏库。

兰坪金鸡寺石窟并不像我国四大石窟那样，拥有集中的洞窟造像，它的石窟造像很分散，主要分布在寺院的庙宇中，如观音阁、弥勒殿、地母祠内，而且造像的数量也比较少，但同样是云南在清代时期石窟造像艺术水平的完美体现。

二、西山龙门石窟

说起西山龙门石窟，人们很容易把它和河南洛阳的龙门石窟混为一谈。西山龙门石窟位于昆明，当地人习惯把西山公园中的三清阁和石窟总称龙门，所以这个石窟也就叫龙门石窟了。

龙门石窟开凿于公元1781年，历时72年完工，它是由吴来清、杨汝兰、杨际泰三人，分阶段组织石匠开凿出来的。这条石窟是沿悬崖绝壁，由人工一锤一凿完成的，主要包括石刻、平台、龙门石坊、石室、楹联、神像、天棚、

景色秀美的西山公园

室壁、神案、香炉、烛台、供品等。石窟的结构布局合理，刻工精细优美。整个石窟全长近百米，从别有洞天开始，包括揽海处、慈云洞、云结洞、达天阁等景点。

石窟中的魁星、文昌、关圣像，都是用石头凿成的，形象十分的逼真。魁星又称文曲星，它是主宰文运之神，其造像高一米多，左手执元宝墨斗，右手高悬神笔，右足踏鳌头，左足后跷。北面雕的是主宰武运之神的文昌帝君。在魁星、文星、关圣的后面，是形态各异、栩栩如生的八仙。很多人都说摸了这里的龟蛇可以去灾祸，摸了财神能多发财，摸了龙珠身康泰，所以很多游人到此之后，就争相摸这石雕，期望为自己带来好运。

龙门石窟不仅石雕艺术精湛，而且也是昆明最有名的风景名胜之一。游客游览龙门，凭栏下视，为百丈悬崖峭壁；举目远望，湖光闪耀，水天一色，五百里滇池尽收眼底，犹如一幅美丽的山水画。

三、剑川石窟

剑川石窟又名石钟山石窟，它位于剑川县城西南的石钟山。山上的红砂石成龟背状裂纹，如狮似象，山上还有石像钟。山上有开凿于唐宋年间的石窟，享有"西南敦煌"的美誉。石窟主要包括石钟寺区8窟、狮子关区3窟、沙登村区5窟，总计16个雕刻精细、形象生动、内容独特、地方民族色彩浓郁的石窟，共有造像139个。石窟中最早的造像是南诏国天启十一年完成的，即公元841年，其后还有大理国时期的不少造像。由此可见，剑川石窟开凿于公元9世纪中叶至12世纪后半叶，是南诏和大理国时期遗存的少数民族石窟。

石窟造像中以细奴逻、阁逻凤、异牟寻三代南诏国主像，最具有少数民族艺术的代表性。它们既是南诏时期的艺术珍品，也是研究南诏时期政治、军事、文化、服饰、风尚的珍贵民族史料。石窟造像中有许多栩栩如生的宗教人物，其中有愁面观音、甘露观音、细腰观音、阿傩、迦叶、文殊、普贤、八大名王、多闻天王、增长天王等。这些石像大都雕刻精细、形象生动、富有个性。

石钟寺区的第二窟为《阁逻凤出行图》，石窟高、宽各约1.5米，一共雕有16个人，它是剑川石窟群中雕刻人数最多的窟。石窟的形状为厅堂式，厅堂中央的龙头椅上，盘坐着头戴高冠的南诏王阁逻凤，右侧是结跏趺坐的弟弟阁陂和尚，在他们的左右，簇拥着十四个披虎皮衣、插牦牛尾的武士，他们都是大鼻子、宽嘴唇、圆圆脸，身上肌肉发达、装束紧牢。王座两旁还有飘动的旌旗，表现出南诏王出行的场面。通过这个石窟的造像，1000年前的南诏宫廷生活，栩栩如生地呈现在人们的眼前。

在狮子关区的第一窟，雕刻的同样是南诏王造像。这个石窟高0.6米，在石窟的平座上雕有5人，其中国王戴着高冠、蓄着胡须，旁边面肤丰满的王后戴着莲花冠，在他们的中间坐着一个小孩，左右两侧各站了个孩子，在座后还雕刻有屏障和帐幔。屏障上石刻题记表明，这是南诏早期首领细奴逻的全家造像，而这种全家福造像在石窟艺术中是很少见的。

剑川石窟的大多造像是佛教人物像，它们反映出南诏和大理时期，这一地区佛教发展的情况。石钟寺区第三到第七窟全是佛像，其造型精细工整，线条细腻，是剑川石窟艺术的代表。第七窟的甘露观音，面部肌肉丰满，容貌端庄秀丽，身躯和手姿都表现出宁静感。它的造像艺术具备唐宋时代典型的佛教雕刻风格。第五窟的观音雕像身体前倾，目光俯视，双眉微蹙，人们都称她为愁面观音。她的背景石崖上还点缀着儿童、樵夫、老人、琴师等世俗人物。在南诏国和大理国时期，传入云南的佛教主要是密宗派，所以石窟中有很多的密宗佛像。石钟寺区第六窟的八大明王、沙登村区第四窟甲天王像等，都以夸张的手法塑造了脸部扁平、宽鼻闭嘴、怒目而视、头戴宝冠的人物形象。此外，还有几处印度僧人的造像，它们大都深目高鼻、头顶结发、身披袈裟、持着拐杖，有的还携带着一只狗。这些威严、活跃的五官表情，明显带有藏传佛教艺术的痕迹。

在石钟寺石窟群的第八窟，供有一个女性生殖器作崇拜物，白族叫它为"阿盎白"造像，这在石窟艺术中实属罕见。这个石窟分为上下两层，上层正中有一窟，中间雕着一个莲花座，座上原有的雕刻被毁损。基部上雕一锥状物，全部在中央凿一深槽。深槽两侧有一道道凿痕，看起来好似女性的生殖器，在近代已成为妇女为求子嗣的膜拜物。

剑川石窟是南诏、大理国时期的雕刻艺术，汇集云南少数民族雕刻艺术的精华，并受中原、藏族、南亚以及西亚等文化的影响，其风格与内地的石窟艺术有异曲同工之妙。在南诏国和大理国时期，白族是这一地区的主体民族，所以可视它为白族的雕刻艺术，它和内地石窟艺术有联系，但是也具有浓厚的民族特色。它的雕刻大多采用立体圆雕和浮雕相结合的手法，背景部分基本都运用线刻，这些都表现了云南白族人高超的艺术水平。剑川石窟是云南省规模最大的石窟群，至今保存完好。1961 年，该石窟被国务院列为全国首批重点文物保护单位。

第 三 章

云 南 寺 庙

由于民族众多，宗教信仰不同，云南成为一个拥有许多寺庙的地区。这些寺庙记录了云南厚重的宗教发展史，具有丰富的人文景观和浓厚的宗教文化氛围，已成为云南不可缺少的重要文化景观。

一、鹤庆文庙

鹤庆文庙位于鹤庆县城西南的鹤庆一中校园内，始建于元代至元八年（1271年），明洪武二十九年（1396年）迁于现址。鹤庆文庙在正德十年（1515年）因地震而倾塌，后改建成元化寺。崇祯四年（1631年）冬，寺院毁于火灾，次年由丽江土司木增资助进行了重建，并奠定了今日的规模。当时，徐霞客游览之后，还留下"文庙宏整，甲于滇中"的赞语。

文庙以先师殿为中心，在自南而北的轴线上，依次排列大成门、棂星门、泮池、照壁、先师殿、崇圣祠。两侧为东、西厢房，左为名宦祠，右为乡贤祠、礼义门等。主体建筑先师殿为二层重檐歇山顶建筑，具有明代殿式建筑的风格。它坐南向北，前有高1米、长18米、宽10米的天子台，台沿的三面都围有石栏，正中为雕龙石陛。先师殿面阔23米、进深21米，它的四棵主柱的直径接近1米，四角檐柱上分别镂雕着玲珑剔透的四条云龙。

文庙的整个建筑群体布局严谨、合理，气势雄伟庄严，建筑的飞檐斗拱、彩画、木雕都十分精细。经过明清两代的多次修葺，它与附近的明伦堂和尊经阁等建筑构成古建筑群落，现已成为人们游览和文化教育的景点。

二、墨江文庙

墨江文庙位于墨江县城东北角的正街口，始建于清道光元年（公元 1821年）。建筑面积 1600 平方米，占地 7600 平方米，整个建筑共分六层，依山而建，层层相连，有 200 多级石阶直通其上，气势雄伟壮观。

文庙系纵向庭院建筑群，它由大门、泮池、新楼、五经楼、崇文阁、魁星阁、棂星门、星宿门、乡贤祠、名宦祠、东西厢房、天子台、大成殿、后殿、管事房、客房、劝学馆等建筑群组成，主要的建筑全部采用扣榫式结构，结实牢固，气势雄伟壮观。

文庙的主体建筑是大成殿，它是重檐歇山顶、抬梁式木结构建筑，大殿前有用石栏围成的天子台，台子正中雕有栩栩如生的九条蟠龙。大殿面阔 20 米，进深约 15 米，殿正中放有孔子的牌位。大成殿下的魁星阁和凌霄阁，四角的飞檐高高翘起，给人有凌空欲飞之感。站在魁星阁中，居高临下，凭窗远眺，墨江城和城南绿野尽收眼底。从县城往上眺望，只见层层建筑逐级而上，气势甚为壮观。

文庙建筑采用了我国古代的垂檐和歇山式，整个建筑布局精巧，现为云南省重点文物保护单位。这里不但建筑多，花木也多，空气清新，很像一个风景优美的园林。

三、建水文庙

建水文庙位于建水县城西北角，始建于 1285 年，至今已有 700 多年的历史。自建成后历经 40 多次扩建和增修，现有建筑占地面积达 100 多亩，其规模和建筑水平仅次于山东曲阜孔庙和北京孔庙。建水文庙完全按照曲阜孔庙的风格和规制建造，主要建筑都分布在南北中轴线上，两侧对称布置多个单体建筑。原有的主要建筑有 37 处，射圃、尊经阁、敬一亭和斋亭已经被毁，其余建筑保存完好。

建水文庙南北纵深 600 多米，共分为七进空间。第一进从万仞宫墙照壁至"太和元气"坊，太和元气坊是文庙的大门，是一个四柱三楼三门道木牌坊。在它的木栅栏门的门头板上，刻着雍正年间重修此坊时的一些官员的名字，它的石砌须弥座的夹杆石上，雕刻着很多栩栩如生的龙、狮、象。在太和元气坊后有一个叫"学海"的泮池，池北有一小岛，岛与堤之间由一座三孔石桥相连。岛上建有"思乐亭"，又叫钓鳌亭，意在勉励生员奋发取得功名。

从此向南就进入了第二进的太和元气坊，进入之后，迎面是三米多高的孔子铜像，像后是一个小泮池。然后是下马碑，从这里开始就进入第三进的礼门、义路坊、洙泗渊源坊，一直到前月台广场。第四进从洙泗渊源坊到棂星门，在横向上对称分布着贤关近仰、圣域由兹、德配天地、道冠古今四座牌坊。棂星门东西两侧是碑林，其间立有数十通石碑，它们大多是明清重修文庙情况的记载。从棂星门至大成门为第五进，棂星门的四根中金柱穿屋而出，柱顶上罩有明代盘龙青花瓷罩，这种建筑形式在文庙中是很罕见的。

在第五进的庭院正中，是为了纪念孔子而建的杏坛，其屋瓦为黄色琉璃瓦，内用斗八藻井，并且彩绘着规格很高的金龙和玺，坛内立有明代的"孔圣弦诵图"石碑。在杏坛左前方是奎星阁；左后方为名宦祠、金声门；右后方是乡贤祠、玉振门。其中奎星阁、文昌阁内供奉着奎星星君和文昌帝君，乡贤祠和名宦祠内供奉着建水古代的名绅、贤士。

第六进由大成门、先师殿、东西两庑、东西碑亭、东西两耳围合的庭院组成，它是整个文庙的核心，这一组建筑气势恢宏、格调高雅。在大院内，有植于元代的古松、古柏，植于明代的山茶和植于清代的桂树。先师殿前有一对伏坐石雕白象，上驮 1 米多高的青铜花瓶。

先师殿位于文庙建筑中轴线的最高处，它是文庙的中心，也是祭祀孔子的正殿。全殿采用 28 根坚固的柱子作承重构架柱，其中前檐左右两棵角柱，其上半部采用浮雕与透雕的技术雕有精巧的龙腾祥云。殿前的拜台，三面有石栏板望柱围护，拜台中放有清乾隆年间的高 1 丈的铜鼎香炉，其上部为宫殿亭楼牌坊的造型，并且有四根游龙盘绕的铜柱，它的四足为象头，象鼻支撑在底下的莲花座上。

大殿正面有 5 个开间，22 扇雕花隔扇门，正中的 6 扇各雕有一条云龙，正好排列在殿内孔子圣像前，巧妙地组成了"六龙捧圣"。两边的其他窗扇则雕刻着"三羊开泰"、"旭日东升"、"双狮分水"、"喜鹊闹梅"、"竹报平安"、"禄禄有福"、"一路连科"等民间传统吉祥图案。大殿中共悬挂着八块清代帝王称赞孔子的"御题"贴金匾额，它们分别是：康熙所题的"万世师表"、雍正所写的"生民未有"、乾隆所书的"与天地参"、嘉庆的"圣集大成"、道光的"圣协时中"、咸丰的"德齐帱载"、同治的"圣神天纵"以及光绪题写的"斯文在兹"。

在大成殿庭院东西两侧，有体现庙学合一的东西明伦堂。大殿两侧还各有一座东西碑亭，其中东碑亭中立着清雍正皇帝的《平定青海告成太学碑记》、西碑亭中立有乾隆的《平定回部告成太学碑记》。两块石碑是巨石雕刻的，碑身上雕刻有满汉两种文字书写的碑文。在大殿后墙脚处，还有 10 多块石碑，其中最为宝贵的是元代元武宗皇帝追封孔子为"大圣至圣文宣王"的圣旨碑。

大成殿后的文庙建筑是第七进院落，这里的主要建筑是崇圣祠。崇圣祠是祭祀孔子的前五代祖宗的场所，其建筑模式为单檐歇山顶抬梁式建筑，通宽 24 米、进深 16 米、高 9 米。它的前檐梁架和斗拱上，施有图案精美、色彩古朴的彩画，殿前有石栏板望柱（石栏板上刻有西湖名景图。崇圣殿东侧有二贤祠和仓圣祠，二贤祠是为纪念明初被贬谪到此地，曾在文庙讲学十多年的两位文士所建的祠堂；仓圣祠是祭祀文字的发明人仓颉的场所。在两祠之后，还有象征"孔林"的古柏树林。

四、祥云水目山

水目山位于祥云县城东南，是云南最早的佛教圣地之一，因山上的泉涌清莹如眸而得名"水目"。据现存碑铭记载，在南诏龙兴四年（813 年），南诏王劝龙晟下旨让普济庆光禅师到此开山建寺。到了明末清初，寺院香火鼎盛至极，当时有僧人 3000 多人，水目山也一度成为滇西的佛教中心。当时，附近的达官贵人、文人雅士，登临造访者不计其数。

水目山塔

　　水目山上，依山修建有八寺九庵，殿宇规模十分庞大。历代都有高僧在水目山进行修行，除了这里的开山祖师普济庆光禅师之外，还有宋代的净妙澄禅师、清朝的担当和尚等。水目山有僧塔 60 多座，掩映在苍松翠柏中，水目山现存有《水目寺碑铭》、《重修水目寺功德碑记》等古代碑刻。

　　从水目山沿石阶拾级而上，就可以看到写有"水目胜境"四个大字的山门。进了山门之后，四处都是蓊郁蔽日的古木，继续前行可达常住寺，它是水目山保存较为完整的一座佛教禅院。在前院的正中有一个高 18 米的水目山塔，它建于公元 1214 年。在 1573 年重修的时候被改建为"寺包塔"的形式，实现了塔寺合一，后来寺庙被毁，朝圣香客仍以塔为寺，绕塔膜拜。在寺院附近有一棵常盛不衰的唐代茶花树，树高 12 米、胸径 45 厘米。到了开花时节，这棵千年老树依然能开出鲜艳夺目的万朵茶花。除此之外，这里还有苍郁枝虬的唐代刺柏、高耸云天的宋代古柏。

　　常住寺的后面是普贤寺，大殿里塑有密宗六观音之一的千手观音。普贤寺往上约 500 米，就是宝华寺宽敞的场院，其大殿内塑有五方大佛和五百罗汉，重建的戒堂雕梁画栋，金碧辉煌，气势雄伟。水目山中最值得一看的是北岗墓塔林。这片塔林一共有墓塔 61 座，是附近寺院的历代僧尼圆寂后安放骨灰的墓地。这个塔林始建于宋嘉定四年（1211 年），塔高 2—6 米，规模大小不同，造型风格各异。所有墓塔从上到下都是用沙石砌成，沿山岗成梯级错落有致的排列，掩映在莽莽苍苍的松林中。塔顶为宝珠形，塔身为纺锤型，整座墓塔呈宝塔形，其基座为六方形或四方形须弥座，上面雕刻有卷云纹、莲花纹、人物走兽等图案。基座地下都设有墓室。墓室的四壁有台架龛洞，专门用来置放骨灰罐，其中一个墓室中置放了 270 多个骨灰罐。

五、迪庆噶丹松赞林寺

噶丹松赞林寺位于中甸县城外的佛屏山，又名归化寺。由于整个建筑是仿西藏布达拉宫设计的，所以人称"小布达拉宫"。它是云南省规模最大的藏传佛教寺院，也是藏传佛教中有名的大寺院之一，现在寺庙有僧侣 700 余人。

公元 1578 年，丽江木氏土司邀请藏传佛教格鲁派三世达赖索南嘉错，到云南的藏区传法，藏传佛教在迪庆藏区开始发展。1674 年，中甸噶举寺院嘉夏寺率领噶举派与格鲁派发生战争，最终噶举派战败，格鲁派解散了大多噶举派寺院的僧人，关闭了这些寺院，把没收来的财产用来修建松赞林寺。1679 年，寺院开始动工兴建，五世达赖喇嘛在为该寺选址时，占卜得神示："林木深幽现清泉，天降金鹜戏其间。"于是他亲赐名为"噶丹松赞林"，意思是三神游息之地。1681 年，寺院基本建成。到了清雍正二年（1724 年），朝廷赐定名为"归化"。后来，松赞林寺得到清朝历代皇帝的赏赐和云南巡抚等人的重视，在云南藏传佛教中取得了极高的地位，拥有众多信教群众。

松赞林寺与其他藏传佛教建筑样式相同，扎仓和吉康两座大殿矗立在寺院的中央，八大康参、僧舍等建筑高矮错落，层层围绕在它们的四周，衬托出这两个主体建筑的雄伟。扎仓为藏语，意思为僧院，是寺院中僧人学习经典、修研教义的地方。它坐北朝南而建，是一个木式结构的藏式碉房式楼，殿宇屋角饰兽吻飞檐，屋顶上饰镀金铜瓦，具有汉族寺庙建筑的部分特点。扎仓下层大殿有 108 根柱楹，代表佛家吉祥数，正中大殿可以容纳 1500 人打坐念经。这里还排列着著名的高僧遗体灵塔。它的左右墙壁为藏经"万卷橱"，大殿前座上供奉有五世达赖铜像。后殿供有高 3 丈多的宗喀巴、弥勒佛、七世达赖铜佛，这里有楼梯直通上层。中层是八间拉康，分别为护法殿、堪布室、诸神殿、静室、膳室等。它的内壁回廊雕饰十分精美，有众多精美的壁画，中央三面开窗采光，隔窗都是六层镂空杜鹃木雕成的汉式窗户。前楼的客厅是供贵宾宴会和观赏"羌姆舞"的地方。顶层正中设有一个精舍佛堂，里面供奉着五世、六世、七世达赖的佛像，以及贝叶经卷、唐卡、传世法器等，在佛堂正南还有一座高耸的钟鼓楼。

在主体建筑四周就是八大康参和僧舍。松赞林寺的僧侣组织分为扎仓、康参、密参三个级别。扎仓是最高层次的僧侣组织，扎仓的下属组织就是"康参"，它的汉语意思是僧团，康参都是一个个独立的小院子，它们与松赞林寺的关系，就如同大学中的很多学院一样。康参一般按照僧侣籍贯来划分，把所有的僧侣划分为很多团体，形成一个个区域性的组织。康参大多由老僧人主持，在他之下设有念哇、格干等人员，他们主要管理教区的行政、宗教和经济事务。松赞林寺的八大康参分别是：扎雅康参、独克康参、东旺康参、绒巴康参、结底康参、洋朵康参、卓康参、乡城康参。卓康参是纳西族僧侣组织；乡城康参是中甸与四川部分地区的僧侣组织，其他的康参则是中甸地区区域组织。在扎仓和康参之下的基层僧侣组织是"密参"，意为一户僧舍，它们是特定区域的僧人形成一个共同生活和居住单位，人数大约在十几人左右。

松赞林寺内收藏的历代珍品很多，其中最为珍贵的有：8 尊五世达赖、七世达赖时期的包金释迦牟尼佛像、贝叶经、五彩金汁精绘唐卡、黄金灯、万年灯。寺院内还收藏着 10 部《甘珠儿》，其中 2 部为金汁手书经文；200 多部《丹珠儿》和各种精美的鎏金或银质香炉。

六、剑川宝相寺

宝相寺位于大理剑川县城西石宝山的后崖壁间，始建于元代，最初名为祝延寺。后来寺院被大火焚毁，在明嘉靖年间进行了重建，建成后初为道观，后来由于佛教兴盛，逐渐又变为佛寺。在清康熙二十九年（1690 年），寺院进行了扩建。因为寺院四周怪石林立，有的成仙佛鸟兽相，所以改名为宝相寺。寺分上下二层，筑于一处大石崖上，下层有大殿，上层有玉皇帝、弥勒大佛等，殿堂建筑与悬崖峭壁合为一体，建筑十分奇险，被誉为"云南的悬空寺"。

从石宝山大佛地箐谷而入，穿过一个石坊，沿之字型石磴拾级而上，就可以看到山半腰以上高约400米、宽约300米的巨崖，寺院的主要建筑弥勒殿、玉皇阁、六角亭、观音殿、瑶池宫等都修建在它上面。进硬山式山门，就可以来到悬山式天王殿，接下来就是古朴的庑殿式大殿——大雄宝殿。这些建筑均层层升高，厢房楼阁两旁都有古树绿苔，在深幽中显得十分壮丽。从寺院的东厢房小门出去，沿盘山小路

寺庙一角

向崖唇楼阁而上，这时候再看宝相寺的殿宇，它们就变得非常的小了。通过栈道，爬上宝相寺后的第一层崖唇，这里有不少彩塑的神像，玉皇宫、六角亭、弥勒殿、登天梯等都傍石就岩，镶嵌在崖唇之中，显得突兀而奇秀。

在这些悬空楼阁与瑶池宫之间，有个名为"九十九台"的景观。从瑶池宫前起，一个台阶一个台阶，层层迭迭地盘绕在悬崖峭壁之间。攀登时，人们只能附葛牵藤，拾级而上，攀登这九十九台需要很大的勇气和胆量。登上九十九台后就到达了金顶，这里有石塔、"石宝灵泉"和金顶寺，在这里登高览胜，看云烟缭绕的石宝山风景，真是趣味无穷。

七、通海秀山古寺

云南通海县城南的秀山，与昆明金马山、碧鸡山、大理点苍山并称为云南

四大名山。秀山上分布着众多古代寺观，史载在唐代的时候，山上就建有庙宇，到了元、明、清时，又不断修建寺院，遂后这里成为云南佛教的圣地。

在秀山脚下的毓秀坊，建于清同治十二年（1873年），它为四柱三门式牌楼，中门正上方嵌着书有"秀甲南滇"四个鎏金大字的匾额。秀山最古老的寺庙是土主庙，也称町王庙。在战国时，楚威王遣庄蹻攻巴黔，他来到滇池地区后，闻听秦兵大败楚国，自己的后路被切断了。于是，庄蹻在云南建立滇国，他的后裔毋波在秀山开辟山林，毋波死后被汉昭帝封为町王，并且被尊为秀山之神，立秀山神庙进行祭祀。大理国开国之王段思平，因卜于秀山神祠而消灭了大义宁国杨干贞政权，后来他到秀山神祠还愿时，命人改建了町王庙，并改称"土主庙"，寺内原铸有丈八高的全身句町王毋波像。庙之东为三元宫，建于明宣德三年（1428年），宫内塑有天、地、水三官像，据说宫内曾有一株茶花树，其花瓣落地时仰面向上，三元宫现已改建为佛教寺庙。

秀山的山腰建有普光寺，它静立于花树丛中，寺院前建造有青石雕栏。据称此寺始建于五代，它是云南著名古建筑之一，大理国道隆己酉十一年（1249年）进行了扩建。寺内有元明时期的石碑几通，其中《普光山智照兰若记》碑中写道，在寺院没有修建完之时，因为梦见五色瑞光出现在山上，所以寺名为"普光寺"。现在的寺院一进三通，设有三教殿、罗汉殿等，正殿是元代僧人铁牛重修的，因此保持了元代的建筑风格。寺内还供奉神僧李畔富，传说他见通海湖水危害百姓，就开凿了落水洞，使附近的百姓得良田万亩，所以人们在这里建堂祀之。寺内尚有砖石堆砌的"畔富塔"，寺外的石岩山下，还有畔富的坐化墓。寺内有一洗钵池，十分神奇，系岩石天然形成，因神僧畔富在此洗过化缘钵盂而得名。

玉皇阁建于万历年间，它建在明初的启祥宫旧址上，所以最初名为"颢穹宫"，后来改为"玉皇阁"。前有一座石坊，称为"天门"，其上写有"玄真天上"，左右各书"琼台"、"宝苑"等字。坊后就是山门，进去后是一个月牙形的瑶池，其后是玉皇阁主体建筑——红云殿，殿内供玉皇大帝和四位重臣的像。院内有两株古茶花树，曾被徐霞客誉为"冠于南土"，他把它们命名为"宝珠"、"宫粉"。红云殿两侧各有一个小门，东可到文昌宫，西至浦翁亭、还鹤楼和退思轩。

山腰的平台名曰"清凉台"，上面的建筑十分考究，游人多喜欢会聚于此。清凉台原名清凉寺，始建于晚唐，历代都曾进行重修，其主要建筑为元僧铁牛所建，现在四院三通的建筑格局，是历代增修而成的，包括海云楼、药王殿、武侯祠等。在寺门上有悬联："层台云敛双湖碧；古殿民生六月寒"。进门后左边是"小西天"庭院，里面花台盆景布置有序。往北的一间殿堂是药王殿，堂外有木栏长廊。从此往东，就到了"武侯祠"，祠内有一株老杏树，祠前悬有"风流天下闻"匾额，两侧的对联为："千秋出师表；五月渡泸人"。清凉台上匾联众多，所以秀山有"匾山联海"之誉。其中著名的楹联有清康熙进士赵城所题对联，因为他巧妙使用典故，对仗工整，所以赢得秀山对联之冠的美誉。他所写的对联是："万古此崔嵬，杜当阳沉碑汉水，殊嫌多事；百年直瞬息，林处士放鹤孤山，颇觉可人"。此外清光绪进士、时任云南按察使的陈灿所题的对联也很有味道："高台一片清凉，我辈素苦热中，也借这萝月松风，解诸烦恼；前途许多障碍，此地别开生面，忽觉得天空水阔，放大光明"。

规模最大的建筑涌金寺位于秀山螺峰顶，相传它始建于西汉，当时称青山寺。在晚唐及元时继续扩建，更名涌金寺，取佛经中"地涌金莲"之意。寺院规模宏伟，在山门前有一个石砌的平台，在这里可以远眺杞麓湖风光。进入寺院后，其正中为"秀山古柏阁"，其名为书法家许弘勋所书，还悬有书法家阚桢兆写的"千峰翠"匾额。阁有圆门，面北而开，高瞻远望，使人胸怀为之一爽。两侧有许弘勋题写的楹联："湖空山气静，阁回树光寒"。秀山古柏阁的建筑十分稳固，在楼底遍布很多石柱，建筑又是由粗壮的斗拱所支撑，所以历经多次地震依然保存完好。涌金寺内最为人称许的是宋朝古柏和元朝香杉，古柏虬枝苍劲，树干十分粗壮，需四五人才能合抱。据说院内的六棵香杉，是元代僧人铁牛手植，距今已 600 多年了。

八、大理感通寺

感通寺建造于点苍山圣应峰南麓，又名荡山寺，相传是南诏初年高僧李成眉所建。当年李成眉云游到此，见这里的风水很好，于是把手中的木禅杖插在地上说，这里要适合建寺，禅杖则成活为树。果真禅杖就地生根，后来他就筑台保护这棵树，并着手修建寺宇。该寺在元朝的时候进行了扩建，在明朝时达到鼎盛时期，当时该寺的无极大师，率弟子于明洪武十六年（1383 年）入京朝见，为皇上献上一株山茶、一匹龙马和诗赋几篇。在他上殿面君的那天，突然马嘶叫不断，茶花开放，群臣认为这是祥瑞的征兆，明太祖朱元璋大喜，给他赐馔、赐衣、赐号，并敕游诸名刹，并敕令他在圣应峰建造大云殿，创立三十六院，并主持大理的佛教。

无极在回云南的时候，明太祖朱元璋作诗饯行，并且命翰林学士、京都名僧为他送行。无极回大理，开始拓修寺院。第二年，皇帝又命云南布政使前来慰劳，并转达皇帝的关注之意。由此，感通寺声名显赫，寺前还立下了十八块御制诗碑，御制龙章。明代中期，才华

感通寺一角

横溢的文人杨慎和李元阳常来感通寺的班山楼，在这里著书赋诗。后来，李元阳改班山楼为写韵楼，亲题写韵楼三个大字。杨慎在住寺期间，听到寺僧颂读《六书》中音韵出现了很多错误，就校注《六书》音韵，供寺僧学习。后来，人们为了纪念杨慎，就在写韵楼里悬挂他的画像，并镌刻了《杨慎杖履图》及其名作《垂柳篇》。

在明末清初，诗僧担当重修写韵楼，并从鸡足山来此寺院定居。当时担当已75岁，但是他的反清复明之志始终没有改变。他十分崇敬杨慎的品格，连续作了《写韵楼歌》、《吊杨升庵太史》等诗篇。担当原名唐泰，是杨慎门下七学士之一唐琦的孙子。他早年曾参与反清活动，后来出家为僧。担当文才高雅，以诗、书、画三绝著称于滇西，于康熙十二年（公元1673年）在感通寺圆寂。其墓建于寺后的佛顶峰下，高4米，直径约3米，为窣堵波式的一石塔。现在，寺院内还存有担当手书"一笑皆春"四字和赞誉感通寺的多首诗联。

盛通寺山门坐南朝北，左山门上刻有"法轮常转"四字，右山门上刻有"佛日增辉"四字。山门左右，各有两尊丈二高的金身护法神，其面目狰狞，

气势威严。进山门后走数十步，右转上石阶，就进入了感通寺正院。正院有十丈见方，院内有 4 个花台，在院西的高台上就是大雄宝殿，即原先的大云堂。大殿前的左廊里，有一个重达 500 公斤的铜钟；右廊有一个直径 5 尺的大鼓。大殿前的朱红台柱上，有一对联："古刹何奇，状元写韵，才子参禅，总督题壁，霞客记游，名士名僧名官名流登临览胜；班山独秀，龙女献花，无极观帝，波罗正果，悲鸿好马，有文有赋有诗有画荟萃云堂"。

大殿内正中，供有 1.8 丈高的金身释迦牟尼佛祖。佛祖的左侧，是丈六高的金身观世音菩萨，观世音两侧是八尺高的金身木吒和善财童子，她的左侧是丈六高的金身迦兰菩萨。佛祖右侧，是丈六高的金身地藏王菩萨和达摩祖师。大雄宝殿的前右侧原为班山楼，后改为"写韵楼"，现为签文房。前左侧楼是一处花园和僧舍，花园里有花木翠竹众多。紧挨僧社会的是客房，客房前台柱上有担当和尚作的对联："百尺高楼千古胜，万里江山一担当"。客房后是厨房，从这里出去后，有小路通山后。山上有担当墓，墓铭录是担当辞世时所说的佛偈："天也破，土也破，认作担当便错过，舌头已断谁敢坐。"距感通寺后半里处，在一个曲径通幽的地方，有一个小寺名为寂照庵。

九、大理三塔寺

大理三塔寺是三塔和崇圣寺的总称，位于大理城北约 1 公里处，其前有洱海，后有苍山。它是唐宋时期南诏和大理国的皇家寺院，规模十分庞大，建筑辉煌，有"佛都"之誉。古人曾写诗称赞："胜地标三塔，浮图秘鬼工。"

三塔中的主塔名叫千寻塔，高约 70 米，是座方形密檐式的砖塔，共有 16 层，其造型与西安小雁塔相似，它们同属唐代典型的塔式建筑。塔的基座为二层方形石台，下层边长 30 多米，四周有雕着石狮的石栏；上层边长 21 米，其东面的石照壁上镶有大理石镌刻的、字体苍劲有力的"永镇山川"四个大字，系明朝黔国公沐英的后裔沐世所书。塔的第一层是整个塔身中最高的一级，它高约 13 米多。第二至十五层结构基本相同，基本都高约两米，砌出叠涩檐，檐的四角上翘。塔身东西两面正中各有佛龛，内放佛像一尊，并且嵌有一片梵文刻经。第三层在南北方向有佛龛，以上各层依次交替，而

大理三塔

塔身也层层收缩。第十六层为塔顶，其高约 8 米。它的顶端是铜铸的葫芦形宝瓶，瓶下为四角展翅，安有风铎的八角形宝盖。它的下面是钢骨铜皮的相轮，最下是外加莲花座托的覆钵。塔顶四角，原有四只金鹏鸟，现残存有金鹏鸟足。

在千寻塔东西两侧，等距约 70 米处，有南北两座小塔，均高 43 米，是一对八角形的密檐砖塔，一共有十级，建于宋代大理国时期。塔身有佛像、莲花、花瓶等浮雕，塔的一至八层为空心直壁，内撑有十字架。古时修建三塔时，是采用垫一层土修一层塔的办法，整个塔修好之后，再把所有的土逐层挖去，这样塔就可以显现出来。三塔经过 1000 多年的沧桑，经历多次强烈大地震，仍完好地巍然屹立。公元 1515 年，大理大地震时，大塔被震出裂纹，但是不长时间就复合如初。1925 年，大理再次发生强烈地震，大理城内房屋几乎全部倒坍，而三塔却安然无恙。

在三塔的旁边是规模宏大的崇圣寺。据《自古通记》等史籍记载，其建于南诏第十主丰佑时期（834—840 年），寺基方七里，足见规模之大。到了元武宗时，他曾降圣旨封释觉性为这里的住持，保护寺院的田产。在元代的时候，朝廷还进行了多次维修。到了明代，李元阳重修当时寺内三阁、七楼、九殿，

当时寺中的五宝是三塔、巨钟、雨铜观音、证道歌碑和佛都匾。现在寺内有巍峨高耸的胜概楼，重达 16 吨的鸿钟。在寺院的西边有巍峨华丽的雨铜观音殿，殿内有高三丈的雨铜观音，其神态庄重静穆，形体细腰赤足，造型精妙，相传它是南诏和大理的国宝。在这里还开设有大理观音文化展示区，展出稀世古画《张胜温画卷》和《南诏国史图传》等。

十、大理弘圣寺

在大理点苍山龙泉峰麓建造有弘圣寺，又名一塔寺，始建于唐代南诏国时期。宋代时期，大理国王段正淳在此出家为僧。明代洪武年间，到南京研学佛事的日本僧人，因受朝廷政治牵连，被谪戍云南大理，他们就被安置到弘圣寺。

明代洪武三十一年（1399 年），皇太孙朱允炆即帝位。第二年，燕王朱棣发兵南下争夺皇位。南京城被燕兵攻破后，相传建文帝与亲信大臣扮作和尚逃离南京，飘泊到云南大理。在此期间，他与东瀛诗僧天祥相识，二人一见如故，还同游了峨眉山。最终日本诗僧天祥坐化于大理弘圣寺中。后来，弘圣寺被毁灭，只留下弘圣寺前的弘圣寺塔。

弘圣寺塔高 44 米，为十六级四方形砖砌密檐式空心砖塔，塔身下部 3 米用青石砌成，以增加塔基的承重能力。塔的结构与千寻塔相似，外观为优美的纺锤形。全塔分为基座、塔身、塔刹三部分。底层塔身的正西面有青石砌成的塔门，门框上方有大理石浮雕的菩萨，东西南北面为浅佛龛。塔檐用六层砖叠砌，塔身逐级收台，层宽和高度逐级缩小。每层塔身正中开两孔券洞和佛龛。塔刹宝盖为八角形，角挂风铎，最上层还置有仰莲及七层相轮，相轮上有圆形铜皮宝珠和刹盖，塔的顶尖是葫芦火焰珠。

20 世纪 80 年代，在维修和加固弘圣寺塔时，在塔刹铅轴及铜轴底面座上，发掘出 700 多件文物。这些文物包括了 140 多件藏传密教法器——金刚杵，600 多件金、银、铜各式舍利塔模，若干铜镜、铜镯、水晶、数珠、海贝、卷经杵等，以及 17 件鎏金铜造像，30 尊菩萨。在弘圣寺塔内还发现一块 77 字古碑，它又叫作岣嵝碑或禹王碑，是明杨升庵翻刻叙述大禹治水事。塔下还有明嘉靖二十五年（1546年）"监察御史李元阳大观堂修改记"和张思叔的座右铭碑。整个弘圣寺塔与崇圣寺三塔南北对峙，把大理古城护卫于其中，使古城更加富有诗情画意。

十一、昆明筇竹寺

在昆明西郊的玉案山上，有著名的佛教寺院筇竹寺，其全称为"筇竹禅寺"。据说筇竹寺是大理国鄯阐府（昆明）的高光和高智所开辟的。相传他们二人去西山打猎，发现了一头犀牛，于是在后面紧追不舍。追到到玉案山西北面，犀牛没了踪迹，这时候他们却看到山腰的祥云上立着几位相貌奇特的僧人。他们赶忙上山去拜见，到那里时僧人早就没影了，只在地上插了几支筇竹杖。高氏兄弟很好奇，想把竹杖拔下来看看，可是他们用尽力气也拔不动几支竹杖。第二天，他们再来这里，发现竹杖早已长成青翠的竹林。他们认为是神灵显示，于是就在这里建寺，取名筇竹寺。

筇竹寺建成之初，并没有什么影响力，也不为人所重。到了元朝初期，高僧雄辩法师在此讲经，寺院的声誉才逐渐提高。雄辩是昆明人，在元初的时候，他到中原学习佛法长达25年，并且先后拜4位德高望重的法师学习，最终成为昆明有声望的僧人。雄辩死后，他的弟子玄坚住持筇竹寺，他得到元武宗赏赐的《大藏经》，元仁宗还给寺院颁赐圣旨，钦命玄坚为该寺住持，并规定别人不得占有寺院的田土等。后来，寺院就把这个圣旨镌刻为碑，立在大殿左侧。这块碑高约1.5米，宽1米左右，一面为汉文，一面为蒙文。因为汉文使用了当时的白话文，所以此碑也被称为"白话碑"。其后，筇竹寺屡遭破坏，到了明永乐己亥年（1419年），寺院被大火烧毁。永乐壬寅年（1422年）进行了重修，历时7年完工。虽然以后曾多次维修，但是到了清咸丰时期，寺院早已残破不堪。光绪十一年（公元1885年）再次进行重修，6年后修复工程结束。现存的寺院建筑都是清末所建，其中著名的彩塑五百罗汉像就是这一时期完成的。

筇竹寺最具魅力的就是五百罗汉塑像了，他们分别列在大雄宝殿、天坛来阁、梵音阁、罗汉堂中。这些塑像是清代四川民间泥塑大师黎广修，带着自己的四个徒弟师历经七年塑成的。这些罗汉神情各异，千姿百态，妙趣横生，体态风度富于变化，表情姿势各有不同。他们的喜、怒、哀、乐等表情，无一雷同，雕塑时工匠采用了镂空和圆雕等多种手法，使他们呈现出立体感。而且塑像符合人体比例，其肌肉骨骼、服饰衣纹与常人相近。筇竹寺中除五百罗汉之外，很有很多珍贵的文物。在寺门内就有二株元代所植的孔雀杉，大雄宝殿前还有历代名人来此留下的匾联。

十二、昆明西山寺院

昆明西山坐落在滇池边上，海拔在 2000 米以上，连绵 40 多公里，风光秀丽，自古就有"滇中第一佳景"的美誉。这里还是昆明的一个宗教圣地，因为西山上建有华亭寺、太华寺、三清阁、龙门等寺院建筑。

华亭寺坐落在西山之腹，是游览西山的第一站。华亭寺是昆明现存的最大一座寺庙，迄今已有近千年的历史，它主要由钟楼、天王宝殿、大雄宝殿和一些花园组成。山门是一座飞檐翘角的三层中式殿阁，其两侧悬有一副对联："绕寺千章，松苍竹翠；出门一笑，海阔天空。"寺院的大雄宝殿两侧，塑有五百罗汉像，这些造像都很有特点。寺内的庭院种植四季花木，其中包括名贵的茶花和罗汉松等珍奇植物。

由华亭寺行三四里地，就可以到达太华寺，它又叫佛岩寺，是西山的重要古寺。太华寺建于元代，其创建者是"云南禅宗第一师"的玄鉴大师，它是西山现存最古老的寺庙。太华寺由天王宝殿、大雄宝殿、缥缈楼、一碧万顷阁、思召堂、寰镜轩、客堂，以及一些长廊、亭、榭等组成。太华寺的天井中，名花荟萃，其中以山茶、玉兰最多，其中还有珍贵的绿萼梅。寺院中还分别设有茶花园、玉兰园、桂花园及天池假山园等。

在西山，景色绝佳的就是龙门胜境。去龙门先要经过三清阁，其建筑都在悬崖和峭壁间，如同空中楼阁。华亭、太华二寺，为佛教寺院，而三清阁则是道教的宫观，它主要敬奉三清尊神，分别是玉清元始天尊上清灵宝天尊、太清道德天尊。三清阁是一组依山而建的九层十一阁建筑群，它最早的时候是元代梁王为自己修筑的避暑行宫，到了明代以后扩建为海涯寺，后来被改建成道观。三清阁是典型的道观建筑，它以三清阁为中心，前后左右围绕着灵官殿、纯阳楼、抱一宫、雷神殿、玄帝殿、玉皇阁、三佛殿、寿福殿、关帝殿、张仙祠、真武殿等殿宇，其内部供奉的都是道教的神灵。此外，这里还有"三清胜境"、"苍涯万丈"等石坊，在"三清胜境"门前有七十二级台阶，象征着道教中的七十二地煞星。

出三清阁，穿过刻有"别有洞天"四字的石道，拾级而上就可到达"云海"和"石林"的石室平台，继续往南就是"空中走廊"石隧道，由此可进入"慈云洞"，这里雕有观音的座像，再穿行傍崖而凿的隧道，就直达龙门石坊。龙门的首创者是清代贫寒道士吴来清，他病死之后，由杨汝兰和杨际寿主持建造这一工程，他们带领西山附近的很多石匠，冒生命危险，终于在这千丈危壁上开凿出龙门胜境。走进龙门石坊后，发现里面开凿有石室，并且雕有魁星、文昌帝、关武帝的造像。龙门高出滇池 300 多米，而且处于近乎垂直的峭壁之上，由此下视顿感险奇。

十三、昆明圆通寺

圆通寺位于昆明市区内的圆通街，始建于唐朝南诏时代，是昆明最古老、也是市内最大的佛教寺院之一，迄今已有上千年的历史。当时南诏的统治者蒙氏这里修建了补陀罗寺，补陀罗又译作"普陀"。在佛教传说中，它是南海的一座佛教圣山，也是观音菩萨的道场。补陀罗寺建成之初规模不大，因地面潮湿，没有多长时间就基本毁灭了。元朝大德五年（1301 年）开始修建圆通寺，寺院以"圆通"为名，意在继承观音道场，因为在观音的三十二个法号中，圆通就是其中之一。修建时，元朝皇帝还"赐玺书嘉"，直到元延祐六年（1319年）寺院才完工。明朝时，圆通寺得到进一步扩建，山顶上新建接引殿。清朝时，寺院进行多次重修和增建，增建了寺前的八角亭和四周水榭回廊，开辟了圆通胜境、胜境坊、前门以及采芝径等。

圆通寺的山门上悬挂着我国当代著名书法家、北京师范大学教授启功题写的"圆通禅寺"匾额。接下来就是"圆通胜境"牌坊，它是吴三桂在清朝康熙七年（1668 年）命人修建的。牌坊为木石结构，其上部的木雕与下部的石刻

昆明圆通寺一角

融为一体，群龙、狮虎形象栩栩如生。

通过牌坊之后，就是圆通寺的第一重殿——天王殿，大殿内塑有威严屹立、驱邪扶正的四大天王，他们手持剑、琴、伞、蛇，分管人间的风调雨顺，正中的是面带笑容的弥勒佛，在他后面的是佛教中的护法神韦驮，他手持金刚杵保护佛、僧三宝。

穿过天王殿就到了一个庭院，院中有一个放生池，池中建有八角亭，亭的南北两边各有三孔汉白玉桥相连两岸，水池四围还建有回廊。池中的八角亭上雕刻着一副对联："水声琴韵古，山色画图新"。八角亭象征着佛教中八种通向极乐世界的"八正道"，亭内供奉着二十四臂观音。水池后面就是圆通寺的中心建筑大雄宝殿，人们习惯把它称为圆通宝殿，因为一般大雄宝殿内敬奉的是佛祖释迦牟尼，而这里的大殿内则供奉观音菩萨，由此得名。在清朝同治年间，大殿内的观音像被毁，到了光绪年间重修时，佛像被塑成了释迦牟尼佛像。现在的大殿内，供奉着三身佛，即释迦牟尼佛的法身、报身和应身。三个造像最中间的是法身，左边的是应身，右边的是报身，法身的两旁还侍立着佛祖的弟子迦叶和阿伽。三身佛座前的双柱上，有明代雕刻的青黄盘龙两条，它们把龙头伸向佛祖，如同在聆听佛祖讲经一样。

三身佛背面还塑造有"西方三圣",中间的是西方极乐世界的教主阿弥陀佛,左侧是大太子不眴,也就是佛教中的大慈大悲的观音菩萨,右侧是二太子尼摩,即智慧无边的大势至菩萨。大殿的两壁上还有不少造像,它们分为上中下三层:下层是十二圆觉像,他们是十二位经过勤修佛法而圆满觉悟的菩萨,其中两端的是骑青狮的文殊菩萨和乘白象的普贤菩萨;中层是佛教中的二十四诸天;上层是护卫佛国的天神——天龙八部。在大殿的后面就是铜佛殿,它是在1985年为了迎奉泰国佛教协会赠送的释迦牟尼铜像而专门修建的佛殿。殿前悬挂着我国著名书法家赵朴初先生所题的"铜佛殿"匾额。大殿内的铜佛像高3米多,重约5吨,佛祖体态清瘦,表现出他清修的艰辛。在殿内的两壁上,绘有反映佛祖出家、得证佛法、初转法轮、圆寂涅槃全过程的四幅彩图。

在铜佛殿后的山崖下,有湖音和幽谷两个山洞,传说当年洞内有蚊龙作怪,盘龙寺的祖师觉照大师,在这里筑咒蚊台念经,镇杀了蚊龙。在咒蚊台边有一小路,名叫采芝径,在道路旁边的石壁上,刻有道教张三丰画像。寺院的东边是供奉殿,这是一个喇嘛教的佛殿。其配殿内供奉的塑像是依据归化寺大殿内供奉的神像塑造的,中间的是释迦牟尼佛,左侧是格鲁派创始人宗喀巴的造像;右边供奉的是喇嘛教中宁玛派的创始人莲花生大师的造像。

圆通寺建筑外表壮丽,殿宇巍峨,佛像庄严,楼阁独特,林木苍翠,如同一座漂亮的江南园林,因此一直是昆明八景之一。圆通寺还有一个特点,就是寺院内容纳了大乘佛教、小乘佛教和藏传佛教三大教派,而且具有道教信仰的一些遗迹,这种现象是不多见的。

十四、宾川鸡足山寺院

鸡足山坐落在云南大理宾川县境内,是继中国四大佛教名山五台山、峨嵋山、普陀山和九华山之后的第五大佛教名山。传说释迦牟尼的大弟子摩诃迦叶曾经来云南传播佛教,入驻鸡足山,因此鸡足山也就成为后来修炼成饮光佛的迦叶的道场,而这也使鸡足山成为享誉南亚、东南亚的佛教圣地。蜀汉时期,这里就修建有小庵,唐代进行了一些扩建,当时这里是远近闻名的朝拜圣地。唐代以后,历代都进行了扩建,其中以明清两代扩建的建筑最多。尤其是清朝时，扩建达到了顶峰，在光绪时，虚云大师应召进京为慈禧祝寿颂经。慈禧御笔赐给鸡足山"福禄寿禧"四字，并从国库拨出很多银两，在山上兴建寺庙，光绪皇帝赐名为"护国祝圣禅寺"，并且封虚云为"佛慈洪法大师"，赐他方丈紫衣和玉印等。这时候鸡足山声名远播，西藏、印度、东南亚的僧徒纷纷前来敬献香火。经过明清时期的扩建，这里逐渐形成了以祝圣寺为中心的寺庙群，据说在清末，这里有上百座寺院，其中名僧辈出，很多文人先贤也来此听经读书。

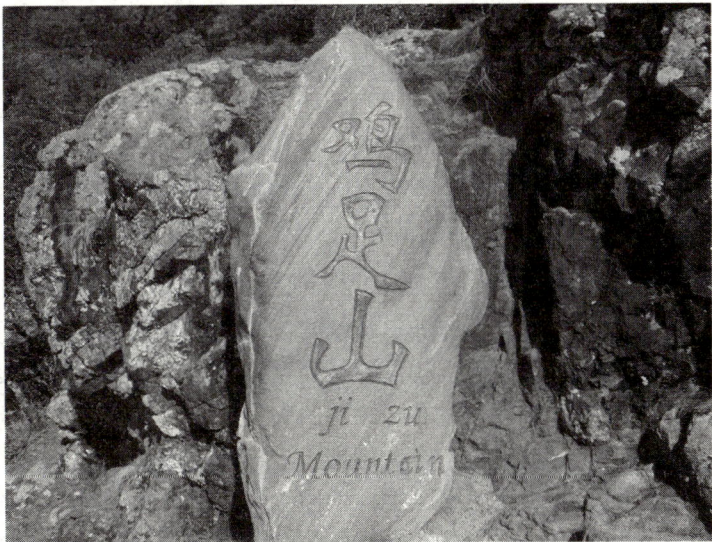

鸡足山

走出天王殿就进入一个庭院，庭院左有鼓楼，楼下塑有达摩祖师；庭院右侧是钟楼，楼下塑有地藏王像；庭院正中是大雄宝殿。它是一座重檐歇山式宫殿型建筑，屋顶长脊中间有宝鼎，两端为斑鳌。檐口上高悬着孙中山题写的"饮光俨然"、梁启超所题的"灵岳云辉"、赵朴初所书的"大雄宝殿"三块金字大匾。大雄宝殿中塑有释迦牟尼像，它的左边是双手合十的阿伽尊者，右边是拱手抱拳的迦叶尊者。在座前供有一尊坐式和卧式的玉佛像，雕凿艺术精堪的玉佛来自缅甸。大殿内的左右壁上塑有骑白象的普贤和骑青狮的文殊，其他两壁上还塑有形状各异的五百罗汉。在释迦牟尼像的背后，还塑有南海观音，她的左侧塑有龙女，右侧塑有善财童子，两边还有十八罗汉。

大殿后面是"藏经楼"，这里保存着寺中珍贵的文物和字画，其中最有价值的是清廷赐给虚云的紫衣、鸾舆、金钵、玉玺，以及一部血书的《法华经》。楼的前后都有走廊，楼下是"雨花台"，是寺院讲经说法的地方，据说当年虚云大师、太虚大师、自性大师等曾在此台讲经说法。东廊是"碑林"，集中了寺院现存的古碑；西廊是"功德林"，铭刻着给寺院捐资的人的姓名。东西两边厢房有四殿、四堂，其中四殿即祖师殿、药王殿、地藏殿、伽蓝殿；四堂是禅堂、斋堂、客堂、云水堂。此外，还有方丈室、静室、僧舍、香客住处。内外庭院有长廊、曲径、洞门、花圃、茶座等。

离开祝圣寺，穿过密林，就来到迦叶殿。迦叶殿也叫迦裟殿，传说饮光佛迦叶尊者在殿内的盘石上，守衣入定 500 年而得名。迦叶殿始建于唐代，后来多次被毁，又多次进行重建。到了明朝万历年间，迦叶殿已有相当的规模，到清朝顺治时，它已经成为山中第一寺，寺内的藏经楼收藏有很多经书，殿前有高 3 丈（约 33 米）的外饰金铂的万佛塔。在康熙三十年（1691 年），大火把寺院全部烧毁，后来又进行了重建，但是规模已经变小了。现在的迦叶殿建筑，大多是 20 世纪 90 年代在原址上新建的。

进入"福在云山"大门后，就可以看到重建的三重殿——迦叶殿。第一重殿是天王殿，殿内塑弥勒佛，左右两侧塑四大天王。天王殿后是二重殿——观音殿，殿内铸有铜质千手观音，两侧的墙上有千手观音的 32 种化身壁画。第三重殿是大雄宝殿，殿内供奉高 1 丈，重约 1.6 吨的香樟木迦叶造像，大殿内的壁画为释迦牟尼在灵鹫山为弟子讲经的"灵山会"。大雄宝殿南侧是祖师殿，大殿内塑有释迦牟尼王子像，殿内有释迦牟尼和十八罗汉的壁画。祖师殿往南数步，有一盘陀石，传说迦叶尊者曾在这上面入定 500 年，石旁建有受戒的"露天禅室"，此外还有方丈室、藏经室、诵经室、客房、斋房等建筑。

背靠迦叶殿不远，还建有慧灯庵，这里是上天柱峰的必经之地。据载，在公元 1605 年，僧人洪平在这里结庵，后来他的徒弟募化扩建成慧灯庵。此后，慧灯庵进行了几次扩建，明末大旅行家徐霞客云游鸡足山时在他的《滇游日记》中提到了慧灯庵。现在的大雄宝殿、方丈室和厢房，都是钢筋水泥结构，大殿是五间重檐歇山式建筑，殿内塑有释迦牟尼、迦叶、阿伽、达摩祖师、护法伽蓝神、关帝像。慧灯庵后有一棵被称为"九心十八瓣"的古茶花，它所开的花为十瓣，外观像狮子头，其树龄已有 240 多年。从慧灯庵可仰望到天柱峰，以及山顶上的金顶寺楞严塔。

从慧灯庵往上，就到了建在悬崖边上的铜瓦殿。大殿是明代高僧园成在土官高世擞支持下铸造的，后来经过数次重修。从大殿向西百米，有一座天然巨形石门，名为华首门，相传迦叶尊者是在这里圆寂的，在门前有两座明代的密檐方塔。从铜瓦殿向上行约不到半里地，便到达鸡足山的主峰——天柱峰的金顶寺。

现在的金顶寺，由睹光台、大门、弥勒殿、楞严塔、大雄宝殿等组成。金顶寺始建于明弘治年间（公元 15 世纪末），后来大理文人李元阳在此建普光殿；之后又有其他人建造了万历光明塔、观风阁、天长阁、善雨亭、罗城、四观楼、景星亭等建筑。公元 1641 年，黔国公沐天波把太和宫铜铸金殿迁置在此，金顶寺因有铜铸的金殿而得名。到了清康熙年间，寺院的殿阁烧毁，只有铜铸金殿与寺塔幸存。20 世纪 20 年代，山上修建了十三层密檐式楞严塔。在文革期间，明代的金殿被毁，古代建筑就只剩下楞严塔和金顶寺大门，其他建筑是近年重建的。

金顶寺大门由白族艺人所建，门顶横列正脊，两端有垂脊，四角飞檐翘起。进入大门，弥勒殿前供奉弥勒佛像，殿后塑有韦陀菩萨像。然后就是楞严塔，在塔后是大雄宝殿，里面供有释迦牟尼佛像，佛祖两侧分别塑着阿伽、迦叶、达摩祖师、六臂护法王像。在金顶寺大门前还有一个睹光台，台基高约 8 米，在此可以凭栏远眺鸡足山全景。在夏秋之交，有幸者还可以看到"天柱佛光"，在雨后白云布满山腰，云中出现一轮有六七重五色外晕圆大光圈。

在鸡足山的文笔山左支尽头有一座佛塔寺，其原名尊胜塔院，建于公元 1683 年，由当时丽江知府木靖与悉檀寺僧人所建，后有不同程度的修葺。现在见到的寺院是台湾道兴法师捐资重修的，寺内原有一座高 20 多米的喇嘛教寺塔，重修后的寺塔为塔身圆形的印度宝瓶式佛塔，塔底的东南西北分别雕刻有造型生动的四大天王像。

塔院四周以前有很多供僧人参禅的禅房，院中还有一口清顺治时期制的、重 1 吨的铜铸大钟。在白塔以西新建有轩昂大方的大雄宝殿，内塑有释迦牟尼、观世音菩萨、大势至菩萨像。在寺里可以观赏到鸡足山八景之一的"塔院秋月"，在农历每月的十四、十五、十六，当月亮移到鸡足山主峰上的楞严塔西面时，月亮与楞严塔、尊胜塔就连成一线，四周山林漆黑一片，只有明月与两塔十分明显，给观者以身处月宫之感。而且，在农历八月十三至十七这五天的夜晚 12 点左右，尊胜塔就没有塔影，所以它也被称为无影塔。

在尊胜塔院不远处的道路左侧有一座禅宗寺庵——五华庵，其名取自于达摩祖师圆寂前给慧可二祖的偈子中的"一花开五叶"。它是明嘉靖年间，僧人如月修建的。在清康熙时期，进行了一次重修。五华庵庭院不大，环境十分幽静。原来的佛殿供着缅甸制作的一尊雕刻精致、神态安祥的汉白玉佛释迦牟尼卧像，因为玉质洁白晶莹，油润光滑，所以被称为鸡足山玉佛像中的珍品。现在的五华庵，是在原旧址上重建的。大雄宝殿内，供奉着汉白玉雕制的释迦牟尼佛坐像、卧像各一尊，在它们的两侧供奉着汉白玉雕制的阿弥陀佛和药师佛像。在大雄宝殿两边，一侧供奉着地藏菩萨、祖坛，一侧供奉着观音像和骑青狮的文殊菩萨、骑白象的普贤菩萨像。

在钵盂山祝圣寺以西半里处的小山脊上还有一座牟尼庵，它修建于明代嘉靖年间，起初是一个和尚为了方便向人施舍茶水而修建的茅庵，后来遭遇了火灾，当地人就在此改建了牟尼庵，并请僧人智空做住持。明代时，杨升庵、李元阳等知名学者都曾在牟尼庵客居。牟尼庵曾数次遭火灾，但又数次得到重建，但是在 20 世纪 60 年代被破坏后一直未曾重修。牟尼庵所在之地有一个圆印，传说是释迦牟尼分身在此打坐所留遗址。现在寺院还有一棵古老的牟尼柏，又名三会柏。这棵树分出三个树干，三个树干长出三样不同的叶子，人们很难辨认它们到底是属于哪类柏树。

在一座笔直陡峭的石崖绝壁上，还修有一个观音阁，相传它建于唐代，在明嘉靖年间和清康熙、道光年间进行了四次重修。在去观音阁的山路上，有一个高数丈、呈天然螺旋状、被称为"压怪神石"的巨石。在神石的东侧，有一个形如月牙的玉龙桥，桥下的水被称为甘露水，据说它是观音菩萨甘露瓶中之水。往东就是文殊禅院，院内有古色古香的佛殿、经楼和禅房，禅院两侧还耸立着两幢诵经阁。到了观音岩的顶端，就是观音阁了。观音阁用铁链悬吊于岩石上，走进去阁子会微微颤动，下视是万丈悬崖，阁内的石壁上塑有三尊观音像。

参 考 文 献

1. 冯增昭等著：《滇黔桂地区早中三叠世岩相古地理》，石油大学出版社，1994 年版。

2. 谢蕴秋主编：《中国西部概览·云南》，民族出版社，2000 年版。

3. 刘寿如、卢定宇编著：《彩云之南游》，河南科学技术出版社，2003 年版。

4. 夫巴主编：《丽江与茶马古道》，云南大学出版社，2004 年版。

5. 苍铭著：《云南边地移民史》，民族出版社，2004 年版。

6. 杨桂芳编著：《丽江生态旅游基础知识》，云南教育出版社，2005 年版。

7. 何松著：《云南的河》，云南大学出版社，2006 年版。

8. 杨寿川主编：《云南特色文化》，社会科学文献出版社，2006 年版。

9. 钱钧著：《云南著名景点导游词》，浙江人民出版社，2006 年版。

10. 李学良著：《滇南少数民族农耕文化研究》，民族出版社，2006 年版。

11. 云南省社会科学院历史研究所编：《中国西南文化研究》，云南科技出版社，2006 年版。

12. 詹英佩著：《普洱茶原产地西双版纳》，云南科技出版社，2007 年版。

13. 韩军学著：《佤族村寨与佤族传统文化》，四川大学出版社，2007 年版。

14. 杨宗亮著：《云南少数民族村落文化建设探索》，四川大学出版社，2007 年版。

15. 罗阳著：《云南西双版纳傣族社区与发展》，四川大学出版社，2007 年版。

16. 杨沐、春涓著：《川滇线快乐自助游》，中国轻工业出版社，2007 年版。

图书在版编目（CIP）数据

滇味文化/王全成编著 . —北京：时事出版社，2007.12
ISBN 978-7-80009-380-7

Ⅰ. 滇⋯　Ⅱ. 王⋯　Ⅲ. 文化史—云南省　Ⅳ. K297.4

中国版本图书馆 CIP 数据核字（2007）第 193244 号

出 版 发 行：时事出版社
地　　　址：北京市海淀区万寿寺甲 2 号
邮　　　编：100081
发 行 热 线：(010) 88547590　88547591
读者服务部：(010) 88547595
传　　　真：(010) 68418647
电 子 邮 箱：shishishe@sina.com
网　　　址：www. shishishe. com
印　　　刷：北京百善印刷厂

开本：787×1092　1/16　印张：29.25　字数：478 千字
2008 年 1 月第 1 版　2009 年 1 月第 2 次印刷
定价：45.00 元